ASILO POLÍTICO
EM TEMPOS DE SALAZAR

Título original:
Asilo político em tempos de Salazar.
Os casos de Humberto Delgado e Henrique Galvão

Revisão: Ana Breda

Capa: FBA
Na capa: Humberto Delgado e Henrique Galvão a bordo do navio de cruzeiro português Santa Maria durante a ocupação comandada por Galvão em desafio a Salazar
© Art Rickerby/The LIFE Picture Collection/Getty Images

Depósito Legal n.º 462582/19

Biblioteca Nacional de Portugal – Catalogação na Publicação

CHORÃO, Luís Bigote

Asilo político em tempos de Salazar: os casos de Humberto Delgado e Henrique Galvão. - (Extra colecção)
ISBN 978-972-44-2264-0

CDU 94(469)"19"

Paginação:
MA

Impressão e acabamento:
ARTIPOL - www.artipol.net
para
EDIÇÕES 70

1.ª edição: outubro de 2019

EDIÇÕES 70, uma chancela de Edições Almedina, S.A.
LEAP CENTER – Espaço Amoreiras – Rua D. João V, n.º 24, 1.03
1250-091 Lisboa – Portugal
e-mail: editoras@grupoalmedina.net

www.edicoes70.pt

Luís Bigotte Chorão

ASILO POLÍTICO EM TEMPOS DE SALAZAR

Os casos de Humberto Delgado e Henrique Galvão

70

Índice

Nota introdutória

O presente estudo teve origem numa comunicação, que, a convite da minha colega Heloísa Paulo, apresentei em tempos na Faculdade de Letras da Universidade de Coimbra sobre o pedido de asilo que o capitão Henrique Galvão dirigiu ao embaixador da Argentina em Portugal, Ernesto Pablo Mairal, em Fevereiro de 1959.

O contacto com os fundos documentais do notável Arquivo Histórico Diplomático acabou por me sugerir uma investigação mais alargada, que tivesse em consideração não apenas aquele caso, mas também, muito em particular, o pedido de asilo que o antecedera, apresentado pelo general Humberto Delgado ao embaixador do Brasil Álvaro Lins em Janeiro daquele mesmo ano.

A disponibilidade dos colaboradores do Arquivo Histórico Diplomático e do Arquivo Histórico do Ministério da Justiça, que desejo assinalar e a quem agradeço reconhecidamente, facilitou a investigação em domínio inexplorado pela historiografia. Agradecimentos são devidos também a todos quantos atenderam as nossas solicitações na Torre do Tombo e na Biblioteca Nacional de Portugal.

Centrado o presente estudo em fontes primárias colhidas nos arquivos de Portugal, seria interessante que um dia a investigação sobre em geral o tema do asilo político pudesse ser alargada, desde logo aos arquivos diplomáticos do Brasil e da Argentina.

À publicação deste estudo fica ligado de uma maneira muito particular o gratíssimo contacto com a Dra. Nelida Beatriz Mairal, filha do embaixador Ernesto Pablo Mairal – estabelecido inicialmente através de seu sobrinho, o consagrado escritor Pedro Mairal –, que não apenas se dispôs a comunicar-me as suas memórias do caso, já que à data do pedido de asilo do capitão Galvão se encontrava em Lisboa a acompanhar seus Pais, como me esclareceu um conjunto de dúvidas importantes. E mais, autorizou-me generosamente, com seu irmão, o Prof. Hector Mairal, a quem igualmente agradeço, a publicação de um conjunto de correspondência inédita, que constitui valioso anexo desta publicação.

Desejo ainda renovar os meus agradecimentos a Rita Morais, pelo seu profissionalismo e disponibilidade.

Ao meu colega Francisco Teixeira da Mota, biógrafo de Henrique Galvão, fiquei a dever informações relevantes e a disponibilização de uma cópia fotográfica de Galvão na Plaza de Mayo, em Buenos Aires, que consta do extratexto. Foram-me igualmente muito uteis os esclarecimentos que amavelmente me prestaram o coronel Manuel Pedroso Marques e o professor Frederico Delgado Rosa, biógrafo do general Humberto Delgado.

Agradeço a José Pacheco Pereira o acesso que me concedeu ao espólio de Henrique Galvão, que se encontra na sua Biblioteca e Arquivo, e foi parcialmente divulgado no sítio da EPHEMERA, associação cultural à qual pertenço.

Estou muito grato à Edições 70 por ter acolhido a publicação deste estudo, muito em especial à editora, Suzana Ramos, com quem tive o maior gosto em trabalhar nesta edição.

Lisboa, Agosto de 2019

Luís Bigotte Chorão

Lisboa, Janeiro de 1959

Corriam os primeiros dias de 1959 quando o general Humberto Delgado tomou a decisão de solicitar asilo na Embaixada do Brasil em Lisboa, o que ocorreu a 12 de Janeiro. O capitão Henrique Galvão formularia idêntico pedido na representação diplomática da Argentina, a 17 de Fevereiro seguinte.

Esses pedidos de asilo transformaram-se naturalmente em acontecimentos políticos de primeira ordem, desde logo pelas suas repercussões internacionais, ou não fossem deles protagonistas duas personalidades que as vicissitudes da política interna tinham já projectado por maus motivos nos meios diplomáticos e na opinião pública(1).

O general Delgado acabara de sair de um confronto violento com o regime, a campanha presidencial de 1958(2), e o capitão Galvão andava a ser arrastado de prisão em prisão havia cerca de sete anos, «reduzido a uma sombra numa enfermaria, isolado e espicaçado, como para fazerem dele uma sombra — uma sombra demente»(3).

O ambiente era de alta tensão política. O bispo do Porto, D. António Ferreira Gomes, endereçara, a 13 de Julho de 1958, a sua célebre

---

(1) A este respeito, Luís Nuno Rodrigues, «"Um Primeiro passo em direcção à Liberdade": o *The New York Times* e o General Humberto Delgado», *in* AAVV, *Humberto Delgado, as eleições de 58*, Coordenação de Iva Delgado, Carlos Pacheco e Telmo Faria, Prefácio de Fernando Rosas, Lisboa, Vega, 1998, págs. 441–444, com referência à série de notícias publicadas no mundialmente influente *The New York Times* sobre os pedidos de asilo do general Delgado e do capitão Galvão.

(2) Para a compreensão do clima emprestado à campanha eleitoral pelo «situacionismo», *Discurso proferido pelo Dr. Tito Arantes na sessão de propaganda eleitoral promovida pela União Nacional no Pavilhão dos Desportos, em Lisboa, no dia 4 de Junho de 1958*, Lisboa, Gráfica Boa Nova Lda., 1958

(3) Assim se lia no carioca *Diário de Notícias*, de 14 de Janeiro de 1959.

carta/memorando ao presidente do Conselho([4]). Um conhecido polemista, Manuel Anselmo, encarregou-se de projectar, ainda mais, os efeitos políticos da missiva, muito adversos ao regime. E para isso contribuiu o tom e o conteúdo da crítica que desferiu ao bispo, desenvolvendo o tópico da associação da carta ao momento político. Manuel Anselmo referiu-se aos «equívocos quase socialistas» que dizia alucinarem o entendimento do prelado «anti-situacionista», e aludiu a perigos, «nomeadamente de perseguição religiosa», que a vitória de Delgado, a ter-se verificado, comportaria para a própria Igreja católica, acusando D. António de pregar ao país, «através de asserções violentas e injustas, o ódio e o combate a Salazar»([5]).

Do exterior, em concreto do Brasil, a perspectiva era a de que estava a delinear-se uma «séria crise» entre a Igreja e Salazar, considerada mesmo a realidade «mais sensacional» do processo de «decomposição do regime»([6]).

À tomada de posição de D. António, seguira-se, a 8 de Dezembro, uma cerimónia evocativa da Imaculada Conceição, na Sé de Lisboa, presidida pelo cardeal-patriarca Gonçalves Cerejeira, tendo sido notada a ausência de membros do governo, sugerindo-se que a Igreja portuguesa estava condenada a «rezar os responsos sobre o túmulo político de Salazar»([7]).

([4]) Sobre a carta/memorando, José Barreto, «Bispo do Porto, Caso do», *in Dicionário de História de Portugal*, Coordenação de António Barreto/Maria Filomena Mónica, vol. VII, Supl. A–E, Porto, Figueirinhas, 1999, págs. 184–187 e bibliografia aí citada.

([5]) Manuel Anselmo, *Sobre a declaração de voto de Sua Ex.ª Reverendíssima o Bispo do Porto*, Lisboa, Edição de «Os Cadernos de Manuel Anselmo», 1958, *passim*. Ainda [Agostinho Veloso], *Direcção Perigosa!, Reflexos da carta do Bispo do Porto*, Lisboa, 1959.

([6]) *Diário de São Paulo*, de 19 de Dezembro de 1958. Recorde-se que no ano anterior o bispo da Beira, D. Sebastião Soares de Resende, já conhecido como adversário do regime, tomara posição muito crítica em relação à política ultramarina e em particular à actuação do ministro Raul Ventura [v.g. Carlos A. Moreira Azevedo, «Perfil Biográfico de D. Sebastião Soares de Resende», *in Lusitania Sacra*, 2.ª série, 6 (1994), págs. 398–409; José Adelino Maltez, *Tradição e Revolução, Uma biografia do Portugal Político do século XIX ao XXI*, vol. II (1910–2005), Lisboa, Tribuna da História, pág. 500 e *Do Império por Cumprir*, vol. II, *Portugal e o regresso ao d'aquém* (1926–1976), Lisboa, Instituto Superior de Ciências Sociais e Políticas/Universidade de Lisboa, 2016, pág. 176], observando que na sua pastoral de 1 de Dezembro, «Moçambique na Encruzilhada», o bispo da Beira «coloca, inequivocamente, o problema da independência».

([7]) *Idem*. Casais Monteiro referir-se-ia ao «despertar da Igreja em Portugal», como pode ler-se em *O País do Absurdo, Textos Políticos*, Prefácio de Carlos

Inconformado com a proclamação do contra-almirante Américo Thomaz como novo presidente, o general Humberto Delgado reagiu([8]), colocando em marcha a organização do Movimento Nacional Independente([9]), tendo optado a comissão política do comité central do Partido Comunista por se envolver na criação de uma estrutura clandestina, a Junta Nacional de Libertação, de propósitos frentistas, que se encarregou também da denúncia das irregularidades eleitorais([10]).

Num apontamento diarístico, de 3 de Junho desse ano, o escritor Joaquim Paço d'Arcos registara:

> Recebi no dia 1 [de Junho de 1958] a lista da União Nacional, que aliás não tenciono utilizar. Todavia, as listas do candidato Humberto Delgado só lhe serão entregues, pela mesma Tipografia que imprimiu as da União Nacional, à meia-noite do dia 6, pouco mais de 24 horas antes do acto eleitoral. Para quê a farsa destas eleições?([11])

Na edição do *Jornal de Notícias*, do Rio de Janeiro, de 27 de Novembro seguinte, o escritor e jornalista Rubem Braga([12]) falava em «vingança» de Salazar a respeito das detenções de António Sérgio, Mário de Azevedo Gomes, Francisco Vieira de Almeida e Jaime Cortesão([13]),

---

Leone, Lisboa, Imprensa Nacional-Casa da Moeda, 2007, págs. 49–52. Esta obra póstuma de Casais Monteiro teve uma primeira edição, de 1974, da responsabilidade de João Paulo Monteiro. A 1 de Março de 1959 um grupo de católicos tornaria pública uma carta aberta ao presidente do Conselho, centrada, sobretudo, na denúncia da repressão policial, assinada, entre outros, pelos padres Abel Varzim e João Perestrelo de Vasconcelos, além de Francisco Lino Neto, Manuel Serra, Francisco Sousa Tavares, João Bénard da Costa, Vitor Wengorovius, Gonçalo Ribeiro Telles, Sophia de Mello Breyner Andresen e José Escada.

([8]) Humberto Delgado, *Memórias*, Tradução do inglês por Ricardo Madeira Romão, Compasso do Tempo 18, Lisboa, Edições Delfos, s/d, págs. 193–211 e 213–227.

([9]) *Idem*, págs. 229–233

([10]) Susana Martins, *Exilados Portugueses em Argel, A FPLN das origens à ruptura com Humberto Delgado*, Porto, Edições Afrontamento, 2018, págs. 17–18.

([11]) Joaquim Paço d'Arcos, *Correspondência e textos dispersos 1942–1979*, selecção, organização e notas de João Filipe Paço d'Arcos e Maria do Carmo Paço d'Arcos, Lisboa, Dom Quixote, 2008, pág. 158.

([12]) Sobre Rubem Braga, António Cândido/José Aderaldo Castello, *Presença da Literatura Brasileira, III. Modernismo*, 5.ª edição, São Paulo/Rio de Janeiro, Difel, 1975, págs. 352–365.

([13]) Este último com particulares ligações ao Brasil; a respeito, v.g. Nuno Simões, *Jaime Cortesão e o Brasil, Conferência proferida em sessão de homenagem a Jaime Cortesão promovida pela Sociedade Portuguesa de Escritores* por motivo da projectada organização de uma série de conferências públicas. Irónico, o cronista brasileiro sugeria que o Itamaraty interferisse de modo a Cortesão e todos os demais serem banidos para o Brasil, propondo que ali fosse fundada uma «escola lusitana livre», capaz de atrair outros «hereges» que viviam «humilhados e ofendidos em Portugal», e acrescentou: «teremos roubado a Portugal o que ele tem de melhor: o braço duro e tenaz dos seus campónios e a inteligência e a cultura dos seus grandes inconformados. Vingaremos assim o ouro que Portugal nos tomou para entregar à Inglaterra»([14]).

---

em 26 de Janeiro de 1961, Separata da Revista «Ocidente», vol. LXI, Lisboa, 1961; AAVV, *Jaime Cortesão*, Coordenação de Óscar Lopes, Lisboa, Arcádia, s/d, *passim* e Alfredo Ribeiro dos Santos, *Jaime Cortesão, Um dos Grandes de Portugal*, Prefácio do Doutor Mário Soares, Porto, Fundação Eng. António de Almeida, s/d [1993], págs. 278–288.

([14]) A respeito dessas detenções, seus antecedentes e diligências junto do embaixador do Brasil, Álvaro Lins, *Missão em Portugal* (primeiro volume), Rio de Janeiro, Editora Civilização Brasileira S.A., 1960, págs. 68–78. A 26 de Outubro de 1960, o *Última Hora* publicou uma entrevista de Álvaro Lins a Edouard Bailby sobre o lançamento próximo do livro *Missão em Portugal*, titulada: «Nos próximos dias a "Bomba" de Álvaro Lins». [Alceu Amoroso Lima], *Cartas do pai...* cit., pág. 194, apontaria a *O Globo* «entre os maiores acontecimentos de 1960» nas letras brasileiras a publicação desta obra de Álvaro Lins, que recebeu o Prémio Jabuti. Logo foi anunciado um segundo volume [Primeira Parte, *Diário de uma experiência diplomática* (Março-Novembro de 1959 com notas de 1956, 1957 e 1958) e Segunda Parte, *Uma Granja e um Banco* (História e análise da ditadura salazarista) (1960)]. Em 1962 foi dado como estando em revisão para o prelo o segundo volume de *Missão em Portugal*, dessa vez anunciado com o sugestivo título: *Fascismo em Nome de Cristo (Diário de Uma Experiência Diplomática)*. Esse volume não foi publicado. Josué Montello, *O Juscelino Kubitschek de minhas recordações*, 2.ª impressão, Rio de Janeiro, Editora Nova Fronteira, 1999, pág. 58, escreveu a respeito desse anunciado volume: «A segunda parte da *Missão em Portugal*, nos excessos com que Álvaro se atira contra Kubitschek, a ponto de acoimá-lo de "primeira dama do Almirante Tomás", passando da ira ao insulto, e de considerá-lo "colono póstumo de Portugal", no impulso da ira excessiva, dá-nos a cólera do escritor, excluindo-lhe a grandeza. E eu estou convencido de que foi ele quem emendou a si mesmo, ao suprimir o volume complementar da obra polémica, redigida no impulso da mesma indignação despropositada» (ainda, Josué Montello, *Diário da Tarde, 1957–1967*, Rio de Janeiro, Editora Nova Fronteira, 1987, págs. 294–295) Adolfo Casais Monteiro, *O País do Absurdo...* cit., págs. 163–164 valorizou na *Missão em Portugal* o «Diário», que nem no estilo literário nem no estilo no sentido de atitude moral se comparava aos restantes capítulos do livro, ponderando: «O contraste é impressionante, mesmo para quem conheça bem a gente com quem Álvaro Lins teve que lidar e a falta de escrúpulos e de dignidade dos seus processos. A obra de arte, no "Diário", é consubstancial ao valor do testemunho e ao significado moral, político e social das observações de Álvaro Lins.» Franco Nogueira, *Um Político Confessa-se*

Os promotores das referidas conferências, que se inscreviam numa anunciada obra de «intercâmbio intelectual» com o estrangeiro, responderam, a 11 de Novembro, a uma nota oficiosa aparecida na imprensa nessa mesma data, onde se lia:

> O Governo foi informado da diligência feita junto do Sr. Aneurin Bevan para que viesse a Portugal com o fim de fazer conferências nas cidades de Lisboa e Porto. Entendeu-se que se devia levar ao conhecimento do referido membro da oposição parlamentar britânica o modo de ver do Governo português acerca do real significado do convite. Na verdade, a posição dos promotores do convite, a expressão política da pessoa convidada, o programa que se anuncia, a flagrante desproporção entre a lotação das casas de espectáculos escolhidas e o diminuto número de pessoas capazes de entender o orador na sua própria língua, apenas podem revelar o prosseguimento do processo de agitação em que se tem pretendido manter o País para além das eleições presidenciais. Por maior que seja a consideração que mereça a pessoa do Sr. Bevan, a intromissão de estrangeiros nos assuntos e na marcha da política interna portuguesa é por nós considerada inadmissível, pelo que a visita e conferências do Sr. Bevan não foram autorizadas.

Esclareceram então que Aneurin Bevan não viria a Portugal para tratar de assuntos internos portugueses, mas sim de «temas de interesse universal», ao contrário do que sucedera com Christine Garnier, com os hitlerianos que haviam contactado com a Mocidade Portuguesa e com «todos os estrangeiros convidados a ensinar corporativismo», casos esses, sim, de intromissão na vida política interna. Este esclarecimento terá estado na origem das detenções referidas, efectuadas a 21 e 22 de Novembro.

(Diário: 1960–1968), Porto, Livraria Civilização Editora, 1986, pág. 54, notou que Juscelino — quando da sua viagem a Portugal — quase mostrara a Salazar uma «deferência reverencial». O livro *Missão em Portugal* esteve proibido de circular em Portugal (*Relação das Obras cuja circulação esteve proibida em Portugal durante o Regime Salazar/Marcello Caetano*, Coordenação de João Mário de Mascarenhas, Lisboa, Biblioteca Museu República e Resistência, 1996, pág. 76), só tendo sido publicada a primeira edição portuguesa já após o 25 de Abril de 1974 e, portanto, da morte do autor: Álvaro Lins, *Missão em Portugal*, Lisboa, Centro do Livro Brasileiro, 1974. Além desta obra de Lins, estiveram proibidas de circular outras, entre as quais o *Jornal de Crítica* (*Livros proibidos no regime fascista*, Presidência do Conselho de Ministros, Comissão do Livro Negro sobre o Regime Fascista, 1981, págs. 58–59).

Nos termos de um panfleto de 25 de Novembro, o ministro da Defesa, Botelho Moniz, ter-se-ia recusado «terminantemente a mandar prender» Humberto Delgado por motivo da sua relação com aquela iniciativa. E o ministro do Interior, José Pires Cardoso, assumira uma atitude digna: não só protestara energicamente contra aquelas prisões, realizadas sem o seu conhecimento prévio, como se recusara a assinar a «infamante nota oficiosa», tendo pedido, acto contínuo, a sua imediata exoneração, a qual veio a ocorrer a 28 de Novembro.

Entretanto, o general Delgado protestou junto do ministro da Presidência, Teotónio Pereira, contra as prisões efectuadas, solidarizando-se com os presos e assumindo para si as «maiores responsabilidades», lembrando ainda a prisão de um seu colaborador de campanha, João Moreira de Assunção, e terminando assim a missiva:

> 4.º — Era realmente tempo, senhor Ministro, de o Governo, com a ajuda ou iniciativa de V. Exa., acabado de chegar de Inglaterra, após longa estadia, se convencer de que o mal não é do Povo português, mas sim do sistema governativo. Não se entende que prazer haverá na insistência em tender-se para governar apenas sobre campos de concentração e cemitérios.

A prisão daqueles intelectuais estava relacionada com a iniciativa de, juntamente com o general Humberto Delgado, convidarem a proferir conferências em Portugal o dirigente trabalhista britânico Aneurin Bevan, antigo ministro do Trabalho e da Saúde, ao tempo ministro-sombra dos Negócios Estrangeiros, e o académico e escritor brasileiro, Júlio de Mesquita Filho, director d'O *Estado de S. Paulo*([15]).

Ficou assim comprometida a realização da visita de Bevan, cuja preparação era conhecida pela PIDE, que manteve informado Oliveira

---

([15]) A respeito d'O *Estado de São Paulo*, Victor Cunha Rego dava-o em 1958 como a «maior potência jornalística da América do Sul», elogiando a integridade de Júlio de Mesquita Filho, o qual, a 18 de Maio de 1958, em editorial daquele jornal, aludira ao mérito de Humberto Delgado por ter sido o primeiro que conseguira «acordar Portugal do torpor em que vivia mergulhado, de ter rompido a cortina do medo, de ter levado a grei lusíada a tomar consciência das responsabilidades que lhe advêm de um grande passado» (Victor Cunha Rego, *Na prática a teoria é outra, escritos 1957–99*, Prefácios de José Cutileiro, Otavio Frias Filho, Manuel de Lucena e José Miguel Júdice, Edição organizada por Vasco Rosa e André Cunha Rego, Alfragide, Dom Quixote, 2018, pág. 41).

Salazar([16]), a quem seria também transmitida a reacção do general Delgado à nota oficiosa que proibiu a visita. De acordo com uma informação da PIDE, de 14 de Novembro, foi na Livraria Portugal que Delgado deu a notícia, escrevendo o informador:

> Depois do General Delgado, em altos berros, barafustar contra aquela decisão, o Jaime Cortesão e o Ribeiro Lopes tomaram a palavra, declarando o Cortesão que, para os fins em vista, não podia ser melhor.
>
> O Artur Ribeiro Lopes declarou então, que era absolutamente indispensável convidar outros estrangeiros democratas, de projecção internacional, para, assim, pôr o Governo em posição, cada vez, mais difícil perante a opinião pública internacional.([17])

De acordo com os projectos da «comissão de recepção», Bevan, que viajaria acompanhado da sua mulher, Jenny Lee, deputada trabalhista, reuniria com a imprensa e proferiria uma conferência no Capitólio depois de pôr flores na estátua de Camões. Deslocar-se-ia no dia seguinte a Leiria e a Coimbra, passando depois ao Porto, onde estava previsto pronunciar uma conferência no Coliseu, sendo homenageado mais tarde com um banquete em Braga([18]).

Colaborador dessa organização, Mário Soares haveria de referir-se aos convites igualmente dirigidos ao líder liberal inglês Joe Grimond e a Pierre Mendès France, antigo primeiro-ministro francês, tendo notado que a vinda a Portugal de Bevan «serviria para oficializar a existência da Oposição, como força política organizada»([19]).

([16]) TT-AOS-PC77. A este respeito, a Informação da PIDE n.º 74/58, de 24 de Outubro de 1958, despachada por Oliveira Salazar.

([17]) TT-AOS-PC77.

([18]) TT-AOS-PC77.

([19]) Humberto Delgado, *Memórias*... cit., págs. 243–247. Também, Mário Soares, *Portugal Amordaçado, depoimento sobre os anos do fascismo*, Lisboa, Arcádia, 1974, págs. 256–259. Na origem da iniciativa estiveram os diálogos promovidos em França entre figuras de primeira linha da política europeia. A *Seara Nova*, n.º 1362, de Abril de 1959, noticiava que o *L'Express*, de 19 de Março, publicara a conversa de Aneurin Bevan com Mendès France a respeito dos problemas económicos do Ocidente em face do expansionismo soviético. Ainda de acordo com Mário Soares [«Um Mestre», *in* AAVV, *Vieira de Almeida (1888–1988), Colóquio do Centenário*, Lisboa, Departamento de Filosofia, Faculdade de Letras de Lisboa, 1991, pág. 248], a ideia da organização das conferências foi inspirada pelo médico do Porto, José Veiga Pires.

O Estado de S. Paulo noticiou ainda os protestos contra as prisões da câmara municipal de São Paulo, solicitando os bons ofícios das autoridades brasileiras junto do governo português em «prol da liberdade dos detidos» e salvaguarda da «liberdade de pensamento», bem como os promovidos pelos estudantes da Faculdade de Direito da Universidade de São Paulo e os de iniciativa da recém-criada União Brasileira de Escritores([20]), resultante da fusão da Sociedade Paulista de Escritores com a Associação Brasileira de Escritores.

Num artigo intitulado «O crime de discordar e o direito de ir para a cadeia», Adolfo Casais Monteiro escreveu:

> Se um governo honesto pretendesse encontrar quatro figuras de primeiro plano para representarem condignamente Portugal em qualquer importante conclave internacional, não poderia escolher melhor do que acaba de fazer o Gang actualmente no poder, juntando as quatro gloriosas figuras de Jaime Cortesão, António Sérgio, Mário de Azevedo Gomes e Vieira de Almeida.([21])

A imprensa brasileira foi mais longe na interpretação política da demissão de Pires Cardoso. O *Diário de São Paulo* referiu-se aos «episódios cómico-dramáticos» que tinham envolvido a substituição do ministro do Interior do governo português, e comentou:

> Ninguém queria ocupar tão delicado e odiado cargo e, após o enfarte de que foi vítima o Prof. Pires Cardoso, causado pela discussão tida com Salazar a propósito da prisão de Sérgio, de Cortesão, de Vieira de Almeida e de Azevedo Gomes, iniciou-se a nova dança da quadrilha para lhe arranjar um sucessor. Acabou por cair a nomeação no Sr. Arnaldo Shultz, que se distinguiu na guerra de Espanha pela ferocidade das suas execuções sumárias principalmente de portugueses sob a bandeira da República.([22])

([20]) *O Estado de S. Paulo*, de 29 de Novembro de 1958.

([21]) *O Estado de S. Paulo*, de 30 de Novembro de 1958. Texto depois inserto em Adolfo Casais Monteiro, *O País do Absurdo...* cit., págs. 37–40.

([22]) *Diário de São Paulo*, de 19 de Dezembro de 1958. O *Diário de Notícias*, do Rio de Janeiro, de 14 de Junho de 1959, referiu-se à substituição de Pires Cardoso por Arnaldo Shultz, observando que o primeiro se demitira «de nojo», encontrando-se ao tempo a trabalhar para «conseguir diminuir os sofrimentos dos presos políticos». Franco Nogueira, *Salazar, V, A Resistência (1958–1964)*, Porto, Civilização, 2000, pág. 27, escreve terem sido «inteiramente de saúde, e graves, as razões do afastamento do ministro; mas tudo é atribuído na opinião pública, a divergências insanáveis com o chefe do governo».

Que os movimentos do general Delgado traziam inquietas as autoridades portuguesas resulta evidente da reacção do Ministério dos Negócios Estrangeiros à comunicação da Embaixada de Portugal em Washington, que tinha sido contactada pela Casa Branca para informar sobre o endereço e as funções na administração portuguesa do general. Para o embaixador Luís Esteves Fernandes, a pergunta revelava bem o «desconhecimento [da] pessoa e [da] actuação» de Delgado, parecendo-lhe de presumir que o general procurasse dar «realce» a [um] eventual telegrama de agradecimento que fosse enviado da Casa Branca([23]). Este telegrama foi imediatamente respondido, no dia de Natal, tendo sido determinando que, com urgência, a Embaixada informasse a Casa Branca que a actuação do general Delgado após as eleições vinha sendo «praticamente insurrecional», e que contra ele estava correndo um processo na justiça militar. Lisboa chamava a atenção para o melindre do assunto e para «os perigosos mal-entendidos e as interpretações tendenciosas que qualquer mensagem da Casa Branca para aquele general faria nascer, correr e avolumar»([24]). Essas apreensões foram então comunicadas à Embaixada dos EUA, acabando o State Department por garantir que nenhum telegrama seria enviado pela Casa Branca ao general Humberto Delgado([25]).

Na cerimónia de posse da nova comissão executiva da União Nacional, embora Salazar tivesse afirmado não ser seu «intento fazer declarações de importância sobre a vida política e os problemas do Governo», a verdade é que, em jeito de balanço do ano, tratou de política interna, convocando o tema das «dissensões políticas», um mal que dizia ser conhecido, que persistira ou reaparecera. Perante o facto, o presidente do Conselho lembrou a tentativa de «frente nacional» que desde logo tinha imposto colocar de lado as «questões de regime», reconhecendo que as «paixões» relacionadas com a campanha presidencial haviam aberto brechas naquela frente, e foi directo:

([23]) AHD/S09/E8/P6/63632 — Telegrama da Embaixada de Portugal em Washington para o Ministério dos Negócios Estrangeiros, de 24 de Dezembro de 1958.

([24]) AHD/S09/E8/P6/63632 — Telegrama do Ministério dos Negócios Estrangeiros para a Embaixada de Portugal em Washington, de 25 de Dezembro de 1958.

([25]) AHD/S09/E8/P6/63632 — Telegrama do Ministério dos Negócios Estrangeiros para a Embaixada de Portugal em Washington, de 29 de Dezembro de 1958.

> Essa frente uns tantos, poucos, monárquicos a quiseram romper, alguns católicos se jactam de a haver rompido e com tal desenvoltura que lograram o aplauso não só de liberais com quem se irmanaram pela sua pretensão partidária, como dos comunistas que diríamos estarem no pólo oposto aos princípios e interesses da Igreja. Este último facto considero-o da maior gravidade, não pela perda de elementos que individualmente se afastem da frente nacional, mas pela perturbação lançada em muitas consciências, até agora tranquilas, acerca da legitimidade das suas posições religiosas e políticas.([26])

Salazar tinha, na verdade, razões de preocupação.

A 8 de Janeiro de 1959, a imprensa dava destaque a uma nota oficiosa do subsecretário de Estado da Aeronáutica, Kaúlza de Arriaga. Além de aí se apontarem como havendo constituído «delitos graves» muitos «actos e declarações» do general Delgado, que o governo dizia ter ignorado, «lançando-os à conta do ambiente de excepcional paixão» em que decorrera a campanha eleitoral, era lembrado que aquele oficial regressara à Força Aérea, passando a estar sujeito ao Estatuto do Oficial do Exército. Continuara, porém, como sublinhou a nota oficiosa, a «exercer acção de carácter político» não permitida por aquele Estatuto. «Com efeito — lê-se na nota —, em cartas, folhetos clandestinos, entrevistas e declarações diversas em nome de um pretenso "Movimento Nacional Independente", o referido oficial general não cessou a sua campanha de agitação política ao mesmo tempo que reincidia nas afirmações injuriosas para os membros do Governo e o presidente eleito da República, com grave desconhecimento da autoridade do Estado e ofensa do bom nome e prestígio do país». Lembrando a nota oficiosa que tinha sido feita ao general Delgado uma «última advertência» quanto à «gravidade das infracções» cometidas após as eleições e lhe fora determinado que se «abstivesse de toda a actividade política», a verdade é que o oficial dera continuidade durante os meses de Outubro e Novembro a actividades políticas, às quais se dedicara «intensamente», em particular na organização de um movimento clandestino, «na remessa de cartas injuriosas para membros do Governo ou em actos e diversas declarações, muitas delas inclusivamente destinadas à imprensa estrangeira, que culminaram na entrevista publicada no *Daily Mail*, de carácter abertamente subversivo».

([26]) Oliveira Salazar, *Discursos e Notas Políticas*, V, 1951–1958, Coimbra, Coimbra Editora, Lda., págs. 513–516.

Fora então mandado instaurar ao general Delgado um processo disciplinar, no qual, ainda de acordo com a mesma nota oficiosa, tinham não apenas ficado provados «todos os factos delituosos», como agravada a situação decorrente dos mesmos, por razão das respostas dadas aos quesitos pelo visado. A nota do subsecretário de Estado da Aeronáutica concluía anunciando que o general transitara para a situação de separado do serviço. Dias mais tarde, em plena «crise», Kaúlza de Arriaga foi condecorado por Américo Thomaz([27]).

Humberto Delgado asilado na Embaixada do Brasil

A 12 de Janeiro de 1959, o ministro dos Negócios Estrangeiros, Marcello Mathias, ultimou o telegrama destinado ao embaixador no Rio de Janeiro, Manuel Farrajota Rocheta([28]), pelo qual o informava haver-se deslocado o embaixador do Brasil ao Ministério para comunicar verbalmente que o general Humberto Delgado se apresentara durante a tarde desse dia na chancelaria([29]) «pedindo asilo como refugiado político, alegando que receava ser preso», e esclareceu o ministro:

> [O] Embaixador [Álvaro Lins] solicitava [a] nossa opinião sobre este pedido. Foi-lhe respondido pelo próprio Ministro dos Estrangeiros que não há qualquer mandado de captura contra aquele General nem propósito de prendê-lo por actos por ele praticados até ao momento presente. Como é aliás evidente, se [o] Governo tivesse qualquer intenção de severidade para com o General não teria decidido com a moderação com que o fez [o] processo disciplinar recentemente terminado por infracções por ele cometidas (conforme se verifica constar do comunicado que supomos ser do conhecimento de V. Exa.), separando-o apenas do serviço activo com três quartos dos seus vencimentos de actividade. Nestas condições

---

([27]) *Diário da Manhã*, de 24 de Fevereiro de 1959.

([28]) «Rocheta (Manuel Farrajota)», *in Anuário Diplomático e Consular Português Referido a 31 de Dezembro de 1959*, Ministério dos Negócios Estrangeiros, Lisboa, Imprensa Nacional de Lisboa, 1960, págs. 237–238.

([29]) Álvaro Lins, *Missão...* cit., págs. 46–47 e 49–50. O general Humberto Delgado foi depois conduzido da chancelaria, na Calçada dos Caetanos, para a Embaixada, na Rua António Maria Cardoso, por decisão do embaixador Lins, previamente comunicada ao ministro Marcello Mathias. António Melo, «Delgado refugiou-se há 40 anos na Embaixada do Brasil» (*Público*, de 12 de Janeiro de 1999).

agradecíamos a comunicação do embaixador mas não tínhamos qualquer reparo a fazer a que o General resida na Embaixada se tal era seu desejo e essa hospitalidade lhe fosse concedida, pelo tempo que entendesse, uma vez que nada o impedia de fazer a sua vida normal, isto é, de andar por onde quisesse e sem qualquer embaraço à sua liberdade de movimentos. Perguntado sobre se o General estava autorizado [a] partir para qualquer país estrangeiro, o Ministro respondeu ao embaixador que não havia conhecimento que o General para tanto tivesse solicitado autorização (como V. Exa. sabe é obrigatório para todos [os] funcionários civis ou militares que desejem ausentar-se do país, solicitar a respectiva autorização), mas que não se via motivo para que tal autorização lhe não fosse concedida se ele a requeresse nos termos usuais. O que as autoridades portuguesas não podiam era dar qualquer colaboração a um «bluff» em que o aludido General se atribuísse espectacularmente o papel de vítima ameaçada e forçada sob os maiores perigos imaginários a refugiar-se numa Embaixada estrangeira, para sensacionalismo político. Em conclusão, o Senhor General poderia sair e entrar da Embaixada as vezes que entendesse e sempre em perfeita segurança, como a que assiste a qualquer cidadão português, não tendo as autoridades qualquer intervenção nessas entradas ou saídas do Senhor General.

E concluía Marcello Mathias:

Fica assim V. Exa. devidamente informado dos elementos essenciais desta manobra teatral do General Delgado e apto a esclarecer aí nos termos que julgue convenientes este assunto, se tal for necessário. [A] intenção daquele político é agitar sentimentos nacionais brasileiros a fim de que na sua ida eventual para esse país, possa aparecer aureolado do prestígio de ter devido ao seu refúgio na Embaixada brasileira, a salvação da sua liberdade e quiçá da sua vida, que ninguém aqui ameaça.([30])

O telegrama do ministro, remetido na primeira hora do dia 13, não se limitava a informar o embaixador, mas a instruí-lo de acordo com a versão dos acontecimentos e juízo político a respeito do que dizia ser o *bluff* de Humberto Delgado, versão essa que era a do chefe da diplomacia portuguesa, naturalmente a de Salazar — que tinha sido imediatamente informado e ouvido pelo ministro —, a qual se haveria

---

([30]) AHD/S 3/E34/P4 — Telegrama do Ministério dos Negócios Estrangeiros para a Embaixada de Portugal no Rio de Janeiro, de 12 de Janeiro de 1959.

de cristalizar no essencial como a versão do governo português em relação ao pedido de asilo do general Delgado.

Nessa mesma data, o *Diário da Noite* não conseguira obter qualquer confirmação junto de Araújo Castro, chefe do departamento político do Itamaraty, sobre se Delgado se encontrava na Embaixada brasileira em Lisboa, mas foi adiantando que o facto de inexistir qualquer convenção de asilo com Portugal não significava que o asilo não fosse concedido depois de exame mais pormenorizado. O *Última Hora*, também de dia 13, dava conta de uma declaração do ministro Negrão de Lima: «O caso é por demais complexo e sumamente delicado. O Itamaraty recebeu a notificação, porém não foi consultado sobre o pedido feito pelo general. Estamos estudando o caso [...]».

No dia seguinte, o ministro Marcello Mathias deu a conhecer a carta que mandara entregar a Álvaro Lins — resposta à *nota* de dia 13, subscrita por este([31]), pela qual confirmou a concessão do asilo, «de acordo com o princípio tradicionalmente seguido» no Brasil em «casos semelhantes»([32]).

A decisão — registaria Lins — foi a de conceder o asilo, «em princípio», quer dizer, até à audiência com o ministro dos Negócios Estrangeiros, tomando depois de ela ocorrer uma «decisão definitiva». Isso mesmo foi comunicado a Delgado, a quem o embaixador brasileiro não deixou de dizer estar certo de que o seu caso se enquadrava «perfeitamente, nos termos dos Tratados assinados pelo Brasil». E uma outra coisa lhe disse da maior importância: o seu desejo era encontrar com o ministro Marcello Mathias «uma fórmula honrosa para ambas as partes» que constituísse «uma solução amigável e mesmo informal para este caso de asilo»([33]), asilo que considerava um «facto consumado» com a entrada de Delgado na embaixada. E isso mesmo terá

([31]) Álvaro Lins, *Missão...* cit., pág. 66.

([32]) A 17 de Janeiro, o *Correio do Povo*, de Porto Alegre, ouviu os juristas Óscar Tenório e Rodrigo Otávio Filho, considerando o primeiro que a atitude do Brasil ao conceder o asilo era «louvável do ponto de vista democrático», parecendo ao segundo que o Brasil seguira a «tradição», pautando-se pelo direito de asilo.

([33]) O que confirma Luiz Cláudio Machado dos Santos, *As Relações Brasil-Portugal: Do Tratado de Amizade e Consulta ao Processo de Descolonização Lusa na África (1953–1975)*, Tese apresentada ao Programa de pós-Graduação em História, Instituto de Ciências Humanas, Universidade de Brasília, como requisito parcial à obtenção do título de Doutor em História, Orientador: Prof. Dr. José Flávio Sombra Saraiva, Brasília, Universidade de Brasília, 2011, págs. 97–98, de acordo com a comunicação feita por Lins ao Itamaraty a 6 de Fevereiro.

feito, propondo que no dia seguinte, na sua viatura oficial, Delgado fosse transportado directamente da Embaixada para o aeroporto, por si acompanhado até um avião da Panair com destino ao Rio de Janeiro. Salvaguardava assim o Brasil, em seu entender, o direito convencional e as suas tradições quanto ao asilo, e «não seria necessário ou exigido» a Portugal «fazer o reconhecimento oficial do asilo»([34]).

Como em 1953 relatou Frederico Teixeira de Sampayo, o Brasil ratificara a Convenção de Havana e de Montevideu, recordando que os seus representantes diplomáticos tinham procedido com todo o empenho quando haviam amparado em Lima, a 25 de Agosto de 1920, José Leguía, filho do deposto presidente do Peru, e também em Havana o general Mário García Menocal, antigo presidente de Cuba([35]).

Havia poucos meses, Álvaro Lins tivera de gerir, em contacto com o Ministério dos Negócios Estrangeiros, um incidente das autoridades portuguesas com o jornalista brasileiro Domingos de Lucca Júnior, correspondente das *Folhas*, que publicou uma série de artigos sobre as eleições presidenciais e a situação portuguesa([36]). O repórter acabaria por se ver impossibilitado de enviar os seus telegramas para o Brasil, tendo sido expulso do território nacional, acompanhado pelo embaixador Lins à fronteira com Espanha. O caso ganhou dimensão não apenas na imprensa, mas no parlamento brasileiro([37]), preocupando o governo português, que determinou ao seu embaixador no Rio de Janeiro que assegurasse ao Itamaraty não ter sido o jornalista preso, nem sofrido «violência ou qualquer vexame». De acordo com Caldeira Queiroz, então secretário-geral do Ministério dos Negócios Estrangeiros, Domingos de Lucca Júnior tinha sido «simplesmente chamado à Polícia do Estado para lhe ser notificada ordem de expulsão

---

([34]) *Idem*, págs. 36–37 e 40–41.

([35]) AHD/Colecção de Relatórios e Monografias/Frederico José de Souza Teixeira de Sampayo/O Direito de Asilo na América Latina (Relatório referente a 1953 do 2.º Secretário da Legação de Portugal em Buenos Aires), Buenos Aires, 1953, págs. 14–15.

([36]) *Folha da Manhã* de 21 e 22 («Cinco dias sob o tacão de Salazar»), 24 («Uma farsa autêntica o pleito presidencial do último dia 8»), 25 («A máquina salazarista agiu como um rolo compressor contra a oposição»), 26 («O General Delgado conseguiu despertar no povo o espírito de luta política»), 27 («Uma ditadura boa que esmaga os mínimos direitos do povo português»), 28 («Tiraram onde faz falta para pôr onde faz vista») e 29 de Junho de 1958 («Uma censura férrea aniquilou a cultura portuguesa em 32 anos»).

([37]) *Memórias de Humberto Delgado*, Coordenação de Iva Delgado e António de Figueiredo, Lisboa, Publicações Dom Quixote, 1991, págs. 493–494.

motivada pelo telegrama em que falseou, sem o mais pequeno respeito pela verdade, factos relativos à forma e legalidade» como tinham decorrido as eleições([38]).

Aquela referida missiva do ministro dos Negócios Estrangeiros dirigida a Lins confirmava apenas a posição que verbalmente lhe fora expressa([39]) por Marcello Mathias, a 12, assegurando assim por escrito não corresponderem à realidade os receios que haviam sido manifestados por Delgado, «a cuja liberdade e segurança — garantia o ministro —, não havia intenção de pôr quaisquer entraves», podendo com «toda a tranquilidade fazer a sua vida normal». E lembrou o ministro Mathias que, perante a questão colocada pelo embaixador Lins sobre se o general Delgado seria autorizado a ausentar-se do País, caso manifestasse esse desejo, lhe havia dito — o que era reafirmado —, bastar que «cumprisse as formalidades usuais, isto é, requeresse como qualquer outro funcionário público a autorização para se ausentar do território nacional e se apresentasse munido do necessário passaporte». Como argumento final, e pretendendo comprometer no plano jurídico-diplomático a viabilidade da concessão do asilo, Marcello Mathias referiu expressamente a Álvaro Lins não se verificarem em Portugal «quaisquer perturbações de ordem pública, que pudessem pôr em risco a vida ou a liberdade de qualquer cidadão, decorrendo a vida nacional portuguesa em condições de perfeita normalidade»([40]). Este argumento de Marcello Mathias seria comentado por Lins. Parecia ao embaixador que «apenas os totalmente leigos no assunto, ou os homens de governo que se deixaram ficar *démodés* e desinformados da evolução moderna desse instituto no Direito Internacional» podiam julgar que a concessão de asilo se justificava apenas nos casos de perturbações da ordem pública, justificando haver sido essa concepção, ainda válida na época contemporânea do Tratado de Havana, ultrapassada pela concepção expressa no Tratado de Caracas, que, nas palavras de Lins, situava «a necessidade como a eficácia do asilo em dois planos distintos: "àqueles em que o indivíduo (I) seja perseguido por pessoas ou multidões que hajam escapado ao controle das autoridades, ou (II) pelas próprias

---

([38]) AHD/S 3/E34/P4 — Telegrama do Ministério dos Negócios Estrangeiros para a Embaixada de Portugal no Rio de Janeiro, de 25 de Junho de 1958.

([39]) Álvaro Lins fez-se acompanhar, na audiência com o ministro Marcello Mathias, pelo ministro conselheiro da embaixada, Martim Francisco, do que registou memórias (*Missão*... cit., págs. 36-37 e 39-48).

([40]) AHD/S 3/E34/P4 — Telegrama do Ministério dos Negócios Estrangeiros para Embaixada de Portugal no Rio de Janeiro, de 14 de Janeiro de 1959.

autoridades, quando se encontre em perigo de ser privado de sua vida ou liberdade por motivo de perseguição política"». Na sequência desta observação, Lins deixaria uma nota crítica aos «homens do regime português», pela geral «atitude de incrudelidade ou desdém ante a cultura política e jurídica de base latino-americana»([41]), no que certamente lia espírito e cultura colonialistas, objectos da sua mais viva antipatia.

Para Álvaro Lins, à sua «nota lacónica», o ministro Mathias respondera «com três páginas de palavras encachoeiradas»([42]).

E não só; também com uma nota passada à imprensa, onde se lia:

> O Senhor Embaixador do Brasil informou esta tarde o Ministério dos Negócios Estrangeiros de que o Senhor General Humberto Delgado fora à sua Embaixada, a fim de solicitar, como refugiado político, lhe fosse concedido o direito de asilo por se considerar na iminência de ser preso. Foi agradecida ao Senhor Embaixador do Brasil a sua comunicação e dito ao mesmo tempo que não se via qualquer inconveniente em que o Senhor General Delgado se instalasse na Embaixada brasileira.
>
> Esclarece-se, porém, que não havendo qualquer mandado de prisão contra aquele general, nem nenhum propósito de prendê-lo por actos cometidos até ao presente, o pretexto por ele invocado carecia de todo o fundamento.
>
> Foi salientado ao Senhor Embaixador do Brasil que, se as autoridades portuguesas houvessem tido a intenção de prender aquele general, ter-lhe-iam aplicado a pena de prisão e não a pena benévola de afastamento do serviço activo com três quartos do vencimento. Nestas condições, e continuando a dispor o Senhor General Delgado de toda a liberdade de movimentos, só um propósito espectacular de se atribuir a si mesmo a condição de perseguido político, com a invocação de perigos e ameaças inexistentes, podia explicar o apelo dirigido à Embaixada do Brasil.
>
> Por outro lado, o Senhor General Delgado não deu no presente momento qualquer passo para a preparação de uma eventual saída para o estrangeiro, que, aliás, lhe não seria negada.
>
> Sendo assim, as autoridades portuguesas não têm de intervir no assunto e não lhe darão qualquer colaboração.

([41]) Álvaro Lins, *Missão...* cit., págs. 87–88.
([42]) *Idem*, págs. 86–87.

> O Governo lamenta sinceramente que um cidadão português para satisfazer os seus desígnios políticos não tenha hesitado em criar à Embaixada de um país tão fraternalmente ligado a Portugal semelhante situação.[43]

Álvaro Lins perguntou-se como havia sido possível o governo português ter emitido uma nota «tão desastrada», só explicável pela «perda de cabeça pelo impacto do asilo». No juízo de Lins, a nota oficiosa, que escalpelizou[44], iria testemunhar para sempre uma atitude, além do mais publicamente, pelo que reagia com incrudelidade ao facto de a diplomacia ser capaz de «cometer, logo de chôfre, o erro maior diante do menor problema»[45]. Lembrou ainda o diplomata brasileiro que Marcello Mathias lhe falara na audiência do dia anterior «nos termos» dessa nota, ao que respondera:

> Ministro, o senhor está fechando todas as portas a um entendimento e a uma negociação. O senhor foi Embaixador durante dez anos, é agora o Ministro dos Negócios Estrangeiros, e bem sabe que isto não se pratica em diplomacia. Ainda que o seu propósito seja um não ao asilo, acho que não deveria dizê-lo hoje. Deveria deixar para dizê-lo amanhã ou depois, com um pouco de tempo para examinar melhor o problema.[46]

A referida nota oficiosa havia sido dada a conhecer previamente ao embaixador do Brasil, o qual imediatamente transmitiu ao ministro Mathias discordar da ideia de publicações oficiais com «definições prematuras de atitudes». Facto é que, no momento da divulgação da nota, um relato parcial da audiência de Marcello Mathias com Álvaro Lins e Martim Francisco passara já — logo no final da tarde do dia 12 — às páginas de uma nova edição do *Diário Popular*, motivo de viva indignação de Lins, que escreveu:

> Fiquei a pensar: por que essa afobação, essa exibição de publicidade oficiosa e oficial, esse afã em definir a posição do Governo em termos de intransigência, publicamente, logo no primeiro dia? Por que tanto açodamento?

---

(43) v.g. *Diário de Lisboa*, de 13 de Janeiro de 1959. Reproduzida na íntegra por Álvaro Lins, *Missão*... cit., pág. 56.

(44) Álvaro Lins, *Missão*... cit., págs. 57–64.

(45) *Idem*, pág. 57.

(46) *Idem*, pág. 60.

A referida nota oficiosa havia sido, na opinião do diplomata brasileiro, da autoria de Salazar, faltando-lhe não apenas «substância política», mas «validade jurídica» e «verdade dos factos»([47]).

O secretário nacional de informação, César Moreira Baptista, convoca os jornalistas para o SNI no dia 13. Nessa conferência de imprensa, filmada pela RTP, apresenta-se com um tom só aparentemente descontraído, e toma por base a nota oficiosa já conhecida, para algumas considerações iniciais. Em resumo, o direito de asilo era uma «nobre» tradição dos países sul-americanos, por outras palavras, o instituto era mais tradicional do que institucional. E quanto ao caso concreto, Moreira Baptista reafirmou que não existia qualquer mandado de captura do general Delgado, que podia assim, como disse, deslocar-se livremente, de «táxi, eléctrico, ir a pé». Clarificada ficou por Moreira Baptista a questão do foro a que estava sujeito o general, dizendo ser o comum, tendo presente a punição disciplinar a que fora sujeito. Perante uma questão colocada pelo jornalista Mário Neves, o secretário nacional de informação voltou a afirmar que Delgado podia sair da Embaixada e que o governo encarava com a maior benignidade e paciência a situação de «escândalo público» procurada intencionalmente pelo general, uma «comédia destituída de sinceridade», como afirmou, considerando o tema «um ponto relativamente importante». Nesse mesmo dia, o governamental *Diário da Manhã* fazia referência ao que considerava ser uma «comédia triste»; nas palavras do jornal dirigido por José Manuel da Costa, o general dera um «triste sinal» de si próprio, «fingindo agora ter medo de quem só foi generoso e benévolo para os seus actos» quando só tinha «razão de ter medo de si mesmo ou talvez dos seus amigos»([48]).

De Paris chegavam entretanto às Necessidades notícias sobre as reacções da imprensa, lendo-se nas páginas do *L'Aurore* que a atitude do Brasil afectava claramente Salazar, ferindo-o no seu amor-próprio([49]).

([47]) *Idem*, págs. 51–53 e 64.

([48]) Esse encontro de Moreira Baptista com os jornalistas, na «sala de imprensa» do SNI, não passou, como em geral sucedia com esses encontros, ao «Documentário Gráfico da Vida Portuguesa» inserto nas páginas da revista *Panorama*, editada pelo SNI, ao tempo dirigida por Ramiro Valadão [sobre essa publicação, para os anos de António Ferro, José Guilherme Victorino, *Propaganda e Turismo no Estado Novo, António Ferro e a revista Panorama (1941–1949)*, Prefácio de Guilherme D'Oliveira Martins, Lisboa, Alêtheia, 2018].

([49]) AHD/S 3/E34/P4 — Telegrama da Embaixada de Portugal em Paris para o Ministério dos Negócios Estrangeiros, de 14 de Janeiro de 1959.

Como informação relevante, o embaixador Rocheta transmitia a Lisboa não haver recebido do Itamaraty, até à noite de 13, qualquer nova mensagem do embaixador Lins, o qual na sua primeira comunicação dissera ter o governo português distribuído uma nota oficial sobre o assunto, julgando por essa razão desnecessário reproduzi-la, uma vez que era do conhecimento das agências e certamente viria a ser divulgada nos jornais brasileiros([50]), como de facto veio a suceder. O diplomata sublinhou, também, a relevância atribuída ao caso pela imprensa brasileira através da publicidade dada à nota do SNI, observando esforçarem-se os comentários editoriais do *Correio da Manhã*, do *Última Hora* e a coluna «Cachapuz» do *Diário de Notícias*, do Rio, por «justificar» o gesto do general Delgado. Por seu lado, *O Globo* citava «círculos responsáveis» do Itamaraty, segundo os quais o pedido de asilo seria limitado «às suas devidas proporções», por não pretenderem as autoridades portuguesas colocar obstáculos à saída do general. Seria, pois, essa a interpretação da mencionada nota do SNI que era feita pelo Ministério das Relações Exteriores do Brasil.

Manuel Rocheta contacta então o director político do Itamaraty, que lhe desmentiu tal interpretação, sem no entanto se propor fazer qualquer desmentido formal, por entender que essa diligência podia comportar efeitos contraproducentes. Mas logo nessa ocasião, aquele alto funcionário diplomático transmitiu ao embaixador de Portugal, invocando falar «a título meramente pessoal», a sua apreensão pela «marcha das negociações em Lisboa», quando estava já aberta, e não se podia evitar no Brasil, a discussão pública do caso. Deste modo era lembrado a Rocheta não existir ali censura que pudesse impedir a polémica. Por todas essas razões, julgava «necessária de parte a parte certa medida de transigência para evitar situações de retratação inaceitáveis "sobretudo quando assumidas publicamente"».

Quanto à posição expressa nessa circunstância pelo embaixador português, relatou-a o próprio ao ministro Mathias nos seguintes termos:

> Fiz-lhe ver que [a] posição claramente manifestada desde início por Governo português só poderia facilitar essa solução, desde que não implicasse, como declarara [o] Governo português, colaboração com manobra montada com fins evidentes [de] exploração política, pelo que me parecia que do lado brasileiro cabia evitar dificuldades que dizia recear.

([50]) AHD/S 3/E34/P4 — Telegrama da Embaixada de Portugal no Rio de Janeiro para o Ministério dos Negócios Estrangeiros, de 14 de Janeiro de 1959.

E acrescentou:

> Concordando, prometeu procurar conseguir que hoje mesmo sejam expedidas instruções [ao] Embaixador, aconselhando-o a conduzir [a] questão por forma [a] evitar [a] apresentação [de] pedidos formais e a procurar, por conversas amigáveis, obter solução que satisfaça ambos [os] Governos.([51])

De acordo com o testemunho de Lins, a 14 de Janeiro foi recebida na Embaixada do Brasil uma comunicação urgente do seu governo, informando da aprovação, «sem reservas nem ressalvas», da concessão de asilo a Delgado. Álvaro Lins acolheu-a com satisfação, tanto mais por ser «integral, completa, calorosa», sem que viesse, como sublinhou, acompanhada de qualquer instrução ou recomendação. O embaixador interpretou esse facto como expressão de prova de confiança no seu critério e retirou conclusões: cumpria-lhe dirigir as negociações com o governo português, e era em Lisboa que esse processo decorreria([52]). Álvaro Lins actuava desta vez, como já anteriormente o fizera — por boas ou más razões —, assumindo o exercício de poderes reforçados que Juscelino lhe concedera formalmente([53]). Uma certa altivez de Lins,

---

([51]) *Idem.*

([52]) Álvaro Lins, *Missão...* cit., pág. 79.

([53]) *Idem*, págs. 172–180, referindo e transcrevendo Lins as duas cartas pessoais enviadas, a seu respeito, por Juscelino a Craveiro Lopes e a Salazar, quando assumira funções em Lisboa, as quais interpretou como envolvendo e comprometendo a «solidariedade *pessoal* do Presidente» em tudo o que lhe ocorresse nesse posto. Álvaro Lins valorizava essas missivas, deixando afirmado não ser de um critério geral que resultava o envolvimento pessoal e a responsabilidade também pessoal de Juscelino, mas «dos termos das cartas» referidas, para mais destinadas a serem entregues em audiências especiais, diferentemente do que tradicionalmente sucedia com a mera «apresentação dos agentes diplomáticos, portadores tão-somente das Cartas Credenciais, trazendo a assinatura do Presidente da República como rubrica de impessoais documentos de chancelaria». Josué Montello, *O Juscelino Kubitschek de minhas recordações*, op. cit., informa que o próprio presidente Kubitschek lhe confirmara o empenho de Lins em obter aquelas «recomendações especiais», as quais «lhe dariam poderes expressos e objectivos para o desempenho excessivo de suas atribuições». Nas palavras de Montello, Álvaro Lins, «sabendo o que pretendia alcançar — algo não esclarecido por Montello —, tratou de proteger-se com ordens escritas e intimidativas, que o próprio Juscelino recusaria a qualquer outro embaixador», aludindo ainda a uma outra carta do presidente ao seu chanceler, José Carlos de Macedo Soares, de 25 de Setembro de 1956 — também reproduzida por Lins —, onde se lia, entre outras «normas» para as quais o presidente determinou «observância, perfeita e

por certo característica da sua personalidade, haveria de causar-lhe sensaborias e incompreensões de todo o tipo, também no exercício das suas funções de embaixador([54]).

O Jornal dessa data definiu a posição, que era, então, a de Assis Chateaubriand, o singular e influente «Chatô»([55]). Afastando dúvidas sobre os procedimentos do embaixador brasileiro e do Itamaraty, que considerava actuarem «de acordo com uma antiga e sempre respeitada indicação do Direito Internacional», o periódico declarava vitoriosa a tradição, nada tendo porém a ver com as lutas políticas internas do país que tinha um «lugar de privilégio no coração dos brasileiros». E fez votos para que os «aspectos desagradáveis do acontecimento» servissem como uma nova oportunidade para se reafirmarem «os laços de fraterna e crescente colaboração entre Portugal e o Brasil».

Assis Chateaubriand interviria pessoalmente no caso, mais tarde, como se assinalará, actuação essa que justificou que o seu biógrafo, Fernando Morais, notasse que, durante todo o período que passara à frente da Embaixada brasileira em Londres, o «único registro de trabalho efetivamente diplomático» por ele realizado quase resultara «em rumoroso problema nas relações entre o Brasil e Portugal, além de ter sido, bem ao estilo do jornalista, uma inexplicável exorbitância das suas funções»([56]).

---

rigorosa»: «Nenhuma missão governamental ou pessoal em carácter oficial poderá ser enviada a Portugal sem prévia audiência do embaixador Álvaro Lins, seja no terreno económico ou comercial, seja no terreno cultural».

([54]) A este respeito é muito significativo o telegrama enviado, a 4 de Abril de 1957 — estando em preparação a visita oficial ao Brasil do presidente da República Craveiro Lopes —, do então embaixador no Rio de Janeiro, António de Faria, ao seu ministro, ao tempo, Paulo Cunha (*António de Faria*, Organização de António José Telo, Colaboração de Bruno Reis e Pedro Faria, Colecção Diplomatas Portugueses, Lisboa, Edições Cosmos, 2001, págs. 259–263). José de Noronha Gamito, *Nesciedades*, I, s/l, Edição do Autor, Civilização Distribuidor, s/d [1992], págs. 381, conhecedor daquele telegrama, refere-se à «aveludada irritação [de António de Faria] ao suspeitar que as Necessidades estivessem preferindo as sugestões e contribuições de Álvaro Lins, seu homólogo brasileiro em Lisboa, às provenientes dele próprio».

([55]) Fernando Morais, *Chatô, O Rei do Brasil*, Projeto Gráfico Hélio de Almeida, 2.ª edição, São Paulo, Companhia das Letras, 1994. Ao tempo, Assis Chateaubriand desempenhava funções de embaixador do Brasil em Londres.

([56]) *Idem*, págs. 611–612. Assis Chateaubriand passaria depois, segundo o mesmo registo biográfico, ao «circuito Rio–Lisboa–Rio» com o objectivo de convencer Juscelino a «retirar a concessão de asilo que já havia sido dada». Lembre-se que Chatô se encontrava em Lisboa a 12 de Janeiro, precisamente

A Folha da Manhã daquele mesmo dia afirmara a sua orientação:

> O asilo em nossa Embaixada é apenas uma das muitas consequências remotas, como reacção de legítima defesa contra as de outro género. Uma vez eleito à maneira de Salazar o almirante Américo Tomás, o incidente estaria encerrado se não se desencadeassem as vingadoras perseguições àqueles que, como o general Delgado, se opuseram à candidatura oficial. É contra essa atmosfera irrespirável que se levantam os sentimentos da verdadeira fraternidade luso-brasileira, inquebrantável através de todas as vicissitudes de carácter político e fiel aos anseios comuns de liberdade.

Que o chefe da missão diplomática brasileira em Lisboa se conduzira perfeitamente «dentro da tradição liberal do Brasil, em matéria de asilo político», era também a opinião do *Jornal do Comércio*, em cujas páginas ficou assinalado, não certamente por acaso, ser hábito brasileiro «não investigar, para conceder o asilo, se as razões de quem o pede são meramente subjectivas, ou se pelo contrário seus temores correspondem à realidade». Nesse artigo, ficou mais do que sugerido que as autoridades portuguesas consideravam até útil, do ponto de vista da política interna, o «exílio voluntário do líder oposicionista». Sobre a atitude do governo português — garantindo inexistir qualquer restrição em relação a Delgado —, o *Jornal do Comércio* aludia aos que a interpretavam como «disfarce da recusa em aceitar os efeitos do asilo concedido pelo Brasil». E admitia o jornal, com fina perspicácia, que a intenção do governo de Lisboa em convencer a opinião pública de que Humberto Delgado podia deslocar-se «tranquilamente à repartição competente, providenciar a obtenção do seu passaporte "como qualquer outro cidadão"» tinha um propósito «valioso». Tratava-se, afinal, de demonstrar à opinião mundial as condições de «paz total e liberdade» existentes em Portugal. Nesse caso, não era já uma «recusa disfarçada», mas um «gesto de habilidade política que consistiria em

---

no aeroporto, em trânsito para Londres, tendo sido a segunda pessoa a quem o embaixador informou que Delgado entrara na chancelaria para solicitar asilo, informação que lhe acabara de ser comunicada telefonicamente. «Chateaubriand deu um salto de surpresa — recordaria Lins —; e reagiu, todo como jornalista, nada como Embaixador, com uma frase que ao menos me fez rir naquela altura: — Meu querido, veja se me arranja uma fotografia sua com ele para a primeira página do O *Jornal*» (Álvaro Lins, *Missão*... cit., págs. 30–31).

forçar o próprio adversário a desdizer com seus passos, nas ruas de Lisboa, o que afirmou à porta da Embaixada brasileira»([57]).

No *Diário Carioca*, ainda do mesmo dia, num editorial sugestivamente intitulado «Os Governos e os regimes envelhecem», o reputado jornalista J[osé] E[duardo] Macedo Soares — que passara por Lisboa havia pouco tempo — chamava a atenção para o facto de as instituições de governo num «país civilizado com sentido das garantias jurídicas» poderem resistir muito tempo, desde que as pessoas mudassem de tempo em tempo, pelo que um excelente governo que fosse marcado pelo tempo revelar-se-ia intolerável, e afirmou:

> O velho Salazar ainda não atinou com essas simples verdades. Trinta anos de reinado ilegítimo apoiado na submissão militar, é fenómeno que as condições materiais e intelectuais da existência moderna não podem tolerar.

Na sua edição de 15 de Janeiro, o *Correio Paulistano* afinou por idêntico diapasão, mas não iludiu a crítica ao general Delgado, achando ter-se manifestado no «episódio» do pedido de asilo a «tentação demagógica» do oficial, superestimando-se como chefe e como homem público. Porém, em entrevista ao *Última Hora*, da mesma data, Luís Abreu de Almeida Carvalhal([58]), que presidia à Associação General Humberto Delgado, foi inequívoco ao afirmar que a vida de Delgado se encontrava ameaçada: «Reduzido a simples civil, sem nenhuma garantia, o general Delgado estava na iminência de ser preso quando se asilou na Embaixada do Brasil». E adiantou que caso Delgado não tivesse adoptado essa atitude acabaria por ter o mesmo fim de Henrique Galvão: ser preso.

No dia seguinte, a ANI dava conta do que considerava constituir uma «nota pitoresca» dada pelo *Correio da Manhã*. Sob o título «Candidato Novamente», o jornal inseria uma local singularíssima do seguinte teor: «Corria ontem pela cidade a notícia de que o general Delgado será novamente candidato das oposições, mas desta feita para a presidência do Clube de Regatas Vasco da Gama». Noutro tom, a mesma agência noticiosa deu conta das declarações, *simpáticas* às

---

([57]) *Jornal do Comércio*, de 14 de Janeiro de 1959.

([58]) Luís Abreu de Almeida Carvalhal, *A Verdade sobre Humberto Delgado no Brasil, Cartas Inéditas, Notas e Comentários*, Rio de Janeiro, 1986, o qual entraria em rota de colisão e posterior ruptura com Delgado.

autoridades portuguesas, do senador Lourival Fontes, vice-presidente da Comissão de Assuntos Exteriores do Senado, segundo o qual não existia qualquer motivação para a concessão do asilo ao general Delgado, dado que este «apenas» sofrera uma penalidade disciplinar e não estava ameaçado de qualquer violência. No entender do senador, o direito de asilo servia «apenas para resguardar alguém de ameaças, no sentido exclusivamente político». Para esse «amigo» de Portugal, à Embaixada do Brasil em Lisboa cabia «apenas consultar o Itamaraty, ouvir as razões invocadas, no mais, é imiscuir-se em questões domésticas ou servir de pretexto ao sensacionalismo político»([59]). Esta declaração pareceu a Lins «extravagante», uma «enormidade», perguntando-se, implacável, se seria a nostalgia do fascismo e do Departamento de Imprensa e Propaganda (DIP) que haviam «ressurgido violentamente» no senador, ao qual apontou uma «incurável mediocridade, ressentida e raivosa, de intelectual falhado»([60]).

A agência de Dutra Faria optou ainda por ironizar:

> Rio de Janeiro, 15 (ANI) — Duas entrevistas telefónicas sobre o caso do General Humberto Delgado na imprensa carioca: uma, na «Última Hora», com o embaixador Álvaro Lins; a outra, no mesmo jornal com a esposa do General: — Desde há muito que não me sentia tão tranquila como agora (M.D.) (11.25)...

Outros serviços da ANI deixaram indignado o embaixador Lins, que expressou o seu sentimento ao ministro Mathias([61]).

No Rio de Janeiro, Manuel Rocheta preocupava-se com o interesse revelado pela imprensa em relação ao caso Delgado. De acordo com o seu telegrama para as Necessidades, de 15 de Janeiro, o *Última Hora* vinha aproveitando o «incidente» para fazer os seus habituais ataques

---

([59]) Às posições expressas por Lourival Fontes e Novais Filho deu destaque o *Diário da Manhã*, de 15 de Janeiro de 1959.

([60]) Álvaro Lins, *Missão...* cit., pág. 89–91. Lourival Fontes foi muito próximo colaborador de Getúlio Vargas, tendo dirigido o Departamento de Propaganda e Difusão Cultural entre 1935 e 1937 e as instituições sucessoras — o Departamento Nacional de Propaganda e o Departamento de Imprensa e Propaganda — até 1942. Nessa qualidade, como adiante se assinala, manteve estreito contacto com António Ferro, seu homólogo. Após a eleição de Vargas, dirigiu a casa civil da presidência. Em geral sobre as relações entre os Serviços de Propaganda e Informação de Portugal e do Brasil, Heloísa Paulo, *Estado Novo e Propaganda em Portugal e no Brasil, O SPN/SNI e o DIP*, Coimbra, Livraria Minerva, 1994, *passim.*

([61]) *Idem*, pág. 81.

ao regime português, e Dantom Jobim, no *Diário Carioca*, defendera constituir um «dever moral do Governo» português a expedição de um salvo-conduto ao general, e isto porque ou Delgado não ia ser preso e podia obter licença para sair de Portugal, ou ia ser preso e nesta hipótese justificava-se a concessão do asilo por se tratar de prisão por motivações políticas([62]).

O *Globo* aparecera a 16 de Janeiro com o editorial: «Amizade que está acima de tudo», colocando-se à margem da discussão do «mérito do caso», abrindo os braços a Delgado, de acordo, sublinhou, com as «tradições de hospitalidade» do Brasil, embora se tenha declarado adversário da intenção de se abrir aí «um campo de batalha para a política portuguesa», avisando não querer que aos múltiplos problemas brasileiros se fosse juntar mais esse, afectando o que considerava ser uma das mais importantes realidades da história: a comunidade luso-brasileira([63]).

Ao ministro Marcello Mathias chegavam entretanto outras notícias. Da Embaixada portuguesa em Londres, informava-se o Ministério do destaque dado ao caso Delgado nas páginas do *Manchester Guardian* e *The Times*.

De Lisboa, o ministro dos Negócios Estrangeiros mantinha informado Rocheta das diligências de Álvaro Lins, que se deslocara ao Ministério no dia 14. Nessa ocasião, e de acordo com o relato de Mathias, o embaixador informara-o de que estava ponderando a hipótese de Delgado apresentar um requerimento junto do Secretariado da Aeronáutica solicitando autorização para sair de Portugal e, como já tinha passaporte, seguir posteriormente por via aérea para o Brasil. Essas diligências, ainda de acordo com a sugestão de Lins, seriam realizadas sem intervenção da Embaixada do Brasil. Em suma, no momento do embarque o general apresentar-se-ia sozinho, sem que pudesse invocar benefícios do direito de asilo, salvo-conduto ou presença de autoridades brasileiras. O que Álvaro Lins pretendia do ministro era saber se a proposta formulada nesses termos «poderia oferecer uma base ou princípio de acordo».

([62]) *Idem*, pág. 129, com referência aos artigos de Paulo Silveira no *Última Hora* e de Dantom Jobim no *Diário Carioca*.

([63]) Sobre a posição de *O Globo*, de Roberto Marinho, em relação ao asilo do general Delgado, Williams da Silva Gonçalves, *O Realismo da Fraternidade Brasil-Portugal, Do Tratado de Amizade ao caso Delgado*, Prefácio de Valentim Alexandre, Lisboa, Imprensa de Ciências Sociais, 2003, pág. 159.

Se por um lado essa proposta traduzia, de facto, uma cedência em matéria de «regime de asilo», por outro correspondia à necessidade de desbloqueamento da tensão diplomática entre países com particulares responsabilidades no plano das relações bilaterais, que tinham sido reafirmadas expressivamente na viagem ao Brasil do presidente Craveiro Lopes, que decorrera entre 4 e 25 de Junho de 1957([64]).

A ser verdade que as autoridades portuguesas eram indiferentes à ideia de o general Delgado se ausentar do país, haveria então que concluir que a proposta de Lins não maculava a posição afirmada pelo ministro Marcello Mathias. Este, porém, mostrou-se inflexível, e denunciou no telegrama a Manuel Rocheta o sentimento mais profundo do governo português. Embora o ministro tivesse reafirmado em resposta ao embaixador brasileiro nada obstar a que Delgado requeresse autorização para se ausentar de Portugal, e que essa autorização lhe seria concedida, colocava — melhor, impunha — uma condição: aquela diligência do general Delgado e a validação do seu passaporte para o Brasil — já que aquele que possuía não incluía esse país — teriam de ser realizados depois de o general sair da embaixada.

As autoridades portuguesas colocavam assim um entrave à resolução célere do caso. E o ministro Mathias não omitiu ao embaixador Rocheta as razões da sua posição intransigente, o que fez nos seguintes termos:

> [O] nosso pensamento é que para ficar bem comprovado que só por manobra política é que Delgado apelou para [a] protecção do Governo do Brasil, ele deverá regressar ao seu domícilio até resolução [das] formalidades legais necessárias [à] sua saída do país, formalidades estas que levarão alguns dias.([65])

Para esta estratégia — na verdade, de *ajuste de contas* com Delgado pelo *bluff* que lhe era imputado —, Marcello Mathias pretendia contar com a boa vontade do governo brasileiro, tendo sugerido a Rocheta a importância de o Itamaraty instruir Álvaro Lins nesse sentido. E desejava ainda, como expressou, que não restassem dúvidas ao embaixador português, nem ao governo brasileiro, que a não ser aceite o ponto de

---

([64]) Sobre essa visita de Estado assume muito interesse o relato memorialístico do diplomata José de Noronha Gamito, *Nesciedades*, I... cit., págs. 371–422.

([65]) AHD/S 3/E34/P4 — Telegrama do Ministério dos Negócios Estrangeiros para a Embaixada do Rio de Janeiro, de 14 de Janeiro de 1959.

vista das autoridades portuguesas, «isso corresponderia [a] Delgado ficar indefinidamente [na] Embaixada do Brasil»([66]).

Também a 14 de Janeiro, o ministro Mathias determinara a Manuel Rocheta que procurasse o ministro das Relações Exteriores brasileiro, «e com todo o tacto mas [com] a maior firmeza» o informasse da surpresa com que o governo português tomara conhecimento da nota de Lins pela qual havia sido comunicada a concessão de asilo a Delgado. E, «de maneira mais amistosa», se referisse às «delicadas implicações possíveis» do facto de o governo português ter «empenhado [a] sua palavra» junto do embaixador do Brasil, recebendo, como resposta, o reconhecimento do direito de asilo. É que podia parecer — sublinhou Marcello Mathias — que tinha sido dado «mais crédito» aos receios alegados por Delgado do que às «seguranças» afirmadas ao embaixador do Brasil e «tornadas públicas — adiantava o ministro — por nossa própria iniciativa». Considerando que a «atitude espectacular» do general Delgado visava «apenas procurar introduzir na vida política interna portuguesa elementos de perturbação e confusão internacionais que [a] nossa dignidade não pode admitir», Marcello Mathias foi claro nas suas determinações:

> Tendo declarado não haver qualquer embaraço à liberdade de movimentos daquele oficial não poderemos aceitar conforme consta da Nota hoje aqui entregue ao Embaixador do Brasil (telegrama 10), e que V. Exa. deverá ter presente no seu espírito qualquer intervenção no território português a favor daquele General que possa envolver uma dúvida, à declaração por nós feita de que ele é livre de fazer a sua vida normal, e que nada impede que ele se ausente do país desde que cumpra as formalidades legais.([67])

O ministro dos Negócios Estrangeiros acalentava ainda nessa data, por certo, a esperança de uma desautorização de Lins por parte do Itamaraty, desconhecendo que o governo do Rio de Janeiro dera o seu acordo à concessão do asilo, e, como referido, em termos muito honrosos para o embaixador em Lisboa.

Se Manuel Rocheta já se preocupava com a repercussão do assunto na opinião pública brasileira, aquele telegrama do ministro não consentia que lhe restassem dúvidas quanto à orientação do governo

---

([66]) *Idem.*
([67]) *Idem.*

português, que era a de permanecer inflexível. Pessoalmente defensor de uma solução rápida do caso, Rocheta desdobra-se em contactos no Rio de Janeiro. Reúne e volta a reunir com o chefe do Itamaraty, Negrão de Lima, e informa Lisboa.

O ministro brasileiro admitia que, não tendo Portugal aderido ao sistema latino-americano, não era lícito invocar em Portugal o direito de asilo. Por outro lado, não se verificando as circunstâncias que podiam justificar o reconhecimento do direito de asilo, pertencia exclusivamente ao governo português a responsabilidade e a garantia das condições de segurança individual no seu território. Sendo assim, Negrão de Lima entendia não ser possível ao chefe da missão arrogar-se qualquer direito de intervenção, «para além da protecção concedida na sua residência, cessando aí também toda a sua responsabilidade»([68]). Com todas essas considerações, marcadamente retóricas, como se verá, o ministro pretendia na verdade caucionar a proposta que imediatamente comunicou ao embaixador de Portugal — isto, relembre-se, depois de já ter transmitido a Lins o acordo, sem reservas, do governo brasileiro à concessão de asilo a Delgado. Tendo presente as «seguranças» dadas pelo governo de Lisboa, Negrão de Lima estava pronto a aceitar que o general abandonasse o edifício da Embaixada «onde se acolhera ao abrigo da prática admitida pelo direito brasileiro, sem que ao Embaixador coubesse qualquer forma de protecção, a partir desse momento». E reconhecia, muito intencionalmente, que a atitude do governo português, «prestando-se a examinar com o Embaixador as condições da saída do General, representava um gesto amistoso de cortesia que o Governo brasileiro devidamente apreciava».

O que oferecia Negrão de Lima a Rocheta no Rio de Janeiro não diferia da proposta apresentada por Lins a Marcello Mathias em Lisboa. O sentido dessa tentativa de acordo era claro, e as suas condicionantes também ficaram esclarecidas pelo ministro brasileiro, que fez questão de notar ao embaixador Rocheta uma distinção que disse afigurar-se-lhe relevante:

> A partir do momento em que se completassem as formalidades necessárias para a saída do país, não tinha objecção, como já dissera, a que o General Delgado deixasse o edifício da Embaixada sem ulterior protecção por parte da Missão brasileira. Mas, até esse momento, sentia-se ligado

---

([68]) AHD/S 3/E34/P4 — Telegrama da Embaixada de Portugal no Rio de Janeiro para o Ministério dos Negócios Estrangeiros, de 17 de Janeiro de 1959.

> por uma obrigação moral, que poderíamos considerar de pura hospitalidade e que de nenhum modo implicava menos confiança no procedimento das autoridades portuguesas, mas que inibia o Governo brasileiro, pelo menos, de intervir na decisão que ao interessado cabe tomar sobre a sua saída, enquanto que, no primeiro caso, não teria dúvidas em aconselhá-lo francamente a aceitar as facilidades e garantias generosamente oferecidas pelo Governo português.

O ministro Negrão de Lima disse ainda a Rocheta que aguardava notícias de Lins, confirmativas da aprovação dada por Mathias à «modalidade de regularização das formalidades burocráticas para a saída para o estrangeiro, enquanto o General se conservasse na Embaixada». A não ser assim, Negrão de Lima, muito hábil, pedia ao governo português toda a boa vontade e atenção para este aspecto, «certo de que não podia invocar um direito, mas confiado em que o Governo português lhe daria a sua compreensão». Outra coisa pensava ainda o ministro brasileiro, no que era acompanhado «inteiramente» por Rocheta: a questão devia continuar a ser encaminhada em Lisboa pelo embaixador Lins — como este, aliás, entendia inequivocamente incumbir-lhe —, sem prejuízo da intervenção da Embaixada portuguesa no Rio de Janeiro, sempre que fosse conveniente, «com vista a apressar o andamento das conversas e a evitar uma prolongada especulação da imprensa sem vantagem para qualquer lado»(69).

Com a aquiescência do embaixador de Portugal à perspectiva definida por Negrão de Lima, ficavam sublinhados dois aspectos da maior relevância: o assunto devia ser tratado em Lisboa por Lins e justificava resolução urgente. Se o ministro das Relações Exteriores do Brasil estava genuinamente empenhado em retirar de sobre a sua secretária um *dossier* tão incómodo, e nesse sentido formulara aquela mencionada proposta a Manuel Rocheta, a verdade é que este não parece ter alimentado dúvidas quanto ao caminho do governo brasileiro para a liquidação do caso de uma *forma amável* para com as autoridades de Lisboa. Disso mesmo deu conta às Necessidades, quando em telegrama de 17 de Janeiro afirmou ter verificado junto de Negrão de Lima a existência de uma diferença acentuada de «pontos de vista» quanto ao ângulo pelo qual era encarado o direito de asilo, que em Portugal — observava Rocheta — parecia não se reconhecer, enquanto no Brasil se raciocinava «exclusivamente em termos [do] instituto

(69) *Idem.*

e prática universalmente estabelecidos — pelo menos [no] mundo latino-americano com apaixonada adesão [da] opinião pública [d]estes países, pelo que lhes é difícil compreender [a] nossa justificada reacção em face [da] aplicação automática [dos] princípios e regras por eles geralmente aceites». Essa orientação, observou Rocheta, justificara que o Itamaraty tivesse aprovado a concessão de asilo a Delgado pelo embaixador Lins, «sem a menor ideia de ofender o Governo português». E informou ainda haverem-lhe solicitado que acentuasse esse aspecto junto de Lisboa «como tendência para reclamar [a] aplicação automática daquelas regras, embora dispostos a mitigá-las, até onde for possível, por atenção para com o Governo português».

A mitigação dessas regras tornara-se já evidente nas propostas de resolução do caso apresentadas primeiro por Álvaro Lins e depois por Negrão de Lima. Ciente disso mesmo, Manuel Rocheta informava o Ministério de que tinha «naturalmente» procurado justificar o ponto de vista do seu governo. As informações colhidas pelo embaixador português no Itamaraty — sem deixar de ter presente que a comunicação de Lins chegara ao Rio de Janeiro parcialmente indecifrável —, eram as seguintes:

> Embaixador [Álvaro Lins] limitava-se a dizer que expusera algumas ideias e que estas lhe pareceram [ser] bem aceites, atribuindo porém a V. Exa. [a] iniciativa [de] [o] General Delgado não ser acompanhado [ao] Aeroporto e quanto [à] validação [do] passaporte e [do] requerimento [da] autorização para se ausentar [para] [o] estrangeiro, [o] Embaixador propusera se fizesse enquanto [o] General estivessse na Embaixada tendo V. Exa. concordado.

A esta versão dos acontecimentos, Rocheta contrapôs aquela que lhe tinha sido instruída por Marcello Mathias, logo concluindo no telegrama enviado a Lisboa que seria difícil concordarem no Rio de Janeiro com a ideia de o general Delgado sair da Embaixada enquanto não estivessem «cumpridas [as] formalidades de embarque, pelo receio — acrescentava Rocheta—, não evidentemente de qualquer procedimento [das] autoridades portuguesas, mas de algum incidente imprevisível cujo risco será tanto maior quanto mais se prolongar [a] sua presença entre nós»([70]).

([70]) *Idem.*

Ainda a 17, Álvaro Lins volta a apresentar uma proposta de solução do caso a Marcello Mathias numa «demorada entrevista»([71]). Em síntese, o governo brasileiro desinteressar-se-ia da expedição de um salvo-conduto, e o general, sem abandonar a embaixada, requereria «de seu próprio punho» autorização ao Ministério da Defesa Nacional ou ao Secretariado da Aeronáutica para se ausentar do País, solicitando também ao Governo Civil visto de saída no seu passaporte de adido militar, que era aquele que o general tinha em seu poder. Quanto ao «encaminhamento dos papéis», Lins deixava ao critério do governo português decidir se o assunto seria tratado por um funcionário da Embaixada do Brasil, por um funcionário do governo ou mesmo por algum familiar do general.

No plano de Álvaro Lins seguir-se-ia um acordo entre o ministro Mathias e ele próprio para determinação do dia e hora em que Delgado seguiria numa viatura da embaixada, acompanhado pelo embaixador brasileiro ou por um dos secretários da embaixada, para a porta do avião na pista. Por fim, algumas horas depois, um «pequeno comunicado conjunto» tornaria público que Delgado se refugiara na Embaixada do Brasil e embarcara com destino ao Rio de Janeiro. «Refugiado» e não «asilado» — acentuou Lins — fórmula que a um tempo salvaguardava, em seu entender, a coerência das posições brasileira e portuguesa([72]). Esta proposta suscitou também objecções do ministro Marcello Mathias, decidido a não aceitar que Delgado fosse transportado para o aeroporto em viatura da embaixada, propondo, antes, que seguisse em automóvel particular e sem ser acompanhado pelo embaixador brasileiro ou qualquer outro funcionário da embaixada([73]).

O tema mantinha-se, assim, pendente, não tardando que fossem suscitadas novas dificuldades pelas autoridades portuguesas, as quais insistiam que o general se ausentasse da Embaixada para pessoalmente se ocupar das questões burocráticas, quer dizer, da licença e do visto([74]).

No Itamaraty, o ministro Negrão de Lima confirmava a Manuel Rocheta a informação que anteriormente lhe transmitira o director do departamento político do Ministério brasileiro: na entrevista com Lins, o ministro Marcello Mathias «teria retirado a concordância que (segundo [a] versão [do] Embaixador), já havia dado à saída do General

---

([71]) Álvaro Lins, *Missão...* cit., pág. 99.
([72]) *Idem*, págs. 99–103.
([73]) *Idem*, págs. 103–104.
([74]) *Idem*, págs. 114–116.

somente depois de cumpridas as formalidades para a viagem. V. Exa. — continuou Rocheta dirigindo-se ao seu ministro — teria explicado nessa ocasião que [a] sua concordância havia sido dada a simples conversa tendo posteriormente verificado que não podia mantê-la».

Desconhecedor desse encontro havido em Lisboa entre Marcello Mathias e Álvaro Lins, informou ainda:

> Não deixei de precisar que [as] minhas instruções eram bem claras no sentido de que não houvesse qualquer contacto entre [o] Embaixador e [o] Ministério depois de dia 14. Mas não insisti para evitar [o] risco [de] levantar [um] incidente que poderia ter as mais graves consequências nesta altura. Julgo porém indispensável informar V. Exa.([75])

O ministro Mathias transmitiu ao embaixador Manuel Rocheta impaciência pelo facto de este não ter ainda dado resposta a comunicações diversas de Lisboa, aludindo na oportunidade à delicadeza da situação que, por certo, sublinhou, não escaparia à «sensibilidade» do diplomata, e para a qual, insistia, era «necessária» toda a sua «cuidadosa atenção»([76]).

Manuel Rocheta respondeu ao ministro. Além de confirmar a recepção dos aludidos telegramas, indicou estar «naturalmente» a acompanhar o caso com toda a atenção, «procurando — disse —, não só agir junto do Itamaraty, quanto me cabe fazê-lo, como orientar [a] colónia e até onde é possível esclarecer [a] Imprensa»([77]).

Em telegrama de 20 de Janeiro, Rocheta deu conhecimento às Necessidades do facto de a imprensa brasileira daquela data dar «grande destaque» à petição dirigida ao governo por elementos da oposição a respeito do caso Delgado — salientando sobretudo o facto de já haver sido negada ao general, por duas vezes, autorização para se ausentar para o estrangeiro —, bem como à carta pastoral dos bispos, de 16 de Janeiro, que era apresentada como constituindo uma resposta da Igreja ao presidente do Conselho. Em Lisboa, o *Diário da Manhã*, de 18 de Janeiro, publicara a pastoral, na íntegra, qualificando-a, em título, como um «documento notável».

([75]) AHD/S 3/E34/P4 — Telegrama da Embaixada de Portugal no Rio de Janeiro para o Ministério dos Negócios Estrangeiros, de 28 de Janeiro de 1959.

([76]) AHD/S 3/E34/P4 — Telegrama do Ministério dos Negócios Estrangeiros para a Embaixada de Portugal no Rio de Janeiro, de 16 de Janeiro de 1959.

([77]) AHD/S 3/E34/P4 — Telegrama da Embaixada de Portugal no Rio de Janeiro para o Ministério dos Negócios Estrangeiros, de 15 de Janeiro de 1959.

Aquelas duas proibições de saída do País tinham sido mencionadas por Delgado a Lins, precisamente quando lhe solicitara asilo. Em Setembro de 1958, não tinha sido autorizado a deslocar-se ao Brasil a convite do Centro Republicano de São Paulo para proferir uma conferência por ocasião das celebrações do 5 de Outubro([78]). E fora-lhe interdito, no mesmo mês, ausentar-se a Roma para a tumulação de Pio XII e coroação do novo Papa João XXIII. E, tal como registou Lins, o general ressaltara que tais proibições se tinham verificado, «quando sem qualquer julgamento ou condenação na esfera administrativo-militar, portanto na plenitude dos seus direitos de cidadão e das suas prerrogativas de oficial-general do Exército, sendo que, por ocasião desses despachos de indeferimento, nem sequer havia sido mandado instaurar contra ele o processo encerrado havia poucos dias, com a sua expulsão das fileiras da Aeronáutica»([79]). Ainda de acordo com o testemunho de Álvaro Lins, a edição do *Diário Popular*, de 12 de Janeiro, que reproduzira parcialmente a audiência do embaixador com Marcello Mathias, como foi já referido, informava que Delgado não dirigira aos seus superiores hierárquicos qualquer pedido para se ausentar de Portugal. Porém, o ministro dos Negócios Estrangeiros haveria de dar uma «outra versão» a Lins: os requerimentos para as viagens tinham sido indeferidos dado que Delgado se encontrava ao tempo a responder em processo militar([80]).

Quanto à leitura da carta pastoral dos bispos feita pela imprensa brasileira, Marcello Mathias acusou-a, em telegrama de 22 remetido ao Rio, de revelar má-fé ou ignorância, defendendo a tese segundo a qual a pastoral constituía de facto uma resposta, mas a D. António, bispo do Porto. No entender do ministro, ao declarar esse documento do episcopado que a Acção Católica e demais organizações católicas não podiam, nessa qualidade, exercer qualquer espécie de acção política, a hierarquia tinha reposto «nos devidos termos as relações entre a Igreja e o Estado tal como as definiu a Concordata e ao contrário do

([78]) Esse convite foi objecto de atenção das autoridades diplomáticas portuguesas no Brasil, que fizeram chegar às Necessidades, e ao conhecimento de Salazar, um recorte d' *O Estado de São Paulo*, de 3 de Agosto de 1958, que publicou a carta/ /convite dirigida pelo Centro Republicano Português ao general Delgado, referindo-se nela a intenção de serem convidadas oportunamente outras personalidades de «prestígio e autoridade»: o bispo de Beja, Cunha Leal, Luís de Almeida Braga, António José Saraiva, Aquilino Ribeiro e Ferreira de Castro (TT-AOS-CO-PC-51).

([79]) Álvaro Lins, *Missão*... cit., pág. 33.

([80]) *Idem*, págs. 121–122.

que pretendera [o] Bispo do Porto». O ministro instruiu então o embaixador Rocheta para que através da imprensa, oficial ou oficiosamente, esclarecesse o assunto, e adiantou:

> É mesmo de presumir (mas nesta parte terá V. Exa. este ponto de vista como confidencial), que no futuro as consequências práticas da exautoração feita pelo episcopado das doutrinas do aludido Bispo venham a sentir-se na diocese do Porto.

Com esta alusão, o ministro Marcello Mathias revelava-se conhecedor das represálias que estavam a ser ponderadas em relação a D. António([81]), e que acabaram por determinar o exílio do prelado, impedido de reentrar em Portugal depois de em Julho de 1959 se ter ausentado, e a nomeação a 8 de Outubro seguinte de um administrador apostólico da diocese do Porto, D. Florentino de Andrade e Silva.

Tratando-se embora de um dado relevante que lhe fora transmitido pelo ministro Negrão de Lima a 17 de Janeiro, o embaixador Rocheta, por assumido lapso, só o levou ao conhecimento do ministro Mathias em telegrama de 23 seguinte. Em suma, o ministro brasileiro afirmara-lhe no final da conversa que, no caso de Delgado se acolher no Brasil, estava disposto a exigir-lhe o compromisso de não utilizar a hospitalidade do governo brasileiro para promover agitação política ou ataques ao governo português, encarando mesmo a imposição de internamento se esse compromisso não fosse respeitado. Manuel Rocheta obtivera por parte do director d' *O Globo*, amigo de Negrão de Lima, a confirmação do referido propósito do ministro, tendo-se oferecido o periódico para reforçar esse entendimento, e «iniciar forte campanha contra [o] General» caso este não cumprisse a sua palavra. E acrescentou nessa oportunidade o jornalista — claramente sintonizado com o chefe do Itamaraty — estar muito apreensivo com a permanência de Delgado na embaixada, «pois enquanto ali estivesse [o] caso continuaria aberto e não via meio de calar [a] agitação promovida [pelos] seus amigos utilizando velhas ligações» com a imprensa brasileira([82]). Álvaro Lins

([81]) Luís Salgado de Matos, «A campanha de imprensa contra o bispo do Porto como instrumento político do governo português (Setembro de 1958–Outubro de 1959)», *in Análise Social*, vol. XXXIV (150), 1999, págs. 29–90.

([82]) AHD/S 3/E34/P4 — Telegrama da Embaixada de Portugal no Rio de Janeiro para o Ministério dos Negócios Estrangeiros, de 23 de Janeiro de 1959.

anotaria que as reportagens d'O *Jornal* e d'O *Globo* — confirmando portanto, quanto a este último, o comunicado por Rocheta — tinham obtido «informações muito especiais» no Itamaraty, «com certeza, no próprio gabinete do Ministro», e justificava: «Publicam, assim, resumos autênticos das minhas comunicações reservadas ou confidenciais, até mesmo com detalhes sobre a hora de chegada dos despachos.»([83])

Mantendo-se inflexível — como já resultara claro da entrevista com Lins de dia 20([84]) —, mas preocupado com a opinião pública, o ministro Marcello Mathias indica ao embaixador Rocheta, por telegrama de 24, a conveniência de a imprensa «amiga» acentuar a «inteira correcção» do governo português, o qual, de acordo com o ministro, facilitava a saída do general Delgado da Embaixada se fosse esse o seu desejo. Além do mais, havia também «vantagem» em não deixar subsistir qualquer dúvida sobre o alcance da pastoral do episcopado, documento, insistiu o ministro, que visara «precisamente desautorizar e reprovar [a] tese preconizada» na carta do bispo do Porto quando se propunha ou preconizava «[que] fosse organizada a Acção Católica para como um partido agir no plano da política interna do nosso país»([85]).

Por seu lado, parecia a Álvaro Lins que, para aqueles que tinham ouvido em Dezembro o discurso de Salazar sobre as eleições([86]), «observando o tom de fúria e soberba da sua condenação e desafio aos católicos», a carta pastoral adquiria o «significado» que lhe estava a ser dado pela imprensa brasileira([87]).

Entretanto, António Sérgio comunicou ao governo haver convocado uma conferência de imprensa em Lisboa, no Centro Republicano Dr. António José de Almeida, com a intenção de tratar o tema do asilo do

---

([83]) Álvaro Lins, *Missão*... cit., pág. 129. A este tema voltou Álvaro Lins na sua entrevista a O *Estado de São Paulo*, de 23 de Junho de 1963, acusando Negrão de Lima de «servilismo» e do «máximo de baixeza» ao mostrar ao embaixador Manuel Rocheta a referida correspondência confidencial. Lins chegou mesmo a desaconselhar a Juscelino a nomeação de Negrão de Lima como seu sucessor na Embaixada em Lisboa, por entender que ela comprometia a «soberania da política externa do Brasil». Contrariado pela decisão do presidente, considerou Kubitschek «no centro da quadrilha», apontando-lhe o propósito, como candidato presidencial, de «mais uma vez» accionar a seu favor um «mecanismo» que definiu assim: «a colónia portuguesa manda dinheiro daqui para Portugal; e o governo português usa esse dinheiro para corromper brasileiros».

([84]) *Idem*, págs. 114–118.

([85]) AHD/S 3/E34/P4 — Telegrama do Ministério dos Negócios Estrangeiros para a Embaixada de Portugal no Rio de Janeiro, de 23 de Janeiro de 1959.

([86]) Oliveira Salazar, *Discursos e Notas Políticas,* V... cit., págs. 513–527.

([87]) Álvaro Lins, *Missão*... cit., pág. 220.

general Delgado, tendo optado a Presidência do Conselho por remeter para os jornais uma nota oficiosa, onde se lia:

> Foi dada resposta ao sr. António Sérgio de Sousa nos seguintes termos: o País já sabe que o sr. general Humberto Delgado se instalou na Embaixada do Brasil alegando o receio de uma prisão iminente. O Governo, por seu turno, esclareceu que esse receio era infundado e que lhe seria permitido sair livremente e até deixar o País se assim o quisesse, observadas as formalidades que qualquer cidadão tem de cumprir.
>
> Posta a questão nestes termos, é manifesto que a insistência em explicar as intenções do mesmo sr. general Delgado parece mais destinar-se a perturbar a opinião pública do que a proteger aquele oficial general de perigos que não existem.
>
> O Governo não dará portanto o seu consentimento para a projectada reunião.(88)

Dias depois, a 27, o embaixador Rocheta encontra-se de novo com Negrão de Lima, e informa Lisboa:

> Ressalvando [a] anuência [do] interessado, [o] Ministro concordaria agora [que] [o] General deixasse [a] Embaixada sem documentos [de] viagem e como se não tivesse havido asilo, desde que [o] governo português tomasse medidas para reduzir ao mínimo [o] tempo indispensável [à] obtenção [de] documentos. Continuava [a] preocupá-lo [a] possibilidade, ainda que remota e improvável de incidente provocado por terceiros ou por próprios correligionários do General. Ia enviar instruções nesta orientação ao embaixador para voltar a falar com V. Exa. no espírito mais amigável.(89)

A preocupação do ministro brasileiro não era diferente da de Álvaro Lins, sobretudo depois de o ministro Marcello Mathias ter sido «evasivo e restritivo» quanto às garantias que o governo português estava disposto a prestar no caso de Delgado se retirar da Embaixada

---

(88) *Diário de Notícias*, de 24 de Janeiro de 1959. A notícia chegaria ao Brasil via France Press, noticiando o *Jornal do Comércio*, da mesma data: «Negada a Entrevista sobre o Gal. Delgado, Impedida a oposição de falar aos jornalistas».

(89) AHD/S 3/E34/P4 — Telegrama da Embaixada de Portugal no Rio de Janeiro para o Ministério dos Negócios Estrangeiros, de 28 de Janeiro de 1959.

para regressar a sua casa. Na verdade, não estava disposto a conceder «garantias para o futuro» e ponderava até o ministro a hipótese de o general vir a praticar actos em conflito com alguém nas ruas.

No seu diário, a 20 de Janeiro, Lins, que tinha certamente presente as circunstâncias em que o general lhe dissera temer ser preso, às quais se referira quando havia solicitado asilo, registou:

> Pensei comigo mesmo: mas também, nas condições do regime vigente em Portugal, como seria fácil, à própria polícia, criar um incidente dessa espécie para um desfecho porventura já deliberado!([90])

Precedentes: o caso dos asilados integralistas de Martinho Nobre de Melo

A respeito da conexão de Portugal com casos de asilo, quer dizer, de precedentes, o embaixador Álvaro Lins não perdeu a oportunidade para, a propósito do caso pendente, argumentar, e fazer prova, com documentação diplomática, que o antigo embaixador de Portugal no Rio de Janeiro, Martinho Nobre de Melo([91]), fizera entrega no Itamaraty, em 1938, das notas relativas aos asilos por ele concedidos a dois políticos integralistas. Tratara-se de Everaldo Leite Pereira, membro do Supremo Conselho Integralista, e de Raimundo Barbosa de Lima, que haviam participado numa tentativa de golpe contra o presidente Getúlio Vargas no Palácio de Guanabara([92]). Esses casos foram lembrados com oportunidade nas páginas do carioca *Correio da Manhã*, logo a 22 de Janeiro, observando-se aí que aqueles chefes integralistas tinham sido, por motivo daqueles acontecimentos, procurados para «ajuste de contas» com a polícia, que, esclarecia-se, era então chefiada «pelo próximo futuro vice-presidente do Senado da

---

([90]) Álvaro Lins, *Missão...* cit., pág. 124.

([91]) Martinho Nobre de Melo apresentara credenciais a Getúlio, com cujo governo manteve sempre as melhores relações, tendo-se incumbido de lhe fazer entrega, a 6 de Julho de 1938, de uma carta de Óscar Carmona convidando-o a visitar Portugal para participar nas festas dos centenários em 1940. A respeito da sua actuação diplomática, Martinho Nobre de Melo, *Rumo do Brasil*, São Paulo/ /Rio/Recife/Lisboa, Companhia Editora Nacional, 1935, e *Intercâmbio Cultural entre Portugal e Brasil*, Rio de Janeiro, Edição do Liceu Literário Português, 1938.

([92]) Álvaro Lins, *Missão...* cit., págs. 109 e 142–146.

República»([93]), revelando ainda o jornal, quanto ao destino dos asilados de Nobre de Melo, o seguinte:

> Foram recebidos com todas as honras, livraram-se lindamente da prisão. Pouco depois embarcaram para o «jardim da Europa à beira-mar plantado» e por lá ficaram até que a situação aqui tomasse novo rumo e pudessem voltar, como voltaram, livres e desembaraçados.([94])

A 10 de Maio de 1938, Getúlio Vargas recebera as credenciais dos novos ministros da Polónia e da Suíça e, em audiência, os embaixadores de Portugal e dos Estados Unidos. No seu *Diário* escreveu:

> À noite, após o despacho do expediente fui deitar-me. Não havia ainda adormecido, quando sobressaltou-me cerrada fuzilaria e descargas de metralhadoras. Era o ataque ao palácio, feito de surpresa. Tratava-se de um movimento de carácter integralista. A guarda do palácio aderiu e foi dominada.([95])

Esse movimento, conhecido por «*putsch* integralista», teve antecedentes próximos na tentativa de levante de 11 de Março do mesmo ano, em que andaram envolvidos os nomes do coronel Euclides de Figueiredo e de Severo Fournier([96]). Este último teria papel protagonístico na tentativa de golpe que terá sido inspirada e comandada por Otávio Mangabeira e chefiada militarmente pelo general João Cândido Pereira de Castro Júnior.

([93]) Trata-se de referência a Filinto Müller, senador em várias legislaturas, o qual enquanto líder da Aliança Renovadora Nacional haveria de tomar posse como presidente do Congresso Nacional, em Março de 1973, depois de haver sido eleito presidente do Senado, falecendo em Julho desse ano em Paris num acidente de aviação comercial. Sobre esse militar e jurista, figura da polícia civil e do DESPS (Delegacia Especial de Segurança Política e Social) e da política brasileira, R.S. Rose, *O Homem mais Perigoso do País: Biografia de Filinto Müller*, Tradução de Renato Rezende, Revisão técnica de Fábio Koifman, Rio de Janeiro, Civilização Brasileira, 2017.

([94]) *Correio da Manhã* (Rio de Janeiro), de 22 de Janeiro de 1959. Aliança Renovadora Nacional.

([95]) Getúlio Vargas, *Diário*, vol. II, 1937–1942, Apresentação de Celina Vargas do Amaral Peixoto, Edição de Leda Soares, Rio de Janeiro/São Paulo, Siciliano-Fundação Getúlio Vargas Editora, 1995, pág. 130.

([96]) Sobre Fournier, v.g. David Nasser, *A revolução dos covardes: diário secreto de Severo Fournier; reportagens políticas e ordens de censura do ditador*, 2.ª edição, Rio de Janeiro, O Cruzeiro, 1966.

Quais tenham sido as reais intenções do movimento é questão nebulosa e controversa. O integralista Miguel Reale, que se afirmaria como jus-filósofo de primeira plana, desmentiu que o plano elaborado pelo «Comando do Movimento de Maio» fosse o de assassinar Getúlio, confirmando, sim, a intenção de fazer prisioneiros, o presidente, o ministro da Guerra, Eurico Gaspar Dutra, e o chefe do Estado-Maior, Góis Monteiro, «esperando-se — nas palavras de Reale —, que essas detenções e a tomada de alguns pontos estratégicos desmoronasse o "dispositivo militar de Getúlio"»([97]). O próprio Getúlio Vargas haveria de afirmar que a «subversão» de Maio não fora «exclusiva nem doutrinariamente integralista». Ao menos, importantes figuras da Acção Integralista Brasileira, chefiada por Plínio Salgado, tiveram intervenção destacada nos acontecimentos, caso de Belmiro Valverde, que se terá incumbido de aliciar Severo Fournier para a chefia do ataque ao Palácio de Guanabara, travado pelo ministro da Guerra, Eurico Dutra.

No dia seguinte, Getúlio passeou pelas ruas da cidade, sendo ovacionado pela multidão, e tratou com o ministro da Justiça, Fernando Campos, «das medidas de repressão» a adoptar pelo governo([98]).

Colocando-se em fuga, Severo Founier acabaria por pedir asilo na Embaixada de Itália a 25 de Junho.

O ministro das Relações Exteriores, Osvaldo Aranha, que protestou contra a decisão do embaixador italiano no Rio de Janeiro, Vincenzo Lojacono — transferido para Bruxelas em 1939([99]) —, sustentaria a tese de que o asilo visava «proteger perseguidos políticos na hora de acontecimentos graves», quando poderiam ser alvo de «violências ou penas arbitrárias», não se justificando a sua concessão 40 dias após o atentado de Guanabara, período em que a ordem e a vida do país [haviam] sido mantidas sem alterações, como se passava com Fournier([100]). O asilado acabaria por ser entregue às autoridades brasileiras na sequência de uma negociação entre os governos de Mussolini e de Getúlio Vargas, cedendo este, a título de contrapartida, no descongelamento de activos italianos no Brasil([101]).

([97]) Miguel Reale, *Memórias, Destinos Cruzados*, vol. I, São Paulo. Editora Saraiva, 1986, págs. 128–129.

([98]) Getúlio Vargas, *Diário*, vol. II... cit., pág. 131.

([99]) Vincenzo Lojacono havia sido anteriormente embaixador na Turquia e na China.

([100]) Miguel Reale, *Memórias*... cit., pág. 143 (nota 24).

([101]) *Idem*, pág. 146. O pedido de asilo de Fournier terá estado na origem da referida circular do Ministério das Relações Exteriores, de 14 de Julho de 1938,

Miguel Reale escreveria a respeito:

> Dispenso-me de referir aos suplícios a que foi submetido o Tenente Fournier, até vir a falecer, ao que parece, de tuberculose pulmonar, entregue pela Embaixada italiana ao Governo Vargas, por ordem de Mussolini a pretexto de que na diplomacia italiana não vigia o «direito de asilo», típico das nações sul-americanas...([102])

Que Everaldo Leite Pereira e Raimundo Barbosa Lima solicitaram asilo na Embaixada de Portugal e que esse estatuto lhes foi concedido, demonstrou-o Álvaro Lins ao ministro Marcello Mathias em audiência de 27. No momento em que o fez, havia já sido recebida em Lisboa, através de mala diplomática proveniente do Rio, cópia das notas que Martinho Nobre de Melo entregara no Itamaraty em 1938, sendo ministro dos Negócios Estrangeiros Oliveira Salazar.

Admitindo-se que aqueles responsáveis integralistas possam ter saído «tranquilamente do Brasil após se refugiarem na Embaixada Portuguesa do Rio de Janeiro», o embaixador português não foi do mesmo modo alheio ao exílio em Portugal de Plínio Salgado, destino para onde viajou a 22 de Junho de 1939([103]).

Outros precedentes

Nas páginas d'*O Estado de S. Paulo*, de 2 de Abril de 1959, Magalhães Júnior observava que, não obstante a inexistência de tratado em matéria de asilo entre Portugal e o Brasil, o nosso país asilara oficiais da marinha que se encontravam com armas na mão contra

---

que estabeleceu a doutrina de Osvaldo Aranha. Como é observado na *Storia dell'Emigrazione Italiana, Arrivi*, A cura di Pietro Bevilacqua, Andreina De Clementi e Emilio Franzina, Roma, Donzelli Editore, 2002, pág. 476, a Embaixada italiana no Rio de Janeiro, em concreto o embaixador Lojacono, viu-se envolvida no confronto entre, por um lado, um «fascismo local», o integralismo dos camisas-verdes, próximo de um «tradicionalismo indígena» pouco compatível com a «italianidade», e, por outro, uma ditadura pessoal, nacionalista e corporativa, como a de Vargas.

([102]) *Idem*, pág. 133.

([103]) Leandro Pereira Gonçalves, *Plínio Salgado, Um Católico Integralista entre Portugal e o Brasil (1895–1975)*, Lisboa, Imprensa de Ciências Sociais, 2017, págs. 122–124.

Floriano Peixoto em 1893([104]), e do mesmo modo procedera com os «bravos líderes da Revolução Constitucionalista de São Paulo» e com os «chefes integralistas comprometidos no assalto ao Guanabara em 1938», ponderando:

> É verdade que, no primeiro caso, Floriano Peixoto bufou de raiva e mandou entregar os passaportes ao embaixador português, conde de Parati. Mas Prudente de Morais, sereno e conciliador, apressou-se a reatar as relações diplomáticas com o então Reino de Portugal. Ainda que tivesse havido o rompimento, Portugal sustentou com fortes argumentos que cumpriria o dever, oferecendo o asilo a Saldanha da Gama e seus companheiros. Se então cumpriu seu dever, estamos agora cumprindo o nosso para com o General Humberto Delgado.

Também o *Diário Carioca* se referiu a precedentes em matéria de concessão de asilo, mencionado o refúgio na Embaixada de Portugal no Rio de Janeiro, em 1930, de cerca de vinte políticos, entre os quais o senador Arnolfo Azevedo, Aristides Rocha e Artur Azevedo, o deputado Machado Coelho e Romero Zander, recordando igualmente o caso ocorrido em 1938([105]), tal como o fizera Teófilo de Andrade nas páginas d'*O Cruzeiro*([106]) e do *Última Hora*([107]).

Através de telegrama de 29 de Janeiro, o ministro Marcello Mathias transmitiu ao embaixador Rocheta o que se passara no encontro com Lins. O conhecimento do assunto permitira-lhe afirmar ao embaixador

---

([104]) Sobre o conflito, v.g. *Portugal e Brazil — Conflicto Diplomático*, 3 vols., Lisboa, M. Gomes - Editor, 1894; Augusto Forjaz, *Portugal e Brazil, Apontamentos para a historia do nosso conflicto com a republica dos Estados Unidos do Brazil*, Lisboa, Typographia Castro Irmão, 1894; Bento Carqueja, *Conflit diplomatique entre le Portugal et le Brésil*, Porto, Imprensa do Commercio do Porto, 1894; A. Rodrigues Cavalheiro, «D. Carlos e o Brasil», *in Política e História*, Lisboa, Livraria SamCarlos, 1960, págs. 125–143 e João Freire, *Augusto de Castilho e a Revolta da Marinha Brasileira em 1893–94: o conflito entre princípios humanitários, rigor militar, acção política e diplomacia*, Investigação realizada no âmbito da Academia de Marinha, Lisboa, 2018, em especial págs. 67–85. Ainda, Amado Cervo e José Calvet de Magalhães, *Depois das Caravelas: As relações entre Portugal e Brasil, 1808–2000*, Organização e apresentação de Dário Moreira de Castro Alves, Coleção Relações Internacionais, dirigida por Amado Luiz Cervo, Brasília, IBRI/EditoraUNB, 2000, págs. 214–223.

([105]) *Diário Carioca*, de 4 de Fevereiro de 1959.

([106]) *O Cruzeiro*, de 28 de Fevereiro de 1959.

([107]) *Última Hora*, de 26 de Fevereiro de 1959.

do Brasil que o governo português não encontrava «qualquer paralelismo ou semelhança jurídica ou de facto» entre a situação ocorrida em 1938 e a de Humberto Delgado. E lembrava que fora tornado público que o general dispunha de «completa liberdade», não impendendo «qualquer risco ou ameaça de prisão», situação diferente daqueles brasileiros (referência a Everaldo Leite Pereira e Raimundo Barbosa Lima) que tinham tido participação num ataque armado contra o presidente Getúlio Vargas, encontrando-se em perigo não apenas a sua liberdade como a própria vida.

E acrescentou:

> Aliás não poderíamos aceitar que se invocassem tais notas (em que [o] embaixador [Martinho Nobre de] Mello apenas comunicava uma situação de facto), para equipará-las ou assimilá-las a um acto formal como se [o] Governo português tivesse assinado e ratificado qualquer convenção em que se obrigasse a praticar ou [a] respeitar [o] direito de asilo.([108])

O episódio do refúgio dos políticos integralistas na Embaixada de Portugal não terá tido quaisquer consequências, ao que cremos, por terem sido entregues ou terem optado por se entregar às autoridades brasileiras, havendo notícia do julgamento de Barbosa Lima pelo Tribunal de Segurança Nacional([109]). E Getúlio não estava disponível para alimentar qualquer questão com o governo de Lisboa, ao qual, continuadamente, não se poupou a dar provas de respeito e até de afeição([110]).

A tramitação daqueles pedidos de asilo interessava, porém, a Lins, com vista a sustentar provadamente a existência de precedente, e mais, por se ter apercebido de que esse precedente «impressionara» o ministro Mathias, «perturbando-o mesmo»([111]).

([108]) AHD/2P/A57/M100A.

([109]) Getúlio Vargas, *Diário*, vol. II... cit., pág. 145. Note-se que, no seu *Diário*, Getúlio não faz menção a qualquer pedido de asilo dirigido ao embaixador de Portugal, ao contrário da atenção que, como se referiu, dedicou ao de Severo Fournier na Embaixada de Itália no Rio de Janeiro, caso naturalmente de maior impacto político.

([110]) Nesse sentido, Pizarro Loureiro, *Getúlio Vargas e a Política Luso--Brasileira*, Rio de Janeiro, Zelio Valverde – Editor, s/d [1941], *passim*.

([111]) Álvaro Lins, *Missão*... cit., pág. 146.

No encontro mantido pelo embaixador do Brasil com Marcello Mathias a 27 de Janeiro, do qual foi dado conhecimento ao embaixador Rocheta, precisamente a questão do precedente centrou a atenção dos interlocutores([112]) e, nos termos da versão de Mathias, Lins aproveitou a oportunidade para desmentir a «versão corrente» que dava o asilo de Delgado como preparado previamente por Jaime Cortesão e por si próprio. Ora, não apenas os princípios do asilo proibiam expressamente que ele fosse «oferecido ou combinado», como o embaixador garantiu desconhecer, «de todo», a ida de Delgado para a Embaixada até ao momento em que tinha sido avisado de que já ali se encontrava, o que ocorreu no aeroporto de Lisboa, onde Lins estava a almoçar([113]).

Pelo mesmo telegrama, o ministro fez ainda saber a Manuel Rocheta que a conversa com Álvaro Lins decorrera, como as anteriores, «nos termos mais cordiais», parecendo a Mathias que o embaixador brasileiro agia «manifestamente» nos seus contactos com «perfeito tacto e cortesia».

Que Lins não conhecia a intenção de Delgado pedir asilo parece resultar de uma intersecção telefónica da PIDE, a 11 de Fevereiro, passada a um designado «Boletim dos Acontecimentos» remetido a Oliveira Salazar:

> «É o Embaixador de Londres, Chateaubriand, que se encontra em Lisboa desde ontem que entra em contacto com o seu colega Álvaro Lins, travando-se o seguinte diálogo:
>
> — Allô, meu querido — diz o Álvaro.
>
> — Oh, meu querido!! — diz por sua vez o Chateaubriand.
>
> — Como foi o baile?! — pergunta o Lins.

([112]) *Idem*, págs. 142–149.

([113]) *Idem*, págs. 28–31, recordando o «grupo dos habituais cumprimentadores no aeroporto de Lisboa do itinerante Embaixador em Londres [Assis Chateaubriand]: Nuno Simões, Augusto de Castro, Carvalho Maia, Trigo de Negreiros, Comandante Matoso». Depois de avisado, segundo o seu próprio testemunho, só comunicou o facto no aeroporto a duas pessoas: Assis Chateaubriand e Nuno Simões. «Ao despedir-me de Nuno Simões — escreve Álvaro Lins —, disse-lhe em tom confidencial: — Vou-me embora mais cedo porque acabo de saber que o General Delgado apresentou-se na Embaixada para solicitar asilo político. Ele teve um gesto de espanto: — Isto vai ser o diabo, meu caro Embaixador, isto vai-lhe trazer toda a sorte de complicações e aborrecimentos». Sobre Nuno Simões v.g., Arminda Esmeralda de Araújo Ferreira, *O Luso-Brasileirismo na Perspectiva de Nuno Simões, Esboço de um Estudo de Natureza Biográfica*, Vila Nova de Famalicão, Quasi Edições, 2005. Ainda Nuno Simões, *Actualidade e Permanência do Luso-Brasilismo*, Lisboa, 1960.

— Foi melhor! Acabou às 6 da manhã! Um excelente devasso!!...

— Ah, ah, ah!! — ri o Álvaro.

— Álvaro?! — diz o outro.

— Diga, meu querido.

— Estive com o nosso Martinho... com o nosso Teotónio...

— Sim...

— ... e vejo que não há nada a fazer porque ele não sai de dois pontos de vista: 1.º – Que te disse 24 horas antes de tu comunicares, ou melhor de tu dares o asilo...

— Quem disse isso, o Teotónio?! —pergunta o Lins.

— É! É?...

— ... É um mentiroso! — acrescenta o Lins zangado. — Porque eu comuniquei o asilo na hora, verbalmente... É um mentiroso, ehn?!!

— É!... Porque ele disse que o asilo foi comunicado depois de saberes que não havia nenhuma perseguição. Ele não sai deste problema: o Homem está livre!! Pode sair dalí e pedir todos os... ele me disse que o Homem tinha até passaporte.

— É! Tem um passaporte para a Espanha, mas não está válido para o Brasil... precisa requerer [...]»([114]).

Uma prolongada situação de impasse

As diligências e propostas de solução para o caso Delgado apresentadas por Álvaro Lins continuavam, no entanto, a não surtir qualquer efeito, retirando até Marcello Mathias das conversas com o embaixador brasileiro a «impressão geral» de que, «salvo qualquer circunstância inesperada», o general devia abandonar a Embaixada, «reconhecendo assim não ter dado resultados desejados a "mise-en-cène" organizada por ele e seus amigos». Do que se apura das versões dos diálogos havidos, nenhum facto se afigura autorizar a conclusão do ministro, que continuava a insistir na saída do general Delgado da Embaixada para a sua residência:

> Assim uma vez que Delgado saia da Embaixada e regresse a sua casa (sozinho, e livre como qualquer outro cidadão português que faça a sua vida normal), a sua partida para o Brasil, se ele assim o quiser, poderá não demorar.

([114]) TT-AOS/PC77B.

E justificou o ministro os motivos dessa posição, que era de inflexibilidade:

> [a] realização destas formalidades por Delgado ainda dentro Embaixada não é possível porque tendo-nos sido comunicado na nota brasileira que lhe foi concedido direito de asilo, isso corresponderia a reconhecermos esse direito e a aceitar-lhe as consequências em território português, o que seria contrário [à] nota oficiosa aqui publicada sobre o caso e ao próprio texto da nota diplomática por nós enviada ao Embaixador do Brasil a 14 do corrente.([115])

De acordo com o testemunho de Lins, o ministro Marcello Mathias não lhe iludira que o governo português entendia merecer uma reparação, propondo que o general saísse da Embaixada para a sua residência «e bem às claras, e pela porta da frente em hora marcada: com a imprensa nacional e internacional a esperá-lo na calçada, com a Rádio e a Televisão ao pé da embaixada». O objectivo era ficar documentado que o general «não tinha motivos para solicitar asilo», vivendo Portugal «num ambiente de ordem nas ruas e de perfeitas garantias para todas as pessoas». Deste modo ficaria assegurada a «reparação»([116]).

Na Suíça, o *Tages Anzeiger*, de 20 de Janeiro, dava destaque ao pedido de asilo de Delgado, a quem reconhecia «muita razão de temer pela sua liberdade e segurança», e o *Berner Tagblatt*, de 29 seguinte, titulava que Salazar tremia perante a oposição. A essa data, o jornal dizia constituírem Delgado e Galvão — o primeiro já asilado, e o segundo em fuga — um «aviso» a Salazar. Na imprensa norueguesa as sanções disciplinares a Delgado já tinham merecido destaque.([117])

De acordo com o embaixador extraordinário e plenipotenciário de Portugal em Oslo, José Xara Brasil Rodrigues, desde o órgão comunista *Friheten* até ao conservador *Morgenbladet*, todos

---

([115]) AHD/S3/E34/P4 — Telegrama do Ministério dos Negócios Estrangeiros para a Embaixada de Portugal no Rio de Janeiro, de 29 de Janeiro de 1959.

([116]) Álvaro Lins, *Missão...* cit., pág. 212. Ainda, Adolfo Casais Monteiro, *O País do Absurdo...* cit., pág. 166.

([117]) AHD/S7/E2/P5. No mês seguinte, o secretário nacional de informação, Moreira Baptista, determinava ao adido de imprensa em Madrid, Eduardo Freitas da Costa, que se colocasse em contacto com a jornalista suíça Hanna-Marie Schwytter, que vivia em Espanha — julgada responsável pelas informações chegadas à Suíça —, «chamando-lhe a atenção para o carácter tendencioso e destituído de verdade dos seus comentários» (Ofício do SNI, n.º 297-IE, Ref.ª 21310, de 25 de Fevereiro de 1959).

haviam publicado notícias, algumas delas, sublinhava o diplomata, acompanhadas de «fotografias do Senhor Presidente do Conselho», aparecendo a palavra «ditadura» «em todos como um "leit-motiv"». E aduzia ainda: «Os comentários são breves ou nulos. Mas a simples indicação de que o General, que foi oposicionista na última eleição presidencial, foi sancionado é o bastante para fazer crer a este público simplista que, em Portugal, não há liberdade para se fazer oposição ao Governo»([118]).

Álvaro Lins identificava a situação de «impasse»([119]), como se a missão diplomática brasileira e o palácio das Necessidades se «houvessem imobilizado nas suas posições, em pausa de expectativa, naquele estilo de certa fase da guerra de trincheiras»([120]).

Neste contexto, constituiu motivo de congratulação para Álvaro Lins a manifestação de apreço pela concessão de asilo a Delgado que lhe foi prestada a 31 de Janeiro por parte de «jovens intelectuais»([121]).

Do Rio de Janeiro, Rocheta informa entretanto as Necessidades de que Carlos Lacerda dirigira um veemente apelo a Salazar no sentido de garantir a «libertação» do general Delgado.

Na verdade, Carlos Lacerda incumbiu-se de tratar o tema na câmara dos deputados brasileira. Incomodava-o a «enervante lentidão» com que se estavam a processar as negociações entre os governos de Lisboa e do Rio de Janeiro, parecendo-lhe que o embaixador Lins cumprira o dever que, disse, incumbia «a todo e qualquer representante do Brasil em situações semelhantes». Lacerda não tinha dúvidas sobre a razão que levara o general Humberto Delgado a asilar-se: considerava iminente a sua prisão. Mas o parlamentar — velho inimigo de Álvaro Lins([122]) — não se limitou a essas considerações, tendo dado resposta a uma sugestão que andava no ar, ao negar expressamente ter havido «mancomunação ou entendimento prévio» — «combinações», nas

---

([118]) AHD/PEA-25 1.ª pasta.

([119]) Álvaro Lins, *Missão...* cit., pág. 150.

([120]) *Idem*, pág. 248.

([121]) *Idem*, págs. 187–189.

([122]) A Marques Gastão diria Carlos Lacerda, em 1964, que a «posição brasileira contra Portugal» começara no governo Kubitschek, porque haviam sido criadas nesse tempo as «condições para a oposição do Brasil a Portugal na ONU» e fora também nesse governo «que o maior inimigo de Portugal, o sr. Álvaro Lins, foi feito embaixador» (Marques Gastão, *O Novo Rumo do Brasil, Diálogo com Carlos Lacerda*, Lisboa, s/d [1964], pág. 38).

palavras de Franco Nogueira([123]) — entre o representante diplomático brasileiro e o general Delgado. E lembrou, certamente para arredar qualquer dúvida subsistente, que à hora em que o general dera entrada na Embaixada do Brasil o embaixador se encontrava a almoçar no aeroporto de Lisboa com Assis Chateaubriand, tendo sublinhado:

> A surpresa, pois, da Chancelaria brasileira foi completa, e não caberia dizer-se que houvera mancomunação para aquilo que o Governo português insiste em considerar simulação, para efeito político e propagandístico.

Carlos Lacerda foi ainda mais longe na sua alegação de defesa da concessão do asilo. Além de não aceitar que Delgado pudesse ter recorrido ao asilo diplomático «sem uma profunda justificação», quer dizer, a «iminência do perigo certo», Lacerda encontrava antecedentes que justificavam esse sentimento de perigo, e disse:

> Os oficiais das Forças Armadas que ali são surpreendidos ou ao menos suspeitados de acção subversiva, imediatamente e sem maior forma de processo, são degradados do posto militar, aprisionados como meros presos políticos, sem qualquer outra garantia, nem mesmo a do posto, que imediata e previamente perdem. Estes têm sido os antecedentes, como foi o do Coronel [*sic*] Henrique Galvão, cuja fuga da prisão acaba de se dar, para alegria dos seus amigos, e para espanto da Polícia portuguesa.([124])

Preocupado com as consequências da discussão do caso na imprensa e no parlamento, Manuel Rocheta estabelece contacto com a embaixadora Odette de Carvalho e Souza — por sinal a primeira mulher embaixadora de carreira, que dirigira o departamento político do Itamaraty e servira anteriormente como consul-geral em Lisboa([125]) —,

---

([123]) Franco Nogueira, *História de Portugal, 1933–1974*, II Suplemento, Porto, Livraria Civilização, 1981, pág. 109, sem que apresente qualquer prova dessas alegadas «combinações».

([124]) Carlos Lacerda, *Discursos Parlamentares, Seleta*, 2.ª edição, Rio de Janeiro, Editora Nova Fronteira, 1982, págs. 751–756. Na mesma sessão parlamentar, o deputado Neiva Moreira lamentou que a «área» do atrito diplomático se alargasse «perigosamente» a cada dia que passava, achando que o general Delgado só podia deixar a Embaixada do Brasil munido de um salvo-conduto.

([125]) *D. Odette de Carvalho e Souza, Diplomata Brasileira em Portugal, 1951–1956*, Lisboa, Livraria Gomes & Rodrigues, Lda/Rio de Janeiro, Livraria H. Antunes, Lda., s/d. Odette de Carvalho e Souza foi a primeira diplomata brasileira a ascender ao posto de embaixadora. Williams da Silva Gonçalves,

com a intenção de ser diligenciada junto de Lacerda — de quem era próxima — uma «orientação» favorável à posição do governo português, e também no Itamaraty, que na opinião de Rocheta só não estava ainda a ser atacado por existir a «convicção generalizada» de que andava a pleitear a saída de Delgado a coberto do direito de asilo, sendo por esta razão «unânimes os elogios ao Embaixador Lins»([126]).

Em continuação desse telegrama, Rocheta deu a conhecer ao ministro a sua perspectiva céptica sobre a intervenção da Embaixada no debate público aberto no Brasil e amplificado pelo discurso parlamentar de Carlos Lacerda. Essencial para o embaixador de Portugal era que fosse posto termo às negociações. No critério de Manuel Rocheta, importava verdadeiramente que Delgado pudesse deixar a Embaixada e sair do País. Isso permitiria apresentar a questão «publicamente como resolvida». Se, pelo contrário, o general se mantivesse na embaixada, Rocheta não acreditava que as autoridades brasileiras se atrevessem, apesar do que lhe vinha sendo dito — inclusivamente, recorde-se, pelo chanceler Negrão de Lima —, a tomar posição pública que significasse «abandono do asilo concedido», mais, poderiam até ser levadas a «alguma declaração em contrário», tal era «a pressão e temor [da] opinião pública e [da] imprensa». E acrescentava:

> Por isso me tem parecido essencial que se continue discutindo, para se encontrar o mais rapidamente possível uma fórmula que dê solução a todas as dificuldades e possa finalmente ser apresentada ao público como caso consumado.([127])

A perspectiva do embaixador era justificada. Figuras como Pedro Calmon — ao tempo reitor da Universidade Federal do Rio de Janeiro — e João Neves [da Fontoura] — este, antigo embaixador em Lisboa (1943–1945) e ministro das Relações Exteriores de Dutra (1946) e Getúlio (1951–1953) —, considerados «sinceros amigos de Portugal»,

---

O Realismo da Fraternidade Brasil-Portugal... cit., págs. 175–176, nota que foi no período em que a diplomata chefiou o departamento político e cultural do Itamaraty, entre Junho de 1956 e Julho de 1958, «que o conservadorismo do Ministério mais se pronunciou e que as relações com o Brasil foram mais favoráveis a Portugal».

([126]) AHD/S3/E34/P4 — Telegrama da Embaixada de Portugal no Rio de Janeiro para o Ministério dos Negócios Estrangeiros, de 2 de Fevereiro de 1959.

([127]) AHD/S3/E34/P4 — Telegrama da Embaixada de Portugal no Rio de Janeiro para o Ministério dos Negócios Estrangeiros, de 3 de Fevereiro de 1959.

tinham procurado Manuel Rocheta para lhe transmitirem preocupação com as relações luso-brasileiras, necessariamente afectadas pela «prolongada divergência» dos governos na resolução do caso Delgado. Como esclareceu o embaixador português, aquelas personalidades temiam sobretudo «reflexos na opinião pública brasileira, muito favorável [ao] ideal latino americano [do] direito de asilo, de reacção [de] certa imprensa, que apesar de recente abrandamento, acreditam [que] não se cale enquanto [o] General permanecer na Embaixada». Calmon sugeriu mesmo uma solução, logo considerada inaceitável por Rocheta, e que este não revelou qual fosse, e João Neves propôs que Portugal conseguisse do Itamaraty o envio a Lisboa, em missão reservada, de um diplomata brasileiro merecedor de confiança do governo português, que, sem «desqualificar» Lins, «entabolasse novas conversas capazes de conduzir [a] [uma] solução aceitável». E adiantou mesmo um nome, o de Ribeiro Couto([128]), escritor, jornalista e diplomata, a cuja obra poética Adolfo Casais Monteiro, seu admirador, dedicara atenção([129]).

A preocupação daqueles «sinceros amigos» era partilhada — como Manuel Rocheta não deixou de informar o seu ministro — pelo director da *Voz de Portugal*, que se deslocou à Embaixada para transmitir igual sentimento da «Colónia e [de] individualidades nossas amigas» que temiam as consequências do prolongamento da situação, por ser susceptível de afectar o espírito de «cooperação e boa-vontade» que vinha presidindo nos últimos anos às relações luso-brasileiras.

Manuel Rocheta observou a Marcello Mathias:

> Continuo recebendo indicações da opinião pública, fortemente influenciada [pela] imprensa, [que] considera [que] [o] Governo brasileiro não poderá recuar [na] posição assumida e [é] aqui unanimemente louvada ao conceder asilo e que nestes termos [a] intransigência [das] autoridades portuguesas representa [um] acto inamistoso uma vez [que] já não se trata apenas [do] interesse pessoal [de] Delgado mas [do] próprio melindre [da] situação [do] Brasil em contraste com o espírito [de] amizade e compreensão sempre nos tem demonstrado.([130])

([128]) AHD/S 3/E34/P4 — Telegrama da Embaixada de Portugal no Rio de Janeiro para o Ministério dos Negócios Estrangeiros, de 31 de Janeiro de 1959.

([129]) Adolfo Casais Monteiro, *A Poesia de Ribeiro Couto*, Editorial Presença, 1935. Ainda, *Correspondência Casais Monteiro e Ribeiro Couto*, Org. de Rui Moreira Leite, São Paulo, Editora UNESP, 2014.

([130]) AHD/S3/E34/P4 — Telegrama da Embaixada de Portugal no Rio de Janeiro para o Ministério dos Negócios Estrangeiros, de 4 de Fevereiro de 1959.

O Globo, geralmente contemporizador com as posições portuguesas, aludia à «resposta indelicada» do governo de Lisboa, resultante da decisão de não reconhecer o asilo concedido a Delgado e não permitir de nenhuma forma a «sua retirada» de Portugal, verificando-se a rejeição de todas as «sugestões brasileiras». O jornal dava-se como informado de que o Brasil não recuaria na sua decisão de assegurar a saída do general, «estando disposto a empregar todos os meios ao seu alcance, existindo mesmo a possibilidade remota de um rompimento de relações diplomáticas com Portugal». E acrescentava um cenário hipotético que preocupava Lisboa:

> Em represália à atitude considerada como deselegante do governo português no «caso Delgado», informa-se que o Brasil, como primeira medida, deixará de representar os interesses portugueses em Goa, junto do Governo indiano, estando ainda disposto a retirar qualquer apoio a Portugal, na ONU, quando o caso for debatido devendo levar consigo a maioria dos votos latino-americanos.([131])

([131]) *O Globo*, de 4 de Fevereiro de 1959. Em 25 de Julho de 1955, o então ministro dos Negócios Estrangeiros, Paulo Cunha, havendo o governo indiano entregado uma *nota* pedindo o encerramento da legação de Portugal em Nova Deli, encarregou de imediato o embaixador português no Rio de Janeiro, António de Faria, de pedir ao governo brasileiro que assumisse através da sua Embaixada em Nova Deli os interesses de Portugal na União Indiana. Era ali encarregado de negócios, Álvaro Brilhante Laborinho, que logo a 27 comunicou às Necessidades que o embaixador do Brasil se deslocara à legação de Portugal para informar ter recebido instruções para se encarregar daqueles interesses, o que fazia com «grande honra». A 10 de Setembro seguinte, António de Faria enviou a Lisboa o texto de um comunicado do Itamaraty pelo qual era «anunciado ter o Brasil assumido, com a concordância do Governo indiano, a protecção dos interesses portugueses na União Indiana», na sequência do rompimento de relações diplomáticas, e depois consulares entre Lisboa e Nova Deli [*Vinte Anos de Defesa do Estado Português da Índia (1947–1967)*, vol. II, Ministério dos Negócios Estrangeiros, págs. 447–449 (documentos n.os 660 a 663) e vol. III, págs. 3–4 (documento n.º 694)]. Williams da Silva Gonçalves, *O Realismo da Fraternidade Brasil-Portugal...* cit., págs. 121–129, 175 e 188–190, aludindo aos nomes dos chanceleres Raul Fernandes, João Neves da Fontoura, Macedo Soares e Vicente Rao como protagonistas da «aliança política com Portugal, sensíveis que eram aos esforços da diplomacia portuguesa e às pressões da colónia de imigrantes», os quais por conta do «conservadorismo político e da lusitanidade cultural» criaram as condições para a assinatura do Tratado de Amizade e Consulta, tendo apoiado «incondicionalmente a pretensão de Portugal de manter Goa sob sua soberania». Silva Gonçalves dá ainda notícia do convite dirigido por Neru a Juscelino, para visitar Nova Deli, visita que não se concretizaria, por cedência aos argumentos do embaixador do Brasil em Washington — fazendo-se eco da

O Jornal, do Rio de Janeiro, referia-se também a agravamento sério da tensão entre o Brasil e Portugal. Notava-se indelicadeza na atitude, recebida no Itamaraty «quase como "provocação diplomática"». O periódico carioca noticiava que todas as propostas apresentadas por Álvaro Lins tinham sido rejeitadas: concessão de um salvo-conduto ao general; saída deste acompanhado pessoalmente pelo embaixador brasileiro e a deslocação para o Brasil de Delgado com passaporte de emigrante. O ambiente de tensão justificava, pois, serem ponderadas represálias por parte do Rio de Janeiro([132]). Rubem Braga, na *Folha da Tarde*, de Porto Alegre, num artigo intitulado «Delgado e Goa», mencionou o conselheiro Valadão do gabinete de Negrão de Lima, o qual teria desmentido que estivessem a ser pensadas represálias contra o governo português por motivo do caso Delgado. Mas o articulista era de opinião que o Itamaraty não podia continuar de «braços cruzados». Se era verdade que Portugal não reconhecia oficialmente o direito de asilo, não era menos verdade que na prática o aceitara, atentos os precedentes. No entender de Rubem Braga, não era contra o direito de asilo que Lisboa objectava; a sua objecção «é a mais fútil e cavilosa, a mais suspeita e a mais primária: alega que Delgado poderia tirar passaporte, logo não precisa de salvo-conduto». A crítica foi mais longe. A «longa teimosia salazarista» não afectava apenas o general Delgado; constituía uma «desconsideração para com o governo brasileiro» e sugeriu:

> Dentro do nosso direito e de nossa conveniência estaremos também quando devolvermos a Salazar esse abacaxi de Goa que ele vem nos impingindo há tanto tempo. Conduzida a nossa política por um sentimentalismo excessivo em relação a Portugal, estão sempre nossos diplomatas na ONU e na Índia em uma posição incómoda e antipática de defensores do colonialismo.([133])

Sob o título «Delgado, Novo Haya de La Torre», o *Diário Carioca* reconhecia, ao contrário de *O Jornal*, que o governo português tinha respondido a Álvaro Lins em termos «amistosos», mas «evasivos». O jornal apelava a Oliveira Salazar e a Marcello Mathias, recomendando que não fosse criado um novo caso Haya de La Torre,

---

posição do Departamento de Estado —, tendo também Portugal intervindo no mesmo sentido.

([132]) *O Jornal*, de 4 de Fevereiro de 1959.

([133]) *Folha da Tarde*, de 7 de Fevereiro de 1959.

que, notava, durante anos arruinara as relações entre o Peru e a Colômbia([134]).

Em Lisboa, Marcello Mathias lera os jornais brasileiros e o discurso de Carlos Lacerda, e reclamou acção do embaixador Rocheta, dizendo-lhe ser de encarar a hipótese de conceder uma entrevista, para o que sugeria *O Globo*. O que o ministro pretendia era que o embaixador tratasse de «repôr, na sua clareza, a confusão que por má-fé evidente de uns, carência de informação de outros, ou leviandade mais ao menos generalizada» se estava procurando, em sua opinião, estabelecer no Brasil à volta do caso. E aludiu a um «silêncio» da Embaixada de Portugal que podia ser «interpretado pela opinião pública como uma homologação das mais absurdas versões» que dizia correrem no Brasil. E, revelando impaciência, determinou ao embaixador:

> Convém portanto que V. Exa. e funcionários dessa Missão, pelos vários meios que julgue aconselháveis e até mesmo através de contactos pessoais, políticos e mundanos, acentuem absurdo [de] pedirem-se garantias para libertação de um indivíduo que não está preso, e que o nosso Governo assegurou oficialmente à Embaixada do Brasil ser livre de partir para onde quiser, inclusive para esse país. Que outras garantias que não estas e dadas por outrem que não seja o Governo português pretende o ilustre parlamentar Lacerda?([135])

Dias depois, o ministro insistia na necessidade de a Embaixada esclarecer «por qualquer modo» o caso Delgado, referindo-se de novo à hipótese de uma entrevista, ou comunicado ou carta do embaixador a algum jornal([136]).

([134]) *Diário Carioca*, de 4 de Fevereiro de 1959. Haya de La Torre solicitara asilo em Janeiro de 1949 na Embaixada da Colômbia na capital do seu país, o Peru, onde se manteve até 1955. Sobre o caso, *Cour Internationale de Justice, Recueil des Arrêts, Avis Consultatifs et Ordonnances, Affaire du Droit D'Asile* (Colombie/Pérou), Arrêt di 20 Novembre 1950, Leyde, Société d' Éditions A. W. Sijthoff, 1950. Entre nós, Carlos A. Fernandes, *Do Asilo Diplomático*... cit., págs. 105–130. Ainda, v.g. Camilo Barcia Trelles, «El Derecho de Asilo Diplomatico y el Caso Haya De La Torre: Glosas a una sentencia», *in Revista Española de Derecho Internacional*, Vol 4, n.º 1, 1951, págs. 59–66; Carlos Torres Gigena, *Asilo Diplomatico, Su prática y teoria*, Buenos Aires, La Ley, 1960, págs. 233–240; e Raúl Chavarri Porpeta, «El Derecho de asilo político en Hispanoamerica», *in Revista de Estudios Políticos*, Madrid, Fevereiro de 1960, págs. 183–185.

([135]) AHD/S3/E34/P4 — Telegrama do Ministério dos Negócios Estrangeiros para a Embaixada de Portugal no Rio de Janeiro, de 1 de Fevereiro de 1959.

([136]) AHD/S3/E34/P4 — Telegrama do Ministério dos Negócios Estrangeiros para a Embaixada de Portugal no Rio de Janeiro, de 5 de Fevereiro de 1959.

A 4 de Fevereiro, o ministro Marcello Mathias encontra o embaixador Lins num jantar na Embaixada da Venezuela, e tal como informou ao embaixador Rocheta, aproveitou a circunstância para, note-se, «acentuando» a consideração pelo seu homólogo Negrão de Lima, informar que o governo estava a encarar a ida de Delgado para a sua residência apenas por «duas noites e um dia». Agora, a solução de Marcello Mathias passava por Delgado sair à noite para sua casa, requerendo no dia seguinte autorização de saída do país e a validação para o Brasil do passaporte de turista que já possuía. E informava o ministro ter garantido a Álvaro Lins que no mesmo dia seriam concedidos a autorização e o visto ao general, podendo este, no dia seguinte, partir com destino ao Brasil([137]).

Perante aquela determinação do ministro reclamando esclarecimentos do seu embaixador, este, solicitando instruções, remeteu por via aérea às Necessidades um projecto de comunicado à imprensa, tendo transmitido, por telegrama de 11 de Fevereiro, que previa um «apaixonado debate» sobre o caso, enquanto a situação não se modificasse, concluindo por dizer a Marcello Mathias ser conveniente não dispensar qualquer meio que pudesse «contribuir para apressar e facilitar [a] situação final».

No referido projecto de comunicado de imprensa, cuja redacção Mathias forçara junto do embaixador Rocheta, lia-se:

> Tem o caso do asilo solicitado pelo Sr. General Humberto Delgado suscitado tão acalorado debate na imprensa brasileira e revelado tão surpreendente equívoco na apreciação da posição do Governo Português, que a Embaixada de Portugal julga justificado solicitar a publicação dos esclarecimentos seguintes, a fim de tentar repor na sua clareza e simplicidade a verdade dos factos e a inteireza de conduta a propósito do seu Governo. Tem-se em vista, acima de tudo, a necessidade imperiosa de não deixar desvirtuar perante a opinião pública, por carência de informação de uns, leviandade ou má-fé de outros, a sinceridade de intenções e o espírito de fraternal colaboração e amizade, que sempre devem presidir às relações entre os dois países.
>
> 2. Deve em primeiro lugar recordar-se que, ao tomar conhecimento da comunicação do Senhor Embaixador do Brasil de que o General Humberto Delgado lhe havia solicitado asilo, logo foi respondido que

([137]) *Idem.*

o Governo Português não via qualquer inconveniente em que o mesmo Senhor se instalasse na Embaixada brasileira, pelo tempo que lhe aprouvesse, mas que, não havendo qualquer mandado de prisão contra aquele General, nem propósito algum de cercear a sua liberdade, carecia de todo o fundamento o pretexto por ele invocado de se considerar na iminência de ser preso. Nestas condições não podia ver-se na atitude espectacular tomada pelo Sr. General Delgado, num momento perfeitamente normal e tranquilo da vida nacional, senão um propósito de especulação para fins políticos, visando atribuir-se a si mesmo a condição de perseguido político e introduzir na vida interna portuguesa elementos de perturbação e confusão internacionais.

3. Salientou-se na mesma ocasião que, continuando o General Delgado a dispor de toda a liberdade de movimentos, era livre, inclusive para preparar a sua eventual saída para o estrangeiro, a qual não lhe seria negada, desde que para isso desse os passos necessários. E em nota de 14 de Janeiro, foram estas seguranças solenemente confirmadas ao Senhor Embaixador do Brasil, acrescentando-se que, a partir do momento em que elas haviam sido dadas não podiam subsistir, como fundamento ao pedido apresentado pelo Senhor General Delgado, quaisquer razões inconciliáveis com a palavra do Governo Português, que o Senhor Álvaro Lins, como Embaixador do Brasil, naquele acto recebera. Nem poderia ser aceite qualquer prática susceptível de levar a opinião pública portuguesa ou estrangeira a supor que as Autoridades portuguesas não estariam em condições de cumprir ou fazer cumprir a palavra do seu Governo. Ainda para facilitar a posição do Senhor Embaixador do Brasil e maior tranquilidade de todos, foram estas seguranças tornadas públicas, em nota distribuída à imprensa, em Lisboa, na noite de 12 de Janeiro, que os jornais brasileiros reproduziram no dia seguinte e de que fora dado conhecimento prévio ao Senhor Embaixador do Brasil.

4. Estes os factos essenciais que informam a posição do Governo Português.

Deles pode inferir-se que, por não se verificarem as condições justificativas da prática do asilo, não podia o Governo Português reconhecer a sua concessão ao caso do Sr. General Delgado, nem consequentemente, ser chamado a intervir ou colaborar no processamento no seu território dos actos que do asilo normalmente podiam decorrer.

Apressou-se o Governo Português, no entanto, a oferecer, oralmente e por escrito, e até publicamente, a solene garantia da sua palavra, de que não havia intenção de opor o menor entrave à liberdade e segurança do

Sr. General Delgado, o que, afinal, equivalia a oferecer garantias e seguranças idênticas às que se pretendiam obter por meio de asilo.

5. Como é natural, ao apreciar as consequências em território nacional da situação criada na Embaixada do Brasil pelo Sr. General Delgado, não podia o Governo Português deixar de se guiar pelos princípios de direito internacional válidos em Portugal, ou seja, pela ordem jurídica internacional em que Portugal se situa ou a que pertence.

Ora, Portugal, como aliás, até há bem pouco tempo a generalidade dos Estados, incluindo o Brasil, não reconhece o asilo das missões diplomáticas como um verdadeiro direito, embora a prática o tenha admitido, em certas circunstâncias, como medida razoável, que se impôe à consideração dos Governos por motivos puramente humanitários. Esta concepção de asilo carece, porém, para se tornar efectiva, de dois elementos essenciais: a existência de um estado de alteração ou perturbação da ordem pública, que justifique a necessidade de protecção temporária a um indivíduo, perseguido por motivos políticos, cuja vida ou segurança estejam efectivamente ameaçadas de perigo iminente e a aceitação ou reconhecimento desta situação pelo Estado soberano local.

Esta tem sido a prática tradicional do Estado português, nas suas relações internacionais. E por ela se norteou esta embaixada, nos casos de concessão de asilo que têm sido mencionados na imprensa diária.

6. Um movimento relativamente recente, em todo o hemisfério americano, tende a fixar a prática do asilo diplomático num direito codificado e minuciosamente regulamentado, que, evidentemente, só pode ser válido para os Estados que lhe derem a sua adesão. Não foi esse, até hoje, o caso de Portugal. E não é lícito, por consequência, reclamar do Estado Português o cumprimento de regras que o não vinculam. Tão pouco se concebe que se possa pedir, ainda que com generoso e bem intencionado propósito, em nome da amizade luso-brasileira, que o Governo Português abra uma excepção à sua regra de conduta internacional, quando não está em jogo nenhum verdadeiro interesse brasileiro e a referida excepção, além de criar um precedente inconveniente, teria de estabelecer-se em relação a um caso, a que precisamente faltam, como se mostrou, todas as condições que a poderiam justificar.

7. São estes os factores de ordem jurídica que determinam essencialmente a posição do Governo português e parecem condicionar a evolução da situação do Sr. General Delgado, desde que buscou asilo na Embaixada do Brasil.

Como se vê, não é possivel basear na aplicação do sistema convencional latino-americano a solução do caso, por mais que todos a desejemos apressar, pois nenhuma questão entre dois Estados pode ser resolvida, senão por regras que a ambos vinculem e nunca pela imposição da ordem jurídica de um sobre a de outro — o que, aliás, o Governo brasileiro jamais deixou de reconhecer.

Outros caminhos continuam todavia abertos, no quadro da prática tradicional do asilo diplomático, que, dada a boa vontade de ambos os Governos e sem quebra de princípios, o Brasil poderá aceitar, tal como nas suas relações com os Estados que não aderiram ao sistema das Convenções latino-americanas. Para os facilitar, só há vantagem em que prossigam calmamente os contactos entre as Chancelarias dos dois países, com a certeza, confirmada recentemente pela oportuna e feliz declaração do Chanceler Negrão de Lima, de que a cordialidade de relações entre os dois Governos em breve lhes assegurará a desejada solução.

O que de nenhum modo seria de admitir é que uma questão em que o Brasil apenas pode ter o interesse de proporcionar deteminada protecção que lhe foi solicitada e Portugal, desde a primeira hora, oferece todas as seguranças de que essa protecção está assegurada, possa perturbar a harmonia de relações entre os dois povos irmãos, ainda que por simples dificuldade processual ou porque a obstinação de quem nunca devera tê-la levantado persista em prolongá-la para além de todo o razoável.

Ouvido entretanto por Manuel Rocheta, o embaixador João Neves [da Fontoura] aconselhou-o a modificar o primeiro parágrafo do projecto de comunicado, aí devendo passar a ler-se, de acordo com a sugestão do experimentado diplomata:

> Tem o caso do asilo solicitado pelo Senhor General Humberto Delgado suscitado tão acalorados debates na Imprensa Brasileira e revelado tantos equívocos e incompreensões na apreciação da posição do Governo Português, que a Embaixada de Portugal julga dever solicitar a publicação dos esclarecimentos seguintes, a fim de esclarecer a verdade dos factos e a inteireza de conduta e propósitos do seu Governo. Tem-se em vista, acima de tudo, a necessidade imperiosa de não deixar que a opinião pública, por carência de informações ou por outros motivos, confunda a questão com o espírito de fraternal colaboração e amizade, que sempre deve presidir às relações entre os dois países.

O embaixador Rocheta estava de acordo com a alteração, de modo a reduzir o «tom polémico» da redacção original, questão para a qual precisamente chamara a atenção João das Neves [da Fontoura], o qual prometera também ao embaixador de Portugal, o que não era pouco, um «comentário favorável» em editorial d'*O Globo*(138).

Um outro projecto de comunicado, substancialmente diferente na forma e no conteúdo daquele enviado por Manuel Rocheta, terá sido redigido em Lisboa, tendo aposta uma nota manuscrita de envio ao ministro, de 14 de Fevereiro, rubricada pelo, ao tempo secretário-geral do ministério, Henrique Caldeira Queiróz(139), destinando-se,

(138) AHD/S3/E34/P4 — Telegrama da Embaixada de Portugal no Rio de Janeiro para o Ministério dos Negócios Estrangeiros, de 12 de Fevereiro de 1959.

(139) É o seguinte o teor desse Projecto: «1. O caso do General Humberto Delgado interessou a opinião pública brasileira ao ponto de a Embaixada de Portugal julgar que seria útil tornar público os esclarecimentos adiante expostos. Ao tomar esta iniciativa, a Embaixada não deseja mais do que restabelecer a simples verdade dos factos, certa de que ela bastará para que o incidente possa ser apreciado sem o aumento óptico da emotividade ou a inevitável distorsão que resulta de se construir, ainda que bem, sobre alicerces desalinhados. 2. Lembramos que horas depois do General Delgado ter entrado na Embaixada do Brasil, foi tornada pública Nota Oficiosa em que o Governo Português declarava que: 1) não havia qualquer mandato [*sic*] de prisão contra o General; 2) nem propósito de prendê-lo por actos cometidos até ao presente; 3) não seria negada ao General saída para o estrangeiro. Por outro lado, ninguém de boa-fé pode afirmar que a ordem pública em Portugal estivesse ameaçada, então ou agora, ou suspeitar que os poderes constituídos não dispusessem de meios para manter [então e agora], se a procurassem alterar. 3. Aquela Nota Oficiosa constitui portanto um salvo-conduto de facto garantindo a liberdade do General e a sua saída para o estrangeiro, se desejada. Aliás, o Governo Português teve ocasião de renovar por escrito directamente ao Governo brasileiro aquelas mesmas seguranças. 4. Abertamente perguntamos: podemos nós arguir sobre divergências que significam, sem possibilidade de interpretação diversa, se põe em dúvida a integridade da palavra do Governo Português? Deixo a resposta, tranquilamente, à honra [consciência e sensibilidade] do público brasileiro. 5. Se a vida, a liberdade do General e a faculdade de se mover para o estrangeiro não oferecem dúvidas, onde é que está o embaraço? Donde é que vem a emoção? Porquê esta situação onde o paradoxo — um homem que é declarado livre e persiste em dizer-se ameaçado de prisão, que pode sair para a rua e para o estrangeiro e não sai, porque pretende que não pode — está infelizmente tão perto da triste realidade que representaria qualquer afrouxamento na cordialidade das relações luso-brasileiras — porquê esta situação? 6. Aqui, tenho que distinguir dois factores e de assegurar peremptóriamente que nenhuma relação os vincula. O primeiro factor diz respeito à política interna portuguesa e, portanto, abster-me-ei de o comentar. É, porém, indispensável apontar que os conselheiros políticos do General Delgado, pelo menos não sobrestimaram o alto apreço em que temos a amizade brasileira. Sobre este sentimento do Governo e da Nação Portuguesa fizeram seus cálculos, conceberam sua táctica. E isto é para nós, portugueses, espectáculo melancólico. O outro factor respeita à concepção jurídica do asilo, que é no Brasil diversa da seguida em Portugal. Como disse, não há sombra de relação entre os dois factores.

pelos termos em que está redigido, a ser assinado pelo embaixador de Portugal no Rio de Janeiro.

Ao contrário do projecto do embaixador Rocheta — no essencial, colado às orientações de Lisboa, e até à terminologia ministerial —, esse outro tinha um cariz panfletário, política e diplomaticamente não só inoportuno, mas contraproducente. Desrespeitoso com o asilado e com o Estado asilante, era-o também com o embaixador Álvaro Lins.

Desconhecendo-se as razões que possam ter recomendado a elaboração do projecto de comunicado alternativo, a sua mera existência e os termos em que está redigido são reveladores das tensões causadas pelo caso Delgado, que se vinham reflectindo no tom do relacionamento de Lisboa com o seu embaixador no Rio de Janeiro.

Esse clima geral explica uma vez mais a impaciência do ministro ao determinar a Rocheta, «antes de qualquer outro passo», que esclarecesse se o Itamaraty estava conhecedor daquela sua última proposta, à qual o embaixador Lins não respondera. Entendia o ministro que, a ser real o propósito de Negrão de Lima «resolver o assunto nas bases por ele indicadas», nada obstava a essa resolução, e ponderou ainda que,

---

7. Na prática tradicional portuguesa, o direito de asilo está condicionado à necessidade dele. Foi dentro deste princípio que a Embaixada de Portugal concedeu há anos os asilos políticos a que a imprensa brasileira agora se referiu. A protecção diplomática portuguesa estendeu-se a pessoas sobre as quais impendia ordem de prisão. No caso do General Delgado, nenhum elemento justifica o pedido de asilo; e a seguir à Nota Oficiosa do Governo Português não podem aceitar-se dúvidas sobre a total carência de qualquer dos elementos básicos que, na concepção jurídica portuguesa, são inerentes ao direito de asilo. 8. A concepção brasileira deste direito é, porém, outra. E isto, e só isto, explica a demora e as dificuldades verificadas na resolução duma situação que só deveria, que só deverá ser apreciada como uma desapaixonada divergência dos respectivos sistemas jurídicos no caso de protecção diplomática. 9. Para resolver esta diferença, só há vantagens em que prossigam calmamente os contactos entre os dois países, com a certeza, confirmada recentemente pela oportuna e feliz declaração do Chanceler Negrão de Lima, de que a cordialidade de relações entre os dois Governos saberá encontrar-lhe solução». Para além das emoções colectivas e impulsos — mesmo generosos — do momento, esta Embaixada reitera a sua fé inabalável no vigor, profundeza e futuro das relações luso-brasileiras. Bem superficiais seriam elas se não tivessem raízes no respeito que se deve à palavra dos respectivos Governos; e bem frágeis se revelariam se as agitasse, sequer, o estranho episódio dum político que pediu asilo sem estar ameaçado, e voluntariamente se conserva na Casa hospitaleira que o acolheu depois das seguranças firmes dadas pelo Governo Português! O caso Delgado só é grave na medida em que possa ser mal compreendido pelo público dos nossos dois países. Fora disso, ninguém pode negar-lhe a feição paradoxal [? teatral] e irónica que em certos aspectos o caracteriza».

no caso de o avião para o Brasil partir de noite, Humberto Delgado poderia apenas ficar na sua residência desde a véspera, já que todas as «formalidades necessárias» podiam ser resolvidas no próprio dia do embarque([140]).

Sobre o projecto de comunicado submetido ao Ministério por Manuel Rocheta, o ministro informou, por telegrama de 15 de Fevereiro, encontrar-se em estudo, mas foi adiantando, com propósito discordante e crítico, não poder o assunto ser «desviado dos seus elementos de facto para discussão sobre méritos ou princípios reguladores do direito de asilo», por entender, insistia, não estar esse direito em causa no assunto Delgado. E referiu ainda que Assis Chateaubriand tinha sido habilitado por Lisboa a «avaliar da falta de seriedade» com que certa imprensa brasileira pretendia «criar artificialmente o problema da "libertação e ida para o Brasil do refugiado político General Delgado"», acusando-a de uma «sistemática e odiosa hostilidade» ao governo português, e de ter a consciência de estar a «arrombar uma porta aberta».

Encarregado de continuar a justificar a política do governo português em relação ao caso Delgado, o embaixador Rocheta desdobra-se em contactos com vista a conquistar a imprensa brasileira, maioritariamente adversa. O embaixador [Maurício] Nabuco prometeu-lhe «interceder» junto do *Correio da Manhã*, e o escritor e académico Austregésilo de Athayde, director d'*O Jornal*, garantiu «bom acolhimento» nos *Diários Associados*, de Assis Chateaubriand, e uma entrevista a um jurista preeminente, diplomata e antigo chefe da diplomacia brasileira no governo do presidente Dutra, como era Raúl Fernandes, identificado com a posição portuguesa. Aludia-se, também, à hipótese de ser organizada uma missão especial confiada ao embaixador Assis Chateaubriand.

Aproveitando o telegrama para Lisboa, através do qual dava conhecimento dessas diligências e notícia, o embaixador português voltou às notas dominantes na imprensa: precedentes da aceitação do direito de asilo e intransigência do governo português na facilitação de uma solução de compromisso, notas estas que serviam o propósito de Manuel Rocheta pressionar as Necessidades para encerramento do *dossier*([141]).

([140]) AHD/S3/E34/P4 — Telegrama do Ministério dos Negócios Estrangeiros para a Embaixada de Portugal no Rio de Janeiro, de 15 de Fevereiro de 1959. Nesta data, Henrique Galvão assinava o artigo «Carta a um agente da PIDE» publicado em São Paulo pelo *Portugal Livre*.

([141]) AHD/S3/E34/P4 — Telegrama da Embaixada de Portugal no Rio de Janeiro para o Ministério dos Negócios Estrangeiros, de 14 de Fevereiro de 1959.

Que Assis Chateaubriand se envolveu no caso Delgado — alegadamente para atender a um apelo de certos sectores da comunidade portuguesa e com o beneplácito do Itamaraty —, confirmou-o o próprio Álvaro Lins, que, tendo começado por não ver inconveniente na visita de «Chatô» a Lisboa, deplorou os contactos estabelecidos à sua margem e, ao final, o pedido que aquele lhe dirigira: que mandasse Delgado sair da Embaixada e regressar à sua residência([142]).

A 11 de Março, encontrando-se Chateaubriand em Lisboa, tentou demover Álvaro Lins de partir para o Porto numa conversa telefónica que a PIDE escutou. Pressionando-o nesse sentido, aludiu à intenção de Teotónio Pereira «tocar no negócio da filha de Juscelino», lendo-se ainda na transcrição dessa conversa, destinada ao conhecimento do presidente do Conselho:

> — Essa coisa da filha do Juscelino só nos interessa depois de falar do general, ouviu?! É outra coisa que ele me há-de dizer também, ouviu?! Nunca tinha ouvido falar disso...
>
> — Mas digo... se eu pudesse estar contigo, nós iamos ao Matias ou tu irias e ele dava a total... dizia que o homem podia sair da Embaixada e ir para casa dele...
>
> — Ah!! Mas isso o homem não vai!! — diz o Lins.
>
> — Não vai?!
>
> — Não vai não!!
>
> — Mas o Governo dando a palavra...
>
> — ... eu te mostro,... eu te mostro os jornais todos desde o dia em que eles puseram a questão do «palhaço»...
>
> — Mas Álvaro — diz Chateaubriand — o Governo não seria... o Salazar não seria um doido para dar essa palavra dele a você e a mim... e eu então pegaria o homem no Aeroporto e levaria o homem co...
>
> — Sim, mas o homem diz que não sai assim...
>
> — Não sai assim?! — pergunta o Chateaubriand admirado.

([142]) Álvaro Lins, *Missão*... cit., pág. 232-233 e 236-237. Assis Chateaubriand não tardaria em escrever, num artigo intitulado «Uma Vendetta Corsa», que aquilo a que estava a assistir-se «sob pretexto do asilo a um português na Embaixada do Brasil em Lisboa» não passava de uma «ofensiva aberta contra o governo do sr. Salazar», e garantiu que conversara com algumas «autoridades lusitanas a quem estava afecta a pendência Delgado», sendo difícil — observou — «encontrar índoles mais compreensivas e de espírito mais largo para tratar connosco» (*O Jornal*, de 25 de Março de 1959). Ainda de Chateaubriand, «Fim de Crise» no *Diário de Notícias*, de Porto Alegre, de 1 de Abril de 1959.

— O homem diz que se asilou e só vai para casa se o Brasil mandar...
— Ahmm! — murmurou o Chateaubriand.
— Porque — continua o Lins — o homem diz: vai mas se o Brasil disser que não dá mais asilo então diz que vai para tudo... agradece ao Brasil o asilo que deu, não guarda ressentimento e vai para casa... [...].[143]

Uma diligência de Paulo Cunha a partir de Caracas

Por certo contribuindo para agravar as preocupações do ministro Marcello Mathias, da Embaixada de Portugal em Caracas foi recebido um telegrama do aí ministro plenipotenciário de Portugal, Alberto Carlos Teixeira Branquinho — antigo ministro em Budapeste[144] —, cuja transmissão a Lisboa lhe fora solicitada pelo antigo ministro dos Negócios Estrangeiros, Paulo Cunha[145]. Em síntese, o antecessor de Marcello Mathias dialogara com o embaixador do Brasil em Caracas, Pires do Rio, e com Armando Falcão[146], líder da bancada do governo

---

(143) TT-AOS/PC77B.

(144) «Branquinho (Alberto Carlos de Lis-Teixeira)», *in Anuário Diplomático e Consular Português Referido a 31 de Dezembro de 1959*, Ministério dos Negócios Estrangeiros, Lisboa, Imprensa Nacional de Lisboa, 1960, págs. 135-136. A respeito da actuação do diplomata na Hungria em 1944, Eva Ban e António Louça, «Budapeste, 1944, Dois diplomatas portugueses face ao Holocausto», *in História*, ano XVIII (nova série), n.º 15, Dezembro de 1995, págs. 24-33; Ana Cristina do Nascimento Silva/Maria da Conceição Assis Loureiro Macieira, *Portugal e a Hungria na Segunda Guerra Mundial: Sampaio Garrido e Teixeira Branquinho, Budapeste e o Drama Judaico em 1944*, vol. I e vol. II (Apêndice Documental), Trabalho apresentado na disciplina de História Contemporânea de Portugal, regida pelo Professor Doutor João Medina, Faculdade de Letras da Universidade de Lisboa, Lisboa, 1997; *Vidas Poupadas, A acção de três diplomatas portugueses na II Guerra Mundial, Exposição Documental, Catálogo*, Setembro 2000, Instituto Diplomático/Ministério dos Negócios Estrangeiros, *passim*; Irene Flunser Pimentel, *Judeus em Portugal durante a II Guerra Mundial em fuga de Hitler e do Holocausto*, Com a colaboração de Christa Heinrich, Lisboa, A Esfera dos Livros, 2006, *passim*; e Avraham Milgram, *Portugal, Salazar e os Judeus*, Tradução do Hebraico Lúcia Liba Mucznik, Lisboa, Gradiva, 2010, *passim*.

(145) O antigo ministro encontrava-se em Caracas a chefiar, com o estatuto de embaixador, a delegação portuguesa à cerimónia de posse do presidente Rómulo Betancourt, sucessor no cargo a Edgar Sanabria, este condecorado por Paulo Cunha na Embaixada de Portugal na capital venezuelana.

(146) Do encontro de Paulo Cunha com Armando Falcão deu notícia o *Última Hora*, de 23 de Março, garantindo que o antigo ministro dos Negócios Estrangeiros assegurara que o governo de Salazar em hipótese alguma concederia salvo-conduto ao general Delgado, e acrescentou o periódico: «Disse o Sr. Cunha

na câmara dos deputados brasileira, que considerava «amigos» e se haviam mostrado «muito inquietos com a evolução do caso Delgado». Por isso tinham insistido na necessidade de com urgência ser encontrada uma «solução prática» que evitasse a impressão criada na opinião pública brasileira, que era a de Portugal se recusar a tirar o governo brasileiro da dificuldade em que se encontrava. No mesmo sentido terá ido a posição, entre outros, do presidente do Supremo Tribunal Federal, com quem Paulo Cunha também falara. Esses contactos — referiu no telegrama a Mathias — tinham-lhe permitido «apreender melhor a mentalidade sul-americana» relativa ao instituto do asilo, a qual conviria, na sua opinião, que o governo português tivesse presente, e acrescentou:

> Esse instituto é para eles tão evidente que dificilmente se detêm no facto de nós não subscrevermos a Convenção Americana que o criara tal como é; e para eles, o Asilo envolve necessariamente, não apenas o saber-se que não acontecerá nada ao asilado, mas a possibilidade jurídica de o Estado asilante encaminhar o asilado até fora do território do outro Estado. Daí a insistência no salvo conduto ou coisa semelhante, apesar de saberem que o nosso Governo deu garantias públicas e – ?– de não agir contra Delgado.

Com estas considerações, Paulo Cunha sinalizava não apenas a preocupação dos seus interlocutores, mas a sua discordância pessoal da gestão do caso Delgado pelo governo português. Mas não se ficou por aí, dando mesmo a conhecer a Marcello Mathias a sugestão que o embaixador Pires do Rio lhe fizera, «compreendendo» — note-se bem — as «dificuldades» de Portugal. De acordo com o diplomata, devia ser concertado secretamente com a Embaixada do Brasil em Lisboa que Delgado, já munido de passaporte, fosse acompanhado de noite pelo embaixador do Brasil até ao aeroporto, onde embarcaria

---

(que se distinguiu no Brasil, durante a viagem do ex-Presidente Craveiro Lopes, por suas constantes e desabridas ofensas às instituições democráticas que nos governam) que o pedido de asilo se ligava ao plano de uma conspiração "que teria o seu desfecho no momento em que o General, munido de salvo-conduto, se dirigisse ao aeroporto. Nessa oportunidade uma manifestação de massas paralisaria o país e desencadearia um verdadeiro movimento revolucionário"». Esta versão não tem qualquer coincidência com a posição expressa por Paulo Cunha a Marcello Mathias.

imediatamente, sem prejuízo de todo o serviço de segurança que fosse entendido estabelecer.

O antigo chefe da diplomacia, Paulo Cunha, interessava-se, assim, pela resolução de uma pendência político-diplomática muito incómoda, tendo-se fixado na opinião que Pires do Rio e Armando Falcão lhe tinham transmitido a respeito da inconveniência de o destino do general Delgado ser o Brasil, independentemente das *garantias* dadas por Negrão de Lima. É que Pires do Rio e Armando Falcão entendiam «convictamente» que tais *garantias* eram «praticamente inoperantes» no clima brasileiro, opinando que mais valia a transigência do governo português na «questão actual do fornecimento de passaporte antes de Delgado sair da Embaixada, em troca da segurança de o Governo brasileiro, no seu próprio interesse, encaminhar Delgado para terceiro país», como sucedera, no exemplo indicado por Pires do Rio, com um «perigoso colaborador» de Pérez Jiménez([147]). Paulo Cunha considerava, enfim, constituir «primeira necessidade» evitar que Delgado fosse para o Brasil, uma vez que, observava, a sua ideia provocaria «inevitavelmente feridas graves nas nossas relações com esse país, já pela actuação de Delgado em si mesma, já pela insatisfação que não deixará de nos dar a atitude fugidia que o Governo brasileiro então tomará, coagido pelo clima demagógico da imprensa e políticos locais». E rematou:

> Creio que comprar o afastamento de Delgado do Brasil, com alguma transigência na questão do instituto do Asilo, seria excelente operação([148]).

O reconhecimento da necessidade de o governo português ter presente a perspectiva brasileira sobre o direito de asilo determinara que, anos antes, em 1955, sendo Paulo Cunha ministro dos Negócios Estrangeiros, se tivessse visto confrontado com a necessidade de dar instruções ao então embaixador de Portugal no Rio de Janeiro, António Leite de Faria.

A questão fora suscitada pela eventualidade de Carlos Lacerda solicitar asilo político ao embaixador de Portugal. Conforme António Faria haveria de transmitir ao seu ministro, Lacerda mantinha nas páginas

---

([147]) Nesse caso, o governo brasileiro evitara a entrada do solicitante de asilo no Brasil, tendo-o encaminhado para país terceiro. «Para tanto — relatou Paulo Cunha —, o Embaixador falou habilmente com o refugiado fazendo-lhe ver que a plenitude da eficiência da protecção estava condicionada a esse terceiro destino».

([148]) AHD/S3/E34/P4 — Telegrama da Embaixada de Portugal em Caracas para o Ministério dos Negócios Estrangeiros, de 16 de Fevereiro de 1959.

do seu jornal, *Tribuna da Imprensa*, e igualmente na televisão e na rádio, «uma intensa campanha contra o retorno ao ambiente político vigente no Brasil antes de 14 de Agosto de 1954», sustentando, caso se tornasse necessário, o recurso a «meios extra-legais». O resultado das eleições que deram a vitória a Juscelino Kubitschek e João Goulart tinham levado Lacerda, nas palavras de António de Faria, a «tornar mais impetuosos os seus apelos à solução extra-legal». No dia 11 de Novembro de 1955 eclodiria um movimento militar chefiado pelo general Henrique Teixeira Lott([149]), tendo a *Tribuna da Imprensa* sido ocupada militarmente, constando que Lacerda estava a ser procurado pelas autoridades militares com ordem de detenção e à procura de asilo.

Por sinal, Álvaro Lins encontrava-se então determinado no apoio político a Juscelino. Em editorial do *Correio da Manhã*, de 15 de Novembro, da muito provável autoria de Lins, acusava-se Carlos Luz de, com «requintes de felonia», ter provocado a demissão de Lott, defendendo-se que a acção deste e do exército se tinham revestido «de tal substância democrática», que o Brasil imediatamente se identificara com o que dizia ser uma «operação de legalidade», não podendo negar-se-lhe «sentido restaurador da vocação democrática do país»([150]).

Num quadro de agravamento da situação política, com a recusa do presidente da câmara dos deputados, Carlos Luz, em renunciar ao cargo, julgava-se iminente um novo golpe do general Lott. Isso mesmo informou o embaixador António de Faria em telegrama para o ministério, de 14 de Novembro, onde se lia ainda:

> Por outro lado têem-me chegado rumores ou presunções [de] [que] Carlos Luz e talvez Carlos Lacerda, se lhes fosse possível fazê-lo, pensariam asilar-se [n]esta Embaixada, o que seria susceptível [de] nos criar grandes dificuldades. Problema na verdade muito delicado, pois tanto [a] recusa de asilo como [a] sua concessão nos dariam grandes embaraços.

([149]) Sobre o golpe do general Lott, v.g. John W. F. Dulles, *Carlos Lacerda, A Vida de Um Lutador*, vol. I: 1914–1960, Tradução Vanda Mena Barreto de Andrade, Rio de Janeiro, Editora Nova Fronteira, 1992, págs. 226–231. Ainda, Edgar Carone, *A Quarta República (1945–1964) I — Documentos*, Corpo e Alma do Brasil, Direcção dos Profs. Fernando Henrique Cardoso e Boris Fausto, LVIII, São Paulo/Rio de Janeiro, Difel, 1980, págs. 74–88 e Claudio Bojunga, *JK, O Artista do Impossível*, Rio de Janeiro, Objetiva, 2001, págs. 301–320.

([150]) *Apud* Edgar Carone, *A Quarta República (1945–1964) I — Documentos...* cit., págs. 88–91.

> Desejaria ter com urgência intrucções [de] V. Exa. [quanto] [a] estas últimas hipóteses. Chegam-me também boatos [que] Lacerda estaria já refugiado [na] Embaixada de Cuba ou Guatemala.([151])

Poucas horas depois da recepção desse telegrama, o ministro Paulo Cunha instruiu o embaixador Faria nestes termos:

> 201 — CONFIDENCIAL — Referência [ao] seu [telegrama] 260 sei bem dissabores e dificuldades [que] nos pode trazer asilo convindo naturalmente evitar por todos os meios elegantes [que] nos seja formulado. Se porém o for não há remédio senão deferir se ficar bem esclarecido [que] refugiados renunciam expressa e solenemente [a] toda [a] posição e actividade política.([152])

Dias depois, António de Faria oficiava o ministro Paulo Cunha, dando-lhe com maior detalhe notícias da situação brasileira e sobre os pedidos de asilo apresentados por Carlos Lacerda nas missões do Peru e de Cuba([153]). O primeiro pedido fora indeferido por ter entendido o encarregado de negócios do Peru que a Convenção de Havana de 1928 exigia como requisito essencial para a concessão de asilo, «haver caracterizadamente um caso de urgência, existir perigo iminente e actual para a vida da pessoa», o qual fora entendido não se verificar no caso, desde logo por se encontrar o solicitante ao abrigo de imunidades parlamentares. Tendo chegado a constar que Carlos Lacerda estaria na Embaixada de Portugal — o que passou à imprensa([154]) —, foi na de Cuba que o embaixador Gabriel Landa lhe concedeu asilo([155]). Verificara-se antes uma tentativa de contacto com António de Faria, pelo que só a impossibilidade de contacto com o embaixador de Portugal levara Lacerda, em alternativa, a formular o pedido naquelas representações diplomáticas.

([151]) AHD/S3/E34/P4 — Telegrama da Embaixada de Portugal no Rio de Janeiro para o Ministério dos Negócios Estrangeiros, de 14 de Novembro de 1955.

([152]) AHD/S3/E34/P4 — Telegrama do Ministério dos Negócios Estrangeiros para a Embaixada de Portugal no Rio de Janeiro, de 14 de Novembro de 1955.

([153]) Carlos Lacerda, *Depoimento*, Prefácio Ruy Mesquita, Organização do texto, notas e revisão da 3.ª edição Cláudia Lacerda, Rio de Janeiro, Editora Nova Fronteira, 1977, págs. 199-202.

([154]) *O Jornal*, de 16 de Novembro de 1955.

([155]) John W. F. Dulles, *Carlos Lacerda...* cit., págs. 231-237. Ainda, *Tribuna da Imprensa*, *Diário de Notícias* e *Correio da Manhã*, de 18 de Novembro de 1955.

No mesmo ofício dirigido às Necessidades, e considerando não estar «fora das possibilidades» que outro pedido lhe fosse feito em «futuro próximo», o embaixador Faria notava:

> Tive ocasião de me informar junto do Secretário-Geral do M.R.E. [Ministério das Relações Exteriores] da posição brasileira em relação ao asilo diplomático concedido por países não partes na Convenção de Havana de 1928 e de outros instrumentos diplomáticos posteriores. A resposta foi no sentido de que o Brasil reconhece o asilo que esses países concedam nas mesmas condições que o fazem os países americanos partes na Convenção de Havana, pois que o que é considerado bom para uns deve considerar-se igualmente para os restantes.([156])

Independentemente de outros entendimentos, o ministro Paulo Cunha foi inequívoco nas suas instruções, tendo até tomado a iniciativa de estabelecer um pressuposto para a concessão — e manutenção — do estatuto de asilado: a renúncia a toda a posição e actividade política.

Já anteriormente, através da Circular n.º 3, de 17 de Janeiro do mesmo ano, Manuel Rocheta, ao tempo director-geral dos Negócios Políticos e da Administração Interna do Ministério dos Negócios Estrangeiros, instruíra as embaixadas e legações de Portugal sobre matéria de asilo. Acontecera que em Agosto de 1954, depois de ter sido posto termo a uma sublevação militar que pretendia derrubar o governo peruano, o encarregado de negócios de Portugal recebera um pedido de asilo para uma «alta individualidade ligada ao movimento». Consultado que havia sido o Ministério por aquele funcionário diplomático, foi-lhe respondido ser o direito de asilo «matéria controversa» sobre a qual parecia «não haver vantagem em fixar uma posição demasiado rígida». Quer dizer, o Ministério concordava, «em princípio», não ser de reconhecer o direito de asilo, uma vez que em condições normais, «tal prática poderia acarretar uma inadmissível derrogação da competência dos órgãos de soberania do Estado local». Porém, reconhecia o Ministério que «em circunstâncias excepcionais de grave perturbação da ordem pública» em que a «subversão das garantias mínimas de protecção individual» colocasse em perigo a segurança das próprias vidas, e por «motivos de humanidade», não devia ser recusada uma protecção fundada nas imunidades da residência diplomática, a qual

([156]) AHD/S3/E34/P4 — Ofício da Embaixada de Portugal no Rio de Janeiro para o Ministério dos Negócios Estrangeiros, de 18 de Novembro de 1955.

só poderia exercer-se, na prática, na medida em que essas imunidades pudessem fazer-se valer.

Traçadas estas considerações gerais, ficou determinado assim:

> Ao prudente critério dos representantes diplomáticos terá de caber, em cada caso, a apreciação das circunstâncias e meios de que dispõe, para o efeito, sem perder, todavia, de vista a conveniência de não exporem o seu Governo a dificuldades com o Governo local, que, sem faltar a sérios deveres de humanidade, possam ser evitadas.([157])

Optava deste modo o Ministério dos Negócios Estrangeiros por uma solução de prudência que responsabilizava em primeira linha os representantes diplomáticos, salvaguardando a máxima margem de decisão casuística.

As orientações e instruções da Circular n.º 3, e as do ministro Paulo Cunha, transmitidas a António de Faria não tinham sido nem revogadas nem alteradas quando do pedido de asilo de Delgado, compreendendo-se melhor a esta luz as razões da intervenção do antigo ministro, através do telegrama transmitido a Marcello Mathias a partir da Embaixada de Portugal em Caracas.

A respeito daquele referido esclarecimento solicitado ao embaixador Manuel Rocheta relativo ao conhecimento pelo governo brasileiro da proposta formulada a Álvaro Lins pelo ministro Mathias, informou o diplomata não ter dado qualquer conhecimento ao Itamaraty, «por ter a convicção, confirmada por Embaixadora D. Odette [de Carvalho e Souza], de que Embaixador Lins já o fizera»([158]).

Sobre a reacção de Negrão de Lima, o embaixador Rocheta também informou Lisboa:

> em vista [dos] resultados negativos [das] últimas tentativas [de] negociação não se julgava aqui possível fazer mais do que deixar passar tempo.([159])

([157]) AHD/C E39/P4 VI-2043.

([158]) AHD/S3/E34/P4 — Telegrama da Embaixada de Portugal no Rio de Janeiro para o Ministério dos Negócios Estrangeiros, de 17 de Fevereiro de 1959.

([159]) *Idem.*

A encruzilhada no Rio do embaixador Manuel Rocheta

Denotando também já impaciência — em rigor, com as Necessidades —, o embaixador Rocheta expressou posição, como noutras várias ocasiões anteriores, desta feita nos seguintes termos:

> Para efeito [de] futuras instruções peço respeitosamente licença [para] observar:
>
> 1. Que me parece infelizmente verdadeira [a] tese [do] Embaixador Lins, de que se Delgado quiser nunca mais sai da Embaixada, pois opinião pública, Itamaraty e até nossos amigos são unânimes em reconhecer que o Governo brasileiro não o pode pôr de lá para fora;
>
> 2. Que apesar de celeuma levantada [pelos] jornais ser alimentada sobretudo por certos sectores hostis, estes são nesse ponto acompanhados por generalidade [da] imprensa que em resultado [da] distorção [dos] factos e confusão nascida [das] diferentes concepções [do] direito [de] asilo insiste em apresentar [o] caso Delgado como de divergências entre Governos (ainda ontem «O Globo» afirmava: «Como [o] Brasil não modificará sua política é possível [que] Governo português venha a rever suas posições e chegue a solução amigável que possa inclusive neutralizar golpe [da] oposição ao obrigar General Delgado a pedir asilo»);
>
> 3. Que infelizmente não se pode estar seguro de haver passado o perigo de divergência se transformar em estado grave [a] tensão entre Portugal e Brasil, nem de que referidos sectores hesitem ante violência alguma contra [a] verdade para o conseguir.(160)

No entender do embaixador Rocheta, havia conveniência em promover uma «rápida solução» para a situação de Delgado, parecendo-lhe que, se tal não fosse possível, interessaria «reduzi-la a um caso de simples resistência do General em aceitar [a] solução acordada por ambos Governos», e acrescentou:

> Para isso parece indispensável em primeiro lugar encontrar [a] fórmula que, satisfazendo [o] Governo português, [o] Itamaraty possa aceitar, sem se comprometer perante [a] opinião pública, e que Delgado não possa recusar, sem se condenar como único culpado da perturbação das relações entre os dois países.

---

(160) *Idem.*

Convicto da importância de ser reduzido ao mínimo o tempo para a execução das formalidades de partida, Manuel Rocheta perguntava se para essa execução era indispensável a saída do general da Embaixada na noite anterior à partida, e também se, tendo em vista o interesse da aceitação pelo Itamaraty da deslocação de Delgado para a sua residência, não conviria porventura que essa exigência fosse eliminada, sendo a concessão apresentada como «manifestação de boa-vontade» destinada a facilitar a actuação do governo brasileiro.

Colocadas estas questões, a ideia do embaixador Rocheta era a de que Delgado podia sair da Embaixada às 9 horas da manhã para embarcar às 21 horas do mesmo dia, dado que os aviões da Panair saíam normalmente de Lisboa a essa hora, sendo dado como certo que o general pretendia viajar nessa companhia por virtude de facilidades, prestigiando-se ao mesmo tempo perante o Brasil.

Cedendo aparentemente ao critério do seu governo, parecia ao embaixador Rocheta que essas 12 horas deveria o general passá-las na sua residência — note-se, «(por compromisso tomado para com a Embaixada do Brasil [e] a pedido desta)» — sendo os documentos apresentados de manhã e despachados durante a tarde, ponderando:

> Saindo Delgado da Embaixada às 9 da manhã estaria assim um dia inteiro sob jurisdição exclusiva [das] autoridades portuguesas, as quais em vez de prendê-lo atenderiam nesse lapso de tempo aos seus requerimentos para sair do país.

Com esta fórmula, o embaixador pretendia satisfazer a necessidade, considerada imperiosa pelo governo português, das formalidades de viagem serem cumpridas pelo general fora da Embaixada do Brasil, isso de modo a ser salvaguardada a posição quanto ao direito de asilo, que fora definida e vinha sendo reafirmada com absoluta intransigência por Lisboa. Parecia-lhe, ainda, que a negociação desse plano devia dispensar a «concordância prévia» de Delgado, sugerindo que as autoridades portuguesas alegassem para esse efeito não poderem aceitar que o general se convertesse em «verdadeiro árbitro das relações entre Brasil e Portugal». Entendia ainda o diplomata como conveniente que a única «peça escrita» fosse um comunicado destinado a ser publicado depois da partida do general.

No entender de Manuel Rocheta, esse documento deveria ser apresentado a Delgado para sua aprovação, «com a clara indicação porém de que ele representava o acordo a que tinham chegado os dois

Governos para pôr termo [a] [uma] situação embaraçosa para [as] suas relações de amizade». Facto significativo, esta referência final mereceu do punho do ministro um sublinhado a vermelho com uma nota à margem onde se lê: «Aqui há ingenuidade»([161]).

Independentemente da viabilidade, a proposta formulada por Rocheta traduzia o máximo empenho na resolução do caso por sua parte, sem quebra de respeito pela orientação do seu governo.

Admitindo ainda a hipótese de Delgado se obstinar a permanecer na embaixada, entendia Rocheta, nesse caso, não ser difícil obter a aquescência do governo brasileiro para que fossem reveladas publicamente as verdadeiras causas das dificuldades, sempre na medida em que fosse necessário.

E transmitiu ainda o embaixador de Portugal ao ministro Mathias:

> O que não me parece possível é levar o Itamaraty a expulsar Delgado ou a aceitar perante [a] opinião pública [um] papel que não corresponda à ideia que este faz do sagrado dever de asilo. Não creio também que tenhamos interesse em pôr contra nós [o] Embaixador Lins, pois, ainda que convenha reduzir ao mínimo a sua intervenção na execução [do] plano — além das razões apontadas por V. Exa. porque se encontra sob influência directa [de] Delgado — temos de contar com a sua boa vontade e tacto para na fase final convencer Delgado da necessidade [de] sair [da] Embaixada renunciando [ao] asilo.([162])

Pese embora o exercício de conciliação de posições ensaiado por Manuel Rocheta, a verdade é que a sugestão de renúncia ao asilo por parte de Delgado, ainda para mais com a imaginada colaboração de Álvaro Lins, era realmente contraditória com a mais que conhecida valorização política do reconhecimento do direito de asilo por parte do Brasil, para a qual, aliás, o embaixador português vinha chamando recorrentemente a atenção do seu governo. Desde logo, não seria de crer que Álvaro Lins estivesse disposto a colaborar com as autoridades portuguesas num *bluff* — nem naturalmente o asilado —, *bluff* esse destinado exclusivamente a satisfazê-las, aprisionadas que se encontravam pelo sentido da reacção tornada pública logo após a entrada de Delgado na Embaixada brasileira, através da nota oficiosa de 13 de

([161]) *Idem.*
([162]) *Idem.*

Janeiro, acima reproduzida([163]). Esse *bluff* passava, de acordo com a tentativa de Manuel Rocheta, pela transferência do general Delgado para a sua residência a pedido da Embaixada do Brasil com o compromisso do governo português.

À margem da simpatia pessoal e política que Lins pudesse ter por certas personalidades da oposição portuguesa, e da sua perspectiva crítica em relação ao regime salazarista, designadamente quanto à negação de liberdades públicas e à política colonial, a concessão de asilo ao general não tinha constituído um *fait-divers* na Embaixada de Álvaro Lins em Lisboa, nem a sua aprovação pelo Rio de Janeiro uma decisão imponderada.

A formação jurídica de base do embaixador, realizada na prestigiada Faculdade de Direito do Recife, conferiu-lhe sensibilidade para uma ponderação, com amplitude de vistas, sobre o direito de asilo, pelo que a decisão tomada e as posições que afirmou nas conversas mantidas depois, designadamente com o chefe da diplomacia portuguesa, assentaram em argumentos jurídicos dos quais deixou amplas referências nas suas memórias([164]).

Em certo momento, insistindo Marcello Mathias na tese segundo a qual o general Delgado devia ser mandado para casa, Lins recordou ter objectado assim:

> — Bem, se eu mandasse o General Delgado voltar para casa, quebrando assim o asilo, é possível, não duvido, que ele depois fosse, realmente, para o Brasil, como turista ou imigrante. Porém, eu é que já não poderia ir: não me deixariam lá desembarcar mais nunca.([165])

Uma página da campanha do governo português contra Lins

Após o pedido de asilo de Delgado, Manuel Baptista Dias da Fonseca publicou pela Editorial Império um opúsculo intitulado *Asilo Diplomático, Considerações de Ordem Jurídica sobre o Asilo Político Interno*([166]). Magistrado e publicista de temas jurídicos,

---

([163]) Álvaro Lins, *Missão*... cit., pág. 135.

([164]) *Idem*, págs. 53–54, 105–113, 214–217.

([165]) *Idem*, págs. 205–209.

([166]) Manuel Baptista Dias da Fonseca, *Asilo Diplomático, Considerações de Ordem Jurídica sobre o Asilo Político Interno, I Quando pode ser concedido — e como deve ser mantido e solucionado, II Os anteriores casos de asilo, tanto no*

antigo secretário de Salazar e seu propagandista([167]), Dias da Fonseca aparecia a sustentar a orientação do governo, tratando sinteticamente do tema geral dos fundamentos da concessão de asilo, analisando do mesmo modo casos anteriores de asilo no Brasil e em Portugal, para se pronunciar em «Nota Final» sobre o caso concreto. A justificação da tiragem do livrinho de Dias da Fonseca é absolutamente esclarecedora da intenção editorial: «Desta obra foi feita uma tiragem de 10 000 exemplares, sendo 2500 destinados a Portugal e 7500 ao Brasil».

O autor servia assim o governo português no seu propósito de justificar, muito em especial no Brasil, a orientação que estava a seguir em relação ao tema Delgado. Dias da Fonseca não negava apenas que o general Delgado estivesse na iminência de ser preso; sustentava, também, que «o simples e vulgar medo de ser preso e até a própria certeza de ser preso, em parte alguma legitima[va] o pedido e a concessão de asilo, desde que a prisão seja efectuada pela autoridade e nos termos legais, o que já de *per si* exclui a prisão por grupos revolucionários, como igualmente exclui o receio de que a tal prisão se pudesse seguir a morte»([168]). Acrescia a circunstância de o magistrado entender que o governo português não podia dar outra garantia senão aquela que já dera: a de que o general Delgado não seria preso.

Além dessas considerações, Dias da Fonseca desferiu violentos ataques ao embaixador Álvaro Lins e ao general Humberto Delgado, apoiando-se em escritos e afirmações de Assis Chateaubriand, que dizia ser o «mais categorizado jornalista do Brasil». Chateaubriand considerara Lins uma «cobra», e expressara não desejar que a Embaixada do Brasil em Lisboa se transformasse em «Centro de Conspiração de intelectuais cidadãos portugueses contra o regime dominante em Portugal». Manuel Baptista Dias da Fonseca destacou ainda a transcrição pel'*O Século*, de 3 de Abril de 1959, de um artigo publicado por Chateaubriand n' *O Jornal*, onde se lia não haver o direito de «pôr em contraste» a palavra do governo de Salazar com a do ex-candidato à

Brasil como em Portugal, deram-se sempre como justificadas épocas de revolução — e como foram resolvidos, Nota Final: O «caso Delgado» não tem qualquer base jurídica, Lisboa, 1959.

([167]) A este respeito, *Salazar, Antologia-Discursos, Entrevistas, Artigos, Teses, Notas e Relatórios 1909–1966*, direcção e nota prévia de Manuel Dias da Fonseca; escolha de textos e ordenação de Eduardo Freitas Costa, Coimbra, Coimbra Editora, 1966.

([168]) *Idem*, pág. 25.

presidência da República, «homem agitado, de índole passionária»([169]), concluindo, com destaque gráfico, nos seguintes termos:

> Nenhum jurista pode tomar a sério um asilo concedido e mantido nestas condições — e por isso é que, neste breve estudo, o «caso Delgado» não foi aqui incluído na lista dos asilos diplomáticos, por evidente falta de categoria jurídica para tal — e isto à face quer dos princípios gerais de direito sobre asilo político, quer da Convenção de Havana e que mesmo dos casos de asilo até agora concedidos, tanto no Brasil como em Portugal([170]).

Prisão, calvário e fuga de Henrique Galvão

Na noite de 15 de Janeiro de 1959, após cerca de sete anos de prisão, Henrique Galvão, que se encontrava internado em Lisboa no Hospital de Santa Maria sob estrita vigilância da PIDE, consegue concretizar a evasão.

Datada em «Algures» a 1 de Fevereiro seguinte, Galvão põe a circular «Cópia do 1.º capítulo» da «Carta Aberta a Salazar» como constituindo edição da «Comissão de Libertação Nacional»:

([169]) *Idem*, pág. 26. Entre os artigos de imprensa de Assis Chateaubriand mencionem-se os publicados no *Diário de Notícias*, de 14 («Pouca-Roupa») e 17 de Março («Um Negócio pelo Avesso») e n' *O Jornal*, desta mesma data («Gentilhomem e Paladino»), referindo-se neste à «natureza de ronha» de Delgado, atacando violentamente Lins, e aceitando dar «testemunho da correcção que as autoridades lusitanas puseram no encontrar e fixar o caminho mais seguro para o general Delgado deixar a casa do Brasil em Lisboa». Ainda *O Jornal*, de 20 de Março («Malborough s'en va-t-en guerre»). Tomaz Ribeiro Colaço, que estava de relações cortadas com Álvaro Lins, dirigiu-se a Chateaubriand em carta publicada no *Diário de Notícias*, de 17. Reafirmando o seu monarquismo, chamou a atenção do embaixador e articulista para o facto de haverem sido as autoridades portuguesas, na nota oficial de 7 de Janeiro, a usar mais de uma vez a palavra «política», a descrever o «áspero castigo do delinquente», dizendo textualmente «INDEPENDENTEMENTE DAS RESPONSABILIDADES CRIMINAIS QUE POSSAM SER-LHE EXIGIDAS». E finalizava Ribeiro Colaço, dirigindo-se a Assis Chateaubriand: «Precedentes? Explique-nos porque é que um embaixador do sr. Salazar pode obter no Rio 22 salvos-condutos para outros tantos brasileiros a quem asilara segundo o seu critério, e um embaixador do presidente Juscelino não pode obter em Lisboa um salvo-conduto para um português a quem asilou segundo o seu critério». Ao artigo de Chatô «Poca-Roupa», respondeu Adolfo Casais Monteiro com «Um defensor de Salazar», também reunido em *O País do Absurdo*... cit., págs. 157–160.

([170]) *Idem*, pág. 30.

Pois é verdade, meu caro Manholas Júnior; evadi-me das tuas garras, dos teus ódios incansáveis, da tua Gestapo toda-poderosa e seus algozes, das tuas mordaças, dos teus juízes e tribunais especiais, dos teus tiranetes enriquecidos e condecorados, dos teus governos de tubarões e idólatras mercenários, das tuas «notas do dia» e «notas oficiosas», do teu exército de ocupação e respectivos generalecos, das tuas prisões e campo de concentração, do teu mercado de favores, dos teus discursos sem resposta, das tuas mentiras, da tua corte de vampiros e cretinos, dos teus venais e pederastas, dos teus negreiros, dos teus eufemismos tartufescos, da tua Idade Média — enfim, da tua Oligarquia, da tua Fazenda, do teu Rebanho.

Safei-me pelos meus próprios meios, sem colaboradores nem cúmplices, rompendo facilmente o cerco da tua PIDE, da tua tropa amedrontada, das tuas manadas de denunciantes — e ainda de outro cerco menos aparatoso de uma multidão de pobres castrados, medrosos, que me recomendavam «prudência» e «paciência» e até, por vezes, na sua apagada e vil tristeza, a rendição, ou uma paz de compromisso.

Safei-me pela margem que, providencialmente, deixaste formar entre a crueldade selvagem dos teus cortesãos e agentes da sua encantadora estupidez.

A alguma ciosa aproveitaria essa inveterada simpatia que tens pelos brutos e idiotas e a tua aversão aos mais competentes. E só por isso — porque tive cúmplices e os teus agentes são tão broncos como ferozes — ouso esperar que me safei também da matilha que lançaste por todo o país à minha procura com uma edição de fotografias minhas quase tão avultada, senão mais, como as da tua esbelta pessoa ou das dos mais famosos astros do cinema.

Como foi?

Não é assunto para explanar agora. Por um lado, mais que fazer do que narrar esse pequeno capítulo da novela de aventuras; por outro lado, diverte-me imaginar a azáfama dos teus podengos, de nariz no ar, a congeminarem, na esperança de que uma denunciazinha que os alumie — pois sem denuncias nunca viram um palmo adiante das ventas.

Deixemos, pois, o mistério da evasão no beco em que se encontra, até que um dia, para entreter crianças, me disponha a dar-lhe saída.

Henrique Galvão entrara em rota de colisão com o regime havia anos. Às razões políticas para a ruptura anunciada, acresceram incompatibilidades pessoais porventura decisivas.

Em Fevereiro de 1940, o capitão Olegário José Antunes, adjunto da direcção da PVDE, foi encarregado da «busca e policiamento» do Teatro da Trindade, aonde se deslocariam as mais altas figuras do Estado para assistirem ao filme da viagem do presidente Óscar Carmona às colónias. O capitão Antunes encontrara o Teatro ocupado por «gente a trabalhar: operários martelando, moços transportando *maples*, mulheres varrendo, etc.» e, como lhe tivesse sido indicado ser Henrique Galvão o responsável por se encontrar a sala de espectáculos cedida à Emissora Nacional, tratou de o contactar, sem sucesso, na Emissora, na Exposição do Mundo Português, no Ministério das Colónias. Embora o capitão Olegário Antunes reconhecesse que tudo havia finalmente corrido bem, não deixou de admitir em exposição ao director da PVDE que tudo podia ter corrido mal, recaindo neste caso sobre ele e a polícia responsabilidades que não lhes cabiam. O assunto não morreria nas mãos de Agostinho Lourenço, que decidiu no sentido de dar conhecimento do caso ao ministro do Interior, acabando envolvido também Duarte Pacheco, então titular da pasta das Obras Públicas e Comunicações, o qual mandou ouvir Henrique Galvão sobre o assunto. As declarações por este ditadas, que Olegário Antunes considerou ofensivas da sua honra, não desmentiam apenas o responsável da PVDE. Galvão invocou os seus tempos de governador de Huíla, quando Antunes pertencia à guarnição de Sá da Bandeira, afirmando que certamente este não guardaria «gratas recordações» do seu governo e por motivos que não eram para o lisonjear. O chefe do gabinete do ministro do Interior, Abel de Campos Vieira Neves, remeteria à PVDE as declarações de Henrique Galvão, das quais tomou conhecimento o capitão Olegário Antunes, reagindo de imediato, a 22 de Abril, e passando ao ataque. Disse que Galvão agia encorajado pela impunidade de que sempre havia gozado. O capitão Antunes aproveitou para se referir criticamente aos livros de Galvão, *Huíla*([171]) e *Em Terra de Pretos*([172]), tendo lembrado a desinteligência do capitão com Afonso Lopes Vieira([173]). E logo reconheceria ter cortado relações com Henrique Galvão por não lhe haver sido satisfeita pretensão pessoal, e honrado o compromisso da sua colocação na Circunscrição do Baixo Cunene. Olegário desfeiteou

---

([171]) Henrique Galvão, *Huíla, Relatório do Governo*, s/l, 1929.

([172]) Henrique Galvão, *Em Terra de Pretos (Crónicas d'Angola)*, Lisboa, Edição do Autor, 1929.

([173]) Henrique Galvão, *O Poeta Lopes Vieira em África e o seu Relatorio*, s/l, Edição do Autor, 1932, em resposta a Afonso Lopes Vieira, *Relatório e Contas da Minha Viagem a Angola*, Edição do Autor, s/d.

Galvão pondo em causa a sua idoneidade moral. Referiria a respeito os interesses de Teodósio Cabral([174]), alegadamente protegidos pelo capitão Galvão, e retomaria o tema Afonso Lopes Vieira. As acusações de Olegário e a informação mais tarde subscrita por Henrique Galvão, determinaram que o caso transitasse para o Ministério da Guerra, e tivesse sido incumbido o tenente-coronel José de Melo Ponces de Carvalho da realização de um inquérito, cujo destino se desconhece. Muito provavelmente terá ficado comprometido pelo passar do tempo, pela influência que Galvão ainda guardava, sendo certo que Olegário — entretanto nomeado director do Tarrafal — contara no seu ataque a Galvão com o apoio do capitão José Catela, da PVDE, que lhe dera a conhecer, para «seu governo», documentação do processo, a referida informação de Galvão, de natureza confidencial, datada a 18 de Julho de 1940. Instado em 1942 pelo oficial inquiridor para levar aos autos a exposição de resposta àquela referida informação, o capitão Olegário Antunes, faltando à verdade, escreveria desconhecê-la, e até não lhe constar sequer que sobre a sua resposta de 22 de Abril tivesse o capitão Galvão prestado qualquer informação([175]).

A década de 40 seria decisiva no corte de Galvão com o regime, ele que havia sido um dos cadetes do 28 de Maio([176]).

Deputado por Angola em 1946([177]), depois de uma experiência curta na legislatura de 1935–1938, por motivo da sua nomeação para presidente da Emissora Nacional, Henrique Galvão foi implacável

([174]) José Barreto, «Galvão, Henrique Carlos Malta (Barreiro, 4–2–1895 — São Paulo, 25–6–1970)», *in Dicionário de História de Portugal*, vol. VIII, Suplemento F/O, Coordenadores: António Barreto/Maria Filomena Mónica, Lisboa, Figueirinhas, 1999, pág. 81.

([175]) Pasta pessoal de Olegário José Antunes (arquivo do autor). Que Olegário José Antunes andava nas boas graças do poder político, explica a sua nomeação, em Outubro de 1945, pelo ministro do Interior, Soares da Fonseca, para a comissão de inquérito às listas do MUD, presidida pelo juíz Alfredo de Azevedo Soares, à época sub-director da Polícia Judiciária, e que era ainda integrada pelo capitão Silva Pais, mais tarde director da PIDE e da DGS. A este respeito, Mário Matos e Lemos, *1945 — O Estado Novo e a Oposição. O Movimento de Unidade Democrática e o Inquérito às suas listas*, Coimbra, Palimage, 2018, págs. 79–113.

([176]) Eugénio Montoito, *Henrique Galvão ou a Dissidência de Um Cadete do 28 de Maio (1927–1952)*, Lisboa, Centro de História da Universidade de Lisboa, 2005, págs. 19–46.

([177]) Nesse ano reúne artigos anteriormente publicados na imprensa e dá ao prelo *Irreverência? (Notas à margem da política e dos costumes)*, Lisboa, Livraria Popular de Francisco Franco, 1946.

nas suas críticas à administração colonial, abrindo um conflito sério com o regime, a partir da Assembleia Nacional, com o anúncio de um aviso prévio sobre a administração de Angola, a 24 de Fevereiro de 1949([178]), que provocou imediatas reacções, às quais, impetuoso como era, Galvão não deixou de dar resposta imediata([179]). Os termos do aviso prévio não consentiam margem de dúvida sobre a tempestade que se aproximava. Com ironia, Henrique Galvão fez sua o que disse ser uma «frase de forma e conteúdo impecáveis» pronunciada por Salazar a respeito da administração anterior ao 28 de Maio, atirando-a agora contra o governo e o presidente do Conselho:

> A falta de coincidência entre as instituições e os seus fins, entre a aparência dos preceitos e sua realidade profunda, entre a lei e a execução fizeram da vida administrativa do País uma mentira colossal.([180])

Em Janeiro de 1947, Henrique Galvão apresentou, em sessão secreta da comissão das colónias da Assembleia Nacional, um relatório sobre o trabalho dos indígenas([181]), o qual viria a ser parcialmente revelado, anos depois, no seu *The Santa Maria. My Crusade for Portugal*([182]). Como observa José Pedro Monteiro, o retrato de Galvão sobre a situação social dos indígenas era «demolidor»: «O trabalho forçado ou "contratado" era norma, as condições de vida miseráveis, a corrupção entre as autoridades generalizada, contribuindo dessa forma para o que

---

([178]) Henrique Galvão, *Por Angola (Quatro anos de actividade parlamentar), 1945–1949*, Lisboa, Edição do Autor, s/d, págs. 215–219. Já anteriormente, a 27 de Janeiro de 1948, anunciara, sem que tivesse tido sequência, um primeiro aviso prévio sobre a mesma matéria (*op. cit.*, págs. 184–186).

([179]) *Idem*, págs. 219–224 e 236–239.

([180]) *Idem*, págs. 218 e 229.

([181]) Francisco Teixeira da Mota, *Henrique Galvão, Um herói português*, Alfragide, Oficina do Livro, 2011, ... cit., págs. 129–139.

([182]) Henrique Galvão, *The Santa Maria. My Crusade for Portugal,* Translated from the Portuguese by William Longfellow, Londres, Weidenfeld and Nicolson, 1961, págs. 46–59, e a versão em língua portuguesa, *Minha Cruzada Pró-Portugal, Santa Maria*, São Paulo, Livraria Martins Editora, s/d, págs. 46–60, onde se reproduzem, nas palavras de Galvão, as «passagens mais veementes da exposição». Note-se que este livro foi dedicado por Galvão, entre outros: «A Álvaro Lins, o grande escritor brasileiro que, com tanta dignidade diplomática, como lucidez e denodo, tem interpretado e defendido o sentido prático de uma fraternidade democrática luso-brasileira e, assim, prestado à nossa causa um amparo inestimável».

ele considerava o aspecto mais nocivo na vida colonial: a persistente sangria das populações nativas, em especial a potencial mão-de-obra para os territórios vizinhos»([183]).

A apresentação do aviso prévio realizou-se a 26 de Março seguinte, com a entrada em choque de Henrique Galvão com Mário de Figueiredo a propósito da censura às suas intervenções sobre o aviso prévio. Galvão denunciou então a incapacidade orgânica e funcional do Ministério das Colónias, o mau funcionamento dos «órgãos de acção», os «defeitos gravíssimos do mecanismo de selecção de valores», a concepção das leis e dos regulamentos, que dizia inspirada por serviços burocratizados e constituídos em compartimentos estanques. Uma colonização deficiente. Não se ficou por aí, tendo declinado nomes e moradas daqueles que em seu critério deviam ser chamados à responsabilidade pela «mentira colossal»([184]). O debate seguiria vivo([185]).

No dizer de Maria Archer, o deputado Henrique Galvão «expôs à Assembleia Nacional, e ao país, as acusações que se continham nos seus relatórios esquecidos num *dossier* do Ministério do ultramar, e também as últimas anomalias observadas»([186]), os «graves acontecimentos que estavam corrompendo a moralidade e a economia de Angola», como declarou Galvão perante o juiz auditor adjunto, António Júlio Crispiniano de Lacerda, no tribunal militar de Lisboa([187]).

Como justamente refere Francisco Teixeira da Mota, o capitão Galvão assumiu o seu divórcio com o regime «através da sua faceta literária» nas páginas do *Jornal de Notícias*([188]). Mário de Figueiredo falaria

([183]) José Pedro Monteiro, *Portugal e a questão do trabalho forçado, Um império sob escrutínio (1944-1962)*, Lisboa, Edições 70, 2018, págs. 75-80.

([184]) Henrique Galvão, *Por Angola*... cit., págs. 225 e 289.

([185]) Francisco Teixeira da Mota, *Henrique Galvão*... cit., págs. 158-171.

([186]) Maria Archer, *Os Últimos Dias do Fascismo Português – Memórias dum processo político, julgado no 1.º Tribunal Militar Territorial (Santa Clara), em Lisboa, em Dezembro de 1952. Escritas sobre apontamentos tomados durante as audiências e revistas pelos principais réus, advogados e testemunhas*, vol. I, São Paulo, Editora Liberdade e Cultura, s/d, pág. 27.

([187]) *Idem*, pág. 28.

([188]) Francisco Teixeira da Mota, *Henrique Galvão*... cit., págs. 173-192. Também, Arlindo Manuel Caldeira, «Galvão, Henrique Carlos Mata (ou Malta) *[sic]* (1895-1970)», *in Dicionário Biográfico Parlamentar, 1935-1974*, A-L, Direcção: Manuel Braga da Cruz/António Costa Pinto, Com a colaboração de Nuno Estêvão Ferreira, Lisboa, Instituto de Ciências Sociais/Assembleia da República, pág. 689. Sobre o «desenlace» de Galvão com o regime, Eugénio Montoito, *Henrique Galvão ou a Dissidência*... cit., págs. 111-124.

a Salazar nas disposições que tomara para «castigar o garoto»([189]), comentando que o artigo de 6 de Novembro estava no «prolongamento lógico» do publicado a 5 de Junho. E outros artigos se seguiram, mesmo depois de lhe ter sido instaurado um processo disciplinar pelo ministro Teófilo Duarte, em Novembro, com origem na participação de Mário de Figueiredo — o que comprometeu a sua inclusão nas listas de deputados —, processo esse que viria a ser arquivado. A carta que Galvão escreve a Figueiredo em Março de 1951, na sequência desse arquivamento, terá constituído, na verdade, uma carta de despedida do Estado Novo([190]).

Não tardou Galvão em assumir o seu oposicionismo militante, logo afirmado com o envolvimento na candidatura presidencial de Quintão Meireles, onde se cruzou com dois dos seus futuros advogados: Luís de Almeida Braga e Vasco da Gama Fernandes.

N' *O Estado de S. Paulo*, João Alves das Neves lembraria:

> Foi num dos comícios da campanha eleitoral do almirante Quintão Meireles para a presidência da República, em 1951, que o ex-deputado da chamada «união nacional» lançou, perante mais de três mil pessoas comprimidas numa garagem de Lisboa, as mais violentas acusações feitas contra o regime de Salazar. De estatura média, os cabelos já meio embranquecidos, os gestos rápidos, a face serena, um olhar severo, denunciou, calma mas indignadamente, as maiores ilegalidades e abusos cometidos pelos mais próximos colaboradores de Salazar nas paragens africanas onde tremula ainda — por quanto tempo, se o fascismo durar? — a bandeira portuguesa. A violência da sua linguagem e a força das suas acusações vieram a encontrar paralelo nas proclamações que o seu companheiro e amigo Humberto Delgado viria a empregar nos dias agitados mas esperançosos de Maio de 1958. Nesse comício Henrique Galvão destruiu todo o belo edifício erguido pela propaganda de António Ferro, a golpes de milhões de escudos, dentro e fora do país, nomeadamente os estribilhos de que a comunhão de ideias e de objectivos é perfeita entre negros e brancos de Angola, de Moçambique e de outras províncias ultramarinas.([191])

([189]) José Barreto, «Galvão, Henrique Carlos Malta (Barreiro, 4-2-1985 — São Paulo, 25-6-1970)», *in Dicionário de História de Portugal*, vol. VIII, Suplemento F/O, ... cit., pág. 84.

([190]) Assim, Francisco Teixeira da Mota, *Henrique Galvão*... cit., págs. 190-193.

([191]) *O Estado de S. Paulo*, de 22 de Fevereiro de 1959.

No ano seguinte, a constituição da Organização Cívica Nacional colocaria definitivamente Henrique Galvão na mira da PIDE, que acabou por prendê-lo, apreendendo depois planos conspirativos que o acreditavam como um dos responsáveis de um movimento revolucionário em preparação. Interrogado na fase de instrução do processo, Galvão disse não ter preparado, nem organizado, nem colaborado em projectos de deposição violenta do governo, e acrescentou:

> [...] mas não nega, antes confessa com muito orgulho, que desejou e deseja ardentemente, não apenas a deposição do Governo, mas também a liquidação definitiva do sistema policial e discricionário que, contra a letra da Constituição, o apoia, e cujo espírito e instituições são a negação absoluta dos objectivos visados pelo movimento militar de 28 de Maio de 1926.([192])

Passa então por Caxias e pelo Aljube([193]), prisão da Luz e Trafaria, daí tentando a fuga, sendo levado depois, como escreveria, para a «lixeira política de Peniche»([194]). Era apenas o início de um calvário judicial e prisional ao qual colocou fim sete anos mais tarde.

Julgado pelo Tribunal Militar Territorial de Lisboa, no âmbito do processo da chamada «conspiração da Rua da Assunção»([195]), Henrique Galvão — cuja defesa confiou ao advogado Luís de Almeida Braga, monárquico e figura maior do Integralismo Lusitano —, e após seis sessões de julgamento, ouviu a sentença a 17 de Dezembro de 1952, tendo sido condenado a uma pena de três anos de prisão maior celular ou, em alternativa, quatro anos e seis meses de degredo em possessão de 2.ª classe a determinar pelo governo. Por acórdão do Supremo Tribunal Militar, de 21 de Fevereiro de 1953, aquela sentença foi anulada, por

---

([192]) Maria Archer, *Os Últimos Dias do Fascismo...* cit., págs. 32–33.

([193]) Henrique Galvão, *Crónica de Horas Vazias (Contém uma carta do autor a Marcello Caetano, então Ministro das Colónias)*, Lisboa, Livraria Popular de Francisco Franco, s/d.

([194]) Henrique Galvão, *Diário de Peniche*, Lisboa, Livraria Popular de Francisco Franco, s/d, pág. 23. Ainda, *Forte de Peniche, Memória, Resistência e Luta*, 4.ª edição, União de Resistentes Antifascistas Portugueses, 2018, pág. 216, registando as datas de entrada (22 de Junho de 1953) e saída (14 de Outubro de 1958) do capitão Galvão do Forte de Peniche.

([195]) TT-PIDE-D-A-003-0031-1; Francisco Teixeira da Mota, *Henrique Galvão...* cit., págs. 203–225; Eugénio Montoito, *Henrique Galvão ou a Dissidência...* cit., págs. 140–143; e Irene Flunser Pimentel, *Inimigos de Salazar*, Lisboa, Clube do Autor, 2018, págs. 233–238.

enfermar de nulidades([196]) e mandado repetir, com outros juízes, o julgamento([197]).

De novo condenado, em Maio desse ano, Galvão viu a sentença confirmada pelo Supremo.

Henrique Galvão acabaria também visado num processo-crime por ter confrontado, logo após a sua condenação, o general Leonel Vieira, que presidira ao tribunal — e foi pouco depois nomeado governador militar de Lisboa —, acusando-o de parcialidade e colaboração com a polícia política([198]).

A edição clandestina na Penitenciária de Lisboa — para onde fora transferido de Peniche — dos panfletos *Moreanto*([199]), distribuídos depois a partir do escritório do advogado Filipe da Silva Mendes([200]), acabaria por determinar o regresso de Henrique Galvão ao forte, onde iniciaria uma greve de fome. Nos primeiros dias de 1955 passou ao Aljube e em Março voltou para Peniche por poucos dias, sendo internado no Hospital de Santa Maria em Lisboa «graças à sua cada vez mais débil saúde e, possivelmente, à influência de Bissaya Barreto»([201]).

Como consequência, e após um inquérito, o director da Penitenciária, Abrantes Tavares, foi suspenso de funções. O director-geral dos Serviços Prisionais, José Guardado Lopes, lembraria muitos anos depois não serem «famosas» as relações de Abrantes Tavares com a PIDE, já

([196]) TT-PIDE-D-A-003-0031-2.

([197]) TT-PIDE-D-A-003-0032-1; TT-PIDE-D-A-003-0032-1A; TT- PIDE-D-A-003-0032-2; TT-PIDE-D-A-003-0032-3.

([198]) TT-PIDE-001-000321 (cartas ao general Leonel Vieira e ao general Pereira do Vale). Ainda, Francisco Teixeira da Mota, *Henrique Galvão...* cit., págs. 211–217 e Eugénio Montoito, *Henrique Galvão ou a Dissidência...* cit., págs. 166–167.

([199]) Francisco Teixeira da Mota, *Henrique Galvão...* cit., págs. 237–253.

([200]) Preso a 13 de Setembro de 1954. Filipe da Silva Mendes havia sido governador-civil de Lisboa entre Janeiro de 1924 e 1926 (Albino Lapa, *Governadores Civis de Portugal (Lisboa)*, Lisboa, 1962, págs. 30 e 61), tendo-se exilado, e participado na luta contra a Ditadura (*A Liga de Paris e a Ditadura Militar (1927–1928), A Questão do Empréstimo Externo*, Organização e notas de A. H. de Oliveira Marques, Mem Martins, Publicações Europa-América, 1976, *passim*, e *A Unidade de Oposição à Ditadura (1928–1931)*, Organização, prefácio e notas de A. H. de Oliveira Marques, Publicações Europa-América, 1973, *passim*; Luís Farinha, *O Reviralho, Revoltas Republicanas contra a Ditadura e o Estado Novo, 1926–1940*, Lisboa, Editorial Estampa, 1998, pág. 81; e Cristina Clímaco, *Republicanos, Anarquistas e Comunistas no Exílio (1927–1936)*, Lisboa, Edições Colibri, 2017, págs. 179–180).

([201]) Francisco Teixeira da Mota, *Henrique Galvão...* cit., pág. 252.

que este, «com apoio ministerial», nas palavras do antigo director-geral, tinha proibido que na Penitenciária fossem interrogados presos políticos «eventualmente ali internados por motivo de saúde ou de segurança». Ainda de acordo com o testemunho de Guardado Lopes, quando tinham começado a circular em Lisboa os «manifestos» cuja autoria era atribuída pela PIDE a Galvão, Abrantes Tavares, «confiado nos seus serviços de censura contestou o facto e recusou a colaboração da Polícia».

O inquérito acabaria, nas palavras de Guardado Lopes, por conduzir «à descoberta de uma ou outra pequena e discutível irregularidade e de negligências, a maior parte desconhecidas do Director, cuja principal responsabilidade parece ter sido viver um pouco alheado do que se passava no Estabelecimento»([202]).

Para trás ficara a renúncia ao mandato de Almeida Braga e Vasco da Gama Fernandes([203]), que junto do presidente do Tribunal Criminal de Lisboa reconheceram a «inutilidade dos seus esforços para de algum modo ser atenuada a situação angustiosa» em que se encontrava Henrique Galvão, e não desejarem «participar da responsabilidade de assistir calados ao [seu] definhamento físico e moral». No entender daqueles advogados, Henrique Galvão estava perto da loucura ou da morte, e o próprio havia comunicado estar sem assistência, não lhe sendo prestados cuidados de higiene mental. E mais, não lhe estava permitido o uso de uma máquina de escrever, que era ferramenta indispensável ao seu trabalho como escritor. O que requeriam Almeida Braga e Vasco da Gama Fernandes era a transferência imediata de Galvão para um hospital onde pudesse ser tratado. Já antes tinham apresentado uma «súplica» ao ministro do Interior, e Almeida Braga expusera mesmo o assunto ao presidente da República, «pedindo-lhe amarguradamente que não deixasse extinguir-se no cárcere aquele que,

---

([202]) José Guardado Lopes, *Recordações de Um Burocrata, Ministério da Justiça 1933-1974*, Lisboa, 1994, págs. 61-62. Ainda a respeito da suspensão de funções do director da Penitenciária, escreve Guardado Lopes: «Sabendo-me amigo do Dr. Abrantes Tavares o Ministro pediu para lhe transmitir o despacho que proferira, afirmando: — "É uma decisão que não agradará a ninguém; nem aos que desejariam vê-lo demitido nem aos que o quereriam absolvido", e acrescenta: "Assim foi; o próprio Presidente do Conselho parece ter dito não perceber, porque um Director ou se demite ou se absolve"».

([203]) Eugénio Montoito, *Henrique Galvão ou a Dissidência...* cit., págs. 189-190.

tendo vestido a mesma farda, por longos 36 anos levantara em África o nome de Portugal»([204]).

Em requerimento dirigido ao presidente do Tribunal Criminal, Henrique Galvão comunicou «desistir de toda a defesa», tendo solicitado dispensa de assistir ao julgamento, e ponderou:

> O requerente está desprovido de advogados, porque os que tinha constituído e lhe prestavam a sua assistência gratuitamente renunciaram ao mandato; e renunciaram, porque viram a impossibilidade de o defenderem, não porque o libelo, frágil como é, seja inatacável, mas por não haver tribunais que ofereçam as garantias de um julgamento que represente a livre apreciação dos juízes em face das provas produzidas.
>
> Da experiência alheia, colheu o Requerente ensinamentos autorizados de jurisconsultos eminentes, como o Professor Barbosa de Magalhães, o Dr. Sebastião Ribeiro (antigo Juiz), o Dr. Vasco da Gama Fernandes — e também um ortodoxo do regime, o Dr. Bustorff Silva, ao declarar publicamente, como vencido pelas circunstâncias, as razões porque não advogaria mais em tribunais portugueses do crime. Trata-se de reputados jurisconsultos e não de difamadores irresponsáveis.([205])

A internacionalização do caso, designadamente através das páginas da imprensa (v.g. *L'Express* e *Time*) terá tido influência na decisão das autoridades de transferirem Henrique Galvão para o Hospital de Santa Maria. A influente revista francesa não se limitou a uma notícia sumária, mas a historiar o caso, aludindo à «prova», com «documentos na mão», que enquanto deputado fizera na Assembleia Nacional sobre o facto de Angola se encontrar entregue, «sob o olhar benevolente do Governo Central, aos apetites duma oligarquia incompetente, corrompida e esclavagista»([206]).

Em cena entraria depois o advogado Sebastião Ribeiro, que a respeito do regime de visitas a Galvão deixou testemunho de tomadas de posição muito firmes junto dos tribunais, do director da PIDE, capitão Neves Graça, e do ministro do Interior, denunciando a situação de incomunicabilidade em que se encontrava Henrique Galvão([207]), o que lhe haveria de custar incómodos vários([208]).

([204]) Sebastião Ribeiro, *Seis Casos*, Lisboa, 1957, págs. 18–20.
([205]) *Idem*, págs. 49–50.
([206]) *Idem*, págs. 43–54.
([207]) *Idem*, *passim*.
([208]) Sebastião Ribeiro, *A Confusão*, Lisboa, 1958, *passim*.

A 23 de Julho de 1957, Galvão foi julgado no 7.º juízo correccional de Lisboa, por ter sido acusado de «emprego de arma de arremesso na disposição de ofender», crime previsto e punido pelo artigo 363.º, n.º 1 do Código Penal, que Sebastião Ribeiro sintetizou assim:

> Em linguagem mais clara: — o Capitão Galvão atirou com uma cadeira à cabeça de um dos polícias da PIDE encarregados da sua vigilância. Afinal, averiguou-se pelo julgamento que o *pidecídeo* não teve importância de maior porque o Juiz convolou o crime para o n.º 2 do art.º 363.º e a coisa não passou de simples *ameaça*.

Acrescentando depois:

> A polícia inventou-lhe a *tentativa de rebelião*. Do primeiro julgamento, saiu-se mal. Ensaiando o segundo, o tribunal militar já pôde tomar o caso a sério. Para que o Capitão Galvão não fosse posto em liberdade após o cumprimento da pena em que foi condenado pela fantasia da *rebelião*, inventou-se-lhe novo crime, agora o de *atentado contra a segurança interna do Estado*. O crime por que foi de novo pronunciado admitia caução e foi-lhe arbitrada, mas a polícia interveio e forçou o juiz a suspendê-la ilegalmente [...]. Depois, à cautela, alterou-se a pronúncia, passando-a para crime mais grave desprovido de caução. Neste simples crime, crime de que agora me ocupo e pelo qual acaba de responder, foi também acusado pelo mais *grave* da espécie, mas veio a verificar-se que só podia ser condenado pelo mais *brando*, visto que nem o polícia ofendido conseguiu sustentar a acusação.([209])

Preso à ordem do processo *Moreanto*, começado a julgar a 21 de Janeiro de 1958, Henrique Galvão persistiu na recusa em comparecer

---

([209]) *Idem*, págs. 55–56. Sobre a reclamação de Henrique Galvão pela qual solicitou caução, pronunciou-se o então ajudante do procurador da República, [José Alfredo Soares] Manso Preto, que haveria de ascender à presidência do Supremo Tribunal de Justiça (1992/1993). Inicialmente concedida a caução, o Ministério Público reclamou e o juiz proferiu um novo despacho suspendendo os efeitos da sua decisão anterior, tendo ordenado diligências «sobre a razoabilidade» da solicitada concessão. Acabaria por declarar sem efeito a caução nos termos do artigo 299.º do Código de Processo Penal, sustentando Manso Preto que a reclamação de Henrique Galvão, a ser recebida, não devia ser atendida (AHMJ/ /Pronúncia do ajudante do Procurador da República, de 25 de Junho de 1955, sobre a reclamação de Henrique Galvão de fls. 871–873 dos autos).

no Tribunal Plenário de Lisboa([210]) perante o colectivo constituído pelo desembargador José Maria Cardoso de Menezes, na qualidade de presidente, e corregedores António de Almeida Moura e João António Silva Caldeira, estando o Ministério Público representado pelo procurador António Furtado dos Santos, que haveria de ser deputado e o último procurador-geral da República do regime caído a 25 de Abril([211]).

A querela tinha sido deduzida contra Galvão e, na qualidade de co-autores, contra Filipe da Silva Mendes, Abel Augusto Dias das Neves e João Rafael de Almeida Lourenço. De acordo com o Ministério Público, Henrique Galvão havia, enquanto recluso na Penitenciária de Lisboa «desde os fins de 1953 e durante o ano de 1954», escrito e publicado: «a) um panfleto ou pasquim, com onze números, de que foram tiradas algumas centenas de exemplares, intitulado *Moreanto* (Movimento de Resistência Anti-Totalitária); b) Um artigo intitulado "No Paraíso de Salazar" sob a rubrica "Cartas de um Condenado", na revista brasileira *Anhembi* (n.º 43), onde também publicou mais três artigos sob o título "Subsídios para o Estudo do Problema Político Português" (n.ºs 37, 38 e 39)([212]); c) Um romance intitulado *Vagô* (O Homem

---

([210]) Francisco Teixeira da Mota, *Henrique Galvão*... cit., pág. 271, onde se lê: «As tentativas dos agentes da PIDE para conduzirem Henrique Galvão, no processo *Moreanto*, à audiência de julgamento do Tribunal Plenário ocorreram em 19 de Novembro de 1957, 13 e 21 de Janeiro e 11 e 25 de Fevereiro de 1958, mas depararam sempre com a sua terminante recusa. Para Galvão, essa recusa era uma forma de luta que lhe permitia, ainda, medir forças com o regime».

([211]) *Procuradoria-Geral da República*, Lisboa, Palácio Palmela, 2007, págs. 77–78.

([212]) Henrique Galvão, «Subsídios para o Estudo do Problema Político Português», *in Anhembi*, vol. XIII, n.º 37 (1953), págs. 48–63, n.º 38 (1954), págs. 245–254 e n.º 39 (1954), págs. 482–491. Quando se iniciou a publicação do texto de Galvão, a revista informou que o autor se encontrava a cumprir pena que lhe tinha sido imposta pela ditadura «por haver discordado dela» — o que já informara com detalhe no seu vol. XII, n.º 36 (1953), págs. 72–77 — lendo-se ainda: «ANHEMBI inicia esta colaboração que tanto honra as suas páginas, consciente dos riscos que corre o seu autor numa prisão ditatorial, mas fá-lo por imposição do próprio Henrique Galvão, que se torna não apenas um grande exemplo, mas o símbolo mesmo da decisão em que se acha o verdadeiro Portugal de libertar-se do fascismo odioso e odiento que o assola». A concluir as suas «notas subsidiárias», Galvão propunha que fossem esclarecidos os equívocos, «consciente e inconscientemente estabelecidos durante muitas dezenas de anos, entre a Nação e o Estado e entre a Soberania e os seus detentores». Além disso, que se evitassem «as tendências do Poder Executivo para a Ditadura e para o despotismo e do Poder Legislativo para a desordem» e fosse assegurada a «independência e integridade

e o Tigre) de que foram apreendidos os exemplares publicados, à excepção de quarenta e três, obra essa que o seu autor define assim: "A história deste livro é apenas um pequeno exemplo dos menos dramáticos, dos tratos de polé que está sofrendo a inteligência portuguesa e a mentalidade daqueles que sobre ela cavalgam, com as brutalidades e os ridículos de forma dos ladrões de cavalos"».

Para a acusação, esses escritos mostravam o «inconformismo» de Henrique Galvão com o regime político, «atacando individualidades do Poder e as Instituições por vezes de maneira altamente injuriosa», chegando a «dirigir-se aos militares portugueses por forma a instigá-los e a incitá-los a levantarem-se contra a autoridade do Chefe do Estado e os poderes do Governo e da Assembleia Nacional». No entender do Ministério Público, Galvão fizera afirmações que não correspondiam à verdade, «umas falsas e outras grosseiramente deformadas», as quais eram de «molde a fazer perigar o bom nome de Portugal, o crédito e o prestígio do Estado no estrangeiro», passando a elencá-las, através de passagens dos referidos textos. De acordo com a querela, Galvão dirigira-se ao chefe de Estado em «termos impróprios, por forma a atingir a sua honra e consideração», atingindo também a honra do presidente do Conselho «por forma bem viva». Eram também recortadas injúrias aos ministros da Defesa Nacional, Finanças, Corporações, Interior, Presidência, Economia, Estrangeiros, Justiça e ao presidente da Assembleia Nacional.

Nos termos da acusação, Santos Cardoso, que se encontrava na Penitenciária a cumprir dez anos de prisão maior seguida de vinte de degredo, reproduzira num duplicador — «mediante remuneração e promessas do arguido Henrique Galvão no sentido de lhe abreviar a sua libertação» — algumas centenas de exemplares do «pasquim *Moreanto* bem como do romance *Vagô*», tendo-se encarregado de remeter tais escritos para fora da cadeia, com destino à casa de Filipe Mendes([213]).

---

moral do Poder Judicial», devendo ser defendida a Nação contra a hegemonia de qualquer Internacional, garantindo-se «na ordem religiosa, a César o que é de César e a Deus o que é de Deus». E, por fim, preconizava a instituição de «fórmulas jurídicas, morais, sociais e económicas para o equilíbrio possível e sério entre os conceitos de Ordem e Liberdade, de Autoridade e de Democracia» [cit., n.º 39 (1954), pág. 489].

([213]) Como haveria de recordar o então director-geral dos serviços prisionais, Guardado Lopes, a investigação efectuada «comprovou a exactidão da acusação; os manifestos passavam para o exterior entre as folhas de sebentas para a Faculdade de Ciências, dactilografadas por um recluso a isso autorizado» (José Guardado Lopes, *Recordações*... cit., pág. 61).

Este, por seu turno, recebia o «pasquim» no seu escritório de advogado na Praça da Alegria, levando-o depois para casa, na Avenida Ressano Garcia, de onde promovia a sua «distribuição e divulgação para vários pontos», aí havendo sido apreendidos exemplares da *Moreanto*.

Já quanto a Abel Augusto das Neves, médico de profissão, além de identificado como depositário do romance *Vagô*, era acusado de ter promovido uma segunda edição dos três primeiros números da *Moreanto*, de cuja edição tratara outro dos arguidos, João Rafael de Almeida Lourenço, no Instituto Britânico onde era funcionário.

Num projecto de reclamação a interpor perante o Plenário do despacho de pronúncia definitiva a proferir no processo, Furtado dos Santos reconhecia junto do Ministério da Justiça as «sérias dificuldades» que a incriminação suscitava, pela especial formulação dos preceitos legais, por motivo do alcance dado às diversas posições ou graus do *iter criminis* e pelo «múltiplo e variado significado dos factos concretos» que podiam contender com «numerosos e importantíssimos interesses, desde a simples injúria a uma entidade até à própria vida e existência da Nação». Perguntava-se Furtado dos Santos se a instigação referida na querela era subsumível no § 1.º do artigo 171.º ou ao § 1.º do artigo 168.º, para concluir que esta última disposição legal não pressupunha que à excitação se seguisse a rebelião armada, motim ou levantamento, devendo os meios ou processos de excitação ser os idóneos ou adequados a produzirem o perigo que era previsto nessa norma, de acordo, acrescentava, com os princípios da teoria da causalidade adequada. Não deixou o magistrado de colocar o tema da razoabilidade, no plano da política criminal, de ser punido tão gravemente o crime de instigação previsto no § 1.º do artigo 168.º ao equipará-lo ao crime ou crimes previstos no corpo do artigo. Entendendo não incumbir ao executor da lei a resolução de problemas de política criminal, Furtado dos Santos entendia, em síntese, que a interpretação correcta era a que fazia subsumir a factualidade na disposição do § 1.º do artigo 168.º, pelo que decidiu requerê-lo, e em consequência a substituição do despacho de pronúncia definitivo por outro que acolhesse tal interpretação, de forma a evitar uma distinta, da qual resultaria a inutilização teórica e prática da citada disposição legal.

O exercício de António Furtado dos Santos destinou-se a ultrapassar uma dificuldade, a qual resultava de interpretação do § 1.º do artigo 168.º, nos termos da qual seria exigível que à instigação ou excitação se seguisse rebelião armada, motim ou levantamento. Ora, nenhum desses «efeitos» se verificara no caso que se encontrava em juízo([214]).

O tribunal criminal consideraria haver, quanto aos factos, «unanimidade de vistas» entre os magistrados que tinham subscrito a querela e o despacho de pronúncia, mas divergência quanto à incriminação desses factos. Essa divergência dera origem a reclamação contra o despacho de pronúncia por parte do magistrado do Ministério Público. O juiz reclamado sustentou a posição tomada no despacho de pronúncia e o magistrado do Ministério Público junto desse tribunal confirmou a orientação do Ministério Público junto do 2.º juízo criminal.

A 26 de Maio de 1956, o tribunal criminal, integrado pelos juízes José Maria Cardoso de Menezes, Joaquim Ferreira de Matos Pinto Coelho e Fernando Lucena Loureiro de Vasconcelos, mandou que o processo fosse concluso ao juiz corregedor a fim de ser reformado o despacho de pronúncia.

De acordo com a decisão, se «houvesse sistema e sequência no nosso Código Penal» era de aceitar a orientação do magistrado reclamado quando afirmava que os parágrafos têm de ser interpretados tendo em conta o corpo do artigo a que se referem e a que estão subordinados.

E notava o tribunal, num tom inabitual, em qualquer caso inapropriado:

> Salvo erro, o mesmo magistrado, para chegar a essa conclusão, parece estribar-se na «tipicidade», moderna teoria bebida, por certo, em fontes alemãs e que professores e jurisconsultos dos mais ilustres têm transplantado para o nosso país. A moda é soberana e quando não se contenta com o seu domínio nas *toilettes* femininas e o alarga à vida jurídica nacional, o direito torna-se mais novo, mais simpático, mais sedutor aos grandes espíritos que procuram nos laboratórios da sua imaginação proporcionar à humanidade novos conceitos, corporizar pequenos nadas em novas doutrinas e princípios orientadores dessa vida jurídica. Tudo está certo, mas não nos parece que essa certeza possa fazer desaparecer ou tornar menos incerto o direito. Estando este sujeito às mesmas andanças da moda, cria-se um problema muito difícil aos nossos jurisconsultos e legisladores, qual

---

([214]) AHMJ/Processo Galvão/Previsão do artigo 168.º, § 1.º e do artigo171.º, § 1.º do Código Penal — Projecto de reclamação a interpor perante o Plenário Criminal do despacho de pronúncia definitiva a proferir no processo contra Henrique Galvão e outros.

seja o de, como acontece nos grandes costureiros nacionais e internacionais, andam sempre a idealizar novas modas — não porque o último figurino seja o melhor, esteja mais de harmonia com a educação e o modo de ser dos povos mais directamente interessados, mas... porque é moda. Pondo, porém, de parte este ligeiro deslize, trazido à barra apenas para amenizar o clima, não nos parece que esse princípio invocado no referido despacho — os §§ têm de ser interpretados tendo em conta o corpo do artigo a que se referem — esteja consagrado de uma forma absoluta do nosso Código Penal.

Henrique Galvão, Filipe Mendes e Dias das Neves haveriam de reclamar, sem sucesso, com o fundamento de que o acórdão proferido sobre a matéria quesitada dava como provados factos que, no pior dos entendimentos, poderiam integrar os crimes previstos e punidos no artigo 166.º §§ 1.º e 2.º, por força do disposto no artigo 171.º. Porém, os reclamantes tinham também sido condenados pelo crime do artigo 149.º, e Henrique Galvão e Filipe Mendes ainda pelo crime previsto no § 1.º do artigo 168.º do Código Penal. No entender dos reclamantes, havia oposição entre os fundamentos de facto e a própria decisão, o que constituía a nulidade prevista no número 3.º do citado artigo 668.º([215]).

A 24 de Fevereiro, Furtado dos Santos subscreveu, por certo a solicitação do titular da Justiça, uma nota informativa sobre o processo de querela n.º 18/55, sintetizando os factos. Galvão tinha sido detido a 8 de Outubro de 1954 e logo determinado o seu internamento hospitalar por despacho ministerial de dia 12 do mesmo mês, tendo passado no dia seguinte do Hospital Miguel Bombarda para o de Santa Maria. De acordo com o magistrado, a detenção de Galvão foi «regularizada» por despachos ministeriais ao abrigo do Decreto-lei n.º 35042, de 20 de Outubro de 1945, e antecedida, como sublinhou, «da recolha, em instrução preparatória, de valiosos indícios probatórios alicerçados em buscas, apreensões, exames laboratoriais, e outros de natureza pericial especializada (à letra, máquina, duplicador e documentos apreendidos), revisões dos exames pelo Conselho Médico-Legal, declarações, testemunhas, etc.». Furtado dos Santos sinalizou ao Ministério a verificação de incidentes dilatórios de vária ordem, por parte de Galvão e co-réus: «(recursos, reclamações, evasão de um dos co-réus, alegação

([215]) AHMJ/Processo Galvão/2.º Juízo Criminal — Processo n.º 18/55 (querela) — Réus — Henrique Carlos Malta Galvão e outros — Cópia do acórdão de fl. 1526.

de doenças reais ou simuladas pelos réus Galvão e Dr. Filipe Mendes com os consequentes exames psiquiátricos, radiográficos, urológicos, análises e exames laboratoriais, etc.)», que nas palavras do procurador haviam impedido a «celeridade processual», daí decorrendo a punição com multa do dolo processual.

A instrução preparatória iniciara-se a 13 de Setembro de 1954, e o processo fora recebido a 9 de Março de 1955. Apenas três dias depois, esclareceu Furtado dos Santos: «estavam os cinco réus acusados e pronunciados provisoriamente em processo ordinário (ou de querela), o mais solene e de maior amplitude de defesa dentre os processos penais comuns».

A pronúncia definitiva ficou datada a 30 de Novembro de 1956, informando o procurador que a actuação processual «anomalamente desenvolvida» por Filipe Mendes só permitira a notificação da sua pronúncia a 4 de Julho de 1957, depois da sua prisão em 24 de Junho «com prévio despacho ministerial de 12/6/57 autorizador do seu internamento hospitalar no Instituto de Oncologia», onde se encontrava à data da informação de Furtado dos Santos.

Ainda de acordo com essa informação, toda a prisão preventiva dos dois únicos réus presos — Henrique Galvão e Filipe Mendes —, ocorrera em hospitais, notando o procurador que o tratamento do primeiro custara ao Estado «algumas centenas de contos de réis».

O julgamento havia sido então marcado logo após as férias judiciais, tendo Galvão e Abel das Neves provocado adiamentos por «faltas de comparência, em virtude do que o tribunal, a pedido do Ministério Público, e, ao abrigo do disposto nos artigos 573.º e 581.º do Código de Processo Penal», designara novo dia para o julgamento com a «comunicada cominação de que este se faria mesmo sem a presença dos até aí faltosos». Assim ocorreria.

Na nota informativa sobre o processo, Furtado dos Santos voltou ao tema incriminatório, escrevendo o seguinte:

> c) O Cap. Galvão, sendo recluso da Cadeia Penitenciária de Lisboa, e beneficiando de uma fiscalização prisional extremamente benévola que, por pouco atenta, facilmente iludiu, pôde escrever, fazer copiografar e divulgar largamente vários escritos — panfletos e um romance clandestinos e artigos para uma revista brasileira *Anhembi* — nos quais com a acordada colaboração dos co-réus,
>
> 1. Fez a excitação dos portugueses, designadamente dos militares, à guerra civil e ao levantamento contra a autoridade do Chefe de Estado e

contra o livre exercício das faculdades constitucionais do Governo e da Assembleia Nacional;

2. Divulgou afirmações que sabia falsas ou grosseiramente deformadas e que faziam perigar o bom nome de Portugal ou o crédito do Estado no estrangeiro; e,

3. Com a maior publicidade, ofendeu, alta e gravemente, a honra e consideração devidas ao Chefe de Estado, ao Presidente do Conselho de Ministros, ao Presidente da Assembleia Nacional e aos Ministros.

Esses factos integravam para Furtado dos Santos os crimes previstos e punidos nos artigos 168.º; § 1.º, 149.º e 166.º, §§ 1.º e 2.º do Código Penal.

A um facto relevante fez referência o procurador na nota informativa apresentada ao Ministério da Justiça. Referimo-nos à questão da declaração pelo tribunal da audiência de julgamento como secreta. A decisão fora realmente tomada na primeira sessão de julgamento após a leitura das contestações dos réus, «por virtude do disposto no artigo 407.º do Código de Processo Penal (aprovado pelo Decreto n.º 16489, de 15/2/929), no artigo 95.º do Estatuto Judiciário e no artigo 121.º da Constituição da República». E justificou Furtado dos Santos:

> Como em qualquer crime por difamação, calúnia e injúria contra simples particulares (art.º 593.º daquele Código na redacção do Decreto-Lei n.º 41075, de 17 de Abril de 1957, ou redacção primitiva do § único do artigo 593.º), ao «julgamento assistirão somente as pessoas chamadas a intervir no processo» ou, como se diz nos §§ 2.º e 3.º do art.º 407.º «apenas poderão assistir além daqueles que devam intervir no processo, os advogados, ou outras pessoas que nisso tenham interesse profissional e que o presidente do tribunal admita», sendo certo que «a leitura da decisão do júri, quando intervier, e a da sentença serão feitas publicamente». Assim, a assistência da imprensa e do público aos termos daquele julgamento está submetida à regra processual disciplinadora das audiências de julgamento de todos os crimes de ofensas à honra.

Por fim, o magistrado deu ainda conta ao Ministério da Justiça da situação relativa ao patrocínio de Galvão([216]). Lembrando que era

---

([216]) Vasco da Gama Fernandes, *Depoimento Inacabado, Memórias*, Lisboa, Publicações Europa-América, s/d [1974].

obrigatória a nomeação de defensor oficioso aos réus sem advogado constituído em processo de querela, informou ter sido nomeado àquele, como defensor oficioso, o advogado Sargo Júnior, uma vez que os dois mandatários constituídos por Galvão tinham renunciado aos respectivos mandatos, isto sem prejuízo de, nos termos da lei, caso fosse constituído mandatário pelo réu, cessarem de imediato as funções do nomeado oficiosamente([217]). Sobre este aspecto, Furtado dos Santos não deu quaisquer outras informações ao Ministério da Justiça, nem seria certamente necessário fazê-lo, uma vez que eram bem conhecidas do governo as razões que haviam sido invocadas pelos mandatários constituídos de Henrique Galvão para renunciarem aos seus mandatos.

A 18 de Março de 1958, o Tribunal Plenário condenava Galvão, em cúmulo jurídico, a 16 anos de prisão maior, 2 anos de multa a converter em prisão e 20 anos de suspensão dos direitos políticos, tendo sido uma vez mais destinado ao Forte de Peniche.

Amigo chegado de Marcello Caetano, o escritor Joaquim Paço d'Arcos dirige-se-lhe por carta a 20 de Março. Marcello é ao tempo ministro da Presidência. Invocando a «confiança» com que conversavam sobre as «coisas do nosso país», Paço d'Arcos foi directo ao assunto. Vira nos jornais a condenação de Galvão, «após julgamento secreto». Não o movia, escreveu, nenhum «sentimento pessoal», mas apenas «o da justiça, o da piedade e, para além desses, o da dignidade do meu país». Falou então ao amigo na «severidade da pena», parecendo-lhe o caso um quisto no corpo do regime, que se arrastava há sete ou oito anos e já purgava. É certo, dizia o escritor, que Galvão não tivera a «serenidade e a dignidade para se conservar isolado e altivo na hora da relativa adversidade política», mas o País e principalmente o Ultramar, acrescentava Paço d'Arcos, sabiam «que ao começo ele tinha razão»:

> E a prova foi que a Assembleia Nacional que quase o enxotou como réprobo, mandou proceder a um inquérito para esclarecimento das acusações que formulara. E o resultado desse inquérito levou diversos indivíduos aos tribunais.
>
> Depois, muita água correu sob as pontes e muito disparate fez o Galvão. Mas o regime conseguiu transformá-lo no seu mártir. É uma espécie de Djilas português. A imprensa apossou-se do seu nome e do

---

([217]) AHMJ/Processo Galvão/nota informativa sobre o processo de querela n.º 18/55 contra o Cap. Henrique Galvão e outros, de 24 de Fevereiro de 1958.

seu caso [...] para o apontar como a grande vítima, como o homem que se ergueu contra o trabalho escravo em Angola e que por isso sofre pena infindável nas masmorras do Estado Português.

Hoje, o Galvão é um mártir e o seu nome já é envolvido na campanha da ONU. Amanhã será uma bandeira.

O que Paço d'Arcos sugeria a Marcello Caetano era que o governo praticasse um «acto de inteligência política» amnistiando Galvão nas vésperas da eleição presidencial. Parecia ao escritor que esse acto podia calar as vozes que no estrangeiro edificavam a «legenda do Galvão» e, mais, «daria prova de imaginação, à falta da qual os regimes se estiolam num burocratismo insensível e estéril»([218]).

No Brasil, o *Correio da Manhã*, que dera anteriores informações sobre as actividades de Galvão e a sua sujeição aos tribunais políticos — sempre assim designados —, noticiou essa nova condenação e os protestos surgidos no liberal londrino *The Observer.*

A «perseguição gritante» movida a Henrique Galvão, nestes precisos termos denunciada por Cunha Leal aos microfones do «Rádio Clube Português» a 20 de Maio, agitou a opinião pública, tanto mais que se inserira numa diatribe violenta contra o governo por razões de ordem económica e financeira, designadamente relacionadas com as colónias (casos relativos à Sociedade Portuguesa de Lapidação de Diamantes, Companhia Concessionária de Petróleos de Angola, e Protécnica), isto num momento em que o general Delgado se deslocava pelo País em campanha eleitoral. Se as declarações de Cunha Leal provocaram reacções dos ministros do Ultramar e da Economia, também o titular da Justiça sentiu necessidade de se apresentar em defesa do que disse ser a «Justiça portuguesa», através de duas notas oficiosas.

Na primeira dessas notas, de 23 de Maio de 1958, foi chamada a atenção para a impossibilidade de discussão pública do acórdão condenatório, transitado em julgado, invocando-se para tal o «respeito» e «acatamento» que eram devidos às decisões judiciais em todos os países civilizados. Alegando deturpação da matéria incriminatória, a nota oficiosa identificou a respeitante ao caso, para sustentar, depois, recorrendo a argumentos histórico-legislativos, não representarem as disposições ao abrigo das quais tinha sido punida a «mais grave das infracções provadas contra o réu Henrique Galvão», uma incriminação

([218]) Joaquim Paço d'Arcos, *Correspondência e textos dispersos* ... cit., págs. 155-156.

criada pelo regime, nem reflectiam o agravamento das sanções estabelecidas pela legislação anterior. Além disso, não parecia possível ao Ministério da Justiça estabelecer paralelo, como fizera Cunha Leal, entre a condenação de Henrique Galvão e a «pena aplicada a um cidadão jugoslavo, como autor dum livro condenatório do regime comunista», tendo sido lembradas as condenações à morte e as penas de prisão de 10 a 25 anos de acusados de conspiração contra o governo de Budapeste, noticiadas que haviam sido pelo *Diário de Lisboa*, de 18 de Maio de 1958, tal como mencionou a nota oficiosa(219).

Logo na edição de 25 de Maio do jornal dirigido por Joaquim Manso, Cunha Leal contra-atacou sob o título: «Resposta a muitos»(220).

Começou precisamente por responder ao ministro da Justiça, a quem acusou de o haver censurado «impiedosamente» por ter «ousado» afirmar que a condenação de Galvão fora «dura e implacável» e propor uma amnistia que revelasse «espírito de contemporização e humanidade». Não aceitava também Cunha Leal que o trânsito em julgado de uma decisão judicial a tornasse insusceptível de discussão. Invocando que à data da sua entrevista ao «Rádio Clube» a sentença ainda não transitara em julgado, Cunha Leal sustentou que a gravidade estava na tentativa de influenciar o espírito dos julgadores, e não a discussão de decisões judiciais, que permitia a reparação de erros judiciários, apontando como exemplo o caso Dreyfus. Se os advogados estavam limitados pelo Estatuto Judiciário, não podendo discutir ou aconselhar a discussão pública de causas pendentes e a instaurar, já uma decisão transitada podia ser discutida sem condicionantes. Colocando-se à margem da discussão propriamente jurídica do assunto, Cunha Leal lembrou que Henrique Galvão prestara relevantes serviços ao País, pelos quais fora «distinguido e acarinhado» pelo regime. Acrescia ser um «meritório escritor», o qual no exercício das suas funções tinha constatado a existência de «irregularidades funcionais» em Angola que levara sem sucesso ao conhecimento dos seus superiores. Mais tarde expusera e documentara o assunto na Assembleia Nacional e, perante a inércia da Situação, ingressara nos «arraiais oposicionistas, passando a criticar os seus companheiros da véspera e concitando assim contra ele ódios que não perdoam». Cunha Leal apontava o estado de saúde de Galvão como justificativa de uma amnistia que se destinasse

---

(219) *Em Defesa da Justiça Portuguesa*, págs. 5–7.

(220) Continuada a publicar no *Diário de Lisboa*, de 26, 27 e 28 de Maio de 1958.

a «corrigir os excessos da automática acção repressiva do Poder Judicial».

A 29 de Maio era conhecida a segunda nota oficiosa do ministério. Contestando as medidas de clemência reclamadas por Cunha Leal e proclamando a intenção de combater a «especulação», foi expressa a posição do Governo, como pretendendo o Ministério da Justiça dar por encerrado o assunto, nos seguintes termos:

> a) O réu H. Galvão não foi apenas condenado pelo crime de injúrias a altas entidades, como erroneamente, nuns casos, e malevolamente, noutros, se chegou a afirmar; foi condenado pelo crime de instigação dos militares portugueses à rebelião, pelos crimes de ofensas altamente injuriosas contra o Chefe de Estado, Ministros, e outras entidades e pelo crime de divulgação de notícias falsas ou grosseiramente deformadas susceptíveis de fazer perigar o bom nome de Portugal ou o prestígio do Estado no estrangeiro.
>
> b) A mais grave das infracções que contra o réu o tribunal deu como provadas é a primeira, para a qual a lei penal estabelece a pena de doze a dezasseis anos de prisão maior, com o mínimo, neste caso, de catorze anos, em virtude de haver sucessão de crimes.
>
> c) Esta incriminação é, como se demonstrou na nota oficiosa de 23 de Maio, muito anterior ao actual regime, que nem sequer se pode dizer tenha agravado as sanções estabelecidas na legislação anterior.
>
> d) O facto de o julgamento de H. Galvão haver sido, como se diz, «efectuado à porta fechada» não significa que tenha havido, neste caso, qualquer desvio dos princípios gerais: resulta somente de ser essa a regra estabelecida quanto à audiência de julgamento nos crimes de injúria ou ofensa à honra e consideração devida às pessoas (artigos 593.º e 407.º do Código de Processo Penal, artigo 95.º do Estatuto Judiciário e artigo 121.º da Constituição) e de o réu ter sido acusado da prática de vários crimes dessa natureza.([221])

Também a União Nacional, reconhecendo que o «caso» assumira «notório vulto», se decidiu por terçar armas em resposta a Cunha Leal.

Na qualidade de presidente da comissão executiva da União Nacional, Costa Leite (Lumbrales) dirige-se a 25 de Maio ao ajudante do procurador-geral da República junto do Tribunal Plenário Criminal de Lisboa, rogando fossem tomadas as providências julgadas

([221]) *Em Defesa da Justiça Portuguesa*, págs. 10–12.

necessárias, «em virtude dos errados e tendenciosos comentários vindos a público na Imprensa a propósito do acórdão que condenou o réu Henrique Galvão». E solicitou que fosse conferida à União Nacional a autorização a que se referia o artigo 74.º do Código de Processo Penal «com vista à defesa da sã opinião pública». Esta disposição legal proibia, sob pena de desobediência, a publicação não autorizada pelo juiz de quaisquer actos ou documentos de um processo, integralmente ou por extracto, antes da audiência de julgamento ou de ser proferido despacho de arquivamento, e de quaisquer actos ou documentos, antes, durante ou depois da audiência quando esta fosse secreta(222).

O procurador António Furtado dos Santos promoveu nesse mesmo dia a junção daquele ofício aos autos (Processo n.º 18/55), declarando não se opor à autorização solicitada por Lumbrales, atento o disposto no citado artigo, que previa a autorização do juiz, e no artigo 22.º da Constituição, o qual declarava a opinião pública como elemento fundamental da política e administração do País, incumbindo ao Estado defendê-la de todos os factores que a desorientassem contra a verdade, a justiça, a boa administração e o bem comum. Ficava exceptuado o que se referia à matéria de facto que integrava os crimes do artigo 166.º do Código Penal (*ex vi* do disposto naquele artigo 74.º e nos artigos 407.º a 593.º, § único daquele Código, no artigo 121.º da Constituição e no artigo 95.º do Estatuto Judiciário).

Ainda no mesmo dia, o presidente do tribunal, Cardoso de Meneses, autorizou a publicação parcial do acórdão ou de qualquer dos actos processuais que se tornasse «necessário publicar para defesa da sã opinião pública», ficando excluída apenas a divulgação da matéria de facto

---

(222) Luís Osório da Gama e Castro de Oliveira Batista, *Comentário ao Código do Processo Penal Português*, vol. II, Coimbra, Coimbra Editora, 1932, págs. 60–64. Como recorda Luís Osório, a fonte da disposição do Código português foi o Codice di Procedura Penale de 1913. Durante o fascismo, no Relatório Ministerial que antecedeu a «Riforma» de 19 de Outubro de 1930, Alfredo Rocco explicou a razão pela qual havia especificado e reforçado melhor a proibição em causa, e escreveu: «É vontade do Estado fazer cessar absolutamente a reprovável e perigosa especulação jornalística sobre os processos penais». A revelação de certos factos punha de sobreaviso os delinquentes e podia frustrar a acção da autoridade, excitando na população um «doentio interesse pela actividade criminosa», fornecia exemplos e instruções aos mal inclinados, prejudicava os arguidos inocentes, criava artificiosas correntes de opinião pública contrárias à independência e objectividade do juiz, e outros danos ou perigos.

que integrava os crimes contra a honra e tinha constituído fundamento da decisão do tribunal quanto ao carácter secreto das audiências([223]).

Logo a 26, a União Nacional divulga um primeiro comunicado através do qual publicita a sua análise da sentença do Tribunal Plenário, aí se afirmando, em apontamento conclusivo, que o tribunal que «julgara o réu Henrique Galvão era e é um tribunal comum composto por digníssimos magistrados judiciais, um desembargador e dois corregedores que estão acima, como toda a magistratura judicial, dos vesgos comentários facilmente imaginados e facilmente produzidos seja por quem for»([224]).

Três dias depois era conhecido o segundo comunicado da União Nacional sobre o caso; tratou-se de uma nova resposta a Cunha Leal, dessa vez à sua «Resposta a muitos», de 25 de Maio, onde deixara afirmado:

> À União Nacional, que me tem bombardeado com comunicados oriundos quer da sua sede, quer da sua Comissão Distrital Portuense, entendo não dever responder-lhe. Ela recorre aos seus sempiternos sofismas: o de que o País está com ela, embora centenas e centenas de milhares de pessoas venham manifestando o seu entusiástico aplauso à candidatura do general Humberto Delgado; o de que só energúmenos podem queixar-se de falta de liberdades, já que os situacionistas gozam de liberdades à farta; o de que uma amnistia a pessoas como o infeliz Henrique Galvão ofenderia os sentimentos de piedade cristã, de que eles, como católicos, se orgulham, guardando, em todo o caso, fidelidade à doutrina de Frei Tomás; o de que a lei eleitoral vigente permite aos cidadãos a livre escolha dos seus representantes; o de que é honroso escarnecer do colarinho ensanguentado, que, como trágica recordação, se encontra ainda hoje na posse de um homem que recolheu em casa um adversário político perseguido e expôs a sua vida para salvá-lo. Não, esses sofismas não desejo combatê-los. Fique a União Nacional impante com a vitória da sua dialéctica. Eu ficarei não menos satisfeito com o meu desdenhoso silêncio.

A 31 de Maio, com carácter muito urgente, o Ministério dos Negócios Estrangeiros, através da Direcção-Geral dos Negócios Políticos e

---

([223]) AHMJ/Processo Galvão/Ofício de fl. 1555 do processo de querela c/ Henrique C. M. Galvão e outros.

([224]) *Em Defesa da Justiça Portuguesa*, pág. 10. Seguir-se-iam comunicados da União Nacional de 29 de Maio e 2 de Junho (*op. cit.*, págs. 12–19).

Administração Interna levava ao conhecimento do chefe de gabinete do ministro da Justiça que o secretário-geral da Comissão Internacional de Juristas — Norman S. Marsh — se dirigira por carta ao embaixador de Portugal em Haia a respeito do «caso Henrique Galvão», notando que o embaixador sugerira a conveniência de lhe ser dada uma resposta, pois que, ponderava o director-geral, «embora se trate de um caso de ordem interna, a imprensa holandesa publicou artigos menos favoráveis a Portugal a propósito do julgamento em questão». Além disso, o embaixador português na Holanda alertou o seu governo para o facto de a Comissão Internacional de Juristas ser um «organismo independente», «sem cor política» que dispõe de «largos meios de publicidade»([225]), dedicando-se «especialmente a apontar os vícios da aplicação da justiça nos países comunistas». O Ministério dos Negócios Estrangeiros solicitava então ao da Justiça que o habilitasse com os elementos que permitissem à Embaixada de Portugal responder àquela carta.

Norman S. Marsh chamava a atenção do embaixador de Portugal para a «preocupação» que lavrava nos «círculos jurídicos» por motivo do julgamento de Galvão, o qual, nos exactos termos da missiva, «após trâmites processuais secretos, foi condenado em 16 anos de prisão». Marsh relembrou o objecto da Comissão e salientou que, ao exprimir a sua preocupação com aquele julgamento, era «apenas movida pelo mesmo desejo imparcial de justiça que prontamente a levou a fazer vigorosos protestos, a que foi dada larga publicidade, contra a administração da justiça em países comunistas, particularmente como é óbvio na Hungria». A intenção expressa da Comissão era a de levantar, junto das autoridades competentes em Lisboa, a reconsideração do caso Galvão, por via de recurso legal ou de uma medida de clemência. Com esse objectivo, a Comissão Internacional de Juristas chamava a atenção do embaixador em Haia para alguns aspectos, expostos assim por Norman Marsh:

> 1. O longo período de prisão do capitão Galvão, sem julgamento, desde 1951 até Março de 1953, data em que foi condenado a três anos de prisão.
>
> 2. O segundo longo período de prisão do capitão Galvão, sem julgamento, desde a expiação da primeira pena (a qual, levando em conta o

---

([225]) AHMJ/ ofício da Direcção-Geral dos Negócios Políticos e da Administração Interna do Ministério dos Negócios Estrangeiros — Processo 331, 1 n.º 296, de 31 de Maio de 1958.

tempo anterior a Março de 1953, devia ter terminado, segundo parece, em fins de 1954) até ao seu recente julgamento em Março de 1958.

3. As perspectivas de futuro do Capitão Galvão, como homem de 63 anos de idade, em face de mais de 16 anos de prisão.

E opinava a Comissão:

> Um tratamento tão excessivo, só comparável com a política seguida pelos actuais Governantes da Hungria, seria perturbante, mesmo se as infracções imputadas tivessem sido plenamente provadas perante um tribunal político. Mas de facto, os dois julgamentos do Capitão Galvão foram envolvidos em considerável segredo.

Dizendo-se perfeitamente ao corrente da possibilidade de o governo português alegar que o julgamento em causa constituía um assunto de «jurisdição interna», Norman Marsh tomara nota que a Embaixada de Portugal em Londres, através do adido de imprensa, tivera a «amabilidade de fornecer algumas informações sobre o caso Galvão». Admitia, pois, o secretário-geral da Comissão que o embaixador português estivesse tão interessado quanto ele em assegurar que fosse «mantida a reputação dos portugueses pelo que respeita à justa e humana administração da justiça»([226]).

A 3 de Junho, o Ministério dos Negócios Estrangeiros aditava ao seu anterior ofício a comunicação de que Norman Marsh havia enviado ao *The Times* uma carta que o periódico londrino publicara a 29, na qual era exigida, no entender do embaixador português em Londres, Pedro Teotónio Pereira, uma resposta directa do Ministério da Justiça([227]).

Essa carta, dirigida ao editor do jornal, foi publicada sob o título: «The Law in Portugal», aí se lendo:

> Sir, — In the leading article on Portugal in your issue of May 21, you refer to the problem facing that the country of how to provide a peaceful transition from a regime which has become associated with the rule of one man. At such a time the procedures and values of an impartial legal

---

([226]) AHMJ/Processo Galvão/tradução (do inglês) de cópia da carta remetida pelo secretário-geral da Comissão Internacional de Juristas, Norman Marsh ao embaixador de Portugal em Haia.

([227]) AHMJ/Processo Galvão/ofício da Direcção-Geral dos Negócios Políticos e da Administração Interna do Ministério dos Negócios Estrangeiros — Processo 331,1 n.º 296, de 31 de Maio de 1958).

> tradition may provide an important element of stability and public confidence. Unfortunately, recent information from Portugal suggests that imprisonment for long periods without trial, improper methods of interrogation by the political police, trial in secret, interference with the rights of the Bar, and, by any standard, excessive sentences are not unknown in that country and have indeed led to protests by leading Portuguese lawyers off all political views. For example, as recently as March 18 last captain Henrique Galvão was tried in secret session before a Lisbon court and at the age of 63, sentenced to 16 years' imprisonment for allegedly circulating from prison leaflets in which he attacked prominent Portuguese political personalities. Captain Galvão has been in prison since 1951 in connexion with a political charge for which he was not in fact sentenced until 1953.
>
> Some circles in Portugal, as you point out, may fear a return to «chaotic parliamentarianism» and «the corruption and violence associated with the days of so called liberalism». The implications of an alternative regime in Portugal may be debatable: it is certain, however, that the authorities in that country, whoever they may be, will win respect at home and abroad if they are prepared to administer justice fairly, openly, and with humanity [...].(228)

Com data de 4 de Junho, o gabinete do ministro da Justiça remete ao dos Negócios Estrangeiros uma «informação sobre o julgamento do réu Henrique Galvão», destinado a satisfazer a necessidade de resposta à Comissão Internacional de Juristas.

De acordo com essa informação, não era exacto que Galvão tivesse estado preso sem julgamento desde 1951 até Março de 1953. Como foi esclarecido, o lapso resultara das respostas dadas pelo Ministério em Fevereiro de 1958, através do embaixador de Portugal em Londres, Teotónio Pereira, às perguntas que tinham sido colocadas pela *Justice* a respeito da situação prisional de Galvão(229).

Com efeito, este só fora preso a 7 de Janeiro de 1952, as investigações tinham sido concluídas a 6 de Junho seguinte, e a acusação deduzida a 28 desse mesmo mês. O julgamento iniciara-se a 9 de Dezembro, prolongando-se por sete audiências, «todas públicas»,

(228) *The Times*, de 29 de Maio de 1958 (AHMJ/Processo Galvão/ofício da Direcção-Geral dos Negócios Políticos e da Administração Interna do Ministério dos Negócios Estrangeiros — Processo 331,1 n.º 298, de 3 de Junho de 1958).

(229) AHMJ/Processo Galvão/ Nota elaborada pelo ministro da Justiça em 25 de Fevereiro de 1958 para ser entregue ao embaixador de Portugal em Londres.

sublinhava a informação. A decisão condenatória tinha sido proferida a 17 de Dezembro de 1952. A interposição de recurso levara à anulação do julgamento anterior, tendo sido marcada nova audiência, a qual se iniciou a 17 de Março de 1953. Este julgamento decorreu ao longo de catorze sessões, tendo sido cinco delas secretas, e isto, dizia a informação, «pela simples circunstância de o réu ser também acusado dos crimes de difamação e injúrias contra um magistrado e de o julgamento dos crimes dessa natureza, mesmo contra particulares, ser secreto por força de lei».

Independentemente de o assunto estar a ser tratado através das Necessidades, Teotónio Pereira manteve informado o presidente do Conselho, a quem disse em comunicação de 21 de Fevereiro que a *Justice* tinha «certa categoria», sendo presidida por um amigo seu, Hartley William Shawcross, «sem dúvida — como informou — o advogado inglês com mais nome». No entender do embaixador, o pior era o advogado Gerald Gardiner, «que em ligação com o Reviralho» se tinha deslocado a Portugal havia meses e escrevera «os dois ferozes artigos que apareceram no *Guardian*». Parecia a Teotónio Pereira haver uma «nova manobra», mas a «categoria da instituição» justificava uma resposta(230).

A sentença proferida a 31 de Março de 1953 condenara Galvão na pena de três anos de prisão maior celular e fora confirmada pelo Supremo Tribunal Militar, a 16 de Maio de 1953. De acordo com o esclarecimento prestado pelo Ministério da Justiça, a sentença levara em conta o tempo de prisão preventiva, tendo ainda Henrique Galvão beneficiado de um perdão geral de três meses de prisão, pelo que deveria ser posto em liberdade a 8 de Outubro de 1954. E justificava a informação do gabinete do ministro da Justiça:

> E só não o foi por já nessa altura estar a correr contra ele novo processo por crime bastante grave e do qual existia abundante material de prova.
>
> De colaboração com outro recluso e dois funcionários da cadeia onde cumpria pena, o réu conseguiu escrever, fazer copiografar e divulgar por todo o país vários escritos clandestinos, através dos quais procurou instigar os militares portugueses à rebelião armada e à desobediência

(230) João Miguel Almeida, *António Oliveira Salazar/Pedro Teotónio Pereira, Correspondência Política, 1945-1968*, s/l, Círculo de Leitores, Temas e Debates, Instituto de História Contemporânea, 2008, págs. 604-608.

contra as autoridades, injuriou em termos altamente ofensivos tanto o Chefe de Estado, como vários ministros e outras entidades; ao mesmo tempo conseguiu publicar no estrangeiro alguns artigos com afirmações falsas capazes de fazer perigar o bom nome de Portugal e o prestígio do Estado no estrangeiro.

Em virtude dos incidentes dilatórios de toda a ordem de que o réu H. Galvão e os seus co-réus usaram e abusaram, só em fins de 1957 o tribunal conseguiu marcar o início do julgamento deste processo, não obstante todas as tentativas feitas pelo Ministério Público para o abreviar. O julgamento veio assim a concluir-se em Março de 1958.([231])

Numa das respostas à *Justice*, o Ministério da Justiça tinha já aludido ao modo de actuação de Henrique Galvão, ao aproveitamento do «regime excessivamente benévolo de que gozava na Cadeia Penitenciária de Lisboa», referência deixada cair na informação destinada à Embaixada de Portugal em Haia. De igual modo, deixou de ser feita menção aos artigos destinados à revista brasileira *Anhembi*([232]) e foram alterados os termos em que eram referidas as publicações de Galvão, das quais se dissera à *Justice* constarem «incitamentos à guerra civil e à desobediência às autoridades» e «torpes e miseráveis ofensas à honra e à consideração devidas ao Chefe de Estado, ao presidente do Conselho, aos ministros e antigos ministros, às mais altas

([231]) AHMJ/Processo Galvão/Nota enviada ao Ministério dos Negócios Estrangeiros por ofício n.º 963/86.

([232]) De uma versão inicial da resposta à *Justice* seria retirada a alusão à filiação comunista da publicação brasileira *Anhembi*. À colaboração de Galvão na revista dirigida por Paulo Duarte, referiu-se com «desgosto» e «repugnância» Manuel Anselmo, por se permitir um «português inteligente» como reconhecia ser o capitão, «bolsar sobre um homem de bem e um intelectual que regenerou e reespiritualizou Portugal [referência a Oliveira Salazar], insultos, suspeitas, injustiças e invenções inqualificáveis». Anselmo dizia protestar com a «mesma indignada independência» com que em tempos idos havia discordado da actividade jornalística de Tomás Ribeiro Colaço, baseada, como os artigos de Galvão, «na mentira, na injúria, na injustiça e na ingratidão» (Manuel Anselmo, *Meridianos Críticos (Terceira Série)*, Lisboa, Guimarães Editores, 1959, págs. 272–275). Anteriormente, o professor da Universidade de Coimbra Torquato Sousa Soares, encarregado ao tempo da regência da cadeira de História da Civilização Ibérica na Universidade de São Paulo, polemizou com Paulo Duarte a propósito de uma nota crítica publicada na *Anhembi* relacionada com o convénio entre as referidas Universidades (*Correio Paulistano*, de 17 e 29 de Junho de 1958).

personalidades do país, ao mesmo tempo que gravemente se injuriam instituições como a magistratura judicial».

O Ministério da Justiça entendeu elencar os crimes que tinham sido dados como provados, para salientar, depois, na verdade como tentativa de justificação dos 16 anos de condenação de Henrique Galvão, que só ao primeiro crime, com a agravante da sucessão de crimes, correspondia a pena mínima de 14 anos de prisão maior, sendo além do mais essa incriminação muito anterior ao regime político então vigente, que não tinha sequer agravado a sanção estabelecida na lei.

Um outro tópico da missiva da Comissão Internacional de Juristas justificou uma explicação do Ministério da Justiça. Logo na primeira sessão, o tribunal declarara a audiência secreta, mas essa medida não resultara de se tratar de julgamento de «crime político», tanto mais que vinham sendo públicos os «vários julgamentos dessa natureza efectuados em Lisboa e no Porto». Tudo se passara de acordo com a lei, a qual impunha, observava o ministério, «por um preceito comum do Código de Processo Penal», o artigo 539.º § único, a natureza secreta da audiência em todos os crimes de ofensas contra a honra (difamação, calúnia e injúria contra simples particulares).

Quanto às «perspectivas de futuro» do capitão Galvão, sobre as quais mostrara interesse e curiosidade Norman Marsh, o gabinete do ministro da Justiça habilitou o Ministério dos Negócios Estrangeiros com a seguinte resposta:

> [...] dir-se-á apenas que nada obsta a que ele venha a gozar dos benefícios da liberdade condicional, se para tanto vier a reunir os requisitos necessários, ou de qualquer medida de amnistia ou perdão que os órgãos constitucionalmente competentes julguem conveniente conceder-lhe.[233]

Por fim, a informação qualificava de «inteiramente inexacta a ideia dum excessivo rigor da legislação penal portuguesa relativa aos crimes contra a segurança interior ou exterior do Estado», justificando a afirmação nos seguintes termos:

> Basta dizer que em Portugal se não conhece a pena de morte, salvo em caso de guerra, nem as penas perpétuas consagradas para alguns desses crimes noutras legislações (cfr. art. 89, § 1.º, n.º 2.º do Código Penal

---

[233] AHMJ/Processo Galvão/Nota enviada ao Ministério dos Negócios Estrangeiros por ofício n.º 963/86.

alemão; §§ 58, a) e 59 do Código Penal austríaco; artigos 101, 102, 103 e 104 do Código Penal da Bélgica; artigos 70, 71, 85 e 87 do Código Penal da Bulgária; artigos 111 e 113 do Código Penal da Dinamarca; Capítulo XI do Código Penal da Finlândia; artigo 91 do Código Penal francês; artigo 134 do Código Penal da Grécia: artigos 241 e 276 do Código Penal italiano, etc., etc.). A inexistência da pena de morte em tempo de paz e das penas corporais perpétuas é garantida na própria Constituição (artigo 8.º, n.º 17).(234)

No dia 28 de Julho, o gabinete do ministro da Justiça remeteu à Presidência do Conselho uma nova informação, na verdade síntese da remetida aos Negócios Estrangeiros, destinada a desmentir «a afirmação de que o ex. capitão Henrique Galvão tenha sido condenado por ter tido a coragem de "redigir uma nota sobre a corrupção da administração e das condições de vida impostas aos africanos no meio rural"» e a reafirmar o teor das sentenças condenatórias(235).

O tema Henrique Galvão voltaria a justificar a atenção do embaixador de Portugal em Haia, em Setembro, o qual remeteu a Lisboa a publicação *Nouvelles de la Commission Internationale de Juristes*(236), onde se encontrava publicado o relatório de Norman Marsh, secretário-geral cessante, contendo referências a Portugal e ao mencionado processo judicial. A par de comentários sobre a Hungria e a África do Sul, Portugal mereceu a atenção de Marsh. Lembrando que no *Boletim* N.º 7 da Comissão, de Outubro de 1957, tinham sido tratados «certos aspectos inquietantes da situação jurídica em Portugal», aludiu às diligências efectuadas junto das autoridades portuguesas, que reconheceu terem dado «renseignements détaillés relatifs au procès», concluindo, com optimismo, na verdade infundado, mas certamente induzido pela mencionada consideração do Ministério da Justiça quanto às «perspectivas» de Galvão:

> Quoinque ces renseignements ne dissipent pas les craintes que cette affaire avait suscitées, l' aide accordée par les autorités portugaises donnent au moins l' éspoir que l'affaire du Capitaine Galvão sera réexaminé.

(234) *Idem.*

(235) AHMJ/Processo Galvão/Cópia da informação enviada à Presidência do Conselho em 28 de Julho de 1958.

(236) *Nouvelles de la Commission Internationale de Juristes*, N.º 4, Juin 1958.

Aquele relatório, cujo autor não está identificado, referindo-se apenas ser da responsabilidade de um advogado que visitara «recentemente» o país intitula-se: «O "Estado de Direito" em Portugal»([237]). Com referências à forma de governo, à liberdade eleitoral, de imprensa, direito de associação, direitos dos funcionários públicos e sindicais, trata igualmente da polícia política e dos tribunais políticos, e do direito de patrocínio. A respeito dos tribunais políticos, o relatório definiu-os como «tribunais especiais para o julgamento de casos políticos, com juízes especiais» estabelecidos em Lisboa e Porto([238]), fazendo expressa referência à competência desses tribunais para aplicação de medidas de segurança e pela PIDE:

> O artigo 22.º [Decreto-lei n.º 37447, de 13 de Julho de 1949] estipula que é dever da PIDE aplicar ou extender «a medida de segurança» e ainda que «pode aplicar a medida de segurança temporariamente».

De acordo com o relatório:

> Ao abrigo destas leis [Decreto-lei n.º 37447 e Decreto-lei n.º 40550, de 12 de Março de 1956] foram presas muitas pessoas pela PIDE, e mantidas nas suas prisões ou deportadas sem processo durante anos, para os campos de deportação portugueses em Timor e na África Portuguesa ou para o campo de concentração do Tarrafal.([239])

Quanto aos processos políticos, o relatório sublinhava que, do ponto de vista do «Estado de Direito», o que importava era saber se os poderes dos tribunais e da polícia eram exercidos, na prática, «para suprimir legítimas oposições políticas ao partido no poder», o que sucedia, tomando como exemplos o caso do julgamento dos estudantes universitários do Porto, realizado entre Dezembro de 1956 e Junho de 1957, e o de Ruy Luís Gomes([240]).

([237]) *Boletín de la Comisión Internacional de Juristas*, Núm. 7, Outubro de 1957, págs. 36–47. Ainda, António Pedro Vicente, *Espanha e Portugal, Um Olhar sobre as Relações Peninsulares no séc.* XX, Lisboa, Tribuna da História, 2003, págs. 341–342 no quadro do estudo: «A Comissão Internacional de Juristas, seu contributo para o processo de transição democrática em Portugal e Espanha entre 1954 e 1968».

([238]) *Idem*, pág. 42.

([239]) *Idem*, pág. 43.

([240]) *Idem*, págs. 44–47.

O relatório justificara uma nota do Ministério da Justiça, acusando a «falta de escrúpulo» com que o advogado relator examinara as instituições políticas portuguesas, e o «sectarismo» com que os factos tinham sido observados. Passou então o Ministério a apreciar o que dizia constituírem «falsidades e desvirtuações da realidade». Ao contrário do que constava do *Boletim*, o Ministério da Justiça entendia que o artigo 97.º da Constituição garantia «amplamente o direito de iniciativa dos deputados». Por outro lado, se era verdade — como se lia no relatório — que a Assembleia Nacional funcionava apenas durante três meses de cada ano, correspondentes à duração normal das suas sessões, o § único do artigo 94.º da Constituição conferia ao presidente a faculdade de prorrogação dos trabalhos por mais um mês, a qual vinha sendo usada. Ainda, também, a nota do Ministério desmentia que os candidatos à Presidência da República tivessem de ser aprovados pelo governo; era ao Supremo Tribunal de Justiça que competia julgar a elegibilidade dos candidatos e ao Conselho de Estado cumpria decidir sobre a respectiva idoneidade. O Ministério considerava «inteiramente falso» o referido a respeito da lei n.º 1901, de 21 de Maio de 1935, por se referir o diploma «apenas às associações secretas», nunca ultrapassando as sanções penais nele cominadas, a prisão correcional, com «duração expressamente limitada». Do mesmo modo, a alusão do relatório ao artigo 15.º do Decreto-lei n.º 37447, de 13 de Julho de 1949, parecia, segundo o ministério, «apostada em atribuir alcance político» a uma disposição que tratava da protecção social aos trabalhadores e, apenas indirectamente, a «fins de vigilância policial de carácter comum». Para o Ministério da Justiça era «igualmente falsa e tendenciosa» a referência feita aos poderes da PIDE em matéria de aplicação de medidas de segurança. Isto porque «normalmente» não competia a essa Polícia aplicar ou prorrogar tais medidas, mas apenas propor, «sendo o julgamento da matéria submetido à competência dos tribunais comuns»([241]).

O Ministério da Justiça desmentiu ainda que na prática o *habeas corpus* não fosse concedido, elencando, a título de fundamentação, os acórdãos do Supremo Tribunal de Justiça no âmbito dos quais a

([241]) AHMJ/Processo Galvão/Nota de resposta à Comissão Internacional de Juristas. Ainda, J. A. Teles Pereira, «Medidas de Segurança», *in Dicionário de História de Portugal*, vol. VIII, Suplemento F/O... cit., págs. 441–446 e José António Barreiros, «Criminalização política e defesa do Estado», *in Análise Social*, vol. XVIII, n.ºs 72–74 (1982), págs. 825–828.

providência tinha sido concedida[242], considerando o reduzido número de decisões como «prova da escrupulosa legalidade» observada pelas autoridades na sua actuação, revelando a «firmeza e a independência» com que os tribunais intervinham sempre que a administração excedia os seus poderes. A nota do Ministério pronunciou-se ainda sobre a imputação de maus tratos infligidos pela PIDE aos detidos e ao julgamento de Ruy Luís Gomes, ponderando quanto a este que o *Boletim* ocultava o verdadeiro motivo da sua incriminação principal, abrangida pelo artigo 142.º do Código Penal, desmentindo que no seu julgamento nem sequer aos advogados de defesa fosse consentido tomarem notas estenográficas, e tivesse havido recurso da decisão final. E quanto às considerações a respeito dos julgamentos efectuados no Plenário Criminal do Porto, lê-se na nota do Ministério da Justiça:

> Em primeiro lugar, não é exacto que os Plenários Criminais de Lisboa e do Porto sejam tribunais especiais, com juízes especiais (página 39, linha 34). São tribunais ordinários com juízes comuns (art.º 11.º do Decreto-Lei n.º 35044, de 20 de Outubro de 1945): o presidente é um juiz-desembargador do Tribunal da Relação de Lisboa ou do Porto e os vogais são os dois juízes mais antigos dos juízos criminais da respectiva comarca.
>
> Em segundo lugar, é destituída de fundamento a asserção de que no processo havia prova abundante, inclusive pareceres médicos, de que os estudantes julgados haviam sido torturados pela Polícia internacional enquanto nas prisões aguardavam julgamento.
>
> O único caso em que foi possível ao Tribunal mandar averiguar da veracidade das acusações desse género formuladas pelos réus contra a Polícia foi o de um dos arguidos que apresentava, de facto, na região dorsal certos sinais de estrias que atribuía a flagelação com um cavalo-marinho.
>
> Fez-se o exame médico-legal, que provou tratar-se afinal duma vulgar alteração ou moléstia de pele, sem qualquer relação possível com algum traumatismo de natureza contundente. [243]

---

[242] *Idem*. A este respeito, o nosso «Direito», *in Dicionário de História de Portugal*, vol. VII, Suplemento A/E, Coordenadores: António Barreto/Maria Filomena Mónica, Lisboa, Figueirinhas, 1999, pág. 538. Ainda, Artur Maurício, *Crimes políticos e* habeas corpus, Lisboa, Portugália, 1975.

[243] *Idem*.

A 27 de Setembro de 1958, o director-geral dos Serviços Prisionais, José Guardado Lopes, informava o ministro da Justiça de que o médico que prestava serviço na cadeia do Forte de Peniche, tendo sido ouvido sobre uma exposição de Henrique Galvão, concluíra estarem «sensivelmente agravados» os padecimentos por este sofridos desde 1953. O relatório médico concluía impor-se que Galvão fosse transferido «para clima menos húmido e menos depressor e para um estabelecimento hospitalar» onde pudesse ser submetido, tão rápido quanto possível, a «uma terapêutica de agentes físicos seguida e orientada por especialistas de doenças nervosas». Como não dispunha a direcção-geral de estabelecimento hospitalar prisional, restava, no entender de Guardado Lopes, o internamento de Galvão num hospital comum, para o que sugeriu que fosse constituída uma junta médica([244]). O ministro da Justiça deu a sua concordância ao proposto, tendo determinado que a junta médica respondesse às seguintes questões:

> a) O recluso necessita, efectivamente, de ser transferido da Cadeia de Peniche ou poderá ser aí devidamente tratado? b) Havendo necessidade por esse motivo de o transferir, poderá a transferência ser efectuada para a Prisão Hospital de Caxias ou para a enfermaria de algum dos estabelecimentos prisionais ou deverá realizar-se para estabelecimento hospitalar comum por carecerem os nossos estabelecimentos das condições necessárias para o tratamento que o recluso exige? c) Qual o período provável do internamento, na hipótese de se tornar necessário o recurso aos hospitais comuns?([245])

O médico do Forte de Peniche, José Bonifácio da Silva, comunicava a 11 de Outubro a situação de Henrique Galvão, tendo-se pronunciado no sentido deste dever ser tratado num estabelecimento hospitalar.

Relatou o clínico:

> Por lesão ocular de que vinha há longo tempo sofrendo o recluso Henrique Carlos da Malta Galvão, fui levado à suposição de que possivelmente seria a sua causa de origem diabética, o que me levou a mandar fazer no laboratório de análises clínicas a análise respectiva, dando-me no sangue (glicémia) 1,65, quando o normal é o máximo 1,20.

([244]) AHMJ/Processso Galvão/Cópia de Certidão de 29 de Janeiro de 1959.
([245]) *Idem.*

> Deste modo, assim dirigi-me ao quarto do recluso em causa, dizendo-lhe que tinha um pouco de açúcar no sangue a fim de mais facilmente compreender a modificação da alimentação que ia instituir por adequada a tal caso.
>
> Tal notícia motivou no recluso um enorme estado de excitação que consegui tranquilizar um pouco por palavras. Porém, decorrida uma hora, eu sou chamado ao Forte com urgência indo encontrar o doente cheio de sangue, na cama, seguro por um guarda e o enfermeiro, com tremores e sem responder às perguntas que lhe eram feitas. Institui a medicação que me pareceu conveniente e indicada em tal caso.
>
> Inquirindo da causa da lesão que motivara a hemorragia atrás referida, fui informado de que no momento em que se dirigia à casa de banho, certamente por ictus apoplético ou deficiência cardíaca, havia caído batendo com a cabeça no chão causando a lesão que motivara a hemorragia referida [...].([246])

O ministro da Justiça chama então ao seu gabinete o director-geral dos Serviços Prisionais, que nesse mesmo dia já contactara telefonicamente com Galvão. Guardado Lopes recordaria que a «informação da doença» proviera do presidente do Conselho, «alarmado» pelo Dr. Bissaya Barreto, que tinha visitado o preso([247]).

Transferido para o Hospital de Santa Maria, onde foi internado a 14 de Outubro, o administrador do Hospital, Coriolano Ferreira, informou a solicitação da direcção-geral dos Serviços Prisionais sobre a situação clínica de Galvão. Além de uma colecistite calculosa que lhe provocava frequentes cólicas biliares, aconselhando o internamento num serviço de cirurgia geral, Galvão era dado como portador de um «síndroma reaccional psico-neurótico à base de vivências da sua actual situação social»([248]).

A 12 de Novembro, Henrique Galvão foi observado no Serviço de Propedêutica Médica por uma junta integrada por Eurico Serra, Ivalde Medeiros Pereira da Fonseca e M. Albuquerque de Freitas, cujo parecer concluiu, respondendo ao titular da Justiça, nos seguintes termos:

([246]) *Idem.*

([247]) José Guardado Lopes, *Recordações...* cit., pág. 68.

([248]) AHMJ/Processo Galvão/Cópia certificada do ofício n.º 18061, de 30 de Outubro de 1958, do Hospital de Santa Maria–Administração, e dos despachos nele exarados.

> a) O observado tem padecimentos psico-somáticos e do aparelho digestivo que não podem ser devidamente tratados na Cadeia de Peniche.
>
> b) Os seus padecimentos psico-somáticos, embora de natureza reaccional — «síndroma reaccional psico-neurótico» consoante foi já rotulada pelo psiquiatra Dr. Fernando Ilharco — podem determinar uma situação grave para a vida do observado e, para serem devidamente julgados, exigem um regime de convívio idêntico ao que se verifica no estabelecimento hospitalar em que se encontra e onde vem melhorando sensivelmente.
>
> É de admitir porém que a sua transferência para um estabelecimento hospitalar, embora prisional, não volte a afectar tão profundamente o seu equilíbrio psíquico desde que nele se lhe possa proporcionar um regime atenuado que quanto possível se aproxime do actual.
>
> c) Torna-se difícil prever neste momento o período necessário de internamento em estabelecimento hospitalar comum — o que será função da reacção do doente — pelo que deverá o recluso ser de novo observado no prazo de 6 (seis) meses [...].(249)

A International League for the Rights of Man, da qual era *chairman* Roger Baldwin, interessou-se também pela situação de Galvão, oficiando a Missão Permanente de Portugal junto das Nações Unidas, do que deu conhecimento a Lisboa o embaixador Vasco Garin a 28 de Novembro de 1958(250).

Com a condenação duríssima do Tribunal Plenário, que correspondia no caso a uma pena perpétua, começou a contagem decrescente para a fuga que Galvão concretizou a 15 de Janeiro de 1959, a partir do Hospital de Santa Maria, onde de novo se encontrava desde Outubro do ano anterior.

Henrique Galvão asilado na Embaixada da Argentina

Um mês e dois dias depois de se evadir, Henrique Galvão apresentou-se na Embaixada da República da Argentina. Eram 11h15 do dia 17 de Fevereiro de 1959.

Uma hora e um quarto depois, o embaixador argentino Ernesto Pablo Mairal entregou em mão ao ministro dos Negócios Estrangeiros, Marcello Mathias, um ofício informando que havia sido concedido

(249) *Idem.*
(250) AHD/PEA-M6/UI 1823.

asilo a Henrique Carlos Malta Galvão, solicitando ao mesmo tempo, com vista à saída deste do País, que lhe fosse outorgado o correspondente salvo-conduto para se dirigir para a República Argentina e/ou Brasil([251]).

O ministro Mathias recebeu a comunicação e informou o embaixador argentino de que Galvão não podia sair da chancelaria e que esta iria ficar vigiada e cercada por agentes da Polícia([252]).

Meses depois, Galvão lembrou:

> Roto o cerco feroz (propalavam os esbirros que a ordem era atirar logo que me topassem, e para isso exibiam metralhadorazitas nos muitos automóveis que os transportavam) entrei na Embaixada da Argentina, onde o asilo me foi reconhecido com tanta dignidade diplomática e simpatia humana.
>
> O que então se viu como espetáculo público só poderia ver-se além da cortina de ferro — e era cómico. Quer na Chancelaria da Rua João Crisóstomo, quer depois, na residência do Embaixador Mairal, à Rua Barata Salgueiro, o cerco reforçado alcançou proporções só acreditáveis por quem passava na rua: agentes em volta de prédios, postos de sentinela na rua, por vezes nos telhados e nas escadas, noite e dia, farejando e revistando os que entravam e saíam. Que utilidade teria aquela farsa, negando publicamente os dizeres de propaganda que Salazar exportava todos os dias? Tiveram-me preso e deixaram-me fugir; fiquei um mês evadido e não me encontraram todas as polícias; cercaram todas as Embaixadas sul-americanas e não evitaram que eu entrasse na da Argentina.([253])

A 18, o ministro transmitiu a informação ao embaixador Manuel Rocheta, para deixar claro que o caso de Galvão era «diametralmente» oposto ao do general Delgado, «visto este ser livre de transitar onde

---

([251]) AHD/S2.1/E6/P4-14928. Carlos Fernandes, *Recordando o caso Delgado...* cit., pág. 99, observa que Henrique Galvão fugira, «com razão», estando a cumprir «uma pena grande e inaceitável, por motivos indiscutivelmente políticos». De acordo com o testemunho do diplomata, o governo português pediu-lhe parecer, tal como fizera com o caso Delgado, parecendo-lhe que a Argentina havia feito bem em conceder asilo a Galvão. O seu parecer, esclarece, foi dado em sentido favorável ao asilo diplomático. Acrescenta Carlos Fernandes não lhe ser possível transcrevê-lo por haver desaparecido do processo juntamente com outros documentos sobre o mesmo asilo.

([252]) AHD/PEA — 25, 1.ª pasta/Apontamento de conversa de Pinto de Lemos com o Embaixador da Argentina.

([253]) TT-PIDE-D-C-001-391-3.

queira por não haver qualquer processo contra ele — insistiu Marcello Mathias —, enquanto que Galvão fugiu quando estava cumprindo pena a que foi condenado pelos tribunais comuns, contra ele existindo ordem de prisão onde quer que seja encontrado». Da conversa com o embaixador Mairal, o ministro retirava como «facto de maior relevo» a circunstância este lhe ter «espontaneamente declarado» que três dias antes jantara na Embaixada do Brasil, onde tivera uma «longa conversa» com o general Delgado. Ora, no entender de Mathias, esse facto mostrava «em que termos» o embaixador brasileiro interpretava a aplicação dentro da sua Embaixada do direito de asilo concedido a Delgado, contrariando as declarações que, de acordo com o ministro, Lins fizera, segundo as quais o asilado não podia ter qualquer contacto com quem quer que fosse, além do pessoal que integrava a missão diplomática brasileira([254]). No mesmo dia, o embaixador Rocheta informou Lisboa de que no Rio de Janeiro o *Diário de Notícias* era o único a levar à primeira página o telegrama que havia sido dali enviado ao presidente argentino Arturo Frondizi pelo «Comité dos intelectuais e artistas portugueses pró-liberdade de expressão», cuja organização foi da iniciativa de Miguel Urbano Rodrigues([255]), agradecendo-lhe a concessão de asilo a Henrique Galvão.

Os embaixadores asilantes: Álvaro Lins e Ernesto Mairal

Ernesto Mairal aportara a Lisboa a 7 Dezembro de 1958 no paquete *Uruguai*, e apresentou credenciais a 29 seguinte([256]), tornando-se protagonista improvável de um acontecimento raro, que tinha contudo antecedente muito próximo no pedido de asilo do general Humberto Delgado.

À semelhança de Álvaro Lins, colocado na capital portuguesa por motivo da sua relação próxima com o presidente Juscelino Kubitschek, de quem fora ministro-chefe da Casa Civil, o embaixador Ernesto Mairal era amigo pessoal e político do presidente Frondizi. De origem vasca, estudante de Direito em Buenos Aires, Mairal não concluiu

([254]) AHD/S3/E34/P4 — Telegrama do Ministério dos Negócios Estrangeiros para a Embaixada de Portugal no Rio de Janeiro, de 18 de Fevereiro de 1959.

([255]) Douglas Mansur da Silva, *A oposição ao Estado Novo no exílio brasileiro, 1956–1974*, Estudos e Investigações 42, Lisboa, Imprensa de Ciências Sociais, 2006, págs. 71–72.

([256]) *Panorama*, n.º 13, III série, Março de 1959.

as cadeiras finais do curso, tendo-se dedicado a estudos da língua, cultura e arte italianas, na mesma Universidade, complementando-os em Itália, na Universidade de Perúgia. Dirigira entretanto uma firma especializada em propriedade industrial — Obligado & Cia. —, sendo depois professor de Italiano e de História de Arte, o que compaginou com uma intensa actividade política.

Ernesto Pablo Mairal e Arturo Frondizi tornaram-se amigos e companheiros de ideias políticas sendo ainda muito jovens. Militantes da União Cívica Radical, porém críticos da sua orientação, constituíram a Unión Cívica Radical Intransigente, da qual Mairal foi secretário. Foi este novo partido que esteve na base de apoio à candidadura do seu líder, Arturo Frondizi, à presidência da República, com apoios peronistas, e à sua eleição a 23 de Fevereiro de 1958([257]). O programa do governo Frondizi assentava na defesa do desenvolvimento industrial, tendo entrado no vocabulário político argentino com a designação de «Desarrolismo», ao qual ficou fortemente ligado o nome do secretário das Relacões Socioeconómicas, o economista Rogelio Frigerio([258]).

Os diplomatas estabeleceram em Lisboa uma relação cordial e próxima. Lins escreveria, a 9 de Janeiro de 1959, ter logo notado a «grande categoria» do embaixador argentino; não era apenas «muito bem-educado, mas de inteligência e formação cultural acima do nível comum dos embaixadores»([259]). Unia-os além do mais o facto de serem ambos professores, aproximando-os, como reconheceram, a circunstância de não exercerem como diplomatas de carreira([260]). E Álvaro Lins reconhecia-se grato a Mairal por «declaradamente» lhe prestar solidariedade a respeito do asilo de Delgado. De «espectador curioso»,

---

([257]) Torcuato S. Di Tella, *Historia de los partidos políticos en América Latina*, Nueva edición revisada y actualizada, Fondo de Cultura Económica, 2013, págs. 194–198. Ainda, Carlos Altamirano, *Arturo Frondizi, o el hombre de ideas como político*, Buenos Aires, Fondo de Cultura Económica,1998; Emilia Menotti, *Arturo Frondizi, Biografia*, Historia Argentina, Buenos Aires, Planeta, 1998; Hugo Gambini, *Frondizi, El estadista acorralado*, Buenos Aires, Ediciones B, 2006.

([258]) Horacio García-Bossio, *Qué nos hace más Nación? Desafíos del desarrollismo frondicista-frigerista*, Buenos Aires, Edunla Cooperativa, 2014.

([259]) Álvaro Lins, *Missão*... cit., pág. 26.

([260]) *Idem, ibidem*. Para a biografia de Lins, Luís Cláudio Machado dos Santos, «Álvaro Lins. Caráter e função: dilemas e contradições de um embaixador em Portugal», *in Clio, Revista de Pesquisa Histórica*, n.º 34.2, 2016, págs. 287–306.

o embaixador argentino passaria a protagonista, tendo contado ele, também, com a solidariedade do seu colega brasileiro([261]).

Nas palavras de Franco Nogueira, o novo embaixador argentino era um «homem correcto, urbano; mas ingénuo, de acabada inexperiência; e sem horizonte internacional». Abstendo-se da citação de qualquer fonte ou da revelação de qualquer facto susceptível de apoiar tal juízo sobre o embaixador Ernesto Pablo Mairal, as considerações de Franco Nogueira esgotam-se no mais puro dos subjectivismos.

O biógrafo de Salazar escreve que Álvaro Lins não «se acanha de sublinhar a influência de que desfrutaria em Lisboa, e traça logo, para Mairal, um painel sombrio da situação política portuguesa»:

> Segundo Lins esta atingia o seu termo. Estava esgotado o regime e exausto o chefe do governo; o novo presidente da República não dispunha de autoridade ou prestígio próprio; as Forças Armadas tinham de ser havidas por hostis; e o povo sentia-se divorciado do sistema.

Sobre a situação portuguesa teria por certo Pablo Mairal a sua própria perspectiva crítica, tanto mais que chegara a Portugal com experiência de oposição à ditadura peronista, e de luta pelos valores da democracia, tendo sido então presidente da Comisión de Apoyo de la Unión Cívica Radical a los presos y perseguidos políticos. Precisamente no exercício dessas funções actuou no sentido de auxiliar os perseguidos do governo do general Péron a encontrarem asilo político, sobretudo na Embaixada do Uruguai em Buenos Aires. Tal como relatou Frederico Teixeira de Sampayo, o Uruguai era um grande defensor do direito de asilo, «indo ao ponto de o considerar como uma obrigação para o Estado asilante»([262]).

Mais uma vez sem referência a fontes, escreve Franco Nogueira:

> Mairal confia em Lins; e, com grande candura e ligeireza de espírito, aceita a visão que lhe apresenta o embaixador do Brasil. Depois, em conversas sucessivas, Lins pormenoriza o quadro: está em grande intimidade com os oposicionistas, que o escutam e a quem apoia; tem ligação estreita com o general Delgado e o grupo que o rodeia; e alguns contactos discretos tem com Henrique Galvão, por intermediários, uma vez que este se encontra na situação de detido. Gradualmente, Lins domina Mairal.

([261]) *Idem*, págs. 254-255.

([262]) AHD/Colecção de Relatórios e Monografias/Frederico José de Souza Teixeira de Sampayo, *O Direito de Asilo na América Latina*... cit., pág. 15.

> Em pouco, emerge um plano. Brasil e Argentina, os dois maiores países da América do Sul, são também grandes amigos de Portugal, e o Brasil sente por seu lado que é fraternal essa amizade; são ainda dois países democráticos, e cabe-lhes fomentar e apoiar esses ideais; Portugal enfrenta uma crise, uma encruzilhada; o povo português apenas a poderá vencer derrubando o actual regime e enveredando pelo sistema democrático; e assim não caberá ao Brasil e à Argentina, e portanto aos seus representantes em Lisboa, contribuir para alcançar esse objectivo e desencadear mesmo o processo político que o permita?([263])

A confiança recíproca dos dois diplomatas não terá estado inserida em qualquer «plano»([264]) como aquele que sugere Franco Nogueira — que, aliás, nenhuma prova do nosso conhecimento acredita —, mas terá facilitado naturalmente o contacto entre ambos, não sendo estranho que Mairal, na verdade acabado de chegar a Lisboa, se pudesse ter apoiado nos conhecimentos de Lins, que eram também os de um jurista de formação, que acabara de rever toda a matéria relacionada com o direito de asilo. Como revelou Álvaro Lins, manifestaram reciprocamente o desejo e o propósito de ficarem em contacto permanente, «agindo de acordo e em solidariedade, dada a semelhança das situações criadas» para as respectivas missões diplomáticas([265]).

Ernesto Mairal não escondeu, aliás, ao ministro Marcello Mathias os seus contactos com Lins, o que foi, note-se, apreciado pelo ministro dos Negócios Estrangeiros. A respeito da ligação entre os dois diplomatas, refere-nos Nelida B. Mairal([266]), filha do embaixador argentino, ao tempo com 19 anos, a residir com seus pais na Embaixada em Lisboa:

([263]) Franco Nogueira, *Salazar, V...* cit., págs. 41-42. Joaquim Veríssimo Serrão, *História de Portugal*, vol. XVI, O Terceiro Mundo contra o Portugal Ultramarino (1951-1960), 1.ª Parte, História Política, Administrativa e Ultramarina, Editorial Verbo, 2006, pág. 262, escreve tudo indicar «ser verosímil» a hipótese lançada por Franco Nogueira «de que havia um entendimento de alguns Governos sul-americanos, para ajudar a oposição política em Portugal».

([264]) Quanto às sintonias e dessintonias das relações bilaterais entre a Argentina e o Brasil, sem qualquer referência a Portugal, C. Hebe Pelosi e Leonor Machinandiarena de Devoto, *Las relaciones internacionales en la presidencia de Frondizi: desarrollo, integración latinoamericana y paz mundial* [em linha]. Saarbrücken: Lap Lambert Academic Publishing; Editorial Académica Española, 2012. Disponível em: http://bibliotecadigital.uca.edu.ar/repositorio/libros/relacionesinternacionales-presidencia-frondizi.pdf [data de consulta: 3/12/2018].

([265]) Álvaro Lins, *Missão...* cit., pág. 261.

([266]) Nelida Beatriz Mairal, licenciada em Direito e advogada, especializada em Direito e Comércio Internacional. Desenvolveu investigações no domínio da

La relación entre Ernesto Mairal y Álvaro Lins era excelente, pero luego después de los dos asilos se hizo mas difícil comunicarse porque las dos embajadas, choferes, cocineros y todos los lugares a los que iban estaban atiborrados de personal de seguridad, tratando de detectar si había algun comentario que diera lugar a vaya a saber que. Creo que luego de partir de Lisboa no volvieron a verse, salvo los eventuales saludos de fin de año.

Alberto Franco Nogueira não desconhecia a obra de Lins([267]) — citando-a aliás num texto inserto no seu *Jornal de Crítica Literária*([268]) —, como também certamente não se encontrava à margem do percurso ideológico do escritor e crítico literário([269]) e

---

integração económica na London School of Economics e no Wilson Center for International Scholars, tendo sido consultora do BID (Banco Interamericano de Desarrollo). De regresso à Argentina, trabalhou na área do Comércio Exterior, tendo sido professora de mestrados da sua especialidade na Universidade de Buenos Aires e na de La Plata.

([267]) Cuja «obra cultural era muito considerada nos meios universitários portugueses» (assim, Joaquim Veríssimo Serrão, *História de Portugal*, vol. XVII, O Terceiro Mundo contra o Portugal Ultramarino (1951–1960), 2.ª Parte, História Diplomática, Institucional, Económica e Cultural, Editorial Verbo, 2007, pág. 40).

([268]) Franco Nogueira, *Jornal de Crítica Literária (1943–1953)*, Lisboa, Livraria Portugália, 1954, pág. 73.

([269]) Mauro Mota, «Humildade de um vitorioso em plenitude ou do silogeu pernambucano à Academia brasileira»; Wilson Martins, «A face de um crítico»; José César Borba, «Um crítico, o seu ostracismo, os seus banhos de mar e os seus cadernos de "Diários"»; Sérgio Milliet, «As "Notas de um Diário de Crítica" como o complemento do "Jornal de Crítica"» *in Literatura e Vida Literária, Notas de um Diário de Crítica*, Primeiro Volume, Segunda edição, Segundo Volume, Primeira edição, Introduções, com estudos críticos de Sérgio Milliet, Wilson Martins, Mauro Mota, José César Borba, Rio de Janeiro, Editora Civilização Brasileira, S.A., 1963, respectivamente págs. 19–21; 21–23; 139–146 e 146–148; Lourival Holanda, «Álvaro Lins, O crítico essencial»; Humberto França, «Álvaro Lins, Um esteta da crítica»; Otto Maria Carpeaux, «Álvaro Lins e a literatura brasileira», *in Álvaro Lins: Ensaios de Crítica Literária e Cultural*, Lourival Holanda/Humberto França, organizadores, Recife, Editora Universitária UFPE, 2007, respectivamente págs. 33–54, 55–88 e 89–99; Adélia Bezerra de Menezes Bolle, *A Obra Crítica de Álvaro Lins e a sua função histórica*, Petrópolis, Vozes, 1979, *passim*; Humberto de França e Silva Júnior, «Álvaro Lins — "Um Mestre Esquecido"», *in Perspectiva Filosófica*, vol. IX, n.º 18, Julho-Dezembro de 2002, págs. 121–140; António Brasil, *O Pensamento Crítico de Álvaro Lins*, Prefácio: Nilo Pereira, Notas: Gilberto Freyre e Audálio Alves, Rio de Janeiro, José Olympio Editora/Fundarpe-Recife, 1985, Carolina Natale Toti, «Críticas sobre a Crítica de Álvaro Lins», *in Terra Roxa e Outras Terras, Revista de Estudos Literários*,

teatral([270]) brasileiro, que já declarara ser um «tolo otimismo» imaginar que a luta política dos escritores pela liberdade tivesse terminado com a derrota do nazi-fascismo, ponderando que diante de um «regime misturado de fascismo e caudilhismo [referência ao varguismo], por entre as humilhações e decepções do pesadelo ditatorial» a atitude dos escritores tinha sido a do «silêncio», que era a «forma suprema de repudiar e condenar»([271]), sem que tivesse deixado de afirmar:

> O que pode desejar um crítico literário, animado também de preocupações políticas, é que a actividade social do escritor não venha desvirtuar a sua missão dentro da ordem estética; e que o desejo de pregar ideologias

---

vol. XVI, Setembro de 2009, págs. 54–62; e Lais Iaci Mirallas de Carvalho, *Os Mortos de Sobrecasaca, de Álvaro Lins: a formação do cânone modernista brasileiro*, Assis, 2018 (http://hdl.handle.net/11449/180370). De Álvaro Lins, além dos sete volumes do *Jornal de Crítica, Literatura e Vida Literária*... cit; *Os Mortos de Sobrecasaca, Obras, Autores e Problemas da Literatura Brasileira, Ensaios e Estudos, 1940–1960*, Rio de Janeiro, Editora Civilização Brasileira S.A., 1963; *O Relógio e o Quadrante, Obras, Autores e Problemas de Literatura Estrangeira, Ensaios e Estudos, 1940–1960*, Rio de Janeiro, Editora Civilização Brasileira S.A., 1964. Ainda em co-autoria com Aurélio Buarque de Hollanda, *Roteiro Literário do Brasil e de Portugal, Antologia de Língua Portuguesa*, vol. I (Portugueses) e vol. II (Brasileiros), Rio de Janeiro, Livraria José Olympio Editora, 1956. Ainda, v.g. *Cartas de Mário de Andrade a Álvaro Lins*, Estudos de Álvaro Lins, Apresentação de Ivan Cavalcanti Proença, Comentários de José César Borba e Marco Morel, Rio de Janeiro, José Olympio Editora, 1983, e *Sete escritores do Nordeste*, Eduardo César Maia (org.), Recife, Cepe, 2016. Ainda, *A Glória de César e o Punhal de Brutus, Ideias Políticas, Situações Históricas, Questões do Nosso Tempo, Ensaios e Estudos, 1939–1959*, Rio de Janeiro, Editora Civilização Brasileira S.A., 1962. Um inventário bibliográfico e documental de Álvaro Lins, organizado por Veronilda Santos e Lúcia Helena Carvalheira Franco, com a colaboração de Humberto França, pode ser consultado em www.fundaj.gov.br/images/meca/documentacao/alvaro_lins.pdf.

([270]) Álvaro Lins, *Os Mortos de Sobrecasaca*... cit., págs. 281–331, em especial sobre literatura e crítica teatral. A respeito do crítico teatral, e da sua apreciação de «A mulher sem pecado» de Nelson Rodrigues, sublinha as qualidades de Lins, que no «seu rodapé do *Correio da Manhã* consagrava autores ou espetava-lhes uma cruz no peito», Ruy Castro, *O Anjo Pornográfico, A Vida de Nelson Rodrigues*, Lisboa, Tinta da China, 2017, págs. 180–181.

([271]) Álvaro Lins, *Jornal de Crítica, 5.ª Série*, Com um estudo de António Cândido, Capa de Santa Rosa, Rio de Janeiro/São Paulo, José Olympio Editora, 1947, págs. 37 e 39. Lins foi um dos signatários do manifesto de 10 de Junho de 1942, que apelou à unidade de pensamento e de acção contra o fascismo (Cícero Sandroni/Laura Constância A. de A. Sandroni, *Austregésilo de Athayde, O Século de Um Liberal*, Rio de Janeiro, Agir, 1988, págs. 406-408).

e doutrinas não amplie no escritor brasileiro a sua natural tendência para a obra fácil e apressada, para a eloquência e o brilho superficial.([272])

Álvaro Lins apresentara credenciais a 18 de Dezembro de 1956([273]). Meses antes, em Junho, a respeito dos seus sentimentos em relação a Portugal, escreveu:

> Num grupo de amigos íntimos, sucedeu uma vez, e há bastante tempo, que se colocasse um pouco ao acaso, perante cada um de nós, esta questão:
>
> — Se lhe fosse dado ver um só país fora do Brasil, mas um só, qual deles escolheria: França, Inglaterra, Itália, Alemanha, Portugal, Estados Unidos da América, México, ou Japão?
>
> Já não me lembro das respostas dos outros; mas bem me recordo que respondi: Portugal.
>
> Pois bem: hoje, após ter conhecido outros muitos países — e alguns dos mais belos, dos mais civilizados, dos mais ricos e dos mais poderosos do Mundo — se me pusessem de novo a questão:
>
> — Qual o país que escolheria para visitar, se fosse um só, e mais nenhum?
>
> Ah, sim, eu ainda responderia sem hesitação:
>
> — A minha escolha está feita e este país é Portugal.([274])

Ainda do Rio de Janeiro, estando já decidido que serviria em Lisboa, Lins dirigiu uma carta a Salazar em termos corteses. Essa missiva foi acompanhada com um exemplar do *Discurso sobre Camões e Portugal*, que Lins preparara para cerimónia, no Rio, do 10 de Junho daquele ano no Real Gabinete Português de Leitura ([275]). Para o trecho do *Discurso*, das páginas 67 a 75 chamou o futuro embaixador em Lisboa a atenção do presidente do Conselho, por aí lembrar a audiência

([272]) *Idem*, pág. 42, e Adélia Bezerra de Menezes Bolle, *A Obra Crítica...* cit; pág. 90.

([273]) *Panorama*, n.º 5, III série, Março de 1957.

([274]) Álvaro Lins, *Jornal de Crítica*, Sétima Série, Capa de Santa Rosa, Rio de Janeiro, Edições O Cruzeiro, 1963, pág. 193.

([275]) Álvaro Lins, *Discurso sobre Camões e Portugal, Conferência feita no Real Gabinete Português de Leitura na sessão Comemorativa do Dia de Portugal, em 10 de junho de 1956*, Rio de Janeiro, Ministério da Educação e Cultura, Serviço de Documentação, 1956. O discurso seria lido por Francisco Assis Barbosa no impedimento de Lins (Mário Augusto Frasson, *Da Glória Retórica ao Caso Delgado, Brasil-Portugal nos anos de Álvaro Lins (1956–1959)*, Brasília, Universidade de Brasília, 2016, pág. 68).

que este lhe havia concedido em 1948, comentando: «Devo acrescentar que a narrativa despretensiosa e objectiva dessa audiência, de que guardo uma impressão tão profunda quanto irremovível, despertou os maiores aplausos dos ouvintes, a cada vez que era citado o nome de Vossa Excelência»(276). A dado passo do seu *Discurso*, disse Álvaro Lins:

> Recordo-me bem, entre muitas outras indagações, de uma pergunta que fiz ao Chefe do Governo Português naquela ocasião:
>
> «— Se Vossa Excelência tivesse de escolher uma entre as suas obras todas, uma só da maior e especial preferência, qual seria ela?»
>
> Por um minuto calculei que o Presidente do Conselho ia decidir-se pela citação de uma qualquer das suas realizações mais evidentes e famosas: as estradas abertas pelos serviços de obras públicas do seu Governo; o trabalho de reconstrução económica do país; a ordenação financeira com a valorização e a estabilidade da moeda; a restauração do conceito de Portugal tanto na zona das potências europeias como na situação internacional. Mas nada disto veio como resposta. Com um toque bem contido de emotividade, como é do seu feitio e educação, o Senhor Presidente Oliveira Salazar assim me respondeu:
>
> «— Ter evitado que Portugal entrasse na guerra, poder contar hoje com a gratidão das mães portuguesas.»
>
> Em seguida, li para o Senhor Presidente do Conselho este trecho que levei copiado de uma carta do diplomata Dom Luís da Cunha ao Rei Dom João V:
>
> «Convido Vossa Majestade a governar de costas voltadas para a Europa e de frente para a América, com os olhos postos no Brasil.»
>
> O Presidente Oliveira Salazar interessou-se pela frase, perguntou-me onde a encontrara e fez-me um gesto para que lhe passasse às mãos o pequeno papel com o texto.
>
> Perguntei-lhe, então, de repente:
>
> «— Não acha Vossa Excelência que já é tempo de actuar, executar e praticar o conselho antigo do diplomata em Paris ao seu Rei?»
>
> Não respondeu nada, não fez nenhum comentário. Mas os seus olhos circularam a sala como a imaginar ou a fixar no pensamento um ponto de partida para essa grande política.(277)

(276) *Cartas Singulares a Salazar*, Fernando de Castro Brandão (selecção e Notas), 2.ª Edição, Lisboa, 2015, págs. 218-219.

(277) Álvaro Lins, *Discurso sobre Camões e Portugal*... cit., págs. 69-71.

De acordo com os procedimentos, Álvaro Lins submete-se a audição na Comissão de Diplomacia no Senado Federal, aí fazendo sentir, na opinião de Josué Montello, a «adequação de sua experiência e de seu valor intelectual para o bom desempenho no posto de embaixador do Brasil em Portugal»([278]).

Não se anunciava, assim, como embaixador em Portugal propriamente um agitador revolucionário, não podendo interpretar-se os termos utilizados por Lins ao dirigir-se ao presidente do Conselho como traduzindo simpatia ou adesão política. De facto, o gesto cortês não desmentia o pensamento e a evolução política de Álvaro Lins, testemunhada então já em muitos dos seus escritos([279]).

E para essa (re)orientação do seu pensamento, e juízo sobre o regime de Salazar, contribuiria decisivamente a sua experiência como embaixador em Lisboa.

Depois de se formar em Direito no Recife, foi no Rio de Janeiro que, por intervenção de Gilberto Freyre, passou Álvaro Lins a ser responsável pelos rodapés de crítica literária do *Correio da Manhã*, de Paulo de Bittencourt, aí projectando o seu nome e firmando posição através da edição do *Jornal de Crítica*. Para trás ficara a militância integralista([280]) e católica mariana([281]), a Acção Católica([282]), o plano de se fazer eleger parlamentar, comprometido pela ditadura de Vargas, a direcção do *Diário da Manhã*, e o ensino em escolas da capital pernambucana, caso do Ginásio Pernambucano.

([278]) Josué Montello, *O Juscelino Kubitschek...* cit., pág. 41.

([279]) A este respeito, António Cândido, *Textos de Intervenção*, Seleção, apresentação e notas de Vinicius Dantas, Coleção Espírito Crítico, Rio de Janeiro, Livraria Duas Cidades/Editora 34, 2002, pág. 43, que observa o facto de «mestres» da crítica como Lins, Tristão de Athayde e Plínio Barreto terem preferido a «certa altura» o «debate político». Também Adélia Bezerra de Menezes Bolle, *A Obra Crítica...* cit., págs. 82–107, sobre o «crítico engajado» e referência à evolução ideológica e actividade política desenvolvida nos anos 60 por Álvaro Lins.

([280]) Juntamente, entre outros, como lembra Humberto de França e Silva Júnior, Gilberto Osório, Mauro Mota e Paulo Cavalcanti, este mais tarde líder comunista (Humberto de França e Silva Júnior, «Álvaro Lins, "Um Mestre Esquecido"», *in Perspectiva Filosófica*, vol. IX, n.º 18, Julho-Dezembro de 2002, pág. 122).

([281]) Integrado na Congregação Mariana do Recife dirigida pelo jesuíta goês padre António Fernandes (Humberto de França e Silva Júnior, «Álvaro Lins, "Um Mestre Esquecido"»... cit., pág. 122). Também Paulo Cavalcanti, *A Luta Clandestina (O caso eu conto como o caso foi), Memórias políticas* (4.º volume), Recife, Editora Guararapes, 1985, págs. 20–22.

([282]) Mário Augusto Frasson, *Da Glória Retórica...* cit., pág. 55.

Ainda no Recife, Lins dera ao prelo *História Literária de Eça de Queiroz*([283]), publicação que lhe conferiu, nas palavras de Josué Montello, «notoriedade nacional»([284]), mas terminaria com as suas funções de professor no *ortodoxo* Colégio Nóbrega.

No Rio abrir-se-lhe-iam as portas do ensino no Colégio Pedro II, a cuja cátedra de Literatura concorreu em finais de 1951, com plena consagração, discutindo a tese: «Da Técnica do Romance em Marcel Proust»([285]).

A paixão queirosiana de Lins ficou registada de maneira expressiva no diário de Josué Montello, onde é lembrada a forma comovida, enternecida, como aquele lhe falara de Eça durante uma «romaria» por ambos realizada ao monumento erguido ao escritor em Lisboa([286]). Montello, que trabalhara a instâncias de Lins na Casa Civil do presidente Juscelino, acabaria por assumir funções docentes na Faculdade de Letras de Lisboa, acompanhando com muita proximidade a acção do embaixador do Brasil, com quem se haveria de malquistar, sem que

([283]) Álvaro Lins, *História Literária de Eça de Queiroz*, Rio de Janeiro, José Olympio, 1939. Alfredo Campos Matos recorda que essa obra de Álvaro Lins foi escrita tendo este 25 anos de idade, e considera-a, ainda hoje, indispensável pela sua «inteligência crítica» (*Dicionário de Eça de Queiroz*, Organização e coordenação de A. Campos Matos, 3.ª edição ilustrada, revista e ampliada, Lisboa, INCM/Imprensa oficial, Governo do Estado de São Paulo/Academia Brasileira de Letras, 2015, pág. 791). Ainda, do mesmo autor, *Construtores do Meu Mundo*, Lisboa, Edições Colibri, 2018, págs. 42–43, notando ter sido Lins o primeiro a chamar a atenção para a «enorme importância» do meio geográfico na narrativa realista queirosiana. Em 1942, Álvaro Lins publicou o ensaio *Poesia e Personalidade de Antero de Quental*, o qual, nas suas palavras, «mereceu o prémio valioso, sem inscrição e sem candidatura, que fora instituído para recompensar o melhor trabalho aparecido sobre o poeta naquele ano do centenário do seu nascimento — e prémio duplo, que considerei na verdade recebido em dobro por haver sido o meu pequeno estudo premiado juntamente com um livro de Fidelino de Figueiredo, postos os dois em chave no primeiro lugar, em igualdade de condições» (Álvaro Lins, *Discurso sobre Camões e Portugal*... cit., pág. 69). Ainda, sobre o centenário de Antero, Álvaro Lins, *Jornal de Crítica, 2.ª Série*, Capa de Santa Rosa, Rio de Janeiro, Livraria José Olympio Editora, 1943, págs. 303–312. Ainda, Victor Santos, *Álvaro Lins*, Cadernos de Divulgação Luso-Brasileira, IX, Lisboa, Livraria Portugal, s/d.

([284]) Josué Montello, *O Juscelino Kubitschek* ... cit., pág. 29.

([285]) Editada sem qualquer outra alteração que não o título: *A Técnica do Romance em Marcel Proust*, Rio de Janeiro, Livraria José Olympio Editora, 1956.

([286]) Josué Montello, *Diário do Entardecer, 1967–1977*, Rio de Janeiro, Nova Fronteira, 1991, pág. 119.

o «silêncio» tivesse interrompido a amizade, só retomando relações pessoais anos mais tarde([287]).

Josué Montello revelar-se-ia crítico da «vivacidade polémica» da actuação diplomática de Álvaro Lins em Lisboa, que passou, aos olhos do escritor, pela decisão do embaixador «abrir» os salões da representação diplomática brasileira às «oposições portuguesas», meses depois de ter assumido funções, relatando a esse respeito:

> [...] ao dar com o Ferreira de Castro, na avenida da Liberdade, foi o mestre de *A Selva* que me segurou pelo braço, a caminho de um bar onde tinha a sua mesa cativa de todas as tardes, e me disse, fiel à sua condição de adversário do dr. Salazar:
>
> — Eu, na hora em que isto mudar, hei de ter forças para dar o nome de Álvaro Lins a esta avenida da Liberdade.
>
> O desabafo do grande romancista já indiciava em Álvaro o aglutinador das forças opostas ao dr. Salazar. Como o embaixador Berle, no Brasil, com o respaldo do governo americano, na inspiração contra Vargas, segundo se propalava? Tudo levaria a crer que sim. E já na condição de segredo de Polichinelo.

E recordou ainda Montello:

> Um dos mais velhos amigos do Álvaro, e seu secretário na Embaixada, o escritor português Ruben Leitão, encontrando-se casualmente comigo no centro de Lisboa, defronte do Teatro São Carlos, tinha olhado para mim, com ar de riso, e me disse, em tom de segredo, como a prelibar algo que ia acontecer:
>
> — Nosso Álvaro me autorizou a convidar muita gente viva, e também vivíssima, para os serões da Embaixada, e eu vou convidando. O que vai sair daí, não sei.([288])

([287]) *Idem, ibidem*, págs. 145–146 e 292–295 com referência ao corte e reatamento de relações entre o autor e Lins, depois de 11 anos de afastamento. A relação de amizade interrompera-se em 1957, em Lisboa, na Embaixada do Brasil — ensinando então Montello na Faculdade de Letras de Lisboa —, «cada qual continuando o seu caminho». Ainda, *O Juscelino Kubitschek* ... cit., págs. 46–47 e 55–56.

([288]) Josué Montello, *O Juscelino Kubitschek* ... cit., págs. 43–49 e 54. Ruben A. Leitão havia sido leitor de português no King's College em Londres, missão abalada por Oliveira Salazar, que a 8 de Novembro de 1950 comentou como ministro da Educação Nacional, Pires de Lima: «Caiu-me ontem debaixo dos olhos um livro, *Páginas II*, de Ruben A., que me dizem ser leitor de Português

Anos antes, em 1948, Lins viajara para Portugal a convite do Secretariado Nacional da Informação (SNI). Havia sido assinado um Acordo de Cooperação Intelectual entre Portugal e o Brasil negociado pelos respectivos ministérios dos Negócios Estrangeiros e das Relações Exteriores(289), entendendo o director do SNI que esse Acordo não impedia que fosse dada continuidade àquele que em Setembro de 1941 ele próprio assinara no Rio de Janeiro com o Departamento de Imprensa e Propaganda (DIP) em representação do então Secretariado de Propaganda Nacional(290). No quadro da cooperação entre essas instittituições aparecera em 1942, como edição conjunta, a revista

---

em Londres, escolhido portanto ou patrocinado pelo Instituto de Alta Cultura. Pertence a uma boa família do Porto — Andresen, creio. O livro, ou é de um louco ou de um sujeito que, tendo dinheiro para pagar um livro de dislates, se propôs rir-se de todos nós. Há páginas inteiras completamente ininteligíveis e irredutíveis na análise das regras da gramática portuguesa, recheada de termos de invenção do autor e formada sem tom nem som. Explora-se o reles, o ordinário, o palavriado porco, não só da língua literária, mas do falar corrente. As porcarias, obscenidades, palavrões juncam o livro. Em certas passagens é chocarreiramente desabrido com os ingleses. Parece-me que o livro pertence a uma onda modernista, e não é um caso para a Censura e para a polícia de costumes. Mas se o autor é leitor em Londres, nessa qualidade temos nós de ver o que escreve e como escreve. Em conclusão: o autor não pode representar Portugal nem ensinar português. Este é que é o ponto essencial a tratar com o Instituto de Alta Cultura. E já não falo de certas taras morais ou sexuais do livro se vê que o autor deve pertencer aí a um círculo de pessoas que a polícia persegue». Sendo muito valorizada a acção cultural de Ruben em Inglaterra, o presidente do Conselho *concederia* mais tarde não haver objecção a que lá continuasse, pois o «maluco do homem — escreveu — tem habilidade e competência para o cargo». Regressaria porém a Portugal em Junho de 1951, tendo ingressado em Março de 1954 no quadro de pessoal da Embaixada do Brasil (Liberto Cruz/José Brandão/Nicolau Andresen Leitão, *O Mundo de Ruben A.*, Prefácio de Mário Soares, Lisboa, Assírio & Alvim, 1996, págs. 116–119, 127, 144–145 e 153). O espólio de Ruben, à guarda da Biblioteca Nacional de Portugal, revela que as relações profissionais mantidas com os embaixadores Álvaro Lins e com o seu sucessor, Negrão de Lima, foram acompanhadas de fraterna amizade, do que dá significativo testemunho Alberto da Costa e Silva, *Ficções da Memória*, Lisboa, Imprensa Nacional, 2019, págs. 528–529.

(289) Esse Acordo foi assinado a 6 de Dezembro pelo ministro da Relações Exteriores do Brasil, Raúl Fernandes, e pelo chefe da diplomacia portuguesa, Caeiro da Mata (*Tratados e Actos Internacionais, Brasil-Portugal*, Lisboa, 1962, págs. 211–213). Ainda a breve referência de José Calvet de Magalhães, *Breve História das Relações Diplomáticas entre Brasil e Portugal*, Prefácio Celso Lafer, Fundação Alexandre de Gusmão, São Paulo, Paz e Terra, 1999, *Breve História das Relações Diplomáticas*... cit., pág. 88.

(290) José Calvet de Magalhães, *Breve História das Relações Diplomáticas*... cit., págs. 87–88.

Atlântico, dirigida por António Ferro e Lourival Fontes([291]), sendo secretário da redacção José Osório de Oliveira, em cuja I série colaborou Álvaro Lins, logo no segundo número([292]), seguindo-se a publicação de outros textos de sua autoria([293]) e uma referência de Eduardo Freitas da Costa ao *Jornal de Crítica*([294]).

Antes de Álvaro Lins, estivera em Portugal, também a convite do SNI, outro brasileiro, o poeta modernista, editor e empresário Augusto Frederico Schmidt([295]), o que foi lembrado por António Ferro num banquete de homenagem a Lins realizado no Círculo Eça de Queiroz a 9 de Dezembro de 1948, quando este se preparava para regressar ao Brasil. Nesse banquete, Ferro testemunhou vivo apreço por quem disse

---

([291]) Que foi substituído por António Coelho dos Reis, ao qual sucedeu Amílcar Dutra de Menezes. A II série da *Atlântico* foi publicada em 1946–1948 e a III série em 1949–1950.

([292]) «Uma Geração Nova» *in Atlântico, Revista Luso-Brasileira*, Número Dois, 1942, págs. 349–351. Nesse seu texto, Lins observou que as circunstâncias da vida moderna não exigiam apenas do escritor e do artista «uma posição de luta, mas também um máximo de equilíbrio, de lucidez e de controle» dentro dessa luta, e reflectiu: «Não sei, na verdade, o que será para a literatura e a arte uma traição maior: se o encerramento na "torre de marfim", a indiferença por toda a actividade social e política, ou se a paixão partidária, tornando-se exclusivista, a personalidade do artista esgotando-se toda nesta paixão, com o prejuízo da sua obra, com o prejuízo da sua arte».

([293]) «O Crítico Tristão de Athayde»; «Biografia de Gonçalves Dias» e «Sobre Casa Grande e Senzala», respectivamente *in Atlântico, Revista Luso-Brasileira*, Número Três, 1943, págs. 169–171; Número Quatro, 1944, págs. 183–185, e Número Seis, 1945, págs. 187–189. Com forte ligação a Gilberto Freyre — ao qual devia também incentivo e empenho pessoal na sua ida para o Rio de Janeiro —, Lins comentou a 4.ª edição de *Casa Grande e Senzala*, observando haver dez anos que com ela se consagrara Gilberto Freyre, não apenas como mestre em assuntos históricos e sociológicos, mas como uma das principais figuras da literatura brasileira, o qual alcançara, nas palavras do crítico, «retratar a formação de um povo com fidelidade e isenção». Sobre a questão do luso-tropicalismo e a divulgação em Portugal da obra de Gilberto Freyre, v. g. Cláudia Castelo, «O Modo Português de Estar no Mundo», *O luso-tropicalismo e a ideologia colonial portuguesa (1933–1961)*, Porto, Edições Afrontamento, 1998; Diogo Ramada Curto, *História, Arte e Literatura*, Lisboa, Temas e Debates — Círculo de Leitores, 2019, págs. 349–358; e José Adelino Maltez, *Do Império por Cumprir*, vol. II, Portugal e o regresso ao d'aquém (1926–1976), Lisboa, Instituto Superior de Ciências Sociais e Políticas, Universidade de Lisboa, 2016.

([294]) *Atlântico, Revista Luso-Brasileira*, Número Dois, 1942, pág. 369.

([295]) António Ferro, *Estados Unidos da Saudade*, Lisboa Edições SNI, 1949, págs. 209–215. Sobre Augusto Frederico Schmidt, v.g., António Cândido/José Aderaldo Castello, *Presença da Literatura Brasileira, III. Modernismo*... cit., págs. 220–227.

ser «o grande crítico literário brasileiro [...], nosso amigo de ontem e creio poder dizê-lo — acrescentou — amigo íntimo de hoje», para ponderar de seguida:

> Álvaro Lins é, antes de mais nada, um homem sério, na melhor acepção da palavra. Nada existe nele que nos soe a falso, a postiço, a ribalta, com frases ou opiniões preparadas para esta ou aquela circunstância, dividido em actos, cenas ou atitudes. É um escritor que possui sólida cultura literária, um «homem que sabe» mas que nos dá antes, a todo o momento, a impressão de um «homem que deseja saber», saber mais, pelo menos. Não se produz: produz. Nada daquela «suffisance», a que estamos infelizmente habituados em muitos homens de letras que estão constantemente a dar audiência, que parecem dizer, quando peroram diante dos seus auditórios deslumbrados: «Tenho ou não talento? Que lhes parece esta minha tirada, este conceito?»([296])

Elogiado o escritor nestes termos tão eloquentes, Ferro fez questão de sublinhar a «humildade» de Lins face a certos problemas sociais e políticos do seu tempo, parecendo-lhe que as suas posições «nos grandes debates políticos» que dividiam o Mundo não o deixavam «definitivamente agarrado às suas reacções», afirmando o orador seguirem, «afinal, as ansiedades, as inquietações, as dúvidas do nosso tempo». Aos olhos de António Ferro, essa perspectiva de Lins não traduzia «inconstância», «mobilidade» ou «insegurança», mas apenas «honestidade, honestidade simples, receio sincero, honrado de se enganar, de seguir, por teimosia ou demagogia, caminho falso», a «honestidade — notava António Ferro —, daqueles homens muito de boa vontade, muito raros, que procuram descobrir com boa-fé, as razões da nossa crise, as causas do nosso mal»([297]).

No juízo de Ferro, Lins era não apenas um homem sério, bondoso, leal; como crítico literário afirmava, como no seu tipo humano, a sua «humanidade» não excluía severidade nem coragem» em face da obra que tinha de julgar. Em síntese, nas palavras de António Ferro, «ao homem sério corresponde o crítico sério», pertencendo Lins «à raça de Bayle, de Lemaître, de Sainte-Beuve»([298]).

([296]) *Idem*, pág. 11. O orador anunciou no seu discurso ir tranformá-lo em prefácio do livro que então se encontrava em revisão de provas, no qual reunia escritos relacionados com o Brasil.

([297]) *Idem*, pág. 12.

([298]) *Idem*, pág. 14.

O director do SNI não revelava apenas a sua admiração pelo homem e pelo intelectual. Estava convicto, e afirmou-o expressamente, do «grande papel» que Álvaro Lins poderia vir a desempenhar no «profundo entendimento» luso-brasileiro, parecendo-lhe que para ser alcançada a «serenidade espiritual», o caminho era o da «mútua compreensão»([299]).

A finalizar o seu discurso, Ferro fez questão de declarar que o convite dirigido a Lins não havia correspondido a «nenhum propósito de captação política», afirmando de seguida, muito intencionalmente:

> Conhecemos a sua neutralidade nesta matéria e até, como já o insinuámos, o seu liberalismo. Álvaro Lins esteve em Portugal, em dois períodos, cerca de mês e meio. Mostrámos-lhe o que foi possível nesse curto prazo mas sem o forçar a programas rígidos, totalitários. Por sua vez, viu tudo quanto desejou ver, falou com quem quis, bebeu em todas as fontes que lhe apareceram no caminho. Não sei que noções levará Álvaro Lins da liberdade que existe em Portugal, mas creio que não terá dúvidas de que foi um homem livre, completamente livre, neste País...

E rematou:

> Portugal, sem excluir o Portugal do nosso tempo, constitui uma obra volumosa que Álvaro Lins (sem ser obrigado a fazê-lo por escrito) terá agora de examinar e de criticar. E supomos render-lhe a maior homenagem concluindo este discurso com a afirmação clara de que não duvidamos um só instante da sua imparcialidade, com a certeza de que temos a maior confiança, hoje como sempre, no crítico incorruptível, sem dúvida, mas também no grande, no sincero amigo de Portugal.([300])

Quando António Ferro aludiu à «neutralidade» política do seu hóspede, terá tido por certo presentes as declarações feitas por Lins à chegada a Lisboa, quando ao desembarcar do *Serpa Pinto*, a 9 de Agosto, afirmara que as autoridades portuguesas tinham convidado um «escritor independente», que vinha ver Portugal «sem qualquer compromisso». Pautando a sua vida de escritor pelas normas de «isenção, objectividade e imparcialidade», eram estas, como disse, as mesmas com que se propunha «reger» a sua visita a Portugal([301]).

([299]) *Idem*, pág. 15.

([300]) *Idem*, pág. 17.

([301]) *Diário de Lisboa*, de 9 de Agosto de 1948. Nessa ocasião de contacto com os repórteres, Lins informou que passaria duas semanas em Portugal, viajando

O *Diário de Lisboa* noticiou o banquete a Lins, presidido por Caeiro da Mata. Disse ter falado o homenageado com «elegância, com elevação e, sobretudo com um brilho que ressaltava sem esforço, naturalmente, das frases ritmadas», e reproduziu um trecho do discurso, que considerou, não por acaso, merecer o «relevo dos lugares selectos»:

> Contudo, se somos solitários nas nossas obras, podemos ser sempre solidários nas nossas atitudes de escritores em face do Mundo. Pelo menos, um terreno comum aí existe: o da defesa de certos valores essenciais ao exercício da vida cultural. Valores que são acima de tudo a liberdade e a justiça: a liberdade para que nos possamos exprimir e a justiça para que nos coloquemos a serviço da verdade, daquilo que nos pareça sinceramente a verdade. E tudo se resumindo, afinal, para o escritor, na independência do seu espírito, sem a qual a nossa obra ficaria sendo apenas uma mentira ou uma inutilidade [...].(302)

Ao crítico Álvaro Lins dedicara Manuel Anselmo, no início dos anos 40, quando aquele não perfizera ainda 30 anos de idade, mas publicara já o primeiro volume do *Jornal de Crítica*, um rodapé entusiástico na imprensa brasileira, reconhecendo-lhe «temperamento de "artista puro"», e saudando nele «o primeiro a realizar historicamente no Brasil, com perfeita vocação, maturidade intelectual e pessoalíssimo vocabulário, óptimos e fecundos resultados críticos», considerando mesmo o «caso crítico» de Lins «um dos acontecimentos contemporâneos mais notáveis da língua portuguesa». Manuel Anselmo notava em Álvaro Lins uma «tendência política polémica». É que em seu entender podia afigurar-se «contradição filosófica» ou, pelo menos, «incoerência», o facto de o crítico se afirmar católico, advogando ao mesmo tempo para si o lema «nenhum parti-pris» de André Gide, sem que aplicasse essa mesma directriz na apreciação «das ideias e dos

---

depois a França e Itália, e regressaria, para uma estadia mais longa, voltando ao Brasil, como veio a suceder, apenas no final do ano. Ainda, com fotografia à chegada de primeira página, *Diário de Notícias*, de 10 de Agosto de 1948. A recepção a Lins realizou-se também no Círculo Eça de Queiroz, no dia seguinte ao da sua chegada, num almoço presidido por Ferro, que o acolhera no desembarque, juntamente com, entre outros, Guilherme Pereira de Carvalho, Gastão de Bettencourt, João Ameal, Rodrigues Cavalheiro, José Osório de Oliveira, João de Castro Osório e Orlando Vitorino.

(302) *Diário de Lisboa*, de 10 de Dezembro de 1948.

homens de tendências totalitárias»([303]). Esta observação, políticamente muito intencional, tinha por certo em conta a declarada, a militante antipatia de Lins por figuras como Hitler, Mussolini — cujos Estados totalitários representavam, nas suas palavras, «uma brutalização absoluta das massas» —, e também Franco, como pode ver-se desde logo na recolha de textos dispersos que Lins intitulou *A Glória de César e o Punhal de Brutus*([304]). Independentemente dessa reserva ideológica, Anselmo reconhecia em Lins coragem «moral e mental» e «sentido da dignidade literária» na forma como se relacionava com a obra de autores consagrados, como eram os casos de Afrânio Peixoto, Cláudio de Sousa e Erico Veríssimo. Manuel Anselmo escreveu que, «à parte uma ou outra discordância grave», lhe agradava confessar, partilhar com Lins «uma quase semelhante identidade de gostos e tendências»([305]).

Também Luís Forjaz Trigueiros se referiu ao «católico escritor» Álvaro Lins, o qual dizia ter confirmado no *Jornal de Crítica* «um temperamento arguto, acordado para todas as solicitações intelectuais», revelando «um espírito formado ao calor de filósofos e humanistas», que soubera «encontrar nas disciplinas clássicas uma possibilidade de compreensão humana e de adesão espiritual da melhor fibra»([306]).

Em Março de 1952, uma missão cultural portuguesa aportou ao Rio de Janeiro no *Vera Cruz*. Nas páginas do *Correio da Manhã*, Lins saudou a presença de Forjaz Trigueiros, Vitorino Nemésio e Luís Ribeiro Soares em terras brasileiras. E deixou publicadas notas diarísticas daquela sua visita a Portugal em 1948, nas quais assinalou sobretudo a sua relação com Luís Forjaz Trigueiros, «amigo pessoal dos mais queridos», e com Nemésio, de quem escreveu ser «o mais completo

---

([303]) Manuel Anselmo, *Família Literária Luso-Brasileira (ensaios de literatura e estética)*, Capa de Luís Jardim, Rio de Janeiro, Livraria José Olympio Editora, 1943, págs. 140–144.

([304]) Álvaro Lins, *A Glória de César...* cit., *passim*. Victor Cunha Rego aludiu ao *A Glória de César e o Punhal de Brutus* nas páginas do *Portugal Democrático*, saudando em Álvaro Lins, o «político português», ao qual dava como certo estar reservado no futuro o exercício de altas funções, dizendo ser «um daqueles casos de democratas extraordinários que uma outra nação, além daquela que é juridicamente sua, pode e deve, a bem do seu futuro, integrar definitiva e majestaticamente na sua vida», terminando com uma afirmação muito impressiva: «Álvaro Lins é nosso» (agora em Victor Cunha Rego, *Na prática a teoria é outra...* cit., págs. 80–82).

([305]) Manuel Anselmo, *Família Literária Luso-Brasileira...* cit., pág. 145.

([306]) Luís Forjaz Trigueiros, *Sombra do Tempo, Conferências e Temas Literários*, Lisboa Livraria Bertrand, s/d, pág. 215.

dos escritores portugueses contemporâneos» e um «caso raro»: poeta, romancista, novelista, contista, cronista, ensaísta, crítico, historiador, e até tocador de viola e cantador de fados — acrescentamos nós — de acordo com a memória de Lins de um jantar de amigos em Lisboa a convite de Trigueiros([307]).

João de Barros, tão intimamente ligado à cultura brasileira e com notável trabalho no domínio das relações entre os dois países, tratou na primeira página do *Diário de Lisboa*, de 9 de Fevereiro de 1953, da inauguração do «Curso de Estudos Brasileiros» realizada nesse dia([308]), saudando a «felicíssima» escolha de Álvaro Lins para o reger e referindo-se às «personalidades ilustres» que o tinham antecedido: Oliveira Lima, Manuel de Sousa Pinto e Mário de Albuquerque. Parecia a João de Barros que o curso de dois anos que então se iniciou representava «qualquer coisa de alta importância e de singular e significado alcance». Referindo-se a Lins, escreveu o velho pedagogo: «Ouviremos em largo período de tempo, a palavra dum já glorioso comentador e intérprete da mentalidade brasileira contemporânea, por índole e por vocação, por afecto e gosto, habituado a explicar ao público as múltiplas e complexas manifestações do génio, do talento e da inteligência dos melhores autores do seu país, dos melhores e mais modernos, acrescente-se».

Nos finais de Novembro de 1952, o conselho escolar da Faculdade de Letras trocou impressões sobre a «projectada efectuação de um curso de estudos brasileiros pelo Sr. Álvaro Lins». Na acta do conselho, presidido por Gonçalves Rodrigues — em que participaram Hernâni Cidade, Manuel Heleno, Vitorino Nemésio, Orlando Ribeiro, Delfim

---

([307]) *Correio da Manhã*, de 29 de Março de 1952. Recorda também Álvaro Lins no seu artigo «Presença dos companheiros portugueses» a visita realizada por terras de Portugal ciceroneado por Ribeiro Soares, e a personalidade de José Osório de Oliveira, que disse encontrar-se já incorporado na vida literária brasileira «com várias travessias do Atlântico». Ainda, Álvaro Lins, *Jornal de Crítica, Sétima Série*, Capa de Santa Rosa, Rio de Janeiro, Edições O Cruzeiro, 1963, págs. 68–74.

([308]) A essa sua conferência e às saudações do então ministro dos Negócios Estrangeiros, Paulo Cunha, alude Álvaro Lins, *Missão...* cit., págs. 183–184. Ainda, Nicolau Firmino, *Breve Passeio pelo Nosso Portugal, dedicado à grande excursão de professores brasileiros à Europa (28. Dez.º. 1952 a 4. Jan.º. 1953)*, Rio de Janeiro/São Paulo, 1953, pág. 95, referindo que a primeira aula de Estudos Brasileiros, dada por Lins, provara «exuberantemente o interesse dos Portugueses pelo Brasil, porque a sala estava repleta de pessoas, por sinal as mais representativas das letras portuguesas. Coimbra, porém, está a reclamar o Catedrático».

Santos, Rebelo Gonçalves e Délio Santos —, o assunto ficou registado naqueles termos sumários, sem mais considerações([309]). Álvaro Lins chegaria a Lisboa a 2 de Dezembro([310]). Nas palavras de Álvaro Pinto, a vinda de Lins tinha um «alto significado, quer pelo momento quer pela pessoa escolhida»([311]).

Tendo-se iniciado o curso em Fevereiro de 1953, a presença de Álvaro Lins em Lisboa coincide com a anulação do primeiro julgamento de Henrique Galvão, e o início em Março de nova audiência, que tinha sido acompanhado pela imprensa brasileira, a qual dera relevo à notícia da condenação, como sucedeu nas páginas de *O Jornal*, de 1 de Abril de 1953, e ao curso posterior do processo. Também o *Correio da Manhã* se interessara pelas actividades de Galvão, havendo noticiado, a 10 de Janeiro de 1952, uma «ampla» conspiração contra Salazar, tema a que voltaria, seguindo depois as peripécias judiciárias do caso e dos que se lhe seguiram. Desse periódico era redactor Tomás Ribeiro Collaço, muito se ficando a conhecer no Brasil sobre Henrique Galvão através dele([312]).

([309]) PT/AHFLUL/FLUL/A4/Actas do Conselho [Escolar]/3 de Abril de 1947 a 31 de Outubro de 1957/fl. 104. A 24 de Março de 1954, o reitor envia à Faculdade cópia do processo de substituição de Lins na regência do curso de Estudos Brasileiros (PT/AHFLUL/FLUL/R5/Requerimentos e ofícios expedidos /1952–1957/ fl. 14, 15 e 20) e PT/AHFLUL/FLUL/CR24/Correspondência recebida livro 4.º/1952–1958/fl. 42.

([310]) *Diário de Lisboa*, de 12 de Dezembro de 1952.

([311]) *Ocidente*, n.º 179, vol. XLIV, Março de 1953, págs. 146–147, e n.º 183, vol. XLV, Julho de 1953, pág. 40, onde é dada informação sobre o termo do primeiro período do curso de Álvaro Lins, com atribuição do prémio de viagem ao Brasil a Luís Rocha Ferrand de Almeida e menções honrosas a José da Costa Miranda e António Macieira Coelho.

([312]) A este respeito, *Correio da Manhã*, 31 de Maio de 1952 («Um abraço dos autores brasileiros, Carta de Henrique Galvão»), de 16 de Dezembro de 1954 («Carta para um hospício») e de 17 de Abril de 1955 («Carta intíma ao Presidente»). Neste último artigo, nas vésperas de visita oficial a Portugal, Ribeiro Collaço pede ao presidente Café Filho que interceda em Lisboa por Henrique Galvão. Com as iniciais T. C. assinou também uma recensão a *Vagô* (*Correio da Manhã*, de 30 de Dezembro de 1952) e promoveu o acompanhamento pelo jornal dos diversos processos judiciais de Galvão. Que a acção de Ribeiro Collaço causava incómodos às autoridades portuguesas dá conta o embaixador António de Faria em carta ao ministro Paulo Cunha (*António de Faria*, Organização de António José Telo... cit., págs. 238–239) e Marcello Caetano em nota a Salazar (José Freire Antunes, *Salazar e Caetano, Cartas Secretas, 1932–1968*, s/l, Círculo de Leitores, 1998, pág. 384). Já anteriormente o embaixador de Portugal no Rio de Janeiro, Pedro Teotónio Pereira, se incomodara com Collaço (João Miguel Almeida, *António Oliveira Salazar/Pedro Teotónio Pereira, Correspondência Política...* cit., págs. 222–224, 230–231, 233–235, 252–255, 256–259, 275–276 e 277–278).

De regresso ao Brasil(313), Lins retoma o ensino no Colégio Pedro II e a crítica literária e de teatro.

Com data de 31 de Janeiro de 54, escreve a Ruben A. Leitão, um dos seus mais queridos amigos portugueses:

> Meu querido Ruben:
>
> Por hoje, é apenas um bilhete o que lhe escrevo; a carta longa que lhe desejo escrever irá depois. Recebi a sua, e muito obrigado pelo que nela se contém de afeto, de camaradagem, de fraterno sentimento. Você nem pode imaginar como temos tido saudades de Lisboa e dos bons amigos portugueses. E entre estes, como sabem, você e Rosemary estão na primeira linha sentimental.
>
> Calculo que a estas horas, contrato chegado, já esteja você na Embaixada, instalado, em plena actividade, em fecundos planos de trabalhos e realizações no campo luso-brasileiro.
>
> Quanto a mim, ainda não sei se voltarei ou não a Portugal. Continuo em dúvidas hamleteanas. Encontrei no Itamaraty, onde o ofício do Olegário fez grande impressão, todo o interesse para que eu retorne ao posto. Vou decidir-me dentro de dois ou três dias. E voltarei a escrever-lhe com mais vagar.
>
> Agora, neste bilhete às pressas, vão só as notícias de que chegámos bem e estamos bem. E também os nossos agradecimentos por todas as gentilezas que recebemos de você e Rosemary. E mais ainda: uma declaração de amizade perpétua, estejamos juntos ou separados nos próximos tempos. Muitas lembranças de Heloísa e dos miúdos para vocês.
>
> Um grande, um saudoso abraço do seu
>
> *Álvaro.*(314)

O nome de Lins vinha sendo apontado para a Academia Brasileira de Letras, que o elegeu por unanimidade a 5 de Abril de 1955, sucedendo na vaga de Roquette-Pinto.

---

(313) *Ocidente*, n.º 191, vol. XLVI, Março de 1954, pág. 144, onde se lê da pena de Álvaro Pinto: «Recebemos com profundo desgosto a carta em que este querido amigo nos comunica não poder retomar o seu curso de História e Literatura do Brasil, na Faculdade de Letras de Lisboa, por motivo de saúde. Álvaro Lins, sereno, compreensivo, de admirável cultura e fina educação, tinha conquistado as maiores simpatias entre discípulos e camaradas. Seja quem for que o substitua, de forma alguma se apagará a funda e indelével impressão que ele deixou em Portugal».

(314) BNP, Esp E35, cx.31.

O elogio na sua recepção académica, realizada a 7 de Julho do ano seguinte, ficou a cargo do embaixador João Neves da Fontoura.

No seu discurso, Álvaro Lins tratou de «Roquette e os portugueses»([315]).

Não tinha dúvida que Roquette-Pinto não gostava dos portugueses, quer dizer, como clarificou, «do sistema de colonização portuguesa no Brasil», o que deixara assinalado em várias escritos, por parecer — dizia Lins — ao seu nacionalismo «que os portugueses haviam perturbado e continuavam perturbando o autonomismo tanto cultural quanto político do Brasil». Álvaro Lins imaginava que se em vez de ter sido seu sucessor, pudesse ter convivido com Roquette na Academia, lhe teria perguntado «a falar de bancada para bancada»: «Quem nos estimulou, em algumas ocasiões decisivas ou ante alguns problemas angustiantes, na direcção do nosso próprio espírito e no caminho da nossa autonomia nacional, no sentido, em suma, de uma realidade americana e brasileira? Precisamente, os portugueses mais lúcidos e conscientes. Parece-lhe isto paradoxal, até o absurdo, ou declaração platónica de luso-brasileirismo insusceptível de argumentação?» E apontou o juízo de Almeida Garrett sobre Basílio da Gama, cuja poesia dissera ser «verdadeiramente nacional, e legítima americana», e o de Alexandre Herculano a respeito da poesia «nacional» de Gonçalves Dias. O novel académico referiu-se também ao Tratado de Madrid de 1750, que considerava «obra-prima do Direito Internacional», não significando apenas um ajuste de limites, mas lançando os fundamentos do pan-americanismo, interpretando o seu artigo XXI([316]) como um convite a que sem infidelidade a Portugal fosse conquistado «um espírito americano e brasileiro». Muito significativamente, caracterizou a cadeira n.º 17, da qual passou a ser titular, como a cadeira dos nacionalistas — pertencera ao patrono Hipólito da Costa, a Sílvio Romero e a Osório Duque-Estrada —, para declarar a necessidade de o Brasil

---

([315]) Sobre os percalços da preparação do discurso académico de Álvaro Lins, a sua leitura na Academia, as reações e alegadas consequências políticas do acontecimento, Josué Montello, *O Juscelino Kubitschek...* cit., págs. 30-39.

([316]) «Sendo a guerra ocasião principal de abusos, e motivo de se alterarem as regras mais bem concentradas, querem Suas Majestades Fidelíssima e Católica, que se (o que Deus não permita) se chegasse e romper a guerra entre as duas coroas, se mantenham em paz os vassalos de ambas, estabelecidos em toda a América Meridional, vivendo uns e outros como se não houvera tal guerra entre os Soberanos, sem fazer-se a menor hostilidade, nem por si sós, nem junto com os seus Aliados».

realizar o «nacionalismo em literatura e arte», realizar «uma emancipação na ordem da cultura», sintetizando, assim: «Precisamos pensar o Brasil em termos nacionais e em termos de América, principalmente de América do Sul». E acrescentou: «Não nos podemos dar ao luxo de sermos "cidadãos do mundo" porque ainda não somos suficientemente homens da nossa região e do nosso País, isto é, homens devidamente impregnados do sentimento da terra, da sociedade, da cultura brasileira. Este luxo deve ficar para outros povos, como o francês ou o inglês, por exemplo, já saturados de patriotismo. Não poderemos aspirar a uma posição internacional, enquanto não houvermos consolidado uma forte situação nacional. Isto em arte como em política».

Álvaro Lins dirigiu-se ainda a João Neves da Fontoura. Fora este quem, como chefe do Itamaraty, chamara Lins a colaborar com o ministério, na qualidade de técnico da sua divisão cultural, encarregando-o designadamente de biografar Rio Branco([317]), e de se incumbir em Lisboa da regência do «Curso de Estudos Brasileiros»([318]).

No discurso de recepção, João Neves da Fontoura aludiu à votação unânime do nome de Lins pela Academia e, referindo-se à vocação de homem de letras e de professor do novo académico, observou estar escondido no seu peito, perseguindo-o desde a adolescência, o «demónio da Política». E citou a *História Literária de Eça de Queiroz* como a «chave do renome» de Lins e princípio do seu «novo mundo»([319]).

«Imperador da crítica brasileira» nas palavras de Drummond de Andrade, «um dos maiores críticos do Brasil contemporâneo» de acordo com João Gaspar Simões([320]), o embaixador Lins iniciara-se politicamente à direita. Nos marcantes anos da Segunda Guerra colocou-se na linha de combate ideológico ao fascismo e ao nazismo e interessou-se pela ideia da «revolução por consentimento» defendida pelo trabalhista

---

([317]) Álvaro Lins, *Rio-Branco (O Barão do Rio-Branco), Biografia pessoal e História política*, 2 vols., 1945 (2.ª edição revista, Texto completo, Brasiliana 325, São Paulo, Companhia Editora Nacional, 1965).

([318]) Álvaro Lins, *Discurso de posse na Academia Brasileira: estudo sobre Roquette-Pinto*, Rio de Janeiro, Ministério da Educação e Cultura, Serviço de Documentação, 1956.

([319]) João Neves da Fontoura, *Discurso de resposta a Álvaro Lins em nome da Academia Brasileira*, Rio de Janeiro, Ministério da Educação e Cultura, Serviço de Documentação, 1956.

([320]) *Apud* Adélia Bezerra de Menezes Bolle, *A Obra Crítica de Álvaro Lins...* cit., pág. 46, e João Gaspar Simões, *Liberdade do Espírito, Ensaios*, Porto, Livraria Portugália, s/d, pág. 168.

inglês Harold Laski, dando como provada a tese marxista da teoria da miséria crescente. Em sua opinião, contra essa teoria tinham ficado impotentes «até as bem-intencionadas reformas do sistema capitalista: as suas obras de assistência social, os seus aumentos de salário, as suas tímidas legislações trabalhistas». Afigurava-se-lhe esgotado o sistema capitalista, entendendo que a democracia representara século e meio antes um ideal semelhante ao que colocava o socialismo: «as mesmas lutas, as mesmas aspirações, as mesmas resistências e também com as mesmas forças social e historicamente indomáveis». Reconhecendo em todo o mundo «um movimento ideológico e político para a Esquerda», preconizou em 1945 a existência no Brasil de um partido socialista «ao lado do partido comunista e não como inimigo ou adversário do partido comunista»([321]), pronunciando-se depois criticamente sobre a constitucionalização da indissolubilidade do casamento e a inscrição do nome de Deus no preâmbulo constitucional([322]).

Assim, quando Lins chegou a Lisboa, trazia consigo não apenas «fama de literato»([323]), mas alto prestígio como escritor e crítico, proveito e consagração académica, não tendo deixado de definir com clareza o seu ponto de vista ideológico, o qual não podia ser, não era, desconhecido do governo português.

A respeitabilidade de Lins enquanto crítico literário foi sublinhada em termos muito reveladores por Josué Montello:

> Os rodapés de crítica de Álvaro Lins faziam uma reputação ou a destroçavam. E com que atenção eram lidos!([324]).

Se fizera, pois, em Lisboa, quando professor na Faculdade de Letras, amigos em círculos da oposição ao regime, tal resultara naturalmente das suas maiores afinidades políticas, o que não o impediu de cultivar outras relações, tendo tido no insuspeito Luís Forjaz Trigueiros um dos seus amigos mais próximos.

([321]) Álvaro Lins, *A Glória de César e o Punhal de Brutus...* cit., págs. 197–202.

([322]) *Idem*, págs. 221–222.

([323]) Bernardo Futscher Pereira, *Crepúsculo do Colonialismo, A Diplomacia do Estado Novo (1949–1961)*, Alfragide, Dom Quixote, 2017, pág. 169.

([324]) Josué Montello, *Diário do Entardecer...* cit., págs. 544–545 e ainda pág. 780.

A 23 de Outubro de 1956, em papel com timbre da Presidência da República, quando se preparava já para assumir funções de embaixador em Lisboa([325]), Lins escreve a Ruben A. Leitão:

Meu caro Ruben

Muito obrigado pelas suas cartas — sempre tão afectuosas e amigas. De modo especial, agradeço-lhe as palavras de aplauso sobre os meus *Discursos* — sobre Roquette-Pinto e sobre Camões. Estamos ansiosos para chegar, revêr os amigos queridos como Rosemary e você, recentrar na vida de Lisboa. E quanto a mim, ansioso também para assumir a Embaixada, a Chefia da Missão Diplomática, e não por vaidade ou gosto de brilho, mas para realizar uma obra, fazer alguma coisa de novo, criar uma «situação» nas relações entre os nossos dois paízes. E conto com a sua colaboração, e muito espero das suas ideias, iniciativas, planos e capacidade de trabalho. Lembra-se da nossa primeira conversa a este respeito, no nosso primeiro encontro, naquele café do Chiado, creio que no momento mesmo da minha chegada, exatamente há quatro anos, num dos primeiros dias de Dezembro de 1952? Há alguma coisa de «misterioso», alguma coisa de «linha do Destino» em tais encontros! E quem diria naquele instante, e depois quando tanto estimulei a sua entrada para o serviço da Embaixada, que dentro em breve seria eu o Embaixador? Nunca sonhei com este cargo, nunca o solicitei, nunca o disputei. Para ele o Juscelino me convidou, espontaneamente, como amigo, e amigo autêntico, dentro e fora da política, esteja ele ou não vitorioso e em grandes posições.

Heloísa gostou muito da carta de Rosemary. Pede-me para dizer que vai escrever, que vai responder. Mas se não o fizer — não reparem: minha mulher em matéria epistolar, é uma anti-Madame Sevigné. Embarcaremos todos — inclusivamente os «miúdos» — pelo *Vera Cruz*, que daqui parte a 23 de Novembro e deve chegar a Lisboa nos primeiros dias de Dezembro.

— Mando-lhe, em cárter pessoal e confidencial e reservado, uma cópia da carta que o Presidente Kubitschek enviou ao Ministro das Relações

([325]) Logo que fora conhecida a notícia, Maria Amélia Pinto saudou o novo embaixador do Brasil, escrevendo ser «com grande simpatia que os amigos e admiradores portugueses aqui deixados há três anos, receberão o eminente académico e escritor» (*Ocidente*, vol. L, n.º 218, Junho de 1956, págs. 247–248), referindo-se depois ao «grande entusiasmo» da imprensa brasileira e portuguesa com a nomeação de Álvaro Lins, apontando-lhe o «vivo sentido das realidades, estranho a fantasias poéticas» e sublinhando o conhecimento do «ambiente português» (*Ocidente*, vol. LI, n.º 222, Outubro de 1956, pág. 131).

Exteriores com normas para a minha missão em Lisboa. Por elas você verá quanto vou forte e prestigiado para a Embaixada.

— Mando-lhe também um texto mimeografado do meu *curriculum-vitae*, preparado pelo Itamaraty e enviado pelo Presidente ao Senado, quando da minha indicação para o cargo de Embaixado. Fiz uma remessa ao Camara Couto, manifestando-lhe o desejo de que esse *curriculum-vitae* seja publicado no próximo número do Boletim da Embaixada. E isto porque foi muito notado que no último número desse Boletim — não houvesse uma só linha, uma qualquer notícia, acerca do ato do Presidente da República que nomeou um novo Embaixador em Portugal! Bem sei, meu Caro Ruben, que não é da sua responsabilidade essa omissão, nem também do Ministro Camara Couto: mas como está equivocado, iludido e mesmo «cego» o embaixador Lyra! Não diga nada a este respeito, porém, ao Ministro Camara Couto. Espere que ele lhe dê alguma instrução ou não dê. Nos primeiros dias de dezembro, assumirei o comando «de direito e de fato» da Embaixada, e tudo será diferente. Até lá, veremos o que acontece.

Receba muitas lembranças nossas — as de Heloísa e as minhas — para Rosemary e para você. Beijos para as crianças, que só conhecemos de retrato e estamos ansiosos para «ver» de perto.

Um cordial e afetuoso abraço do,

Álvaro

P.S. — Surpreendeu-me a sua informação de que só o Rio-Branco não recebera os meus *Discursos*. Pois enviei exemplares para ele, quando enviei para todos os outros da Embaixada. Deve ter havido extravio ou desvio... Na dúvida, estou remetendo outro *Camões* para ele — uma espécie de 2.ª via. *Álvaro*.

Veja se me escreve ainda a tempo de receber eu a sua carta antes do embarque — Praia de Botafogo, 48, ap. 15.([326])

Em serviço para o *Diário Ilustrado*, o jornalista e escritor Amândio César deslocou-se ao Funchal ao encontro de Álvaro Lins. O *Vera-Cruz* fez ali escala, e foi já a poucas horas de acostar à gare marítima da Rocha do Conde de Óbidos que Lins falou ao jornalista. Entre palavras de simpatia e evocações históricas, o diplomata aludiu ao Tratado de Amizade e Consulta, dizendo não conhecer em nenhuma época nem em qualquer continente um «texto legal semelhante», e acrescentou que na América havia um sistema de solidariedade entre os povos americanos

([326]) BNP, Esp E35, cx. 31.

que era parecido — o pan-americanismo — notando, porém, tratar-se de um «sistema de colaboração e solidariedade entre Americanos» enquanto o Tratado de Amizade e Consulta era mais «extraordinário e raro», fazendo com que Portugal e o Brasil «transcendam as suas categorias nacionais para formarem, os dois, uma realidade supranacional, a comunidade luso-brasileira»([327]). Embora essas declarações de Álvaro Lins revelassem simpatia pelo Tratado, a verdade é que, mais tarde, não o pouparia a críticas que se relacionavam com a sua julgada incompletude e com as directrizes da sua execução([328]).

E sobre os projectos da sua missão diplomática, Lins observou ao jornalista:

> O facto de eu ser um escritor e um professor leva-me a ter o cuidado de não colocar as questões literárias acima das questões políticas, económicas e sociais. Tudo farei para que se não continue a dizer que a Embaixada do Brasil, em Lisboa, é apenas um centro literário. Dando às questões literárias o seu devido valor situá-las-ei no quadro geral das relações luso-brasileiras, mas dedicando um interesse profícuo aos problemas económicos e comerciais entre os dois países. Creio estar no verdadeiro sentido da minha missão, porque sei que, para o ajustamento dos sentimentos mais sinceros, às vezes se torna necessário o bom atenimento aos interesses económicos.([329])

Os casos Delgado e Galvão nas chancelarias

Encontrando-se o caso Delgado num impasse, o embaixador Álvaro Lins considerou o pedido de asilo de Galvão uma notícia «extraordinária»([330]). «Sem querer intervir ou mesmo opinar antes de tempo», Lins não deixou de esclarecer o seu colega Mairal a respeito da

([327]) *Diário Ilustrado*, de 2 e 4 de Dezembro de 1956. Ainda, Williams da Silva Gonçalves, *O Realismo da Fraternidade Brasil-Portugal*... cit., págs. 99–119, 226 e 229, notando, a propósito de declarações de Álvaro Lins à imprensa, a sua «perfeita afinação com a posição de Kubitschek e com os ocidentalistas do Itamarati» quanto ao Tratado de Amizade e Consulta, e a evolução da perspectiva de Lins, em «contacto directo com a realidade diplomática luso-brasileira», dando-se conta «de que as bases sobre as quais se processavam essas relações eram desproporcionalmente desfavoráveis ao Brasil».

([328]) Álvaro Lins, *Missão*... cit., págs. 392–419.

([329]) *Diário Ilustrado*, de 4 de Dezembro de 1956.

([330]) Álvaro Lins, *Missão*... cit., pág. 254.

ideia de que Henrique Galvão — como pretendia o governo português — era «um criminoso comum, condenado a 16 anos de prisão, por um tribunal regular», e registou no seu diário, assim:

> Expliquei-lhe que o «tribunal regular» era em Portugal a justiça especial dos chamados Tribunais Plenários; e quanto à qualificação de «criminoso comum» para Henrique Galvão, que fora condenado sob a acusação de conspirar contra a segurança do Estado e redigir papéis contra as autoridades do Governo, isto decorria da circunstância de haver sido abolido no País, oficialmente, o conceito ou figura de «crime político». Assim, todos os condenados pela Justiça, seja a ordinária ou a especial — e a própria Constituição de Salazar é que estabelece tal distinção e terminologia no seu art. 116: «A função judicial é exercida pelos tribunais ordinários e especiais» — todos passam a ser considerados comuns. Que tenham cometido assassínios ou escrito panfletos políticos contra o governo, que tenham praticado assaltos de bancos para roubar dinheiro ou participado de conspirações para mudar a forma do regime — todos, igualmente, ficam caracterizados, perante o Estado como criminosos comuns.([331])

A notícia do pedido de asilo de Galvão surge na imprensa internacional no dia 19 de Fevereiro, através de serviços das agências noticiosas de 18. Anunciando estar iminente a concessão do asilo pelo governo do presidente Frondizi, as agências desconheciam que o embaixador argentino em Lisboa comunicara ao governo português, quase imediatamente, a concessão solicitada.

Como haveria de reconhecer Franco Nogueira, estava «criado um incidente internacional de vastas repercussões»([332]).

No plano informativo, a imprensa juntava então ao caso Humberto Delgado o de Henrique Galvão, sem que tivesse deixado de notar a diferença entre as situações. Quanto a Delgado, as autoridades portuguesas insistiam na inexistência de qualquer mandado de detenção, pelo que o general estava livre para regressar à sua residência e pedir passaporte para se ausentar para o estrangeiro. Já Galvão era apresentado como um «fugitivo da justiça», admitindo-se que a sua situação justificava um estudo *cuidadoso* dos governos de Lisboa e Buenos Aires.

([331]) *Idem*, pág. 256.
([332]) Franco Nogueira, *História de Portugal, 1933-1974*... cit., pág. 110.

Um outro aspecto relacionado com ambos os casos foi sublinhado pela imprensa. O facto de as embaixadas dos países sul-americanos concederem asilo diplomático «sem fazer perguntas» colocara-as «no alvo dos olhares de todos os que deseja[vam] refúgio seguro»([333]).

No *Diário Carioca*, de 19 de Fevereiro, J. E. Macedo Soares observou estarem Delgado e Galvão «perfeitamente abrigados não somente pela firmeza da interpretação humana e jurídica da tradicional doutrina das repúblicas da América Latina, como pela solidariedade das chancelarias dos dois países do hemisfério em causa diante da evidência do crime de opinião que as duas vítimas estão pugnando», e declarava acreditar que, por idênticas razões, os presidentes do Brasil e da Argentina, Kubitschek e Frondizi, estavam de mãos dadas, «decididos a não recuar um centímetro da posição que assumiram, amparando o direito das vítimas, que invocando o princípio da extraterritorialidade dos locais da representação diplomática, procuram preservar as suas liberdades fundamentais ameaçadas por um Governo ilegítimo».

Por fim, um telegrama da France Press tinha posto a correr pormenores sobre as circunstâncias da apresentação de Henrique Galvão na Embaixada argentina com base num testemunho, naturalmente anónimo, interessando os jornais, que relataram:

> Eram 11 horas da manhã, quando um homem de certa idade, carregando uma caixa nas costas, bateu à porta da embaixada, ao mesmo tempo que apertava o botão da campainha. À pessoa que o atendeu, o homem disse que trazia uma encomenda para o embaixador. Seria uma caixa de conservas. Mas enquanto se averiguava que a referida caixa estava vazia, o portador da mesma anunciou: «Eu sou o capitão Henrique Galvão, e desejo falar com o embaixador». Ao mesmo tempo, ele próprio fechava com estrondo, pelo lado de dentro, a pesada porta da embaixada, em face dos funcionários que tinham acorrido.

Acrescentando ainda,

> Breve conferência se realizou, então, no gabinete do embaixador para se resolver se se receberia o refugiado, que invocava os princípios do acordo de Havana sobre o direito de asilo.([334])

([333]) *Jornal do Comércio*, de 19 de Fevereiro de 1959. Ainda, *O Jornal*, *Última Hora*, *Tribuna da Imprensa*, *Diário de Notícias*, todos da mesma data.
([334]) *Idem*.

Este relato dos acontecimentos tem coincidência com aquele que nos foi amavelmente transmitido pela filha do embaixador argentino, Nelida B. Mairal:

> Una vez en la Embajada, el Capitán Galvão pidió para hablar con el Embajador, mi padre, a quien le dijo, «Soy el Capitán Galvão y solicito asilo». Mi padre le preguntó si tenia alguna identificación, el Capitán le entregó una y también un arma de pequeño calibre.([335])

Também o facto de o pessoal diplomático da Embaixada ter sido convocado por Ernesto Pablo Mairal nos foi confirmado. Nessa circunstância, o embaixador transmitiu a sua posição favorável à concessão do asilo, que obteve apoio maioritário, tendo apenas dois funcionários opinado «que era "menos riesgoso" entregarlo a la policia»([336]).

Ainda de acordo com o testemunho de Nelida B. Mairal:

> «Ernesto Mairal dijo que bajo su responsabilidad el asilo se otorgaba, informó a Buenos Aires, con la seguridad que el Presidente Frondizi lo respaldaría, e informó a las autoridades portuguesas de la situación. Eran épocas en que las comunicaciones no eran tan rápidas como ahora, pero Ernesto Mairal pudo manejar bien la punta Buenos Aires», e nota:

> «Si bien Ernesto Mairal era un hábil negociador, su origen etnico es Vasco, así que era difícil hacerlo cambiar de opinión, sobre todo en cuestiones de responsabilidad política y moral», acrescentando:

> «No es difícil imaginar las presiones de TODO tipo que recibió para que entregara al Capitán Galvão, así que para evitar sorpresas decidió que cada noche debía permanecer en la Cancillería un miembro de la delegación argentina, para que Galvão no estuviera solo ningún momento y pudiera eventualmente "fugarse". Para dar el ejemplo, la primera noche se quedó Ernesto Mairal».

([335]) O testemunho de Nelida Beatriz Mairal não suporta a tese segundo a qual o capitão Henrique Galvão já conhecia o embaixador Mairal, ou pelo menos havia sido posto em contacto com ele (a este respeito, Joaquim Veríssimo Serrão, *História de Portugal*, vol. XVI, O Terceiro Mundo contra o Portugal Ultramarino (1951–1960), 1.ª Parte… cit., pág. 262).

([336]) Correspondência de Nelida Beatriz Mairal com o autor (arquivo do autor).

Em síntese, diz Nelida B. Mairal:

> Ernesto Mairal actuó según su conciencia, que coincidía con los lineamientos de una organización política moderna, liberal y respetuosa de las diversas formas de pensamiento civilizado. Esas eran las ideas que privaban durante la época del gobierno del Dr. Frondizi y que Ernesto Mairal compartía plenamente([337]).

Tal como observara em 1953 o então segundo secretário da Legação de Portugal em Buenos Aires, Frederico Teixeira de Sampayo([338]), a Argentina manifestara «quase sempre uma decidida vocação em defesa do asilo», tendo justificado:

> Prestou-o em 1891 em Santiago do Chile ao Presidente Balmaceda; em Assunção, em 1908 ao Presidente Ferreira; e novamente em Santiago, em 1933, ao Presidente Montero. Durante a guerra civil espanhola, o governo argentino manteve uma acção enérgica em tal sentido. Também prestou asilo na Bolívia, em 1946, a diversos políticos nacionalistas que pediram amparo na sua Embaixada em La Paz. Em virtude mesmo desta posição, por ocasião do fracassado intento revolucionário de Setembro de 1951, o Governo argentino mandou imediatamente cercar por polícias as sedes das missões diplomáticas em Buenos Aires, a fim de impedir que nelas pedissem e obtivessem asilo alguns dos militares implicados naquele movimento, asilo que seria obrigado a respeitar, dadas as suas repetidas declarações em favor e tal instituição.([339])

O ministro da Presidência, Pedro Teotónio Pereira, que deixara havia pouco a Embaixada de Portugal em Londres para suceder a Marcello Caetano como ministro da Presidência — após lhe haverem sido propostas as pastas do Ultramar ou dos Negócios Estrangeiros —, afinou pelo diapasão da União Nacional, referindo-se aos tribunais que tinham condenado Henrique Galvão como tribunais comuns.

Se para as autoridades portuguesas a evasão de Henrique Galvão do Hospital de Santa Maria constituíra já um duro revés, a sua fuga ao

---

([337]) *Idem.*

[338]) Que à data da concessão de asilo ao general Delgado desempenhava funções de encarregado de negócios de Portugal na Argentina.

([339]) AHD/Colecção de Relatórios e Monografias/Frederico José de Souza Teixeira de Sampayo, *O Direito de Asilo na América Latina*... cit., pág. 15.

longo de mais de um mês e o facto de ter alcançado aceder à Embaixada da Argentina configurava, no plano da segurança e da eficácia da polícia, uma verdadeira humilhação. Maior ainda pela aparente displicência com que teria sido tratada a vigilância das representações diplomáticas das repúblicas sul-americanas, isto depois de o pedido de asilo de Humberto Delgado dever ter servido de alerta ao governo português e à polícia, no caso a PIDE, que teria mesmo sido incumbida de reforçar o controlo das embaixadas(340). Mário Soares considerou que as fugas sensacionais de Henrique Galvão e de Álvaro Cunhal e outros do Forte de Peniche abalaram «singularmente» o prestígio da PIDE(341).

Certo é que a polícia política prenunciara a evasão de Henrique Galvão do Hospital de Santa Maria. Num ofício dirigido ao chefe do gabinete do ministro da Justiça, datado de 27 de Novembro de 1958, o director da PIDE, capitão Neves Graça, escrevia:

> Para conhecimento de Sua Excelência o Ministro, tenho a honra de informar V. Exa. do seguinte:
>
> Encontra-se desde 6 de Outubro findo, internado num quarto particular dos serviços de Propedêutica Médica do Hospital de Santa Maria desta cidade, o recluso — a cumprir pena — Henrique Carlos Malta Galvão que, naquela mesma data, foi removido da Cadeia do Forte de Peniche, de harmonia com a opinião do Facultativo deste estabelecimento.
>
> Desde então o serviço de vigilância àquele preso tem estado a cargo desta Polícia que, dada a insuficiência de pessoal com que luta, apenas pôde destacar para aquele Hospital, 6 funcionários.
>
> Ora acontece que apesar do zelo demonstrado até agora pelos referidos funcionários e apesar das rondas, que tanto de dia como de noite, àquele Hospital são feitas, esta Polícia reconhece que o serviço de vigilância em questão não oferece as condições julgadas necessárias e consideradas indispensáveis para a guarda de um preso da responsabilidade e da natureza do recluso Henrique Carlos Mata Galvão. As instalações onde se encontra — um vulgar quarto de hospital —, o ambiente que o rodeia de muito movimento de pessoas, na generalidade dispostas a conceder facilidades —, a vida em suma de um grande estabelecimento onde as

---

(340) Francisco Teixeira da Mota, *Henrique Galvão*... cit., pág. 251, refere a convicção da PIDE quanto aos propósitos constantes de evasão de Henrique Galvão, e a tentativa de fuga em 1955, aproveitando uma ida ao Hospital de Santa Marta, com o intuito de pedir asilo à legação do México.

(341) Mário Soares, *Portugal Amordaçado*... cit., págs. 260–262.

> responsabilidades se diluem — não são de molde nem a favorecer nem a satisfazer um serviço de segurança da natureza e do melindre que concorrem neste caso. Pelo contrário, tudo ali parece conjugar-se no sentido do recluso, apesar da boa colaboração que tem sido prestada a esta Polícia pela Administração do Hospital, poder pôr em prática quaisquer planos ou propósitos de evasão.
>
> Mais uma vez consto que o recluso não desiste de se evadir, e a sua própria conduta neste momento, que passou a ser mais correcta, pode significar que de novo acalenta essa ideia, procurando com a correcção de agora amolecer as medidas que impeçam ou dificultem a evasão.
>
> Por outro lado, a facilidade com que durante a noite algumas pessoas decididas podem, se quiserem, entrar no Hospital, mais precária torna a segurança do recluso.
>
> Nestes termos, parece conveniente que o preso transite para estabelecimento hospitalar que ofereça reais condições de segurança [...].(342)

Num quadro em que tinham ficado demonstradas as vulnerabilidades da prevenção policial(343), o director da PIDE — acompanhado pelo inspector-superior Pessoa de Amorim e sub-directores Barbieri Cardoso e Manuel Clara —, falou à imprensa. Não para tratar dos casos Delgado ou Galvão, mas antes, ensaiando muito provavelmente uma manobra de diversão da opinião pública(344), para prestar informação sobre a acção que a polícia levara a cabo contra as actividades comunistas em 1958, não apenas significativas durante a campanha para a eleição do presidente da República, como foi mencionado, mas no período posterior. E deu notícias. A PIDE detivera 23 funcionários do Partido Comunista, entre eles Maria Luísa Costa Dias, Fernando Blanqui

---

(342) AHMJ/Processo Galvão/ofício da Polícia Internacional e de Defesa do Estado n.º 213/58 — DPI dirigido ao Chefe do Gabinete do ministro da Justiça, de 27 de Novembro de 1958.

(343) Sobre a fuga de Henrique Galvão, Jorge Pais de Sousa, *Bissaya Barreto, Ordem e Progresso*, Coimbra, Almedina, 2018, págs. 213–214.

(344) Luís Salgado de Matos, «A campanha de imprensa contra o bispo do Porto...» cit., pág. 77, escreve que a passagem à reforma de António Neves Graça aos 64 anos «manifestava o descontentamento da situação com a ineficácia da PIDE na crise iniciada em 1958, atribuída à vetustez dos métodos de Graça, um discípulo de [Agostinho] Lourenço», e Fernando Rosas/Irene Flunser Pimentel/ /João Madeira/Luís Farinha/Maria Inácia Rezola, *Tribunais Políticos*... cit., pág. 109.

Teixeira, Pedro dos Santos Soares e Jaime Serra(345), e descobrira 12 «casas ilegais». Como declarou Neves Graça aos repórteres, estava ainda a ser visado o «sector intelectual» do partido(346). Concedendo grande destaque às informações prestadas aos jornalistas, o *Diário da Manhã* titulava: «Alguns chefes marxistas viviam em habitações luxuosas»(347).

A versão dada pela France Press, que contribuiu para internacionalizar o caso Galvão, acabaria por ser confirmada em termos gerais pelo próprio no livro *Minha Cruzada Pró-Portugal, Santa Maria*, editado em São Paulo em 1961. Galvão refere-se à sensação causada pela sua evasão, batendo «aparatosamente» a PIDE, acontecimento amplificado por ter ocorrido «na sequência da emoção levantada nas massas pela campanha eleitoral e depois pelo asilo do general Humberto Delgado». Note-se que ainda antes do destaque que a fuga de Henrique Galvão mereceu na imprensa, em particular a brasileira, já anteriormente as suas condenações, primeiro no tribunal militar territorial e depois no plenário, tinham suscitado o interesse da imprensa internacional.

Num telegrama remetido pelo embaixador Rocheta às Necessidades, a 21 de Janeiro de 1959, era informado o seguinte:

> Imprensa [de] ontem e hoje dá grande relevo [aos] telegramas [de] Lisboa sobre [a] fuga [de] Henrique Galvão e pastoral [do] episcopado, sendo óbvio [a] procura neste momento [de] criar aqui [a] impressão [que] Portugal atravessa grave crise política.(348)

Correndo todos os riscos, Galvão recordaria os *raids* nocturnos preparatórios do acesso à Embaixada da Argentina, descrevendo-a «aparatosamente cercada e vigiada por numerosos agentes da PIDE» e confirmando o disfarce de carregador que utilizara, e ainda terem

---

(345) Sobre essas prisões, José Pacheco Pereira, *Álvaro Cunhal, Uma Biografia Política, O Prisioneiro (1949-1960)*, vol. III, Lisboa, Temas e Debates, 2005, págs. 681-686. Ainda, Fernando Gouveia, *Memórias de Um Inspector da PIDE, 1. A organização clandestina do PCP*, Segunda edição, Lisboa, Roger Delraux, 1979, pág. 378.

(346) *Diário de Lisboa*, de 19 de Fevereiro de 1959.

(347) *Diário da Manhã*, de 20 de Fevereiro de 1959. Na mesma data, o carioca *O Jornal* deu destaque à acção da PIDE.

(348) AHD/PEA — 25, 1.ª pasta/telegrama da Embaixada de Portugal no Rio de Janeiro para o Ministério dos Negócios Estrangeiros, de 21 de Janeiro de 1959.

sido os próprios agentes da polícia a indicar-lhe a escada de serviço por onde devia entrar([349]).

A 17 de Janeiro o *Correio da Manhã*, do Rio de Janeiro, titulava na primeira página:

> Fugiu da Prisão Destacado Membro da Oposição Portuguesa. O ex-capitão Henrique Galvão, condenado a 12 anos de prisão por criticar o regime de Salazar, conseguiu escapar do Hospital Santa Maria — Uma das últimas visitas que recebeu: a do general Delgado, agora asilado na Embaixada do Brasil.([350])

Dias depois, numa coluna assinada com pseudónimo «All Right», lia-se que em matéria de asilo os precedentes eram favoráveis ao Brasil, lamentando o colunista que «o bravo capitão Henrique Galvão» pudesse não encontrar «um meio de se juntar a Delgado, para alegrar a vida do jovem embaixador do doutor Juscelino Kubitschek», e ainda:

> Esse capitão é um herói, que merece a admiração dos homens livres de todo o mundo, pela coragem das suas atitudes. É ao mesmo tempo um símbolo e um sinal evidente da tempestade que se aproxima do velho e glorioso país dos seus maiores.([351])

Perante o silêncio das autoridades portuguesas, Ernesto Mairal pediu a 19 de Fevereiro uma audiência ao secretário-geral do Ministério dos Negócios Estrangeiros, já depois de ter informado Lins de que as negociações do caso Galvão deveriam ocorrer não tanto em Lisboa, mas entre o ministro das Relações Exteriores do governo Frondizi e o embaixador de Portugal em Buenos Aires([352]).

([349]) Henrique Galvão, *Minha Cruzada Pró-Portugal, Santa Maria*, São Paulo, Livraria Martins Editora, 1961, págs. 82–84.

([350]) *Correio da Manhã*, de 17 de Janeiro de 1959. No dia seguinte, o mesmo jornal titulava: «Sensação em Portugal com a fuga de Galvão. As autoridades salazaristas recomendaram "extrema cautela" para impedir que o capitão Henrique Galvão possa escapar do país».

([351]) *Correio da Manhã*, de 22 de Janeiro de 1959.

([352]) Álvaro Lins, *Missão*... cit., págs. 267–268, sugerindo que essa «transposição» podia significar, aparentemente, um desprestígio para o embaixador, poupando-o, o que registou como vantagem, a um conflito com as autoridades portuguesas.

Perante aquele pedido, o secretário-geral, embaixador Abílio Pinto de Lemos(353), tentou ainda adiar o encontro para o dia seguinte, mas abriu a porta a uma conversa imediata, caso o motivo fosse urgente, o que se confirmou.

Como ficou registado num *Apontamento de Conversa*, o embaixador argentino explicou os motivos que o haviam levado ao Ministério e as razões da urgência invocada: a polícia que estava de guarda à chancelaria da Embaixada incomodara a irmã de Henrique Galvão, impedindo a sua entrada no edifício e interrogando-a. Para Mairal, seria «muito desagradável» caso fossem incomodadas as pessoas que se dirigissem à chancelaria. Pinto de Lemos objectou, considerando essa situação «uma mera hipótese, que estava no puro domínio das possibilidades». O embaixador argentino solicitou então expressamente — invocando «dever de humanidade» — que fossem autorizadas visitas a Galvão de pessoas da sua família, esclarecendo referir-se à sua mulher, à irmã e à filha adoptiva. E embora Ernesto Mairal dissesse compreender as funções de vigilância por parte da polícia, solicitava que as exercessem «com discrição e mais afastados das portas» de entrada para os edifícios, já que os agentes se colocavam na soleira da porta, de modo que ele próprio, ao sair ou entrar, quase se acotovelava com eles. Isso mesmo sucedera, de acordo com o seu relato, com o embaixador do Brasil, quase impedido por um agente da polícia de transpor a porta da residência de Mairal.

Por último, o embaixador argentino sublinhou os inconvenientes de Henrique Galvão permanecer na Avenida João Crisóstomo, onde funcionava a chancelaria, pelo que solicitou autorização de transferência do asilado para a sua residência na Rua Barata Salgueiro(354).

Nesse *Apontamento de Conversa*, Pinto de Lemos registou ter lembrado a Mairal a posição que directamente lhe tinha sido transmitida pelo ministro dos Negócios Estrangeiros quando o recebera a 17: Galvão não podia sair da Chancelaria e esta iria ficar «vigiada e cercada por agentes de Polícia»(355).

Tendo em vista dar alguma satisfação ao embaixador argentino, o ministro Marcello Mathias deslocou-se, logo no dia seguinte, mais

(353) «Lemos (Abílio Andrade Pinto de)», *in Anuário Diplomático e Consular Português Referido a 31 de Dezembro de 1959*, Ministério dos Negócios Estrangeiros, Lisboa, Imprensa Nacional de Lisboa, 1960, págs. 185-186.

(354) AHD/PEA — 25, 1.ª pasta/Apontamento de conversa de Pinto de Lemos com o Embaixador da Argentina.

(355) *Idem.*

precisamente à meia-noite de 20 de Fevereiro, à sede da PIDE para cuidar pessoalmente da autorização em cada dia da visita de uma das três senhoras que tinham sido mencionadas por Mairal a Pinto de Lemos. E garantir igualmente discrição na vigilância que cabia à polícia, «sem prejuízo da necessária eficiência», como escreveu pelo seu punho o ministro naquele *Apontamento de Conversa*, lendo-se a final: «Quanto à passagem do Sr. Galvão, da chancelaria para a residência, disse-lhe, ao Embaixador, não ser possível»([356]).

A PIDE não reagiu bem à decisão de Marcello Mathias ter «deferido» o pedido de autorização das visitas a Henrique Galvão, e não se absteve mesmo de se pronunciar numa *Informação* sobre o tema:

> Consentindo-se nas visitas, damos uma prova de fraqueza que, mesmo revestida de carácter humanitário, não deixa, contudo, aos olhos do ex-capitão Henrique Galvão, de ser uma concessão a que outras se poderão seguir. Damos-lhe aso, não de princípio, claro está, mas em futuro que não será longo, à troca de missivas para o exterior e, nada nos repugna supor, ao planeamento da sua fuga.([357])

A 21, Mathias deu instrucções ao embaixador português em Buenos Aires, Manuel de Antas de Oliveira([358]). Além de o informar sobre os contactos mantidos com Ernesto Mairal, sublinhando a «perfeita cordialidade e simpatia» em que decorriam as relações bilaterais, encarregou-o de tomar contacto com o Ministério argentino das Relações Exteriores, de modo a ser conhecido o «pensamento» do governo Frondizi. E instruiu o diplomata no sentido de fazer alusão junto das autoridades argentinas ao facto de a ordem pública decorrer em Portugal com «perfeita normalidade», constituindo fundamento do direito de asilo a subversão da ordem pública e a crise da autoridade com o desaparecimento da segurança conferida aos cidadãos pela lei, situações que o ministro dizia não se verificarem([359]).

([356]) *Idem.*

([357]) AHD/PEA — 25, 1.ª pasta — Informação da PIDE, de 21 de Fevereiro de 1959.

([358]) «Oliveira (Manuel de Antas de)», *in Anuário Diplomático e Consular Português Referido a 31 de Dezembro de 1959*, Ministério dos Negócios Estrangeiros, Lisboa, Imprensa Nacional de Lisboa, 1960, págs. 225-226.

([359]) *Idem*, telegrama da Embaixada de Portugal em Buenos Aires para o Ministério dos Negócios Estrangeiros, de 21 de Fevereiro de 1959.

O embaixador Antas de Oliveira cumpriu as instruções do ministro, avistando-se com o subsecretário de Estado dos Negócios Estrangeiros, colhendo nessa ocasião, no essencial, uma informação relevante: o assunto estava ainda «em consideração» pelas autoridades argentinas, e uma «impressão»: a de que iria ser tentado a explicar o assunto pelo carácter político da condenação do asilado([360]).

Em Buenos Aires, a 27 de Fevereiro, o embaixador Antas de Oliveira era chamado ao Ministério das Relações Exteriores para uma entrevista com o assessor jurídico. Admitindo que lhe fosse perguntado o carácter dos crimes que tinham motivado a condenação de Henrique Galvão, e ainda que isso não influísse «no caso em questão», como significativamente deixou registado, o diplomata pediu a Lisboa que o habilitasse a responder([361]). O telegrama de resposta do Ministério limitou-se a sintetizar a sentença do Tribunal Plenário([362]).

No dia 4 de Março, em telegrama urgente e reservado, Antas de Oliveira informou Lisboa da entrevista que mantivera com o assessor jurídico do Ministério argentino, embaixador Pablo Pardo([363]), ao qual havia exposto «[a] nossa posição de acordo com as instrucções», assim:

> Disse que [o] asilo diplomático não tinha nem podia ter por fim proteger [a] impunidade [de] delinquentes evadidos [das] prisões, condenados por tribunais comuns — ? — as — ? — legalidade, que se refugiem missões diplomáticas. Nem estas podiam substituir-se àqueles sem óbvias injustiças e violações [da] soberania local. Ao observar não ser Portugal signatário [da] Convenção [de] Havana, Montevideu e Caracas, acentuei nem sequer se verificar a circunstância [de] insegurança e ilegalidade que — ? — asilo diplomático.
>
> Assessor jurídico respondeu que [o] nosso ponto de vista coincide com o seu. Disse-me a título reservado [que] desaprovou [o] procedimento [do] Embaixador da Argentina e que vão ser enviadas instruções [às] missões

([360]) *Idem*, telegrama da Embaixada de Portugal em Buenos Aires para o Ministério dos Negócios Estrangeiros, de 24 de Fevereiro de 1959.

([361]) *Idem*, telegrama da Embaixada de Portugal em Buenos Aires para o Ministério dos Negócios Estrangeiros, de 27 de Fevereiro de 1959.

([362]) *Idem*, telegrama do Ministério dos Negócios Estrangeiros para a Embaixada de Portugal em Buenos Aires, de 1 de Março de 1959.

([363]) Luis María de Pablo Pardo foi reputado professor de Direito Internacional Público na Universidade de Buenos Aires e diplomata de carreira. Envolvido em actividades anti-peronistas, esteve preso e exilou-se no Brasil, país onde representaria anos mais tarde a Argentina por nomeação do presidente Frondizi. Embaixador no Chile e na Suíça, foi chefe da diplomacia argentina no início dos anos 70.

diplomáticas argentinas sobre [o] procedimento [que] deverão seguir em futuros pedidos de asilo. Declarou seguidamente que o Governo argentino reconhece [a] dificuldade jurídica [que] [o] assunto reveste. Aludiu à particular sensibilidade [da] imprensa e opinião pública [da] Argentina para caso [d]esta natureza. E disse que o Ministro dos Negócios Estrangeiros muito estimaria conhecer pensamento de V. Exa ou mesmo receber qualquer sugestão susceptível [de] pôr termo a tão lamentável conjuntura.

Respondi ser ao Embaixador asilante que competia dar tal passo. Muito embora concordasse, alegou que sendo [o] Embaixador da Argentina ainda novato em assuntos diplomáticos [*sic*] mormente em assunto delicado como este era, [o] Ministro dos Negócios Estrangeiros entendeu mais conveniente dirigir-se [à] representação de Portugal em Buenos Aires para transmitir [a] Vossa Excelência o que antecede. Perante a insistência disse [que] me prontificava [a] fazê-lo a título de informação antecipada e desde que isso fosse seguido da competente diligência nessa Secretaria de Estado.

Dadas [as] boas relações [que] tenho há muito com [o] Embaixador Pardo, [a] entrevista decorreu [num] plano [de] inteira franqueza e cordialidade [...].(364)

Antas de Oliveira informou ainda ter sido abordado por jornalistas à saída do encontro, e recomendou, de modo a ser mantida a discrição e evitada qualquer inconfidência da imprensa — cujo facciosismo disse ser reconhecido por Pablo Pardo —, que as conversações prosseguissem através da Embaixada da Argentina em Lisboa(365).

No Brasil, o ministro das Relações Exteriores, Negrão de Lima, garantia à imprensa que o governo brasileiro não recuaria na decisão de conceder asilo ao general Delgado, parecendo-lhe mais delicada a situação que estava criada com a concessão de asilo ao capitão Henrique Galvão, e explicou que, embora este se encontrasse preso por actividades políticas, as autoridades de Lisboa alegavam que era «apenas um fugitivo da Justiça comum»(366).

A PIDE, que acompanhava o que se passava na embaixadado Brasil, informava Salazar a 6 de Março que Álvaro Lins se preparava para enviar de novo ao Rio o secretário Alarico Silveira Júnior.

---

(364) *Idem*, telegrama da Embaixada de Portugal em Buenos Aires para o Ministério dos Negócios Estrangeiros, de 4 de Março de 1959.

(365) *Idem*.

(366) *Portugal Democrático*, n.º 22, de Março de 1959.

«Supõe-se», notava a polícia, «que o embaixador sente faltar-lhe o apoio do Itamaraty para manter o seu ponto de vista, que parece ter transformado — ou foi assim desde o início — um [*sic*] caso pessoal», finalizando assim:

> O Silveira vai com a expressa indicação de defender, por todas as formas, o que quer o Lins: ida do General Delgado como refugiado. Já disse a alguém que prefere ser demitido a não se satisfazer o seu capricho... ou o seu compromisso.([367])

Perante as implicações políticas e jurídicas, e as especialidades do caso Galvão, em Lisboa o dossier transita pelos ministérios dos Negócios Estrangeiros e da Justiça. No gabinete do ministro da Justiça pondera-se então a possibilidade de ser obtida a entrega de Galvão, no caso de ser admissível, por extradição, estudo de que foi encarregado Rui Garcia Pestana([368]).

Não se encontrava em vigor qualquer tratado sobre extradição entre Portugal e a Argentina. Havia sido, é certo, publicada em 1888 uma lei que aprovara uma convenção sobre a matéria, mas não tinham sido trocados os respectivos instrumentos de ratificação. E não suscitava dúvida que o instituto da extradição surgira em vista dos crimes políticos, além de que o princípio da não concessão de extradição por delitos políticos havia sido sempre aceite pela doutrina portuguesa e, aliás, «geralmente afirmado nas convenções assinadas por Portugal».

Parecia difícil para efeitos de invocação perante outro Estado, defender e justificar de modo convincente a inexistência para a ordem jurídica portuguesa de delitos políticos, e negar essa qualificação aos cometidos por Galvão.

Henrique Galvão tinha sido condenado pelos crimes previstos nos artigos 149.º, 166.º, § 1.º e § 2.º e 168.º, § 1.º do Código Penal, sendo o primeiro contra a segurança exterior e os demais contra a segurança interior do Estado (incitamento dos habitantes do território português ou quaisquer militares à guerra civil; divulgação de afirmações falsas ou grosseiramente deformadas fazendo perigar o bom nome de Portugal ou o prestígio do Estado no estrangeiro; injúrias ou ofensas publicamente

---

([367]) TT-AOS/CO/PC-77B.

([368]) AHMJ/Caso Henrique Galvão/Trabalho apresentado em 20 de Fevereiro de 1959 pelo Dr. Rui Garcia Pestana.

cometidas contra a honra e consideração devidas ao chefe de Estado e injúrias ou ofensas contra outras entidades).

Como justamente se aludia no estudo de Rui Pestana, se se atendesse ao critério subjectivo era difícil negar-lhes a qualificação de crimes políticos, «visto que aos factos materiais que os integram com facilidade se poderá apontar o objectivo de obter o descrédito das instituições políticas vigentes». Se, diferentemente, fosse tomado em consideração o critério objectivo, haveria que concluir que os factos que constituíssem tais crimes não deixariam de ter integração no Decreto-lei n.º 23203, de 6 de Novembro de 1933, cujos artigos 1.º e 2.º enumeravam os delitos submetidos pelo seu carácter político a um regime especial de julgamento no tribunal militar especial([369]). O gabinete do ministro da Justiça e negava a tese segundo a qual com a integração no Código Penal das infracções (consideradas delitos políticos) previstas naquele diploma, e com a atribuição da competência para o respectivo julgamento a um tribunal constituído por magistrados de carreira, resultara ter deixado de se inscrever na ordem jurídica portuguesa a existência de delitos políticos. E fundamentou a negativa. Antes de mais, anteriormente ao Código de Processo Penal, que consagrara pela primeira vez um conceito legal de delito político no § único do artigo 39.º (os cometidos com fim exclusivamente político) já a ordem jurídica supunha o conceito, como o revelavam as cláusulas limitativas das convenções sobre extradição. Acrescia que a ausência do conceito não tinha significado, sendo vulgar a sua inexistência nas legislações, valendo então a qualificação em função dos conceitos doutrinários. Por fim, a Reforma Prisional (Decreto-lei n.º 26643, de 28 de Maio de 1936) estava em vigor e estabelecia um «regime específico para os delinquentes políticos», o que, sublinhava o gabinete do ministro, «parece pressupor a admissão de delitos políticos, pois que a qualificação daqueles há-de resultar, afinal e em última análise, das infracções por eles cometidas».

Em face da ponderação realizada, concluía-se no Ministério da Justiça não ter probabilidades de sucesso um pedido de extradição dirigido por Portugal à Argentina, até por se admitir que o pedido devia considerar o «pressuposto do evadido se encontrar em território

---

([369]) Decreto-lei n.º 23–203, de 6 de Novembro de 1933, artigos 13.º e 14.º. Fernando Rosas/Irene Flunser Pimentel/João Madeira/Luís Farinha/Maria Inácia Rezola, *Tribunais Políticos, Tribunais Militares Especiais e Tribunais Plenários durante a Ditadura e o Estado Novo*, Lisboa, Temas e Debates/Círculo de Leitores, 2009, *passim*.

da Argentina, o que envolveria, por sua vez, o princípio da ficção da extraterritorialidade do edifício das missões diplomáticas, princípio que se tem considerado como já ultrapassado e repudiado».

Quanto à questão do asilo diplomático, Rui Pestana observou, acompanhando Hugo Cabral de Moncada, e de acordo com a orientação predominante dos internacionalistas, ter sido o direito de asilo, desde o século XVI até finais do século XVIII, uma instituição de direito internacional europeu, que quase desaparecera da prática da maioria dos Estados, havendo-se mantido no entanto, note-se, na Turquia, em Espanha e em Portugal.

A respeito da experiência portuguesa, Hugo Cabral de Moncada alude a «vários casos de asilo» durante a revolução republicana de 1910, mencionando a concessão de asilos pela Embaixada de Espanha, Nunciatura Apostólica e por um navio de bandeira brasileira, o *S. Paulo*, então ancorado no Tejo, e quando dos acontecimentos de Abril de 1925 à concessão de asilo pela Embaixada de Espanha aos chefes do movimento gorado: Raúl Esteves, Filomeno da Câmara e Sinel de Cordes. E dá ainda notícia de durante os acontecimentos revolucionários da Madeira em 1931 se ter verificado o refúgio de alguns envolvidos a bordo dos cruzadores britânicos, *London* e *Carlew*(370).

Sendo encarregado de negócios em Montevideu, Carlos Fernandes(371), que tinha em estudo o asilo diplomático, solicitou ao ministro dos Negócios Estrangeiros que lhe fosse enviada cópia dos documentos que eventualmente existissem no Ministério respeitantes «a casos de asilo hipoteticamente concedido por Portugal» no estrangeiro durante o regime republicano, assim como aos verificados em Portugal no mesmo período, designadamente os concedidos pela Embaixada de Espanha «a vários monárquicos e sacerdotes» quando do 5 de Outubro, e, «segundo alguns, também pela Nunciatura de Sua Santidade, na mesma ocasião», e ainda os respeitantes ao asilo concedido pela Embaixada de Espanha «aos chefes do malogrado movimento de 18 de Abril de 1925». O que pretendia Fernandes, como esclareceu, era «conhecer com exactidão a posição assumida pelo Governo português quanto a esses casos», e mais, pediu ser informado sobre qual era a posição do governo português quanto ao asilo diplomático, ou seja,

---

(370) Hugo Cabral de Moncada, *O Asilo Interno...* cit., págs. 29-30.

(371) «Fernandes (Carlos Augusto)», *in Anuário Diplomático e Consular Português Referido a 31 de Dezembro de 1959*, Ministério dos Negócios Estrangeiros, Lisboa, Imprensa Nacional de Lisboa, 1960, págs. 160-161.

se o admitia apenas por motivos humanitários — como dizia parecer depreender-se das instruções do ministério([372]) —, ou se o considerava como «aplicação de um princípio geral de Direito»([373]). A resposta foi dada ao diplomata por Pinto de Lemos, através de ofício de 13 de Janeiro de 1959 — dera já então entrada na Embaixada do Brasil o general Delgado —, que informou não terem sido encontrados na secretaria de Estado quaisquer documentos respeitantes aos casos de asilo a que Carlos Fernandes fizera referência. Mas não deixou Pinto de Lemos de enviar para Montevideu o texto das conclusões sobre o direito de asilo aprovadas no I Congresso Hispano-Luso-Americano de Direito Internacional, por considerá-lo de interesse «para os fins em vista»([374]).

Surgido inicialmente para delinquentes comuns, não abrangendo nunca os criminosos políticos, o asilo diplomático circunscrevia-se ao tempo, apenas, a estes últimos, o que acabara por se firmar como princípio convencional expresso, assim nas Convenções de Havana, de 20 de Fevereiro de 1928, e de Montevideu, de 26 de Dezembro de 1933, e no Tratado de Montevideu, de 4 de Agosto de 1939.

Quanto à existência do direito de asilo, reconhecia-se no Ministério da Justiça ser tema controvertido, opondo aqueles que o negavam em nome do reconhecimento da soberania estadual e do repúdio da ficção da extraterritorialidade dos edifícios das missões diplomáticas, àqueles outros que afirmavam a existência de um verdadeiro direito de asilo, fundado em princípios humanitários: um direito de protecção a favor de certas pessoas e em determinadas condições excepcionais, tese que conquistara no início do século XX a simpatia de um internacionalista de renome da Universidade de Coimbra, Álvaro Machado Vilella.

No caso de asilo concedido em navios de guerra, admitia Rui Pestana a existência de um verdadeiro direito, que decorria, desde logo, entre nós, da Ordenança naval de 1930, cujo artigo 412.º dispunha que em ocasião de perturbações políticas, o comandante-chefe da força

---

([372]) A alusão de Carlos Fernandes era, por certo, à Circular n.º 3, de 17 de Janeiro de 1955, da qual acusou a recepção e de cujo conteúdo tomou expresso conhecimento (AHD/C E39/P4 VI-2043/ofício da legação de Portugal em Karachi para o Ministério dos Negócios Estrangeiros, de 27 de Janeiro de 1955).

([373]) AHD/CE39/P4VI-2043/ofício do encarregado de negócios de Portugal em Montevideu para o ministro dos Negócios Estrangeiros, de 18 de Dezembro de 1958.

([374]) AHD/CE39/P4 VI-2043/ofício do director-geral A. Pinto de Lemos para o encarregado de negócios de Portugal em Montevideu.

naval surta em águas estrangeiras podia conceder asilo a bordo dos seus navios aos refugiados políticos que fugissem a um perigo iminente e em outros casos extremos. De modo diferente, porém, encarava o asilo em edifícios de missões diplomáticas. A este propósito, no mesmo estudo do Ministério da Justiça, foi ponderada a possibilidade de se justificar a entrada nos edifícios das missões diplomáticas, para capturar uma pessoa ali refugiada, no caso de não se admitir o asilo diplomático.

Quanto à questão, por assim dizer, central, apoiava o estudo a tese da inexistência, *de jure constituto*, de um verdadeiro direito de asilo, havendo somente uma simples prática e uma correspondente tolerância. E em abono deste entendimento lembrava Rui Pestana ser admitida na própria Convenção de Havana a consideração do asilo por certos Estados, não como um direito, mas como uma simples tolerância humanitária, caso do Brasil, que embora sendo Estado signatário dessa Convenção, tinha definido a sua própria orientação, comunicando-a às missões diplomáticas estrangeiras acreditadas na capital.

De facto, a 14 de Julho de 1938, o Ministério das Relações Exteriores circulara às missões diplomáticas estrangeiras para lhes comunicar entender o governo do Brasil que o asilo em legações ou embaixadas não constituía, «em princípio», um direito, considerando-o «como simples medida de tolerância humanitária», tudo para salientar não poder «admitir a concessão de asilo a criminosos de direito comum, especialmente se já devidamente processados ou condenados, nem a desertores de terra ou mar». Sendo o asilo apenas de «pura tolerância», entendia também o Ministério que não devia ser oferecido e só era admissível «para fornecer protecção temporária a um indivíduo ameaçado de efectivo e iminente perigo de vida, ou de actos contra a sua pessoa, evidentemente ilegais. Essas orientações do Ministério das Relações Exteriores foram ditadas na sequência dos movimentos antigetulistas, sendo chefe da diplomacia Osvaldo Aranha. Em pleno «Estado Novo», não se estranha que tivesse sido ainda incluída nesse documento uma directriz segundo a qual o Ministério reputava «injustificável» a concessão de asilo a quem tivesse praticado actos que, embora tivessem fins políticos, constituíssem «principalmente delito de direito comum» ou actos que representassem «francas manifestações de anarquismo» ou visassem a subversão das «bases da organização social comuns aos Estados civilizados» ou actos de terrorismo tal como se encontravam definidos na Convenção de Genebra de 16 de Novembro de 1937([375]).

([375]) AHD/PEA 25/Pasta 2. Trata-se da Circular n.º 1231, de 14 de Julho.

Utilizando uma fórmula cautelosa, escrevia-se no parecer do Ministério da Justiça, em alusão à directriz do governo brasileiro:

> Talvez efectivamente seja esse, por enquanto, o entendimento preferível, dada a discrepância doutrinal e as habituais resoluções dos estados locais, que, segundo se afigura, parecem afectar a existência, com carácter indiscutível, da «opinio iuris» necessária à conversão do simples costume em norma jurídica.

Sendo assim, afigurava-se ao Ministério da Justiça como doutrinariamente possível, em princípio, Portugal poder contestar a admissão, mesmo genérica, do direito de asilo, mas logo se ponderava:

> A questão, contudo, poderá ter aspectos meta-jurídicos, designadamente ligados a posições que o Estado português já noutras circunstâncias tenha tomado, relativamente a casos em que a questão tenha sido posta, quer como potência asilante, quer como potência local.

Em resumo, da conclusão a que se chegasse sobre a ilegalidade da concessão do asilo diplomático poderia extrair-se a possibilidade da legítima entrada no edifício da missão diplomática para a efectivação da captura, solução essa, porém, que só deveria ser adoptada se a entrega do asilado não fosse alcançada pelas vias diplomáticas. Mas, voltava a insistir-se, esta questão, mais até do que a anterior, podia ter implicações ou aspectos meta-jurídicos, pelas naturais reacções — acrescentava-se — que a medida suscitaria.

Ao aludir (e repetidamente) aos condicionalismos determinados por aquelas referidas implicações ou aspectos, o gabinete do ministro da Justiça ponderava as previsíveis consequências políticas internas e internacionais de uma acção do governo português com o risco de curto-circuitar a solução diplomática do caso, até porque, se o parecer se centrava no caso Galvão, o enquadramento geral e a análise a que procedia era também de aplicação, pelo menos em tese geral, ao caso Delgado.

Não se absteve o estudo de abordar a questão do asilo diplomático no aspecto da justificação da sua concessão concreta. O asilo diplomático, quer como direito, quer como simples prática, parecia ao Ministério da Justiça um meio de protecção concedido em determinadas condições excepcionais, as quais entendia ligadas designadamente a perturbações de ordem local ou ao risco de cometimento de violências injustas contra o asilado, susceptíveis de colocarem em perigo a sua segurança. Ora, a circunstância de Galvão se encontrar condenado, em cumprimento de pena e numa situação já «jurisdicionalizada», poderia, talvez — note-se bem, talvez —, facilitar uma posição de não reconhecimento das condições excepcionais exigidas para o asilo.

Sem concluir inequivocamente num sentido determinado, ou não tivesse chamado a atenção para as dimensões meta-jurídicas do caso, o gabinete do ministro da Justiça entreabria a porta a uma solução não diplomática. Porém, esclarecia — neste aspecto com clareza — que Henrique Galvão era essencialmente um delinquente político, julgado e condenado por um tribunal constituído por magistrados de carreira. Muito significativamente, o estudo em nenhum passo qualifica esse tribunal como tribunal comum. Uma outra questão foi esclarecida pelo gabinete do ministro da Justiça: a ser defendido que a distinção entre crimes comuns e políticos estivesse então substituída ou limitada pela distinção entre delinquentes comuns e políticos, com «certa razoabilidade» se poderia admitir que se lhe aplicassem os princípios diferenciais dos delitos políticos nos aspectos internacionais de extradição e asilo.

Marcello Mathias prepara entretanto uma minuta de carta dirigida ao embaixador argentino e submete-a à consideração prévia do presidente do Conselho, o qual pelo seu punho introduz ligeiras alterações e precisões àquele projecto, apresentado em papel com timbre do gabinete do ministro dos Negócios Estrangeiros:

> Lisboa, 6 de Março de 1959
>
> Senhor Embaixador,
>
> Na manhã de 17 do mês findo, Vossa Excelência veio informar-me de que o Sr. Henrique Galvão se apresentara nesse dia na Embaixada da Argentina ~~solicitando~~ [a solicitar] lhe fosse concedido asilo. Nesse acto entregou-me Vossa Excelência a Nota N.º 15, da mesma data, confirmando aquela comunicação e a concessão do asilo; pedia igualmente Vossa Excelência que fosse expedido a favor daquele senhor um salvo-conduto que lhe permitisse dirigir-se à república Argentina, ou aos Estados Unidos do Brasil, ou a ambos estes países, para tanto sendo prestadas por parte do Governo Português as seguranças necessárias.

Informei desde logo Vossa Excelência de que o pedido que me transmitia se não apoiava em qualquer fundamento de direito internacional válido no meu país. Portugal não assinou — e nem sequer tomou parte —, ~~nas Convenções~~ [na negociação das Convenções] que regulam quanto a certos países ~~o direito de asilo~~ [a concessão de asilo]. Não podem, portanto, tais convenções ser invocadas em Portugal, nem pretender-se em nome delas que o Governo Português respeite ou cumpra princípios a que não está vinculado. Esclareci igualmente que o Sr. Henrique Galvão se encontrava cumprindo pena — a que fora condenado pelos tribunais comuns —, quando se evadiu do Hospital de Santa Maria, onde havia meses as autoridades portuguesas o mantinham benevolamente em regime de tratamento hospitalar.

Pedi ainda a atenção de Vossa Excelência para o facto de se não verificarem em território nacional quaisquer perturbações da ordem pública, pelo que não corriam qualquer risco nem ~~a liberdade~~ nem a segurança dos cidadãos [nem a liberdade dos] que não estivessem ~~condenados ou processados~~ em conformidade com a lei.

Ficou assim Vossa Excelência inteiramente informado de que não poderiam ser considerados como válidos os fundamentos invocados para o asilo que Vossa Excelência concedera; e de que, em consequência, o Sr. Henrique Galvão teria de ser preso ao sair da Embaixada da Argentina, uma vez que contra ele tinham sido expedidos mandados de captura logo após a sua evasão do mencionado hospital, a 16 de Janeiro último.

Estas as circunstâncias de direito e de facto que concorrem neste caso~~.~~ ~~Mas~~ [;] à elevada ponderação de Vossa Excelência e do seu Governo, não escapam certamente os melindres da situação assim criada. Por um lado, não tem o Governo Português que aceitar quaisquer consequências jurídicas, no território nacional, do asilo que Vossa Excelência por Nota me comunicou; e, por outro, o princípio da inviolabilidade das missões diplomáticas que respeitamos e asseguramos em Portugal, conduzirá à permanência do Sr. Galvão, sem limite de tempo, nessa Embaixada, ou à sua entrega, próxima ou remota, às autoridades portuguesas.

Tendo exclusivamente em vista os históricos laços de amizade que ligam as duas nações, — e que a ambos os Governos incumbe preservar — o Governo Português está [porém] empenhado em encontrar uma solução que~~, reduzindo este episódio às suas exactas e modestas proporções~~, possa ser aceite por ambas as partes como mais uma afirmação desses laços tradicionais.

Nesse propósito, e por deferência para com o Governo Argentino, — [e] sem que este ~~gesto~~ [acto] de cortesia possa constituir um precedente e invocar quanto ao reconhecimento do direito de asilo em Portugal — o Governo Português estaria disposto a expandir o salvo-conduto solicitado por Vossa Excelência e a autorizar o Sr. Henrique Galvão a partir para a Argentina, ~~no entendimento~~ [com a garantia] de que ~~ele~~ [o governo de V. Exa.] lhe fixará residência no território argentino e lhe não será permitido pelas autoridades que ele exerça qualquer actividade política no país.

O Governo Português espera que a decisão generosa e humanitária que deliberada e espontaneamente está disposto a assumir neste caso, irá ao encontro das afectuosas relações luso-argentinas a que atrás alude. E exprime o desejo de que, de futuro, em semelhante matéria, sejam adoptadas por parte do Governo da Argentina as medidas necessárias para evitar que as relações amistosas entre os dois países possam encontrar-se na dependência de actos individuais sem fundamento jurídico, ou de facto, que os justifiquem.

Aproveito a oportunidade para apresentar a Vossa Excelência os protestos da minha mais alta consideração.([376])

Nesse mesmo dia, Marcello Mathias chamou às Necessidades o embaixador Ernesto Mairal, do que informou Antas de Oliveira.

Em síntese, o ministro disse a Mairal poder informar o seu governo de que Portugal teria no estudo e decisão do caso Galvão «sobretudo presentes os laços de tradicional amizade» entre os dois países. Conhecedor da posição expressa por Pablo Pardo a Antas de Oliveira, o ministro adiantou mesmo que o governo português avaliava as dificuldades do governo argentino, já que Portugal não se encontrava vinculado por nenhuma das Convenções sobre direito de asilo, o que impossibilitava a «invocação em território português» do cumprimento de tratados de que não era parte. Arredava assim o que considerava constituir a «base jurídica» do asilo, e voltou a lembrar o facto de Galvão ser um indivíduo julgado e condenado por tribunais que qualificou como «comuns», acrescendo ainda não ser alegável qualquer perturbação da ordem pública «que criasse uma atmosfera social justificativa de por simples humanidade se conceder asilo a alguém em perigo de vida». Jogando com a apenas aparente fraqueza da posição argentina, induzida a Antas de Oliveira pelo experiente Pablo Pardo, o ministro Marcello Mathias afirmou compreender a «dificuldade moral» em que se encontrava o governo de Buenos Aires para entregar Galvão às autoridades portuguesas, concedendo mesmo

([376]) AHD/S2.1/E6/P4 — 14928.

quanto à «emotividade» que os casos de asilo suscitavam na América do Sul. Mas mais, os laços de amizade entre Portugal e a Argentina não eram compatíveis com obrigar à permanência de Henrique Galvão na Embaixada «com o edifício permanentemente cercado pela polícia». E isto porque, concluía com ironia Marcello Mathias, se o governo português não reconhecia o direito de asilo, respeitava e assegurava a inviolabilidade das sedes das missões diplomáticas... e desejava encontrar uma «plataforma» que, salvaguardando os seus princípios, desse à Argentina «uma saída elegante neste episódio».

Declarava-se deste modo o governo português aberto a uma solução cujos termos gerais o ministro comunicou a Antas de Oliveira: deviam as autoridades argentinas assegurar que Galvão sairia de Portugal, sob sua responsabilidade, com destino à Argentina, aí lhe sendo fixada residência e interdita qualquer actividade política. Verificados estes pressupostos, ser-lhe-ia então concedido um salvo-conduto.

Não iludiu Marcello Mathias a necessidade de o governo atender, antes de mais, ao caso Delgado, o qual impunha «certo ritmo na marcha do assunto Galvão». É que, embora não existisse paralelo entre os casos — como mais uma vez sublinhou o ministro —, em atenção para com o Brasil, o governo português preferia, se possível, resolver primeiro o assunto que lhe dizia respeito, quer dizer, o caso Delgado. E concluía o telegrama assim:

> Estas informações que transmito a V. Exa, para o habilitar com o pensamento do Governo, são estritamente confidenciais; mas na medida em que nesse Ministério eventualmente abordem o problema com V. Exa fica assim V. Exa em posição de se mostrar a par das diligências aqui praticadas e de fazer valer o espírito de amizade e deferência para com a Argentina que nos anima na orientação desta matéria.([377])

Sobre a semelhança entre as situações de Delgado e de Galvão, o ministro da Presidência, Teotónio Pereira, declarou ao *Diário de Notícias* que era preciso «não confundir nem estabelecer qualquer paralelo entre os dois casos» e justificou:

> [...] o Sr. general Humberto Delgado tem sido considerado pelo Governo como um cidadão que pode livremente circular pelo País e até ausentar-se dele, se for esse o seu desejo. O Governo brasileiro tem, desde

([377]) AHD/S2.1/E6/P4 — 14928.

o primeiro momento, a garantia formal do Governo português de que lhe não levantará a menor dificuldade nesse sentido. Isto quer dizer que não haverá, por parte das autoridades competentes, quaisquer objecções no cumprimento das formalidades necessárias. Assim, o sr. general Humberto Delgado pode partir quando quiser.

Ponderado ainda:

> O caso do sr. Henrique Galvão é completamente diferente. Trata-se de uma pessoa condenada nos tribunais comuns, que estava a cumprir pena e que se evadiu do hospital aonde baixara em tratamento há bastantes meses. A fuga foi indicação não só da fragilidade das grades dessa prisão como da eficácia do tratamento. Nestas condições, o seu refúgio numa Embaixada levanta problemas jurídicos delicados que estão naturalmente a ser estudados com o devido cuidado.([378])

Tendo-lhe sido solicitados mais pormenores, Teotónio Pereira remeteu o jornal para o Ministério dos Negócios Estrangeiros. Porém falara. E ao falar, sendo além do mais ministro da Presidência, Teotónio Pereira firmava posição quanto a um tema que, embora se dissesse correr exclusivamente pelas Necessidades, em breve também o próprio presidente do Conselho — que, aliás, sempre determinara a posição do governo português através de Marcello Mathias —, iria assumir, não sem constrangimento, como tema seu, por se tratar de um assunto de Estado muito melindroso nos planos político e diplomático. E mais, de particular interesse à política do governo sobretudo centrada, com viva preocupação, no tema de Goa, para cuja gestão não era indiferente a cumplicidade activa do Rio de Janeiro, que aceitara representar os interesses portugueses junto do governo da União Indiana.

O *Portugal Democrático* aludiu ao cinismo do ministro da Presidência, comentando:

> Na verdade, declarar que o «caso Galvão é o de uma pessoa condenada por um tribunal de direito comum», ultrapassa tudo o que, no capítulo largo das mentiras salazaristas, se tem observado. Henrique Galvão foi condenado, sim, por um tribunal fantasma, mas caracterizadamente político, devido às suas «actividades subversivas».([379])

([378]) *Diário de Notícias*, de 19 de Fevereiro de 1959.
([379]) *Portugal Democrático*, n.º 22, de Março de 1959.

Equivocando-se quanto ao «objectivo» das declarações de Teotónio Pereira — que interpretou como anúncio por parte do governo de ir conferir prioridade à resolução do caso Galvão —, Álvaro Lins admitiu que essa fórmula obrigava o Brasil a uma «capitulação humilhante» por via da «desmoralização do asilo, do asilado e do asilante» ou à «contingência de uma crise diplomática» de modo a ser apresentada a missão diplomática do Brasil «como estando a intervir em Portugal, tomando o partido da Oposição contra o Governo»([380]).

De acordo com o testemunho de Lins, na entrevista que manteve com o ministro Marcello Mathias a 20 de Fevereiro, solicitara-lhe que «pesasse, com o maior cuidado, as consequências de uma eventual diferença de atitudes no encaminhamento dos casos Delgado e Galvão». Para o embaixador brasileiro, os dois casos poderiam ser considerados diversos apenas no respeitante à situação dos asilados perante o governo português, sendo que este se encontrava confrontado com «decisões idênticas assumidas por dois Governos amigos»([381]). Álvaro Lins tinha a convicção de que a única realidade temida e levada a sério pelos «salazaristas» era a opinião pública brasileira, recordando a respeito:

> Parecem estar informados, com segurança, de que, do lado do atual Governo brasileiro, jamais lhes virá nada de reação ou represália: mostram-se tranquilíssimos a este respeito. Porém, acham-se informados, igualmente, de que, pela opinião pública brasileira, é que me sinto apoiado e fortificado para continuar a sustentar o princípio e o direito do asilo em face do Governo português.([382])

No *Diário de Notícias*, do Rio de Janeiro, Rubem Braga interessava-se pelas declarações do ministro da Presidência num artigo intitulado «Chega de Salazar», no qual questionava as razões pelas quais o governo de Lisboa não permitia que o general fosse até ao aeroporto acompanhado pelo embaixador Lins, e embarcasse para o Brasil, considerando estar «claro» que Delgado não podia ser entregue «à sanha do ditador», tanto mais que a «honra do Brasil» estava comprometida no asilo concedido([383]).

([380]) Álvaro Lins, *Missão*... cit., pág. 282.
([381]) *Idem*, págs. 288–289.
([382]) *Idem*, págs. 292–293.
([383]) *Diário de Notícias*, do Rio de Janeiro, de 20 de Fevereiro de 1959. Ainda *Jornal da Bahia*, de 7 de Março de 1959 («Carta a um Senhor Português»).

Álvaro Lins admitira — sobretudo em face da entrevista de Teotónio Pereira — que o objectivo do governo português fosse, atendendo à sempre afirmada diferença entre os casos Delgado e Galvão, promover uma «solução rápida» para o segundo e a «persistência na negativa de uma solução para o caso Delgado, em idênticos termos de asilo, e, consequentemente, a continuidade de uma atitude inamistosa para com o Brasil»([384]).

Olhando deste modo o quadro resultante das declarações de Teotónio Pereira, Lins ponderou a hipótese de elas constituírem uma *chance* para superação do impasse que estava criado; passava pela embaixada, por escrito e através de documento diplomático, tratar do envio às autoridades portuguesas do passaporte do general para aposição de visto e do requerimento solicitando autorização para se poder ausentar do País.

Referindo-se ao governo português, escreveu Álvaro Lins:

> É um procedimento de duas faces, bem pouco leal, este que vem sendo adoptado por eles, desde o começo. De um lado, o Governo português, de público, faz saber e circular por toda a parte, a versão de que nada existe contra Delgado, de que ele poderá receber o passaporte a qualquer momento e embarcar para o Brasil quando quiser. De outro lado, o Governo português, por intermédio das negociações sigilosas de gabinete, faz-me saber, por intermédio de Marcello Mathias, que Delgado, no caso de seu propósito de embarcar para o Brasil, teria de renunciar ao asilo, recolher-se à sua casa, de lá encaminhar os documentos exigidos e lá aguardar a decisão das autoridades.([385])

O embaixador do Brasil recebe entretanto em Lisboa o escritor Erico Veríssimo, que se reuniu na editora Livros do Brasil, entre outros, com Jaime Cortesão, presidente da Sociedade de Escritores, António Sérgio, Aquilino Ribeiro, Ferreira de Castro, Rodrigues Miguéis, Alves Redol, Paço d'Arcos e Artur Portela, os quais se voltariam a encontrar na Embaixada do Brasil a convite de Álvaro Lins, juntando-se-lhes Vitorino Nemésio, Luís Forjaz Trigueiros, Manuel Cavaleiro de Ferreira, Delfim Santos, Martinho Nobre de Melo, Urbano Tavares Rodrigues, Sophia de Mello Breyner, Joel Serrão, David Mourão

([384]) Álvaro Lins, *Missão*... cit., pág. 282.
([385]) *Idem*, pág. 287.

Ferreira, Raul Rêgo, Isabel da Nóbrega e muitos mais([386]). Isto no momento em que todas as atenções estavam voltadas para a representação diplomática brasileira onde se encontrava Humberto Delgado.

Dias depois, a 23 de Fevereiro, Álvaro Lins entrega a Marcello Mathias nas Necessidades uma *Nota* em que, a pretexto do teor das declarações de Teotónio Pereira, comunicou ao ministro dos Negócios Estrangeiros não encontrar nelas «quaisquer» das condições que por este lhe haviam sido colocadas na audiência de 20. Ora, se eram «categóricas as afirmações» de que não haveria nenhuma objecção por parte das autoridades competentes no «cumprimento das formalidades necessárias» para a saída do general, concluía o embaixador Lins que Delgado poderia «requerer os seus documentos de qualquer local e, por conseguinte da Embaixada do Brasil», daí retirando consequências:

> Nestas condições, o Senhor General Humberto Delgado, baseando-se nas declarações do Senhor Ministro da Presidência, entregou-me para que encaminhasse àquelas autoridades os inclusos requerimentos, juntamente com o seu passaporte n.º 3569/58, o que ora faço pelo alto intermédio de Vossa Excelência.

E observou ainda:

> Devo acrescentar que o Governo do meu país considera muito significativas as declarações oficiais do Senhor Ministro da Presidência, sobretudo na medida que nelas se reconhece, pela primeira vez, a responsabilidade do Governo brasileiro pela segurança do Senhor General Humberto Delgado; e se afirma categoricamente que nenhum obstáculo será oposto à sua livre saída de Portugal.([387])

Embora esse encontro de Lins com Mathias tivesse resultado uma vez mais inconclusivo, o embaixador do Brasil, sem acreditar que fosse aceite, passou à redacção de um «Projecto de Protocolo», que deixou registado no seu diário, «a fim de que — escreveu —, ao ser resolvido algum dia o caso Delgado, possa verificar-se que não o foi, em nenhuma

([386]) Quanto ao apoio de Erico Veríssimo à orientação de Álvaro Lins no caso Delgado expresso no *Última Hora*, de 27 de Março de 1959, *Memórias de Humberto Delgado*... cit., págs. 578–579.

([387]) Álvaro Lins, *Missão*... cit., págs. 312–313.

hipótese, com uma traição minha, ou um recuo da Embaixada sob a minha direcção»:

Projeto de Protocolo

O Ministro dos Negócios Estrangeiros de Portugal e o Embaixador do Brasil em Lisboa, de comum acordo, manifestam que os seus respectivos Governos resolveram dar por encerrado o diferendo surgido entre os dois Países, motivado pela presença do General Humberto Delgado na Embaixada do Brasil em Lisboa, mediante o seguinte processamento:

Primeiro: O Governo do Brasil abre mão da faculdade de solicitar a expedição de um salvo-conduto para o General Humberto Delgado, segundo a praxe que considera tal medida dispensável, quando as Partes chegam a uma solução amistosa, como aconteceu no presente caso.

Segundo: O General Humberto Delgado requererá, da Embaixada do Brasil, ao Governo Civil de Lisboa, a revalidação do seu passaporte. Ao mesmo tempo, o General Humberto Delgado solicitará, ao Sub-Secretário da Aeronáutica, autorização para ausentar-se do País por tempo indeterminado.

Terceiro: Um funcionário da Embaixada do Brasil em Lisboa receberá do Governo Civil e da Sub-Secretaria da Aeronáutica o passaporte do General Humberto Delgado e a autorização para o seu afastamento do País.

Quarto: Dentro do prazo mínimo de setenta e duas horas, o General Humberto Delgado embarcará para o Brasil, por via aérea. A Embaixada do Brasil incumbir-se-á de providenciar o transporte para o General Delgado, sendo ele acompanhado pelo Embaixador do Brasil ou um dos Secretários como seu representante. O General Humberto Delgado seguirá directamente da sede da Embaixada do Brasil para o aeroporto da Portela de Sacavém, onde abordará um avião comercial na própria pista de aterrissagem, dispensado das formalidades regulamentares aplicáveis aos passageiros que embarcam em Lisboa para o estrangeiro.

Quinto: O presente compromisso será mantido em sigilo, por ambas as Partes até à partida do avião que conduzir o General Humberto Delgado, quando, então, será distribuído à imprensa, simultaneamente em Lisboa e no Rio de Janeiro em forma de comunicado conjunto, o texto do presente Protocolo.([388])

([388]) *Idem*, págs. 319–320.

Mantendo-se a situação de impasse, preocupado com o caso e com o sensível tema da representação junto da União Indiana, Oliveira Salazar toma a decisão de se envolver directamente no assunto e data a 7 de Março uma carta dirigida ao presidente Juscelino Kubitschek:

Senhor Presidente,

Não ousei nunca na minha longa vida de governo chamar a atenção de um Chefe do Estado para um problema de administração, mesmo de grande interesse para os dois países. Mas Vossa Excelência tem revelado uma amizade tão sincera para com Portugal e tem-se sempre mostrado tão benevolente para comigo, que me decidi a pôr directamente a Vossa Excelência uma questão pendente, em si sem valor, mas susceptível de transformar-se numa fonte de aborrecimentos, tanto mais que uma imprensa nem sempre bem informada persiste em tratá-la com paixão e falta de objectividade.

Refiro-me ao asilo concedido na Embaixada do Brasil em Lisboa ao General Humberto Delgado, candidato às últimas eleições presidenciais. A questão reduz-se ao seguinte: o General Delgado deseja veementemente entrar no Brasil como exilado político que gozou do direito de asilo na Embaixada Brasileira; o Governo português que considera o General um cidadão livre como outro qualquer de ausentar-se do país, cumpridas as formalidades legais (o que está oficialmente assegurado) entende não haver motivo para criar, a pedido, um pretenso mártir de uma pretensa política de perseguições.

Daqui nasceu a fórmula que reduzisse ao mínimo possível a ausência do General do local do seu refúgio na Embaixada, para que pudesse partir no avião por ele escolhido, na plena confirmação porém, de que o fazia como qualquer outro português em idênticas circunstâncias.

A fórmula proposta mereceu o agrado e aprovação do Ministro das Relações Exteriores, Embaixador Negrão de Lima. Se até hoje não foi executada, é que, segundo parece, se lhe levantam objecções na Embaixada do Brasil em Lisboa.

Estas seriam especialmente duas.

Diz-se que a Embaixada pensa que é ao refugiado que incumbe determinar as condições de saída da embaixada. Mal posso demorar-me a examinar este ponto; embora me pareça que não pode um particular ser árbitro do estado de relações entre dois Estados soberanos e ditar de uma Embaixada as condições em que podem evoluir as relações entre aqueles, é ao Governo dos Estados Unidos do Brasil que compete neste caso ajuizar do acerto da doutrina.

Outra objecção pretenderia ver na fórmula proposta uma diminuição em Portugal do prestígio do Brasil que desistiria de defender até final um cidadão português.

Dá-se o caso, Senhor Presidente, que é ao Brasil precisamente que temos confiada a defesa de muitas dezenas de milhares de portugueses que vivem na União Indiana. Eles não podem contar senão com a protecção que o Brasil generosamente lhes concede a nosso pedido, e se tivéssemos outro desventurado caso como o de Goa a nenhuma outra nação recorreríamos primeiro que ao Brasil pelos laços que nos ligam, para a mesma defesa e protecção. Diante destes factos, que todo o português conhece e não pode esquecer, é pelo menos excessivo pretender pôr questões de prestígio no embarque de um político que não precisa de protecção de ninguém, só porque se deseja que o mesmo apareça no Brasil aureolado da coroa do martírio.

Esta última nota começa a fazer-me pensar em que nas reflexões do Senhor Embaixador do Brasil há talvez indevidas considerações de política interna portuguesa, estranhas à sua missão, porventura prejudiciais ao exercício dela. — Faço apenas um ligeiro apontamento; não desejo ir mais longe.

Senhor Presidente: Está finda a minha exposição. Fi-la com o intento de apelar para o Chefe do Estado do Brasil e pedir-lhe com insistência e a amizade que lhe dedico não deixe transformar em caso grave ou que indefinidamente se arraste a turvar tudo, um exagero diplomático que é o que está na base e começo de tudo, e se não tem querido emendar.

Com a mais elevada consideração, apresento a Vossa Excelência a expressão da minha maior estima.

Oliveira Salazar([389]).

Precisamente no mesmo dia chegava a Portugal João Ribeiro Dantas, que dirigia o *Diário de Notícias* do Rio de Janeiro. Através da Informação n.º 40/59, a PIDE informou o presidente do Conselho de que a deslocação a Portugal do jornalista tinha duas finalidades. A primeira era entregar ao embaixador Lins um «"memorial" com 300 assinaturas» de concordância com a «atitude tomada em relação ao General Delgado». A segunda era entrevistar-se com o próprio Salazar,

([389]) TT-AOS/CO/PC-77B.

para o que contaria com a «interferência» de Albino dos Reis, «a fim de estudarem a maneira de, sem melindre, para os Governos Português e Brasileiro e sem afectar a personalidade do Embaixador Álvaro Lins, resolverem o caso do General Delgado». A polícia referiu ainda um encontro que se teria realizado, antes da partida para Portugal, entre a jornalista Carmen Dantas e Juscelino, em casa do amigo comum, Gualdino Tavares, *parecendo* ter dito o presidente brasileiro que Lins pedira já o seu regresso ao Brasil, «o que não lhe tinha sido consentido enquanto não fosse resolvido o caso do General Delgado, complicação por ele arranjada, e que isso somente lhe seria consentido depois do General ter saído da embaixada, quer fosse para o Brasil, quer ficasse em Portugal»([390]).

De 11 para 12 de Março gorava-se em Lisboa o chamado «golpe da Sé»([391]) — posto em marcha por um denominado «Movimento Militar Independente» —, o qual fora aguardado com muita expectativa por Humberto Delgado, que estava a par da conspiração([392]), do compromisso de honra e do programa político do Movimento, assinado havia um mês([393]). Esse programa estabelecia sete objectivos: a libertação do

---

([390]) TT-AOS/CO/PC-77B. João Ribeiro Dantas valorizaria a sua própria intervenção nas negociações relativas ao caso Delgado numa entrevista que concedeu a *O Século*, de 16 de Abril de 1959, quando chegou a Portugal o embaixador Mendes Viana, secretário-geral do Itamaraty.

([391]) Sobre o «golpe da Sé», v.g. Irene Flunser Pimentel, *História da Oposição à Ditadura, 1926–1974*, Porto, Figueirinhas, 2013, págs. 349–352. Considerando-o um «movimento de grande importância», Dawn Linda Raby, *A Resistência Antifascista em Portugal, Comunistas, democratas e militares em oposição a Salazar, 1941–1974*, Tradução de Beatriz Oliveira, Lisboa, Edições Salamandra, 1990, págs. 223–226. Também o testemunho de Sérgio Ribeiro, *50 Anos de Economia e Militância*, Colecção Resistência, 2.ª edição, Lisboa, Editorial «Avante!», 2009, págs. 68–71. Ainda, AAVV, *Nova História de Portugal*, Direcção de Joel Serrão e A. H. de Oliveira Marques, vol. XII, Portugal e o Estado Novo (1930–1960), Coordenação de Fernando Rosas, Lisboa, Editorial Presença, 1992, págs. 198–199.

([392]) No seu diário escreveu Humberto Delgado: «Noite de 11/12 de Março: adormeci à secretária, enquanto esperava saltar da janela, se rebentasse a revolta esperada. O sol penetrou e eu acordei e vi que não passava de um sonho. Soube depois que a maior parte dos conspiradores se encontrava na cadeia» (*Memórias de Humberto Delgado*... cit., pág. 161).

([393]) Tenente-coronel Luís Calafate, *A Liberdade*... cit., nota 1. Subscreveram o «Juramento de Sangue» António Molarinho Carmo (major de Engenharia); Luís Cesariny Calafate (major de Cavalaria); Luís Sá Viana de Alvarenga (major de Infantaria); Augusto Gomes Pastor Fernandes (major de Artilharia); Pedro Martins Santos (capitão); Vasco da Costa Santos (capitão); Amílcar Augusto Ferreira

País do regime de força e da ditadura pessoal a que estava sujeito; a suspensão da Constituição Política pela destituição do chefe do Estado e dissolução da Assembleia Nacional, passando a chefia do Estado e do governo a ser assumida pela junta militar que escolheria um governo provisório; garantir a entrada em vigor «sem restrições nem sofismas» de todas as liberdades fundamentais tais como se encontravam definidas no artigo 8.º da Constituição; extinção imediata da polícia política, da jurisdição especial de carácter político e do instituto das medidas de segurança; amnistia aos presos políticos e criação de um regime «eficiente» de *habeas corpus*; promover no prazo máximo de 18 meses um regime constitucional, prévia manifestação da vontade popular e consequente entrega do poder às «autoridades legitimamente constituídas pela vontade nacional»([394]). Perguntada sobre a finalidade do golpe, Maria Eugénia Varela Gomes, envolvida nos acontecimentos, respondeu a Manuela Cruzeiro:

> O Delgado vinha tomar conta do poder, os ministros e o Salazar eram presos, evidentemente...([395])

Mário Soares considerou o movimento gorado uma «tentativa revolucionária» distinta dos «velhos movimentos "putschistas" anteriores» e valorizou a juventude dos participantes, gente nova, disse, de «procedência católica e alguma vinda mesmo dos arraiais do fascismo», em qualquer caso um movimento de «clara inspiração católica», mas com a «participação importante» de diferentes correntes oposicionistas([396]). Questionando-se sobre as razões do insucesso do golpe, Mário Soares ponderou: «falta de decisão dos chefes militares, medo das responsabilidades, agudamente sentido no último momento, deficiências graves de organização, impreparação do detonador principal»([397]).

Um dos chefes operacionais dessa tentativa revolucionária, Luís Calafate, reconheceria que lhes falhara a «arma principal da surpresa»,

---

Domingues (capitão); Francisco de Sousa Tavares (advogado); Manuel Serra (oficial da marinha mercante) e Fernando Amaro Monteiro (alferes miliciano).

([394]) *Idem, ibidem.*

([395]) Maria Manuela Cruzeiro, *Maria Eugénia Varela Gomes, Contra ventos e marés*, Porto, Campo das Letras, 2003, pág. 149.

([396]) Maria Eugénia Varela Gomes diria *haver de tudo*: «monárquicos, católicos, marxistas, militares apenas antifascistas, mas em grande número sobretudo civis» (Maria Manuela Cruzeiro, *Maria Eugénia Varela* Gomes... cit., pág. 147).

([397]) Mário Soares, *Portugal Amordaçado*... cit., págs. 263–264.

não dispondo «sequer de armas para o arranque, nem ainda simples pistolas para dominar os elementos resistentes nos quartéis». Em suma, ou suspendiam o plano ou havia um banho de sangue, e acrescentou:

> O comando ordenou a suspensão, poupando vidas e procurando desmantelar o menos possível a organização para empenhá-la em melhor oportunidade, que só não surgiu porque a PIDE desmantelou todo o plano, arrancando confissões completas dos civis presos, as quais levaram à prisão do grupo militar com maiores responsabilidades na execução do plano.([398])

No Brasil, o influente *O Estado de São Paulo* notava que após dois meses o governo português continuava a demonstrar uma «enervante incompreensão» quanto à atitude brasileira em relação ao direito de asilo, garantindo não haver outro intuito que não fosse o de «dispensar a um cidadão que se acolheu à proteção da bandeira brasileira as atenções a que tem direito»([399]).

A 18 de Março era enviada a Salazar uma exposição assinada por um relevante número de signatários, os quais entendiam necessário ao interesse nacional afirmar que a «intransigência obcecada» que orientava a política do presidente do Conselho impedia a «conciliação da Família Portuguesa», sugerindo-lhe, pois, que se afastasse da vida pública por ocasião da sua última lição em Coimbra([400]).

Dias depois, no Brasil, o «Comité de Intelectuais e Artistas Portugueses Pró-Liberdade de Expressão» mandava para a imprensa um comunicado. Afirmando-se conhecedor do ambiente de terror que reinava em Portugal, onde, entendia, a repressão assumira aspectos de uma violência que excedia o imaginável, o Comité assumia ser seu dever denunciar os crimes que haviam sido cometidos, tornando públicos os nomes de algumas das vítimas: padre Perestrelo de Vasconcelos, majores Alvarenga e Fernando Romba, capitães Pastor e Carlos Vilhena. Ainda, Costa Leal, Ulpiano Nascimento, Vilela, Esteves Melo, Rubem Lebre, Falcão, Acácio Figueiredo, e também Jaime Serra, Joaquim Gomes,

([398]) *Revista do Povo*, de 1 de Fevereiro de 1975.

([399]) *O Estado de São Paulo*, de 12 de Março de 1959.

([400]) Inscreviam-se entre os signatários Álvaro Salema, António Alçada Batista, António José Saraiva, Baptista Bastos, Augusto Abelaira, Arlindo Vicente, Constantino Fernandes, Fernando Abranches Ferrão, Salgado Zenha, Heliodoro Caldeira, José-Augusto França, Manuel Sertório, Mário Soares, Júlio Pomar, Luís Francisco Rebelo, Orlando Costa, Nikias Skapinakis e Luís dos Santos Ferro.

Pedro Soares, Maria da Piedade Gomes, Amélia Terruta, Alice Leal, Maria Luís da Costa Dias e Agostinho e Lucinda Saboga(401).

Entretanto, no senado federal, o presidente da respectiva Comissão de Relações Exteriores, Afonso Arinos de Melo Franco, considerava a situação de asilo de Delgado como perfeitamente legal, parecendo-lhe, porém, que o governo português tinha direito a recusar o salvo-conduto, assistindo «provavelmente» ao general Delgado razões para exigir outras garantias além da palavra das autoridades portuguesas(402).

Àquela referida missiva de Oliveira Salazar a Juscelino Kubitschek, respondeu este a 22 de Março nos seguintes termos:

> Senhor Presidente do Conselho:
>
> Tenho a honra de comunicar o recebimento da carta que V. Exa. houve por bem me dirigir a 7 de Março corrente, referindo-se ao asilo, na Embaixada do Brasil, do General Humberto Delgado, candidato às últimas eleições presidenciais portuguesas, e manifestando especial empenho para a solução do caso, solução que haveria naturalmente de corresponder aos interesses mútuos de Portugal e do Brasil.
>
> Outro também não é o meu desejo, Sr. Presidente, e daí a extrema atenção com que ponderei os termos de sua carta e meditei sobre as observações que me ofereceu. Oriundas de quem detém as responsabilidades do governo de Portugal, e tanto se distingue pelos seus predicados de Chefe de Estado e por suas virtudes humanas, essa observações não poderiam ser recebidas e consideradas senão com o propósito de propiciar, quanto em nós couber, o encaminhamento do assunto até se materializar a solução

---

(401) Subscreveram o comunicado: Adolfo Casais Monteiro, Paulo de Castro, Agostinho da Silva, Armindo Blanco, Carlos Maria de Araújo, Carlos Cruz, Carneiro Franco, Círiaco da Cunha, Fernando Correia da Silva, Fernando Lemos, Fernando Queiroga, Francisco Lopes, Francisco Sarmento Pimentel, João Alves das Neves, João Sarmento Pimentel, Joaquim Ferrer, Jorge Fidelino de Figueiredo, José Pedroso de Lima, Santana Mota, Maria Archer, Miguel Urbano Rodrigues, Rodrigues Lapa, Santos Baleizão, Victor da Cunha Rego, Victor Ramos, Tomás Ribeiro Colaço e Zaluar Nunes, como noticiou o carioca *Diário de Notícias*, de 26 de Março de 1959.

(402) O *Tribuna da Imprensa*, de 21 de Março, noticiou a intervenção de Arinos, e informou que o senador Vitorino Freire criticara severamente Álvaro Lins, considerando-o «inábil» para a função que desempenhava, dizendo não concordar que a Embaixada brasileira se convertesse num «foco de agitação» e servisse de «instrumento para a intervenção na política interna de Portugal (*Diário da Noite*, de 21 de Março de 1959).

que, coordenando pontos de vista legítimos, resulte em demonstração de que obstáculo algum prevalecerá no plano da tradicional amizade luso-brasileira.

Quanto à fórmula apresentada, de deixar o General Delgado o seu asilo para receber passaporte e em seguida embarcar para o Brasil, sob plena garantia de sua segurança e liberdade, posso asseverar a V. Exa. que a proposta mereceu, em princípio, o acolhimento de nossa Chancelaria. Não me parece, na verdade, que semelhante fórmula pudesse comportar as objeções indicadas, nem essas objeções foram de fato, sequer intencionalmente, postas pelas autoridades brasileiras. Nem o asilado poderia ser instituído, como acentua muito bem V. Exa, em árbitro das relações entre os dois Estados, nem decorreria da adoção, livremente deliberada em todos os seus pormenores, da referida fórmula, qualquer diminuição do prestígio do Brasil, Nação que tem na correta aplicação dos princípios do direito internacional um de seus títulos mais legítimos e mais acatados, certamente insusceptível de qualquer dúvida, por ténue ou remota que fosse.

Entretanto, ao alto e claro espírito de V. Exa. não passará despercebida a circunstância de que, no caso particular de que se trata, ocorrem fatores emocionais de extrema sensibilidade, que poderiam eventualmente conduzir a opinião pública brasileira a uma posição menos compreensiva, ou acaso a um juízo arrebatado com graves repercussões para a normal convivência das duas comunidades irmãs. A circunstância está a indicar que a prudência e o esforço isento devem aliar-se na busca de uma solução final extreme [*sic*] de quaisquer motivos perturbadores.

As relações entre Portugal e o Brasil constituem um património comum de nossos povos, património que nos cumpre preservar com zelo e respeito e acrescer sempre, para transmiti-lo intacto às gerações futuras. Como estou certo de que também é este o pensamento de V. Exa., que em sua longa vida de governo tem servido exemplarmente a esse insubstituível desiderato, acredito que nossas Chancelarias e seus respectivos embaixadores não tardarão em ajustar a desejada solução perfeita, detendo-se, com sentido de natural compreensão, sobre todos os aspectos do caso. Minhas instruções diretas, desde o primeiro instante, foram no sentido de que as negociações iniciadas se processassem de modo a não afetar, em hipótese alguma, as relações entre nossos governos e os altos interesses da confraternidade luso-brasileira. De nossa parte, tal propósito será rigorosamente mantido; ainda agora, acabo de reiterar ao Ministro das Relações Exteriores, Embaixador Francisco Negrão de Lima, a estrita recomendação que lhe fizera nesse sentido.

> Não desejaria terminar, Senhor Presidente, antes de exprimir a V. Exa. meu agradecimento pelas referências que fez à forma como o Brasil se conduz na protecção aos Portugueses que vivem na União Indiana, de acordo com a gestão do Governo a que V. Exa. preside. Esta alusão emocionou-me profundamente, porque evocadora de um dos lances que o Brasil mais presa em sua história diplomática.
>
> Neste ensejo, reafirmando minha admiração pessoal pelo preclaro homem de Estado que preside ao Conselho de Ministros da Nação Portuguesa, apresento a V. Exa. a expressão da minha viva e cordial estima.
>
> De V. Exa. leal amigo,
>
> *Juscelino Kubitschek*(403)

A carta do presidente brasileiro não correspondeu às expectativas de Salazar. Numa nota manuscrita remetida ao ministro dos Negócios Estrangeiros, escreveu o presidente do Conselho:

> Envio para conhecimento a carta do Presidente Kubitschek em resposta à que lhe enviei em 7 de Março. Como se deduz das passagens sublinhadas, há um recuo em relação ao que pensámos tratar-se na entrevista entre o Presidente, o Rocheta e o Negrão de Lima. Isto parece significar que a campanha de informação favorável ao Ge. Delgado não permite ao Itamaraty tomar uma decisão. A carta é para devolver. 26-3.(404)

O original da carta seria devolvido a Salazar, acompanhado de um cartão de Abílio Pinto de Lemos, expressando que a missiva também lhe deixara «a impressão de um recuo em relação ao que pensava haver-se tratado»(405).

No *Jornal do Comércio*, a escritora Dinah Silveira de Queiroz — que haveria de ser embaixatriz do Brasil em Lisboa — garantia que o «humanitaríssimo direito de asilo» encontrava na elite brasileira o apoio mais decidido, e referiu-se a Fidel Castro, que, nas suas palavras, levara «até aos últimos rigores a punição para os homens de Fulgêncio Batista», sem desrespeito pelo «sagrado» direito de asilo, não

---

(403) TT-AOS/CO/PC-77B. Os sublinhados são de Oliveira Salazar, que colocou um ponto de interrogação à margem do segundo.

(404) TT-AOS/CO/PC-77B.

(405) TT-AOS/CO/PC-77B.

se intimidando sequer com as «ameaças mais terríveis dos deputados americanos»([406]).

Na sua edição de 24, *O Mundo Português* escrevia que o general Delgado era «teimoso» e senhor de «qualidades de dramatização» e «recursos de exteriorização», e apontava Álvaro Lins, «homem todo coração», de ser uma vítima do seu asilado.

A 28 de Março, o secretário-geral do Ministério dos Negócios Estrangeiros, Pinto de Lemos, recebe o embaixador Mairal, que lhe dá conta das instruções recebidas oportunamente de Buenos Aires para insistir com o governo português por uma resposta sobre o caso Galvão. Abstivera-se antes de o fazer por ter concluído de uma conversa recente com o ministro Mathias que o assunto «seria resolvido com certa brevidade», e aproveitou para informar sobre os rumores que lhe haviam chegado a respeito das dificuldades de resolução do caso Galvão antes de estar concluído o caso Delgado. Solicitando que a conversa tivesse carácter «puramente pessoal», Ernesto Mairal apresentou a Pinto de Lemos uma *nota* que se propunha transmitir formalmente ao ministério. A ideia, disse, era a de se aconselhar quanto à oportunidade da comunicação, já que desejava resolver o assunto e não agravá-lo. O secretário-geral do Ministério pediu tempo para consultar superiormente, e arquivou a minuta deixada por Mairal, onde se lia:

> Considero, sin que esto pueda interpretarse como el más mínimo apremio, que el tiempo transcurrido desde entonces, ha permitido un análisis exhaustivo de la situación. Soy el primero en reconocer, espontáneamente, que la inexistencia entre las partes de convenciones aplicables al caso, hace dificultosa una solución de tipo estrictamente jurídico. Pero entiendo que entre dos países como Portugal y la Argentina, que pueden ofrecer el ejemplo de una límpida tradición de amistosas relaciones, no deberían privar en forma absoluta los aspectos legales en la dilucidación de sus eventuales diferendos. No sería una auténtica amistad aquella que se basara exclusivamente en la fría letra contractual.
>
> Portugal, en su larga y honrosa historia de país independiente, ha dado reiteradas pruebas de su humanitária y cristiana interpretación de las normas que rigen la pacífica y cordial convivencia de los pueblos. Hay

([406]) *Jornal do Comércio*, de 23 e 24 de Março de 1959. Dinah Silveira de Queiroz decidiu-se por analisar o assunto à luz da doutrina do direito internacional.

> honorables precedentes, antíguos y recientes, del asilo dado por Portugal a ciudadanos de otros países que se acogieron a su soberania para sortear difíciles circunstancias de su vida pública. Y, en otros casos inversos, accedió a otorgar los salvoconductos a oportunidades, sin estar obligado a ello por convenciones o tratados escritos, fue indubitablemente inspirado en los altos principios de humanidad y cordialidad que jerarquizan a un estado en el concierto internacional.
>
> Es invocando estos antecedentes y sentimientos humanitários y de cordialidad internacional, siempre vigentes en las relaciones entre Portugal y la Argentina, que me permito reiterar los términos de mi nota precitada y solicitar a S. E. una favorable resolución, en la seguridad de que si S. E. así lo hiciera se habrían reforzado los amistosos vínculos que unen a nuestros dos países [...].

Pinto de Lemos haveria de voltar a conversar com Ernesto Mairal a 2 de Abril. O secretário-geral pediu então ao embaixador argentino que aguardasse algum tempo para uma eventual comunicação das autoridades portuguesas([407]).

As páginas do *Última Hora*, de 29 de Março, deram destaque aos depoimentos de Jorge Amado e Gustavo Corção de inequívoco apoio a Álvaro Lins — em relação ao qual, aliás, ambos tinham razões de queixa em matéria de crítica literária — quanto à decisão que tomara de conceder asilo ao general Delgado([408]).

De viagem oficial aos Estados Unidos — onde participou em Washington nas celebrações do 10.º aniversário da assinatura do Pacto do Atlântico —, o ministro Marcello Mathias escreve a Salazar a 7 de Abril de 1959 informando-o que procurara nas Nações Unidas, em Nova Iorque, a delegação brasileira, tendo visitado o embaixador Cyro de Freitas-Valle — antigo secretário-geral do Itamaraty, sendo chanceler Raúl Fernandes —, que a chefiava, e explicado a todos a «questão Delgado». E sublinhou o ministro que os presentes, sem excepção, lhe haviam afirmado compreender quanto era «lógica e razoável» a posição portuguesa:

> O embaixador Freitas Vale chegou a contar-me que sendo secretário-geral, num momento em que houve uma crise de ordem pública, um embaixador estrangeiro lhe foi comunicar que dera asilo a três ou quatro

---

([407]) AHD/PEA/25/Pasta 2.
([408]) *Memórias de Humberto Delgado*... cit., pág. 572.

brasileiros, e como dois destes eram movidos pelo medo, que não pelo perigo, ele desde logo disse ao embaixador que não perdesse tempo e os mandasse para casa porque nada havia contra eles...

E acrescentou:

> Enfim, cá fui procurando dar alguma utilidade prática à minha vinda aqui [...].([409])

Delgado a caminho do Rio de Janeiro

Na noite de 20 de Abril, o general Delgado viajava finalmente para o Rio de Janeiro.

Através de um telegrama dirigido a todas as embaixadas e legações de Portugal, o chefe da diplomacia portuguesa instruíu os funcionários diplomáticos com a versão *oficial* dos acontecimentos relacionados com a saída de Portugal de Humberto Delgado, de modo a contrariar a ideia de cedência por parte do governo português:

> Seguiu [na] noite [de] 20 para 21 de Abril para o Rio de Janeiro no avião de carreira da Panair do Brasil, o General Silva Delgado que desde 12 de Janeiro findo alegando o receio de ser preso se refugiara na Embaixada do Brasil em Lisboa. Conforme logo nesse dia foi tornado público por este Ministério e confirmado à Embaixada do Brasil pela nota diplomática de 14 daquele mês (oportunamente transmitida por cópia a essa Missão Diplomática), o Governo Português declarou não reconhecer o direito de asilo invocado pelo Brasil como fundamento da presença daquele General na Embaixada e assegurou não haver qualquer fundamento para os receios por ele alegados visto não haver nem processo pendente nem mandados de captura nem intenção de prendê-lo por actos por ele praticados até aquela data. Igualmente foi tornado público que nada obstava a que o General se ausentasse para o estrangeiro se fosse esse o seu desejo, desde que cumprisse com os regulamentos em vigor aplicáveis a todos os funcionários públicos civis ou militares, isto é, requeresse ao Secretariado

([409]) [Marcello Mathias], *Correspondência Marcello Mathias/Salazar, 1947/1968*, Prefácio do Prof. Joaquim Veríssimo Serrão, selecção, organização e notas de Maria José Vaz Pinto, Lisboa, Difel, 1984, págs. 416–418.

de Aeronáutica Militar autorização para sair do país e se apresentasse com um passaporte normal no acto do seu embarque. Acentuou-se porém que qualquer prática destinada a contrariar a versão do General de que havia o propósito de prendê-lo ou de que ele só poderia sair do país munido de salvo-conduto nos termos do direito de asilo e sob a protecção da bandeira brasileira em território português, não seria admitida por nós.

Informo agora V. Exa, de que o General Delgado partiu da Embaixada num táxi FH-20-53, e não em carro de matrícula diplomática, sem CD, bandeira brasileira ou qualquer indicativo diplomático; que entregou em território português dois requerimentos em papel selado pedindo ao Secretariado da Aeronáutica licença para sair do país e ao Governador Civil de Lisboa a extensão ao Brasil do seu passaporte; que viajou com o passaporte comum do Governo Civil de Lisboa n.º 3569/58, de 22 de Abril do ano passado e não com qualquer salvo-conducto; que aguardou no avião, no aeroporto da Portela cerca de duas horas que as autoridades competentes deferissem aqueles requerimentos.

No itinerário entre a Embaixada e o Aeroporto seguiram naquele táxi com [o] General dois observadores (um do lado português, secretário da Presidência do Conselho e outro do lado brasileiro, secretário da Embaixada do Brasil [Alarico Silveira Júnior]) incumbidos de verificar do cumprimento das formalidades prescritas no acordo que fora assinado pelo Ministro dos Estrangeiros e pelo enviado especial do Presidente do Brasil, Secretário-Geral do Ministério das Relações Exteriores, Embaixador Mendes Viana, a fim de que [o] General não pudesse invocar qualquer falso pretexto para não embarcar.

Jornais publicam hoje [a] declaração seguinte:

«Em conclusão das conversações havidas entre o Ministro dos Negócios Estrangeiros, Embaixador Marcello Mathias, o Embaixador António Mendes Viana, Secretário-Geral do Ministério das Relações Exteriores, na qualidade de enviado especial do Presidente Kubitschek de Oliveira e o Embaixador Álvaro Lins, Chefe da Missão Diplomática do Brasil, em Lisboa, e de harmonia com as declarações feitas pelo Governo Português e pelo Governo Brasileiro sobre o assunto, seguiu ontem para o Rio de Janeiro no avião da Panair, o General H. Delgado, que há meses se encontrava na Embaixada do Brasil.

«Inspirando-se na indissolúvel amizade que une Portugal e o Brasil, a resolução deste caso representa mais um testemunho dessa amizade e da compreensão fraterna existente entre os dois países, aa) Marcello Mathias, António Mendes Viana, Álvaro Lins».

Fica assim V. Exa habilitado com o conhecimento da forma digna e correcta como foram salvaguardadas as posições logo de início tomadas neste caso pelo Governo Português. Não escapará à atenção de V. Exa. a deferência, a que fomos profundamente sensíveis, do Presidente Kubitschek de Oliveira ter enviado a Portugal o Secretário-Geral do Ministério das Relações Exteriores, Embaixador Mendes Viana, com quem foram ultimadas as negociações agora terminadas com a reafirmação da amizade que liga Portugal e o Brasil.

Certamente não por coincidência, Miguel Torga registava no seu *Diário*:

Coimbra, 26 de Abril de 1959 — Tem cada homem o seu tempo histórico, e eu aceito, com todas as implicações respectivas, o que me coube. Que remédio! Mas custa. É preciso uma grande dose de coragem para não deseperar de uma vida inteira vestida do avesso. Nada, nesta desgraçada época, nos é dado ao natural e na hora da nossa fome. Os alimentos são-nos servidos já mastigados e quando nos não apetecem. As próprias verdades oficiais — as únicas que existem — entram nos ouvidos do cidadão como ecos tardios dos acontecimentos. E o resultado — já sem falar no absurdo de se negar ao espírito o conhecimento dos factos, sua matéria de ruminação — é cada um de nós ser no plano mental, quando muito, um mero arqueólogo da sua própria existência.([410])

Humberto Delgado haveria de recordar que Mendes Viana lhe descrevera «em tons coloridos a entusiástica recepção» que o aguardava no Rio. Mas, que tendo permanecido «firme», lhe repetira as suas «condições»: «os documentos necessários deverão ser entregues na Embaixada e um membro do corpo diplomático deverá acompanhar-me ao aeroporto». Do seu diário, correspondente ao dia 20, extratou Humberto Delgado para as *Memórias*:

O Embaixador Viana pediu-me que o fosse ver e encontrei-me numa sala cheia de gente. Propôs condições inaceitáveis e disse que os documentos deveriam ser-me entregues no aeroporto. Respondi que, nesse caso, ficaria onde estava. Deixei-o, mas fui chamado pouco depois. João Dantas telefonara a Teotónio Pereira, que recebera ordens para

([410]) Miguel Torga, *Diário*, VIII, 3.ª edição revista, Coimbra, s/d, págs. 183–184.

que o meu caso fosse apressado. Todos sabem tão bem como eu, como é que finalmente chegaram a um acordo. Recebi os meus documentos na Embaixada e fui acompanhado ao aeroporto pelo Primeiro Secretário, Alarico de Oliveira.([411])

Aquela informação dada pelas Necessidades, segundo a qual o general Delgado aguardara no avião «cerca de duas horas» que as autoridades competentes deferissem os dois requerimentos que apresentara — ao Secretariado da Aeronáutica e ao Governador Civil de Lisboa —, não tem, como se verifica, correspondência com a versão do general, que escreveu ter recebido os seus «documentos» na embaixada, justificando ser lembrada, também, uma outra, diferente, a do embaixador José Calvet de Magalhães, o qual, achando ter a diplomacia portuguesa actuado «habilidosamente junto do presidente Kubitschek, convidado a ser co-anfitrião nas comemorações do quinto centenário da morte do Infante D. Henrique», escreve referindo-se ao caso Delgado:

> [...] a questão veio a ser resolvida com o envio a Lisboa do secretário-geral do Itamaraty, embaixador Mendes Viana, que negociou diretamente com o governo português, aceitando as condições por este postas para a saída de Humberto Delgado da Embaixada e a sua partida para o Brasil: viajaria com passaporte português comum, seria transportado para o aeroporto num automóvel da Embaixada e, a título de cortesia para com o Brasil, seria acompanhado por um diplomata brasileiro, cumprindo-se todas as formalidades legais exigidas em Portugal([412])...

([411]) Humberto Delgado, *Memórias...* cit., pág. 277. Anteriormente, no mesmo sentido a edição inglesa das memórias, onde se lê: «I only know that I handed in my papers at the Embassy and was accompanied to the airport by the first Secretary, Alarico de Oliveira» (*The Memoirs of General Delgado*, Publication date: 27th March, 1964, Cassell, Londres, pág. 172).

([412]) José Calvet de Magalhães, *Breve História das Relações Diplomáticas...* cit., pág. 96. Ligeiramente distinta é a versão apresentada por Amado Cervo e José Calvet de Magalhães, *Depois das Caravelas...* cit., pág. 288: «[...] foi enviado a Lisboa o secretário-geral do Itamaraty, embaixador Mendes Viana que, após consulta com o pessoal diplomático da embaixada, assentou, com as autoridades portuguesas, as seguintes condições para a saída do General da embaixada: o General viajaria com um passaporte português comum, seria transportado para o aeroporto em um automóvel da Embaixada e, a título de cortesia para com o Brasil, seria acompanhado por um funcionário diplomático brasileiro, cumprindo-se todas as formalidades legais exigidas em Portugal».

A presença em Portugal de Mendes Viana acabou de facto por precipitar uma solução para o caso, o qual se tornara insustentável para os governos de Lisboa e do Rio de Janeiro.

Para a opinião pública passava então a ideia de que Lins fora desconsiderado ao haver decidido o seu governo enviar a Lisboa o secretário-geral do Itamaraty. E isso agradava às autoridades portuguesas. A cedência no quadro de uma negociação em que Álvaro Lins aparecia como directamente subordinado a Mendes Viana era naturalmente preferível, permitindo ao governo de Lisboa salvar as aparências do «não asilo».

A questão de saber se o general Delgado era hóspede do embaixador Lins, asilado ou refugiado, perdera importância. Na prática fora-lhe concedido asilo em Lisboa e o Rio apoiara a decisão. As questões eram procedimentais. Se o asilado saía, afinal, de Portugal com salvo-conduto ou com o seu próprio passaporte passara a ser no contexto uma questão menor que só mantinha interesse tendo em vista as justificações internas e externas do governo português, que aceitou até que Delgado se dirigisse ao aeroporto, para todos os efeitos sob protecção diplomática brasileira, acompanhado pelo primeiro-secretário da embaixada. Porém, dessas questões Álvaro Lins não se podia compreensivelmente desinteressar, ou não fosse para ele inequívoco que qualquer cedência do governo brasileiro que envolvesse a desconsideração do instituto do asilo, além de traduzir a sua desautorização como embaixador em Lisboa, expunha sobretudo o Brasil à incompreensão da comunidade internacional, muito em particular dos Estados da América Latina.

Embora Marcello Mathias tenha optado por fazer silêncio sobre o tema dos asilos, desde logo no texto introdutório à sua *Correspondência*, porventura por fortes razões de reserva sobre um *dossier* político e diplomático tão complexo e desgastante, um dos seus colaboradores mais próximos, e aliás, por sua indicação, seu sucessor na chefia da diplomacia portuguesa, Alberto Franco Nogueira, notou haver Mendes Viana compreendido «em toda a sua extensão a realidade crua», lembrando o que este diplomata brasileiro dissera a Marcello Mathias:

> Sinto-me esmagado com o que observo. Álvaro Lins está de cabeça perdida, droga-se, e é óbvio que estão afectadas as suas faculdades mentais. Delgado é um paranóico, um despropositado que perdeu todo o senso comum. Entre os dois homens são constantes os insultos, as

injúrias, as cenas violentas, e não vou jurar que não tenham já chegado a vias de facto.([413])

Franco Nogueira coloca entre aspas e em itálico essas alegadas considerações de Mendes Viana, que rematara dizendo ao ministro Marcello Mathias em alusão à representação diplomática do seu País:

> Não se trata de uma embaixada, mas de uma casa de loucos.([414])

A admitir-se ter sido esse o teor das afirmações de Mendes Viana — nas palavras de Silva Gonçalves, «figura de destaque do grupo lusófono coordenado pela embaixadora Odette de Carvalho e Souza»([415]) —, só pode concluir-se serem de facto inadequadas no seu conteúdo e forma. Visavam alguém que não deixara ainda de ser o embaixador do Brasil em Lisboa([416]), expondo portanto o Itamaraty, do qual Mendes Viana era secretário-geral, e mais, o Brasil, e a pessoa de Humberto Delgado, para todos os efeitos um cidadão estrangeiro que era oficial general de um país *irmão*([417]).

A ser verdade que a relação do embaixador Lins com o general Delgado passou por «insultos», «injúrias» e «cenas violentas», percebem-se então mal, afiguram-se mesmo paradoxais, os vínculos que os uniram em Lisboa, até no momento da despedida([418]), e mais tarde no Brasil([419]).

([413]) Franco Nogueira, *Salazar, V*... cit., pág. 58.

([414]) *Idem, ibidem*. Como sublinha Williams da Silva Gonçalves, *O Realismo da Fraternidade Brasil-Portugal*... cit., pág. 235, «incríveis palavras».

([415]) Williams da Silva Gonçalves, *O Realismo da Fraternidade Brasil-Portugal*... cit., pág. 234.

([416]) *Idem*, pág. 235, referindo-se à «estratégia de desgaste e desmoralização do embaixador Álvaro Lins, com o consentimento e cumplicidade do governo brasileiro».

([417]) O general Delgado só viria a ser demitido de oficial da Força Aérea por despacho do subsecretário de Estado da Aeronáutica, a 2 de Junho de 1960, tendo sido considerada improcedente a reclamação que apresentara cuja «forma muito pouco respeitosa» em que estava redigida era impeditiva, só por si, de acordo com o critério de Kaúlza de Arriaga, da sua aceitação (Ordem à Aeronáutica, 2.ª Série, n.º 6, de 1 de Julho de 1960).

([418]) Frederico Delgado Rosa, *Humberto Delgado, Biografia do General Sem Medo*, Lisboa, A Esfera dos Livros, 2008, pág. 792.

([419]) De acordo com o testemunho de Camilo Mortágua (*Andanças para a Liberdade*, vol. II, 1961–1974, Lisboa, Esfera dos Caos Editores, 2013, pág. 31–33, 94 e 115), Álvaro Lins envolveu-se em 1961 no caso do «Santa Maria»,

Não se deve esquecer que, ouvido pelo *Diário de Lisboa*, Mendes Viana afirmou estar satisfeito com o resultado da sua missão, sublinhando ter encontrado em Lisboa um «clima de compreensão». E mais, disse ter-se apoiado na «forte personalidade» de Álvaro Lins — assim a caracterizou —, reconhecendo ao embaixador tudo haver feito para que as negociações «fossem ainda mais amistosas»([420])...

À chegada a Lisboa, declarara, aliás, vir «cooperar com o embaixador Álvaro Lins e com o Governo Português para a obtenção de uma solução pronta de um problema que a todos nos coloca em posição difícil»([421]).

Se o chefe da diplomacia portuguesa considerou que a «atitude espectacular» de Delgado procurara apenas «introduzir na vida política interna portuguesa elementos de perturbação e confusão internacionais», o que a dignidade de Portugal não podia admitir([422]), a verdade é que o «desenlace do dissídio luso-brasileiro»([423]) terá levado o grande artífice da orientação política e diplomática do assunto, Oliveira Salazar, a comentar:

> Nalguma coisa transigimos no caso Delgado. Não sei se fizemos bem, oxalá não nos venhamos a arrepender.([424])

Depois de Delgado... Galvão

Com Humberto Delgado no Brasil, o governo português entendeu estarem reunidas condições diplomáticas para se dirigir ao embaixador da Argentina apresentando-lhe formalmente uma proposta concreta.

---

funcionando «como uma espécie de conselheiro jurídico de Galvão, tendo sido ele o encarregado de estudar a questão do direito internacional sobre o conceito de pirataria», estudo esse que Mortágua escreve ter «servido de base à tomada de decisão da operação, a partir da constatação de que, sempre que se trate de um acto reconhecidamente político, à luz do direito internacional, esse acto não pode ser classificado de pirataria, nem mesmo que isso seja solicitado pelo governo em causa». Josué Montello, *Diário da Tarde* ... cit., pág. 309 referiu-se a Lins como «conselheiro das oposições portuguesas». Álvaro Lins interviria mais tarde no processo da concessão de asilos diplomáticos aos intervenientes na operação «Vagô», ao qual não terá sido alheio João Mangabeira.

([420]) *Diário de Lisboa*, de 24 de Abril de 1959 (2.ª edição).

([421]) *O Século*, de 16 de Abril de 1959.

([422]) AHD/2P/A57/M100A — telegrama da Embaixada de Portugal no Rio de Janeiro para o Ministério dos Negócios Estrangeiros, de 14 de Janeiro de 1959.

([423]) Franco Nogueira, *Salazar, V*... cit., pág. 54.

([424]) *Idem*, pág. 59.

Passados apenas quatro dias após o embarque do general Delgado, chegara o momento de resolver o caso Galvão.

Numa extensa *nota* datada a 24, o ministro passou em revista o assunto. Lembrou a audiência de 17 de Fevereiro, a informação que lhe fora transmitida quanto à concessão do asilo e a posição então expressa em nome do governo português respeitante à não vinculação de Portugal às Convenções que regulavam o asilo. Mas também, o facto de Galvão haver sido «condenado pelos tribunais comuns», a sua evasão do Hospital onde as autoridades o «mantinham benevolamente em regime de tratamento hospitalar» e a inexistência de quaisquer perturbações de ordem pública. Considerava assim o ministro que Galvão «teria de ser preso ao sair da Embaixada da Argentina» por ter sido expedido contra ele mandado de captura. Começando deste modo por dramatizar a situação, Marcello Mathias passou depois a invocar os «históricos laços de amizade» que ligavam Portugal e a Argentina, parecendo-lhe incumbir a ambos os países preservá-los, e reafirmou estar Portugal empenhado numa solução que fosse aceite como «mais uma afirmação desses laços tradicionais». Em síntese, e sem que o «acto de cortesia» — assim o qualificou Marcello Mathias — pudesse constituir «um precedente a invocar quanto ao reconhecimento do direito de asilo em Portugal», estava o governo português na disposição de emitir o salvo-conduto sob a garantia de o governo argentino fixar residência a Henrique Galvão na Argentina, impedindo-o de aí exercer qualquer actividade política. E concluía, declarando esperar que a «decisão generosa que deliberada e espontaneamente» o governo português estava disposto a assumir no caso fosse ao encontro das afectuosas relações luso-argentinas, expressando ainda o desejo de que, «de futuro, em semelhante matéria, sejam adoptadas por parte do Governo da Argentina as medidas necessárias para evitar que as relações amistosas entre os dois países possam encontrar-se na dependência de actos individuais sem fundamento jurídico, ou de facto, que os justifiquem»([425]).

Verdadeiramente o ministro Marcello Mathias não dava nenhuma novidade ao embaixador Mairal, mas formalizava a proposta que já anteriormente lhe apresentara, e mandara comunicar ao governo argentino através do embaixador em Buenos Aires.

([425]) AHD/PEA25/Pasta 2 — Nota do ministro dos Negócios Estrangeiros para o embaixador de Portugal em Buenos Aires.

Naturalmente, a missiva do ministro traduz a leitura dos factos que o governo português entendeu fazer e andava condicionada pelo caso Delgado, muito mais sensível no plano das relações bilaterais, por envolver o Brasil.

A conferência de Antas de Oliveira com Pablo Pardo constituiu um momento de viragem no tratamento do *dossier*. Num primeiro momento o governo português definira posição, aparentemente indisponível para transigências, ou não se tratasse Galvão de um condenado e evadido à Justiça. Porém, logo que conhecedor do alegado entendimento das autoridades de Buenos Aires e da aparente fraqueza de Mairal — já que o embaixador argentino mantinha a plena confiança do presidente Frondizi —, o governo permitiu-se renovar no essencial a sua posição, desde logo no plano jurídico, mas combinando-a com a afirmação, retórica, do desejo de encontrar uma solução a seu contento, e da Argentina, de modo a honrarem os dois países as suas afectuosas relações. O tempo foi também o escolhido pelo governo português, que colocara em espera a solução do caso Galvão, só o vindo a decidir em definitivo após o embarque de Delgado para o Brasil. E isto, ainda, como se prestasse um favor à Argentina, como se actuasse por generosidade.

Ainda a 24 de Abril, o chefe da diplomacia portuguesa informava o embaixador Antas de Oliveira das diligências efectuadas, instruindo-o no sentido de acentuar nas conversas que viesse a ter sobre o assunto no Ministério argentino, que Portugal tivera de «vencer várias dificuldades de princípio» e esperava que o governo argentino avaliasse «no seu justo valor e significado, a solução correcta e digna com que procuramos facilitar-lhe a resolução da delicada situação criada». Marcello Mathias insistiria com Antas de Oliveira em telegrama datado a 29 seguinte:

> 27 — Convém [que] V. Exa acompanhe junto desse Ministério assunto [do] meu [telegrama] 25 confidencial [referência ao telegrama de 24 de Abril] por forma [a] [que] esse Governo se possa bem aperceber do gesto de amizade e deferência que representa da nossa parte a solução que propusemos na nossa nota de 24 do corrente cuja cópia supomos já esteja no poder de V. Exa.([426])

([426]) AHD/PEA25/Pasta 2 — telegrama do Ministério dos Negócios Estrangeiros para a Embaixada de Portugal em Buenos Aires, de 29 de Abril de 1959.

Dias antes, Humberto Delgado fora recebido no Itamaraty pelo ministro Negrão de Lima, a quem quis agradecer o «acolhimento» que Álvaro Lins lhe concedera durante os 98 dias em que havia permanecido nas instalações diplomáticas brasileiras. Essa audiência, destinada a ocorrer na máxima discrição, demorou escassos 17 minutos, prova do inconforto do governo do Brasil com o caso Delgado. Alfredo Valadão, ao tempo chefe do gabinete de Negrão de Lima, acabaria por prestar declarações ao *Diário de Notícias*, do Rio de Janeiro, assumindo tratar-se de um caso «absolutamente singular» na diplomacia brasileira. Em princípio, notava Valadão, o governo do Brasil considerava o general Delgado como asilado político, mas oficialmente não o podia tratar nesses termos([427]). Tudo se passava quando em Lisboa o secretário-geral do Itamaraty, António Mendes Viana, era recebido por Américo Tomaz e Oliveira Salazar, sendo homenageado pelo ministro da Presidência, Pedro Teotónio Pereira.

Em Portugal, o *Diário de Lisboa* noticiava a intervenção no Senado Federal de Vitorino Freire para saudar Mendes Viana pela forma como soubera encontrar com o governo português uma solução para o caso Delgado, saudações que tornou extensivas ao embaixador português no Rio, Manuel Rocheta, e ao ministro Marcello Mathias. O periódico considerava a solução honrosa, apenas lamentando que o tema se tivesse prestado a «especulações» que nem sempre tinham mantido «o tom discreto e conciliatório que seria para desejar», reconhecendo que as conversações que tinham permitido pôr termo ao caso Humberto

([427]) *Diário de Notícias*, do Rio de Janeiro, de 24 de Abril de 1959. A audiência conferida a Delgado por Negrão de Lima ocorreu a 23 de Abril, data em que no *Última Hora* se proclamava que Salazar pedia a cabeça de Lins «como compensação à libertação de Delgado», com referência à edição de *O Globo* do dia anterior. Sob o título «Delgado Livre», o *Diário Carioca*, também de 23 de Abril, escrevia: «Brasil saiu-se bem, sustentando com êxito a sua adesão tradicional ao instituto do asilo e contribuindo para a universalização de um direito que constitui garantia inseparável do exercício da liberdade de pensamento». E dizendo não poder negar-se a Lins «uma palavra de aplauso» pela forma como se conduzira no seu posto, «com a maior correcção e dignidade», retirava consequências do facto de Delgado haver viajado para o Rio com visto no seu passaporte. Não se tendo deslocado como asilado político, as autoridades brasileiras não tinham possibilidade de o impedir de prosseguir a sua «campanha anti-salazarista», já que lhe estava assegurada «ampla liberdade de manifestação de pensamento»: «Ele é aqui um cidadão, um homem privado, gozando dos direitos comuns que uma nação democrática dá aos seus habitantes e sem sofrer as restrições que lhe seriam impostas em troca de uma custódia política».

Delgado tinham decorrido sempre em tom de «indissolúvel amizade», expressão retirada da nota enviada à imprensa pelo SNI([428]):

> Em conclusão das conversações havidas entre o ministro dos Negócios Estrangeiros, embaixador Marcello Mathias, o embaixador António Mendes Viana, secretário-geral do Ministério das Relações Exteriores, na qualidade de enviado especial do presidente Kubitschek de Oliveira, e o embaixador Álvaro Lins, chefe da missão diplomática do Brasil em Lisboa, e de harmonia com as declarações feitas pelo Governo português e pelo Governo brasileiro sobre o assunto seguiu ontem para o Rio de Janeiro, no avião da Panair, o general H. Delgado que há meses se encontrava na Embaixada do Brasil. Inspirando-se na indissolúvel amizade que une Portugal e o Brasil, a resolução deste caso representa mais um testemunho dessa amizade e da compreensão fraterna existente entre os dois países aa) *Marcello Mathias, António Mendes Viana, Álvaro Lins.*

Oliveira Salazar completou 70 anos de idade a 28 de Abril. Do seu amigo Gonçalves Cerejeira recebeu uma missiva de felicitações, por onde perpassa o sentimento de adversidade das circunstâncias políticas:

> António,
>
> Já ofereci, na Santa Missa, o Cálice do Sangue de Cristo, para que Deus te guarde e avivente e faça feliz na terra e no céu, ao mesmo tempo que dava graças por tudo o que, por teu intermédio, Ele tem maravilhosamente operado em Portugal.
>
> Possa a homenagem espontânea, nacional, do dia glorioso de hoje tornar-te doce o cálice amargo que mãos ingratas te têm oferecido [...].
>
> Abraço-te afectuosamente,
>
> *Manuel*([429])

Na ausência de notícias do embaixador português em Buenos Aires, o ministro Marcello Mathias transmite novo telegrama a 5 de Maio. Sinaliza o facto de não ter sido acusada a recepção dos seus telegramas anteriores. Informa então que o embaixador argentino pedira uma audiência para tratar do caso Galvão, e acrescenta:

([428]) *Diário de Lisboa*, de 24 de Abril de 1959.

([429]) Rita Almeida de Carvalho (Organização), *António de Oliveira Salazar/ Manuel Gonçalves Cerejeira, Correspondência, 1928–1968*, Instituto de História Contemporânea, Círculo de Leitores, Temas e Debates, 2010, pág. 284.

> Embora se trate de assunto que manifestamente tem uma importância muito relativa cremos [que] haveria alguma utilidade em conhecermos o ponto de vista de V. Exa. em face das diligências aí praticadas sobre o caso antes de receber o embaixador desse país em Lisboa.([430])

De imediato, Antas de Oliveira responde ao ministro. Na ausência de Buenos Aires do titular das Relações Exteriores, tomou o embaixador a iniciativa de procurar o assessor jurídico do ministério, Pablo Pardo, a quem entendera dar conhecimento antecipado do memorando. Desse encontro colhera a manifestação de «viva satisfação pela forma "fidalga e amistosa"» como o governo português facilitara a solução do caso e o profundo reconhecimento do governo argentino, informando, ainda, que o embaixador Pardo desaprovara novamente o procedimento de Ernesto Mairal, tendo acrescentado que se este houvesse consultado Buenos Aires teria recebido instrucções para recusar o asilo([431]).

Na conferência mantida a 4 de Março com o embaixador de Portugal, Pablo Pardo referira a intenção de serem instruídas as missões diplomáticas argentinas sobre os procedimentos a seguir em futuros pedidos de asilo. Em anexo ao ofício de 7 de Maio, Antas de Oliveira remeteu ao ministro Marcello Mathias um apontamento recebido de Pablo Pardo, assim:

> Las «Instrucciones y Normas para el Ejercicio del Derecho de Asilo a las que deberán ajustarse las Representaciones Diplomáticas Argentinas en el Exterior», impartidas por la Cancilleria en 1953 y todavía vigentes, expresan: «No existiendo conmoción interna (revolución, golpe de estado, etc.) que determine la suspensión de las garantias individuales, el asilo puede acordarse solamente en casos excepcionales — a personas de destacada figuración política — cuando se tenga la certeza de que el interesado es realmente perseguido político, cuya seguridad y libertad peligren».
>
> Cabe, sin embargo, preguntarse si estas disposiciones se ajustan a la naturaleza del asilo, derecho que es ya de por si excepcional, y que por lo mismo debe interpretarse restrictivamente. La misma norma cuestionada lo reconoce cuando presupone implícitamente que debe existir «conmoción interna» — esto es, la situación de urgencia — como requisito para la concesión normal del asilo.

([430]) AHD/PEA25/Pasta 2 – telegrama do Ministério dos Negócios Estrangeiros para a Embaixada de Portugal em Buenos Aires, de 5 de maio de 1959.

([431]) AHD/PEA25/Pasta 2 – telegrama da Embaixada de Portugal em Buenos Aires para o Ministério dos Negócios Estrangeiros recebido a 6 de maio de 1959.

> El Embajador argentino ha actuado, sin embargo, en estricto cumplimiento de las instrucciones citadas, las cuales invocó ante el Ministro lusitano.
>
> Frente a la eventualidad de la repetición de hechos semejantes, se ha instruído al embajador en el sentido de que si presentara outro caso de asilo, deberá consultar a la Cancillería antes de aplicar dichas instrucciones, cuya revisión y actualización se tienen actualmente en estudio.
>
> En el nuevo proyecto se contempla que el embajador pida siempre autorización previa a la Cancillería para conceder el asilo. El solicitante podrá ser admitido en la Representación, pero no se reconocerá su condición de asilado hasta tanto no haya un pronunciamiento definitivo.([432])

Embora Pablo Pardo tivesse em duas ocasiões criticado junto de Antas de Oliveira a actuação de Ernesto Mairal, é significativo que neste apontamento tenha registado que a actuação do diplomata argentino se fizera no «estrito cumprimento» das Instruções e Normas de 1953. Sendo assim, só pode entender-se que o caso de Henrique Galvão foi justamente interpretado pelo embaixador Mairal como um caso de concessão excepcional de asilo. Quer dizer, Galvão era uma personalidade política, destacada e Mairal não teve razões para duvidar que se tratava de facto de um solicitante de asilo que era perseguido político e cuja segurança e liberdade corriam perigo. A realidade destes factos foi certamente de fácil apreensão para o embaixador argentino, tanto mais que acompanhou de perto o asilo de Delgado e contava em Lisboa com Álvaro Lins, particularmente bem informado sobre a situação política portuguesa e a acção política de Humberto Delgado e Henrique Galvão.

O embaixador Ernesto Pablo Mairal não só observara os pressupostos da concessão excepcional de asilo que vinculavam as Representações Diplomáticas Argentinas no Exterior, como decidira, o que lhe estava autorizado, sem consulta a Buenos Aires.

Sendo assim, ficava abalada a *cumplicidade* com a qual as autoridades diplomáticas portuguesas tinham julgado poder contar e fora sugerida por Pablo Pardo quando este opinara criticamente sobre a actuação de Mairal junto do embaixador Antas de Oliveira. Quer dizer, com as suas *confidências* ao embaixador português, Pardo terá afinal pretendido criar um canal de comunicação alternativo ao que existia

---

([432]) AHD/PEA25/Pasta 2 — ofício do embaixador de Portugal em Buenos Aires para o ministro dos Negócios Estrangeiros, de 7 de Maio de 1959.

em Lisboa, insinuando-se como artífice da criação de condições mais propícias à solução de um caso cujo arrastamento não interessava à Argentina e menos ainda a Portugal.

É neste quadro que se realiza em Buenos Aires, a 12 de Maio, a audiência concedida pelo ministro das Relações Exteriores argentino ao embaixador de Portugal. De acordo com o telegrama dessa data expedido para Lisboa, o embaixador Antas de Oliveira informou que o ministro se congratulara com a «atitude amistosa» do governo português ao não haver colocado a questão Galvão no plano jurídico, cuja solução, disse, seria «extremamente complexa», tendo considerado a questão «praticamente resolvida» e recordado não ter a Argentina ratificado a Convenção de Bogotá. E disse ainda «ser pessoalmente partidário da restrição do asilo político cuja prática abusiva estava criando crescentes dificuldades entre os Governos sul-americanos». O embaixador Antas de Oliveira informou ainda o Ministério de que não havia deixado de fazer sentir ao ministro que a solução dada à questão Galvão devia ser considerada excepcional e que qualquer caso futuro seria encarado de acordo com a doutrina do memorando([433]).

Henrique Galvão em Buenos Aires

A 13 de Maio, o jornal *Estado da Bahia* noticiava ter Henrique Galvão deixado Lisboa([434]), tomando um avião das Aerolíneas Argentinas, com destino a Buenos Aires, na posse de um salvo-conduto concedido pelo governo português, havendo sido conduzido ao aeroporto no automóvel do embaixador Mairal. No *Diário de Lisboa* do mesmo dia, lia-se:

> Do SNI recebemos a seguinte informação: «Autorizado pelo Governo português seguiu ontem à noite para a Argentina num avião das Aerolíneas Argentinas, o sr. Henrique Galvão, que há meses se encontrava na Embaixada daquele país em Lisboa. Pelo Governo argentino ficou assegurado

---

([433]) AHD/PEA25/Pasta 2 — telegrama da Embaixada de Portugal em Buenos Aires para o Ministério dos Negócios Estrangeiros, de 12 de Maio de 1959.

([434]) José Barreto, «Galvão, Henrique Carlos Malta (Barreiro, 4-2-1895 — São Paulo, 25-6-1970)», *in Dicionário de História de Portugal*, vol. VIII, Suplemento F/O... *cit.*, pág. 85, escreve: «Salazar transigiu no caso de HG com grande relutância, convencido da sua muito maior perigosidade».

que todas as limitações previstas nas Convenções sobre o direito de asilo serão aplicadas no caso em questão».

Na escala técnica feita no Galeão, no Rio de Janeiro, rodeado de jornalistas e curiosos, Galvão entrou em contacto telefónico com o general Delgado, que se encontrava em São Paulo. A imprensa registou que nesse contacto Galvão dissera que ninguém podia prever até quando continuaria Salazar no Poder, e elogiara o embaixador Ernesto Mairal, esclarecendo que se dirigia para a Argentina por uma «questão de dever e agradecimento», mas na verdade o que lhe seria grato era ficar no Brasil. E antes de desligar, registou o repórter da *Tribuna da Imprensa*, Galvão insistira: «Tudo aquilo está podre lá».

A Tarde deu igualmente informações sobre a passagem de Galvão pelo Rio de Janeiro, registando que o «herói da resistência antifascista em Portugal» declarara que a ditadura portuguesa era mantida pelo governo norte-americano, podendo cair a qualquer momento, e considerara «fundamental» a adesão dos católicos à oposição a Salazar.

Ouvido no aeroporto do Recife pelo *El Universal*, do México, e perguntado sobre se tinha intenção de estabelecer-se definitivamente na Argentina, respondeu que ali permaneceria apenas o tempo suficiente para agradecer ao governo de Buenos Aires a intervenção que realizara para o devolver à liberdade, e anunciou o propósito de se instalar no Brasil, que disse ser uma segunda pátria para qualquer português([435]).

Em face deste quadro, o serviço de imprensa da Embaixada de Portugal no Rio de Janeiro, de 14 de Maio (Boletim n.º 145), informava num estilo muito peculiar:

> Os jornais desta manhã, com excepção do *Jornal do Comércio*, e um ou outro dos menores, estão cheios de Henrique Galvão.

Adiantando:

> Sobre a noite, o avião pousava no aeroporto internacional do Rio de Janeiro, onde a reportagem ávida e sensacionalista aguardava o exilado en trânsito para Buenos Aires.
>
> Parece que o homem, a princípio, respondia evasivamente aos jornalistas, mas depois foi-se animando e disse o que quis.

([435]) *El Universal*, de 14 de Maio de 1959.

> Ao seu lado, nas fotografias hoje publicadas, vê-se, anafado e triunfante, o Tomás Colaço e, circunspecto, muito grave e sério, Ricardo Seabra, homem rico da colónia, cujo dinheiro tem servido — segundo dizem — para custear algumas aventuras do grupinho reviralhista que por aqui existe.
>
> A reportagem parece ter tomado Galvão mais a sério do que fez com o General Delgado [...].([436])

De Buenos Aires, Antas de Oliveira informou Lisboa ter Galvão chegado ali na manhã de 14 e comunicara aos jornalistas não fazer declarações de carácter político em virtude do compromisso, que desejava honrar, contraído com as autoridades argentinas ao aceitar asilo nesse país([437]).

Em Lisboa, datada a 16 de Maio, foi entregue ao ministro da Presidência uma representação por um grupo de democratas encabeçado pelo advogado Acácio de Gouveia, em que era requerido que lhes fosse permitida a realização dos actos preparatórios de um «Congresso Nacional dos Democratas Portugueses», designadamente a realização de reuniões e conferências de imprensa, e que o governo ordenasse à PIDE que não interompesse nem proibisse essas reuniões e à censura que não lhes impedisse a publicação dos documentos relativos ao projectado «Congresso»([438]).

A 9 de Junho, já o embaixador Antas de Oliveira propunha às Necessidades uma nota de protesto junto do ministro das Relações Exteriores da Argentina, Diógenes Taboada. Estava em causa o que considerava constituir «desrespeito do acordado» entre os dois governos: o facto era que Henrique Galvão vinha publicando artigos no jornal *Crítica*([439]), incumprindo o dever de abstenção do exercício de qualquer actividade política em território argentino.

([436]) AHD/S21/E6/P4 — 14927.

([437]) AHD/PEA25/Pasta 2 — telegrama da Embaixada de Portugal em Buenos Aires para o Ministério dos Negócios Estrangeiros, de 14 de Maio de 1959.

([438]) Foram ainda signatários dessa representação, entre outros, Jaime Cortesão, Azevedo Gomes, Francisco Vieira de Almeida, Fernando de Abranches Ferrão, José Mendes Cabeçadas, Mayer Garção, Nuno Rodrigues dos Santos, Vasco Vieira de Almeida, Manuel Mendes, Mário Soares, Gustavo Soromenho, Francisco Zenha, Piteira Santos, Ramos da Costa, Isabel Aboim Inglês, Eduardo Santos Silva, Hélder Ribeiro, Veiga Pires, Olívio França, Mário Cal Brandão, Artur de Andrade, José Sá Carneiro de Figueiredo.

([439]) v.g. «El Paraíso de Salazar, La Máscara del Dictador que sin Lucha, Encontró el Poder» (*Crítica*, de 31 de Maio de 1959); «El Paraíso de Salazar,

A este respeito ponderava o diplomata português:

> Conquanto aceitássemos por forma genérica e em confiante boa fé que ao asilo fossem aplicadas as restrições e limitações decorrentes das convenções sobre asilo territorial neste hemisfério, o Governo português, pela sua Nota n.º 2, de 24 de Abril último, condicionou a concessão do competente salvo-conducto à fixação de residência do Sr. Henrique Galvão em território argentino com óbvia proibição de o abandonar e de nele exercer actividades políticas contra o Governo português, susceptível de afectar a ininterrupta amizade entre Portugal e a Argentina desde os alvores da sua nacionalidade.([440])

Entretanto Carlos Fernandes fora encarregado de informar sobre a situação de Henrique Galvão, assinando em Lisboa a 11 de Junho de 1959 a Informação de Serviço: «Henrique Galvão, Refugiado Político na Argentina».

Nesse documento, assinalou que imediatamente depois de Galvão ter solicitado protecção à Argentina o embaixador portenho havia comunicado por escrito às autoridades portuguesas a concessão de asilo e pedira salvo-conduto (a 17 de Fevereiro). E mais, que em instruções à legação de Portugal em Buenos Aires o governo se mostrara disposto a fazer essa concessão, «no entendimento de que [Galvão] sairia de Portugal sob responsabilidade da Argentina e fixaria residência neste país, onde se absteria de qualquer actividade política» (7 de Março). Essas instruções tinham-se seguido a uma conversa do ministro Marcello Mathias com o embaixador Mairal (a 6 de Março), «durante a qual foi acentuado que o caso Galvão seria estudado em atenção aos laços de tradicional amizade que ligam Argentina e Portugal». E registou ainda Carlos Fernandes:

> Em 24 de Abril, e depois de várias diligências do representante portenho, Sua Ex.ª o Ministro comunicava-lhe que, por falta de Direito convencional aplicável a Portugal nesta matéria, a invocação das Convenções americanas ficava excluída quanto a Portugal: chamava-se mais uma vez a atenção para os históricos laços de amizade e prometia-se ver

---

El Dictador Lusitano y los Grandes de la Democracia» (*Crítica*, de 10 de Junho de 1959).

([440]) AHD/PEA25/Pasta 2 — ofício da Embaixada de Portugal em Buenos Aires para o ministro dos Negócios Estrangeiros, de 9 de Junho de 1959.

o assunto por este prisma; nesse propósito, e sem que isto constituísse precedente — seria acto de mera cortesia —, o Governo português estaria disposto a expedir o salvo-conduto desejado e a «autorizar Galvão a partir para a Argentina (afastava-se o Brasil), com a garantia de que o Governo de V. Exa.ª lhe fixaria residência no território argentino e não será permitido pelas autoridades que ele exerça qualquer actividade política no país» — esta Nota foi entregue por Sua Ex.ª o Ministro ao Embaixador portenho durante conversa, em 24 de Abril.

Em 11 de Maio, o representante português em Buenos Aires, em conversa com o Ministro das Relações Exteriores, recebeu deste manifestações de apreço pelo facto de Portugal não ter posto o caso Galvão no plano jurídico.

Perante os factos assim alinhados, parecia «claro» a Carlos Fernandes que o entendimento com a Argentina tivera por base «não complicar» as boas relações existentes entre os dois países e «a garantia de que Galvão ficaria na Argentina e alheio a actividades políticas».

Se era certo que o embaixador argentino evitara «intencional ou não intencionalmente» dar uma resposta inequívoca à condição de garantias colocada por Portugal, esse facto não invalidava, no critério do diplomata, o argumento, ponderando ainda:

> Com efeito, agradecendo a deferência do Governo português, o representante argentino diz: «Quiero al mismo tiempo asegurarle que la Republica Argentina tomará todos los recaudos que imponen las convenciones sobre asilo territorial en America en relación con el comportamento del Señor Galvão».

A respeito desta referência do embaixador Ernesto Mairal, o diplomata Carlos Fernandes observou que ela só fazia sentido se fosse entendida «como uma fórmula ainda mais ampla que a portuguesa», e rematou: «de contrário, revelaria do lado argentino certa má-fé».

A um outro aspecto foi feita referência; Galvão recusara-se à chegada a Buenos Aires a fazer declarações, o que alinhava com o «propósito inicial» de o governo argentino «controlar» as suas actividades políticas.

Carlos Fernandes lembrava, porém, que o estatuto de Galvão não era já o de asilado, mas o de refugiado político, o que significava que se encontrava «exclusivamente sujeito à ordem jurídica argentina e eventuais normas de Direito internacional aplicáveis».

Céptico quanto à possibilidade da observância pelas autoridades argentinas dos compromissos assumidos com Portugal, Carlos Fernandes observou, justamente, que os tribunais argentinos não se encontravam vinculados àqueles compromissos. É certo, ponderou, que se o governo de Buenos Aires facilitasse activa ou passivamente a saída de Galvão da Argentina, ou lhe permitisse «liberdade política», violava os compromissos assumidos com Portugal, mas logo concluiu que se Henrique Galvão fugisse ao controlo das autoridades argentinas, abandonando o País, poderia desenvolver noutro Estado a actividade política que ali lhe permitissem, estando sempre excluída a sua repatriação forçada.

Desejando Portugal a permanência de Henrique Galvão na Argentina, de modo a «neutralizá-lo politicamente», e dando como certo que o governo de Buenos Aires iria ter «sérias dificuldades jurídicas» em impedi-lo de sair do seu território, já parecia a Carlos Fernandes estar ao alcance das autoridades locais «limitar» a actividade política de Galvão. Por isso, antecipava o diplomata que Galvão seria levado a tentar «todos os meios para subtrair-se ao "controlo" argentino, dirigindo-se, mesmo clandestinamente, para o Brasil, directamente ou através do Uruguai — o que é facílimo —, Paraguai, Chile ou Bolívia». Acrescia que, de acordo com o Tratado de 1889, a Argentina não podia ser obrigada a manter Galvão no seu território, não considerando Carlos Fernandes «improvável» que aquele obtivesse documento de viagem de modo a entrar nos Estados que estivessem dispostos a admiti-lo «por idealismo pura e simplesmente, ou para permitir-lhe acção contra o Governo português». Não duvidava Carlos Fernandes de que, se Galvão se ausentasse da Argentina, seria improvável conseguir fazê-lo regressar. No Brasil registava-se até um precedente. Um emigrante português sem visto invocara o Tratado de Amizade e Consulta, mesmo não regulamentado, e obtivera dos tribunais o reconhecimento do direito de residência. Caso se tratasse do Uruguai, a orientação ali vigente era a da máxima protecção aos asilados e refugiados.

Colocava-se ainda uma outra dificuldade: fora da Argentina, Henrique Galvão era completamente livre, «tendo as suas actividades apenas os limites impostos aos estrangeiros pela legislação do Estado em que se encontrar».

Nesse quadro, restava apenas a Portugal insistir junto do governo argentino por uma «eficaz limitação às actividades políticas de Galvão», admitindo Carlos Fernandes um pedido de residência fixa em certa localidade, «longe das fronteiras com o Brasil, Uruguai, Chile, Bolívia e Paraguai». Dizendo que a Argentina tinha contra ela o «precedente uruguaio», já que vinha insistindo junto das autoridades de Montevideu no sentido de limitarem a actividade dos peronistas ali refugiados, também não estranharia que o governo argentino fizesse «todos os esforços velados, no intuito de ver-se livre de Galvão».

Se o governo de Buenos Aires viesse a conceder documento de viagem a Henrique Galvão ou lhe facilitasse de outro modo a saída, ou permitisse que no seu território desenvolvesse actividade política, Portugal estaria confrontado, no entender de Carlos Fernandes, com uma «atitude inamistosa» violadora do «espírito de entendimento» a que os governos de Portugal e da Argentina haviam chegado.

No Ministério das Relações Exteriores, Pablo Pardo, que jogara, como assinalamos, a cartada da *simpatia* com Lisboa, invocava agora perante o embaixador português o artigo 17.º da Convenção de Caracas (1954) como argumento para o seu governo se eximir ao controlo das actividades de Galvão. Fernandes falaria em «mudança da atitude inicial», embora lhe parecesse improcedente a invocação daquela disposição de direito convencional.

Entretanto, Henrique Galvão é recebido em Buenos Aires por Pablo Pardo. Em carta a Ernesto Mairal, de 29 de Julho de 1959, relatou esse encontro:

> [...] no Ministério das Relações Exteriores, o sr. Pablo Pardo já duas vezes me disse, e com inesquecível gentileza, que se eu quisesse ficar na Argentina, não só ele pessoalmente, mas até o próprio Ministério, usariam da sua influência para me assegurarem trabalho condigno. E digo «com inesquecível gentileza» porque isto me foi sempre dito ao mesmo tempo que se me dizia que a Argentina não oporia quaisquer dificuldades à minha saída para o Brasil, ou para qualquer outro país([441])...

Na sua Informação de Serviço, Carlos Fernandes considerava não ser provável «tornar eficazes» os compromissos assumidos pelo governo argentino para com Portugal, «em caso de rebeldia de Galvão e eventual recurso aos tribunais argentinos», concluindo assim:

> Seremos obrigados a uma vigilância constante e cuidada sobre os movimentos e actividades de Galvão, no sentido de impedir, se possível,

([441]) Cf. Anexo/Carta de Henrique Galvão a Ernesto Pablo Mairal (Arquivo Família Mairal).

> pelo menos a sua saída da Argentina, exercendo junto do Governo portenho a conveniente pressão e, se Galvão continuar a fazer graves declarações políticas, pedir que lhe seja fixada residência longe das fronteiras, com tanto mais razão, quanto é certo que Galvão fez no Rio declarações, mostrando o desejo de instalar no Brasil centro de agitação contra o Governo português [...].([442])

A PIDE cuidou a 14 de Julho de informar os ministros do Interior e dos Negócios Estrangeiros sobre a situação de Galvão, o qual dizia encontrar-se descontente por não ter obtido autorização para se transferir para o Brasil, pensando que a demora resultava do facto de o governo brasileiro estar à espera de conhecer os «compromissos» que possivelmente o Governo argentino havia tomado para com o Governo português, lendo-se ainda nessa Informação:

> A sua actividade na Argentina parece resumir-se a contactos com alguns portugueses ali residentes e com actores e empresários de teatros, pretendendo que estes levem à cena algumas das suas peças.
>
> Mantém ligações com elementos de Portugal e há indícios de que igualmente mantém com o General Humberto Delgado.
>
> Parece estar lutando com falta de numerário para se manter.([443])

O protesto do embaixador de Portugal em Buenos Aires seria remetido a 30 de Junho ao ministro das Relações Exteriores e Culto, Diógenes Taboada, e respondido a 14 de Setembro seguinte pelo subsecretário das Relações Exteriores, Francisco D'Hers. Fazendo referência ao «vivo agradecimento» do governo argentino quando da concessão a Henrique Galvão do salvo-conduto que a Embaixada em Lisboa havia solicitado, ponderava aquele membro do governo, dirigindo-se a Antas de Oliveira:

> Vuestra Excelencia no puede dudar de que, de acuerdo al texto y al espíritu de estas convenciones [sobre asilo territorial], el Gobierno argentino cuida que el Señor Galvão no cometa en território argentino actos que pongan en peligro la paz pública de Portugal.

([442]) AHD/S21/E6/P4 — 14927. Informação de Serviço de Carlos Fernandes, «Henrique Galvão, Refugiado Político na Argentina», de 11 de Junho de 1959.

([443]) AHD/S21/E6/P4 — 14927 — ofício da Embaixada de Portugal em Buenos Aires para o Ministério dos Negócios Estrangeiros, de 17 de Novembro de 1959.

Porém, escrevia:

> Vuestra Excelencia comprenderá fácilmente que, sin perjuicio de las aludidas medidas de precaución, el Gobierno argentino no podría adoptar medidas especiales que afectaran la libertad de expresión a que tienen derecho todos los habitantes del território argentino, conforme al artículo 14 de la Constitución Nacional.([444])

Decidira o governo argentino desvalorizar o «episódio», dando por certo que ele não chegaria a afectar «lo más mínimo» as relações cordiais entre a Argentina e Portugal([445]).

A 17 de Setembro, Henrique Galvão passaria à Venezuela, não sem antes expressar o seu reconhecimento às autoridades argentinas, na pessoa do subsecretário de Estado das Relações Exteriores.

Da Embaixada de Portugal em Buenos Aires, Carlos Lemonde de Macedo comunicava às Necessidades:

> Fui hoje informado [que] Galvão partira há dias para [a] Venezuela. Procurei imediatamente [o] Embaixador Pablo Pardo, assessor jurídico [do] Ministério Negócios Estrangeiros, que me disse de nada ter conhecimento. Ia proceder [às] necessárias indagações e ficou de me convocar logo que elucidado [das] condições [em] [que] Galvão abandonara [a] Argentina. Conquanto admitindo saiam clandestinos reiterou [que] estas autoridades não podiam impedir [que] [o] asilado deixasse [o] país.([446])

Havendo-se levantando obstáculos no Rio de Janeiro à deslocação para o Brasil de Henrique Galvão, a que não eram alheias as «apreensões» com que o governo português encarava essa hipótese, decidiu-se aquele por se dirigir por carta ao presidente Juscelino, precisamente na altura em que se mudava para Caracas:

([444]) «Todos los habitantes de la Nación gozan de los siguientes derechos conforme a las leyes que reglamenten su ejercicio, a saber: de trabajar y ejercer toda industria lícita; de navegar y comerciar; de peticionar a las autoridades; de entrar, permanecer, transitar y salir del territorio argentino; de publicar sus ideas por la prensa sin censura previa; de usar y disponer de su propiedad; de asociarse con fines útiles; de profesar libremente su culto; de enseñar y aprender».

([445]) AHD/C E39/P4 VI-2043.

([446]) AHD/S21/E6/P4 — 14927/ofício da Embaixada de Portugal em Buenos Aires ao Ministério dos Negócios Estrangeiros, de 17 de Novembro de 1959.

Senhor Dr. Juscelino Kubishek [*sic*]
Ilustre Presidente da República dos Estados Unidos do Brasil
Excelência:

Perdoe Vossa Excelência a sem-cerimónia da minha exposição.

Ainda incomunicável em cárceres do chamado «Estado Novo» que ocupa o meu país, escrevi cartas que o «Correio da Manhã» publicou e que diziam o meu anseio de ir para o Brasil. Era e é um empenho de português e de escritor, assim documentado há anos — e não um alvo político agora improvisado.

Nunca poderei esquecer o generoso e liberalíssimo acolhimento que me prestou a República Argentina, contra todos os esforços mobilizados pelo governo português para me reaver nos seus antros prisionais.

Mas V. Exa não pode imaginar o que seja ter estado encarcerado sete anos, ante as perspectivas de ter de penar por mais doze — e, depois de solto no mundo, ser privado do contacto humano no único lugar onde se fala e escreve livremente a nossa língua.

Desde de [*sic*] desde ano, tenho pedido reiteradamente, em vão, no Consulado do Brasil em Buenos Aires, o meu visto de entrada no Brasil. A República Argentina, a despeito das instâncias que o governo de Lisboa terá feito para eu ser retido, tem-me deixado sempre livre de sair. A República da Venezuela, aonde agora me dirijo, não levantou a menor dificuldade para me receber e acolher. Somente o Brasil tem fechado as suas fronteiras a um exilado, tornando-se o único português a quem recusa acolhida.

E como eu não pudesse acreditar — demais tratando-se de alguém que era igualmente tão publicamente reconhecido como vítima de uma tirania discricionária como conhecido pelos sentimentos manifestados pelo Brasil — que esta situação houvesse sido criada por um sentimento expresso do povo brasileiro, ocorreu-me escrever, um por um, a todos os meus colegas brasileiros rogando a cada qual um gesto de solidariedade que me permita crer que só tenho sido exilado do Brasil por alguma daquelas razões que a Razão não entende. Porém, um escritor notável e grande orador, de cujo dinamismo invulgar e de cujos gestos de coração tenho conhecimento, preside aos destinos da grande Pátria.

Seja dirigido a ele o primeiro apelo da minha alma amargurada por esse gesto de solidariedade.

Não está no meu carácter suplicar aos homens — e não por imperativos do orgulho; simplesmente por dignidade de vertebrado. Não suplico, pois, apesar de toda a amargura, isto que até agora me tem sido negado, e que reiteradamente pedi e que por tantos motivos desejaria que não me fosse recusado. Procuro junto de Vossa Excelência a solidariedade do escritor e do democrata, com a esperança que dela resulte, natural e justamente, o termo da minha situação de... exilado do Brasil.

Agradecendo antecipadamente a V. Excelência a atenção que se dignar prestar a esta exposição, subscrevo-me com a mais alta e respeitosa consideração —

Buenos Aires (de abalada para Caracas), 29 de Outubro de 1959

(*Henrique Galvão*)

Mantendo-se a situação, que se arrastou para o ano seguinte, Henrique Galvão multiplica os contactos no sentido de as autoridades brasileiras serem pressionadas a conceder-lhe visto de entrada. Contaria para isso com a solidariedade de Álvaro Lins, que lhe escreveu, assim:

Rio de Janeiro — 17 de Maio de 1960 Confidencial

Meu caro amigo e heróico companheiro Capitão Galvão,

Permita que comece por desculpar-me pela demora com que respondo à sua carta de 9 de Abril. E com alegria a honra a recebi e li! Alegria por ter notícias suas, numa comunicação direta, embora epistolar; honra pelas palavras com que nela se exprime o meu respeito. Vindas de tão alto, de um homem com seu valor moral e sua posição política — mais ainda: com a sua legítima legenda de herói e mártir — os seus conceitos muito me honraram. Também eu tive pena de que naquele 17 de Fevereiro (foi esta mesmo a data?) não tivesse Henrique Galvão, com o seu caixote às costas, penetrado na Embaixada do Brasil, onde eu teria procurado corresponder à sua confiança na honra e na hospitalidade do meu País. Pelo menos, o meu caro amigo já estaria hoje no Brasil; e se teria poupado ao Itamaraty de Negrão de Lima e Horácio Lafer — mas, de qualquer forma, ao menos momentaneamente, ao Itamaraty do Brasil sob Kubitschek — a vergonha da transação com a ditadura salazarista para negar-lhe visto de entrada em nossa terra tão fraternalmente ligada à sua. Conheço a fundo a transação torpe e até os seus documentos. Denunciei-o já num artigo para o Diário de Notícias, no começo deste mês, cujo recorte lhe remeto junto. Só em caráter particular e reservado, digo-lhe a autoria. Não por medo da responsabilidade, mas porque assim combinei com a direção do Diário de Notícias. Creio, aliás, que o meu caro amigo conheceu o diretor desse jornal, o dr. João Dantas, há poucos dias de passagem por Caracas, vindo de Cuba. Ele me falou de si, a quem fora apresentado num rápido encontro.

Junto também encontrará outros recortes recentes, inclusive um com o discurso que pronunciei agora em São Paulo. Está tendo alguma repercussão porque significou a abertura da campanha contra a viagem de Kubitschek a Portugal. E também porque é o meu primeiro pronunciamento público de hostilidade a um homem, a quem estive ligado, mas de quem estou disposto a separar-me, radical e ruidosamente, pelas nossas diferenças de posições ideológicas e humanas em face da ditadura portuguesa.

Peço-lhe que leia tudo o que lhe remeto com esta carta; e tenha a bondade de enviar-me a respeito as suas impressões e sugestões. Confio muito no seu conhecimento do problema político português, na sua experiência e autoridade.

Outra coisa, e fundamental: parece-me que se faz necessário, e é imprescindível, a sua entrada e permanência no Brasil antes que o presidente J. K. vá a Portugal. E não tanto por si, mas pela causa da democracia em Portugal. Pelo empenho da ditadura salazarista, para que o meu ilustre e caro amigo não venha para o Brasil, bem pode imaginar o significado da derrota dessa mesma ditadura caso se verifique com êxito a sua entrada no Brasil, com um visto imposto ou arrancado ao governo pela opinião pública. Para sua orientação: no Brasil, a opinião pública, para tais coisas, tem mais poder do que o governo... Tenho um plano neste sentido. Peço dizer-me se quer examinar o assunto comigo, mas em termos rigorosamente confidenciais, apenas e só entre nós dois, pelo menos no começo.

Deixei para o fim as desculpas pela demora em responder a sua carta. Recebia-a com atrazo, porque estava de viagem ao norte. Depois fui a São Paulo, de onde só voltei há três dias.

Um afectuoso abraço de estima pessoal e fraternidade política,

Álvaro Lins[447]

---

[447] https://ephemerajpp.com/2016/01/01/correspondencia-henrique-galvao-alvaro-lins/#jp-carousel-198986.

Dias depois, Henrique Galvão responde a Lins:

Caracas, 24 de Maio 1960

Meu Prezado Companheiro e Querido Amigo Dr. Álvaro Lins:

Ontem, num recorte enviado do Rio, havia lido o seu formidável discurso de S. Paulo. Hoje, tinha principiado uma carta, que seria um abraço por essa límpida lição de dignidade política, de disciplina de pensamento e de serenidade intelectual, quando recebi a sua carta de 17 e documentos anexos.

Seria preciso que o Dr. Álvaro Lins estivesse ao facto de todas as circunstâncias de luta quase solitária que me absorve desde que, na sequência de outra não menos solitária, cheguei à América do Sul, para poder avaliar a jubilosa comoção com que li o seu discurso e, depois, esta sua gentilíssima carta. Encontro finalmente, como lâmpada repentinamente acesa numa escuridão, um Homem.

Pede-me impressões, opiniões e sugestões sobre os documentos que teve a generosidade de enviar-me. As impressões e opiniões acudiram tão espontaneamente ao meu espírito como aos olhos me acudiria o reflexo de um espelho. Poderei resumir assim: é dessa maneira, ao mesmo tempo serena e vivíssima, tão limpa como corajosa e oportuna, que se luta, se combate, e, sobretudo, que se dá ao passionalismo das massas, geralmente desorientado ou decapitado pelas intrigas dos chamados líderes, o sentido essencial dos ideais democráticos. Os ditadores devem a sua estabilidade muito mais aos desacertos dos intelectuais ou líderes das oposições democráticos — estes, geralmente, de um passionalismo tão impulsivo e desordenado como o das massas mobilizáveis, mas muito menos puro — do que às suas forças tradicionais de choque. A importância de uma acção, posta assim, na melhor oportunidade, com superior sentido político, contundente como não podem deixar as acções combativas mas, ao mesmo tempo, tão limpa nos meios intelectuais de que se serve como nas ideias que a dominam que demonstra que a política pode não ser uma simples porcaria — eu avalio-a, quanto ao Brasil, a partir do facto que me lembra na sua carta: «no Brasil, a opinião pública para tais coisas, tem mais poder que o Governo». Quanto a Portugal, que está para o actual Governo brasileiro como uma ditadura de véus esfarrapados está para uma cripto democracia, eu vejo nela, em função da acção que tento vertebrar, a tal lâmpada que repentinamente se me acende numa escuridão.

Muito obrigado, Dr. Álvaro Lins — como amigo, como português e como democrata. Estamos de acordo sobre a necessidade da minha entrada e permanência no Brasil — que é a necessidade de uma vitória da opinião pública sobre a coligação Salazar-Itamaraty tão interessante para a causa dos portugueses como para o Brasil brasileiro. Outras razões de utilidade se levantam.

Como realmente tanto me intressa (encontrei finalmente um Homem) como me agrada examinar o assunto consigo — e só consigo — e dado que os termos são confidenciais como naturalmente devem ser, principio por pô-lo ao corrente de algumas circunstâncias a considerar.

Vim para aqui, como sabe, por não poder entrar no Brasil e porque em Buenos Aires, de onde aliás só me retirei com gratas lembranças, nada poderia fazer de útil. Fui atraído à Venezuela por promessas excessivamente mirabolantes para que pudesse acreditar em todas, mas confiado em que algumas se cumpririam. Vim encontrar um país de loucos. De tudo o que me havia sido prometido e do qual uma parte me permitia dar à nossa luta um rumo que poderia ir muito brevemente às proximidades das coisas decisivas, só pude contar com uma liberdade de movimentos que possivelmente não encontraria em qualquer outro país. Porém, uma liberdade como a que teria no Deserto — liberdade sem recursos de qualquer espécie, além dos próprios, entre uma gente que tudo promete e nada cumpre e que parece afogada em petróleo. Como só disso dispunha e não poderia voltar atrás, tratei de fazer a minha omelete sem ovos — como certos pasteleiros. É o que, bem ou mal, consegui levar por diante, com a meia dúzia de gatos (aliás bons) que descobri, levou-me à beira de uma operação de grande vulto que, se não me faltarem os 25 000 dólares que neste momento procuro, não só dará à nossa luta, praticamente, um sentido inteiramente novo como poderá também levá-la a uma margem decisiva. Esta coisa está engendrada para fins de Julho, mais semana menos semana — e, sem a liberdade de movimentos de que gozo aqui, não poderia lançá-la.

Quando vai o K. a Lisboa?

Temos de considerar duas hipóteses: ou a campanha da opinião pública brasileira frustra a viagem — e essa vitória seria enorme; ou a viagem se realiza e as coisas se podem compor de maneira que, apesar disso, os seus resultados constituam também, embora menos retumbante, outra vitória. Provisoriamente, enquanto não virmos as coisas de todos os ângulos, creio que se poderia adoptar o seguinte plano: obter a autorização para a minha entrada no Brasil com permanência. Eu declararia imediatamente o meu desígnio de lá me instalar — mas só iria ou não iria imediatamente, conforme as circunstâncias da operação de Julho o permitissem ou não. Obtida essa autorização, eu poderia até ir, simbolicamente ao Brasil, como a tomar posse do meu lugar de exilado na Pátria Irmã, por dois ou três dias e regressar aqui até a operação se decidir.

Que lhe parece?

Nada mais, sendo esta hipótese muito próxima já de um acontecimento de grande alcance e no qual deposito as melhores esperanças, pode travar o meu desejo (poderia dizer ansiedade) de ir para o Brasil.

O que eu daria neste momento para que pudéssemos conversar durante umas boas horas — e como essa conversa poderia ser útil!

Encontrei finalmente um Homem.

Muito obrigado Dr. Álvaro Lins, pela alegria rara que me deu e pelo conforto que trouxe a um pobre diabo que ainda acredita que a política pode ser alguma coisa diferente de uma luta de sapos num pântano.

Abraços, abraços, abracíssimos([448])

...

Foi ao Brasil que Galvão acabou por aportar, como sempre fora seu desejo, aí tendo dado continuidade a um longo exílio do qual não regressou([449]).

([448]) https://ephemerajpp.com/2016/01/01/correspondencia-henrique-galvao-alvaro-lins/#jp-carousel-198985.

([449]) Henrique Galvão faleceu em São Paulo a 25 de Junho de 1970. João Alves das Neves escreveu terem comparecido ao velório nove pessoas, entre elas Ruy de Mesquita, ao tempo director d'O *Estado de São Paulo*, tendo sido apenas seis os portugueses que acompanharam Galvão ao cemitério de Vila Nova Cachoeirinha. Alves das Neves recordou ainda ter-se incumbido de entregar à viúva, Maria de Lourdes Galvão, em Lisboa, o dinheiro que deixara, «pouco mais de 3 mil cruzeiros!» (http://joaoalvesdasneves.blogspot.com/2009/06/in--memoriam-henrique-galvao-escritor-e_17.html). Os restos mortais de Henrique Galvão seriam trasladados para Portugal em 1991. A 9 e 10 de Novembro desse ano, a Câmara Municipal de Lisboa promoveu uma «Homenagem ao Capitão Henrique Galvão», tendo usado da palavra no cemitério dos Prazeres, Camilo Mortágua, «em representação dos companheiros de acção do capitão Henrique Galvão»; José Maria Homem de Montes, em representação d'O *Estado de São Paulo*, de que era director, e dos integrantes brasileiros da comissão organizadora da trasladação, e Jorge Sampaio e Mário Soares, respectivamente presidente da Câmara Municipal de Lisboa e presidente da República. Agradeço a António Lobo Vilela as informações sobre essa homenagem à qual ligou também o seu nome. Ainda O *Público*, de 11 de Novembro de 1991.

Outros asilados

Num momento em que não estavam ainda encerrados os casos Delgado e Galvão, um cidadão português de apelido Abreu — assim apenas referido na documentação diplomática — acolheu-se na Embaixada de Cuba em Lisboa. Tratava-se de Rodrigo Teixeira Mendes de Abreu, professor do ensino liceal e técnico-profissional, e lavrador, cujo nome aparecera no Porto como candidato da oposição em 1957(450) e foi muito próximo de Delgado, tendo-o avisado, a 10 de Janeiro de 1959, estar na iminência de ser preso. Frederico Delgado Rosa refere esse aviso de Rodrigo de Abreu, e aliás também o de José Plácido Barbosa, entre os factores decisivos para a decisão do general Delgado pedir asilo diplomático, e afasta a ideia de o aviso de Mendes de Abreu poder ter sido justificado pela ligação deste à PIDE, ponderando: «O facto de ter mais tarde renegado, junto da PIDE, o seu passado de luta não é senão uma prova adicional de que era um oposicionista convicto e de facto, ao tempo da sua colaboração com Humberto Delgado»(451).

---

(450) *República*, de 12 de Outubro de 1957. Mário Matos e Lemos, *Candidatos da Oposição à Assembleia Nacional do Estado Novo (1945-1973), Um Dicionário*, Coordenação e Prefácio Luís Reis Torgal, Alfragide, Texto, 2009, pág. 96. No apontamento biográfico de Rodrigo Abreu, lê-se, a final, que «viria a ser identificado como informador da PIDE ainda antes do 25 de Abril».

(451) Frederico Delgado Rosa, *Humberto Delgado, Biografia*... cit., págs. 762–764. Algumas personalidades próximas do general Delgado deixariam testemunho de forte reserva em relação a Rodrigo de Abreu, o qual viria a incompatibilizar-se com o general Delgado, reagindo a uma carta que este lhe dirigira de Caracas (a este respeito, Luís Abreu de Almeida Carvalhal, *A Verdade sobre Humberto Delgado*... cit., págs. 140–141). A carta subscrita por Rodrigo de Abreu dirigida a Delgado aparece datada no Rio de Janeiro a de 31 de Outubro de 1959, terminando nos seguintes termos: «Subscreve-se o que serviu sempre com lealdade e dedicação, nunca atraiçoou ninguém, mesmo o Salazar, e, com tempo, consultando a sua consciência, confessa publicamente, que desde este momento deixa de servir Vossa Excelência». Ainda Dawn Linda Raby, *A Resistência Antifascista*... cit., págs. 222–223, de acordo com a qual foram as «provocações da PIDE que levaram Delgado a tomar a decisão apressada (demasiado apressada, segundo alguns), de pedir asilo», referindo-se à persuasão de Delgado por Rodrigo de Abreu e Plácido Barbosa, de que a sua vida corria perigo. A autora refere ainda os testemunhos que colheu de Fernando Piteira Santos, Artur Andrade e Alcina Bastos, no sentido de que vários dos colaboradores mais íntimos do general, ao tempo do pedido de asilo, estavam convencidos do «estratagema do regime para o fazer sair do País, dado que as autoridades não se atreveriam a prendê-lo se ele ficasse em Portugal». Num depoimento a Beça Múrias, Artur Andrade considerou o pedido de asilo um

A imprensa brasileira deu notícia do pedido de asilo de Rodrigo Mendes de Abreu, referindo, com evidente exagero, tratar-se de um «proeminente líder da oposição em Portugal»([452]). Para a história ficariam a carta dirigida por Rodrigo de Abreu ao presidente do Conselho, na sequência do discurso deste na posse da Comissão Executiva da União Nacional, a 6 de Dezembro de 1958, e aquela que teve como destinatário o bispo do Porto, D. António Ferreira Gomes, a título de manifestação de apreço pela missiva «tão corajosa» que o prelado enviara a Salazar.

O ministro Marcello Mathias informou a 4 de Maio o embaixador português em Havana com carácter *confidencialíssimo*. Distinguindo os casos Abreu e Galvão, e considerando Abreu um «falso refugiado», observou não poder ele invocar à entrada da Embaixada cubana «qualquer ameaça à sua liberdade ou à sua vida». Desejando, porém, o ministro a resolução rápida do assunto, alertou o embaixador para o facto de a situação de Abreu poder alterar-se caso viessem a «descobrir-se contra ele no futuro quaisquer responsabilidades penais». Sendo

---

«erro político muito grande», dizendo não ter tido conhecimento prévio e ter sido o assunto planeado em Lisboa, tendo andado muito «metido nisso o tal Rodrigo de Abreu», e questionou: «Não teria sido uma coisa forjada pela própria PIDE para o afastar de Portugal?», acrescentando: «Cá, mesmo demitido, era uma ameaça permanente para o Governo» (Manuel Beça Múrias, *Obviamente Demito-o, Retrato de Delgado nas Palavras dos Companheiros de Luta*, s/l e s/d). Ainda, referindo o facto de António Macedo ter apontado Rodrigo de Abreu como um dos «agentes duplos» e considerando que foi graças à acção destes, «nomeadamente da PIDE», que Humberto Delgado se refugiou e pediu asilo à Embaixada do Brasil, Pedro Ramos de Almeida, *Salazar, Biografia da Ditadura*, Lisboa, Edições «Avante!», 1999, pág. 582. Agora, relatando um facto que aponta para a conexão de Rodrigo de Abreu com o informador da PIDE, *Alegre*, empregado da fábrica Vista Alegre em Ílhavo, Paulo Marques da Silva, *A PIDE e os seus informadores, O caso de Inácio*, Apresentação de Luís Reis Torgal, Coimbra, Palimage, 2019, págs. 35–36. Contrariando a tese da ligação de Rodrigo de Abreu à PIDE, Adrião Pereira da Cunha, *Humberto Delgado no Portugal de Salazar*, Porto, Edições Afrontamento, 2018, págs. 528–537. Por seu lado, José Pacheco Pereira, *Álvaro Cunhal, Uma Biografia*... cit., pág. 679, escreve que Delgado começara por «temer ser preso e mesmo pela sua vida», acrescentando adiante: «No início de 1959, é óbvio que Delgado acabaria por ser preso, mais cedo ou mais tarde». A este respeito, Américo Tomaz, *Últimas Décadas de Portugal*, vol. III, Lisboa, Edições FP, 1983, pág. 29, utilizou uma fórmula equívoca: «A meio do mês de Janeiro, o candidato vencido na eleição de 8 de Junho de 1958, solicitou asilo político na Embaixada do Brasil em Lisboa, sob a alegação de se considerar na iminência de ser preso, o que não correspondia à realidade, *pelo menos nessa altura*» (itálico nosso).

([452]) *A Tarde*, de 6 de Maio de 1959.

assim, se Abreu saísse imediatamente da Embaixada e partisse com o passaporte que possuía, nada lhe iria acontecer. E acrecentava o ministro:

> Mas se continuar na Embaixada pode eventualmente acontecer que venham a descobrir-se quaisquer acusações legais contra ele (o que a sua ida para aquela Missão Diplomática parece inculcar), e então [a] sua situação será muito delicada porque em face do memorandum que aí entregamos não haverá outra evolução do assunto que não seja a sua permanência na Embaixada por tempo ilimitado ou a sua entrega às autoridades portuguesas, voluntária ou compelido pelas autoridades diplomáticas da missão onde se encontra. Segundo aqui nos diz [o] Encarregado de Negócios, Abreu tenciona partir dentro de dois dias de avião e nada obstará a essa partida se até lá a situação continuar a mesma, isto é, se até lá nada se apurar contra ele([453]).

Por fim, o ministro observava que os termos da *nota verbal* enviada ao encarregado de negócios de Cuba eram idênticos aos da *nota* assinada que seria oportunamente remetida à Embaixada da Venezuela relativamente ao «caso sr. Calafate»([454]). Referia-se o ministro ao oficial de cavalaria Luís Calafate, de seu nome completo Luís Cesariny Calafate, que solicitara e obteve asilo a 19 de Março naquela representação diplomática, o qual lhe foi concedido pelo embaixador Roberto Machado Morales, perante a invocação da Convenção de Havana([455]), e seria confirmado por Rómulo Betancourt, proclamado presidente da Venezuela, como referimos, havia poucas semanas([456]).

([453]) AHD/PEA25/Pasta 2 — telegrama do Ministério dos Negócios Estrangeiros para a Embaixada de Portugal em Havana, de 4 de Maio de 1959. O anteriormente citado jornal baiano, *A Tarde*, noticiou que Abreu iria partir «com um visa normal da Embaixada cubana» e que a polícia declarara que «nunca [o] estivera perseguindo [...] não obstante as suas reiteradas afirmações de que estava sendo procurado para ser preso», concluindo: «Abreu, um ex-partidário do primeiro-ministro Oliveira Salazar, deu apoio à campanha política do general Humberto Delgado no pleito presidencial».

([454]) AHD/PEA25/Pasta 2 — telegrama do Ministério dos Negócios Estrangeiros para a Embaixada de Portugal em Havana, de 4 de Maio de 1959.

([455]) *Revista do Povo*, de 1 de Fevereiro de 1975, pág. 7. Heloísa Paulo, *Exilados portugueses na América do Sul: republicanos e revolucionários (1926-1964)*, I Jornadas de Trabajo sobre Exilios Políticos del Cono Sur en el siglo XX, Setembro de 2012, La Plata, Argentina, pág. 8-10.

([456]) Tenente-coronel Luís Calafate, *A Liberdade tem um preço*, Póvoa de Varzim, Edição do Autor, Abril 1975, pág. 34.

Luís Calafate haveria de referir-se à prodigalidade do embaixador e embaixatriz em «atenção de cordial hospitalidade»([457]), escrevendo, também, que nunca a rigorosa disciplina do direito de asilo lhe fora comunicada através de «duras fórmulas que ferem»([458]).

Luís Calafate deu notícia de um eventual corte das relações diplomáticas da Venezuela com Portugal seguido de congelamento das remessas de dinheiro dos emigrantes, dizendo não ser «inverosimilhança de megalómana fantasia minha»([459]). E fez menção às diligências que junto dele haviam sido realizadas, no sentido de desistir do pedido de asilo, entre outros por Kaúlza de Arriaga, «camarada e amigo desde os bancos do liceu» — como sublinhou —, tendo ficado o ministro da Presidência, à espera, no carro, recordando que o diálogo havia sido «duro», «amargo» e pelo menos para si «doloroso»([460]).

A situação manteve-se ao longo de vários meses. Só em Julho Calafate saiu rumo à Venezuela num avião da Viasa, tendo-se dirigido de táxi ao aeroporto, cumprida a exigência de manter em segredo «para toda a família» a sua partida. Em Santa Maria, onde o avião reabasteceu, Calafate manteve-se «escondido a bordo», como lhe fora determinado([461]). Partira, como escreveu, «a caminho da Liberdade», acrescentando: «A embriaguez desta suprema conquista tinha o forte sabor do duplo triunfo sobre a infernal eficácia da máquina pidesca e sobre o ditador Salazar»([462]).

Manuel Serra, dirigente da Juventude Operária Católica (JOC), envolvido igualmente na gorada «Revolta da Sé», acolher-se-ia também

---

([457]) *Idem*, *ibidem*.

([458]) *Idem*, pág. 37.

([459]) *Idem*, pág. 41.

([460]) *Idem*, pág. 50.

([461]) *Idem*, pág. 123.

([462]) *Idem*, pág. 9. Luís Calafate haveria de regressar a Portugal, sendo mobilizado para Angola. Caetano Vasques Calafate dirigiu uma carta a Salazar, a 23 de Novembro de 1962, para lhe agradecer o ter «permitido» a reintegração no exército de seu filho Luís, escrevendo a dado passo: «A forma generosa — melhor dizendo: cristã — como foi recebido pelas entidades oficiais, no seu regresso a Portugal, ficou-me no coração a recordar, para sempre, a parábola do filho pródigo do Evangelho. Agora que meu filho está em Angola a cumprir o seu dever ao serviço da Pátria, sinto-me mais à vontade, para vir, por este meio, manifestar a Vossa Excelência a minha gratidão e o da minha família pela sua grande clemência» (*Cartas Singulares a Salazar*... cit., págs. 73–74).

na Embaixada da Venezuela([463]), de onde aliás se viria a ausentar([464]), e Sebastião Ribeiro obteve asilo na representação diplomática da Colômbia, num momento em que o governo de Bogotá retirara de Lisboa o seu embaixador López Narváez, por se haver recusado a conceder asilo a Fernando Oneto — o qual conseguira evadir-se do tribunal militar territorial —, substituindo-o por Enrique Santos Montejo, que, recém-chegado a Portugal, renunciou ao cargo por lhe ter sido comunicado pelo Ministério dos Negócios Estrangeiros que o agendamento da cerimónia de apresentação de credenciais ficava dependente da retirada do pedido de salvo-conduto para Sebastião Ribeiro.

Ao incidente diplomático entre as autoridades de Bogotá e as de Lisboa daria destaque o *Diário de Notícias*, do Rio de Janeiro, lendo--se a dado passo:

> O incidente tem os seus lados positivos: mostra a toda a América Latina, hoje em vias de democratização, a espécie de governo que domina o povo português. A partir de agora, depois dos incidentes que já se deram, a América Latina pode organizar um plano em comum para impor em Lisboa o direito de asilo como condição para haver relações normais. É o momento da América Latina agir em comum numa posição de força, de força diplomática, pois outra linguagem não entende o ditador Salazar. À Colômbia tem de ser oferecido o mais irrestrito apoio dos outros países da América Latina, e ao embaixador Enrique Santos Montejo, que é também um jornalista, o apoio integral da imprensa. Não é possível à América Latina ser periodicamente enxovalhada em Lisboa, provocando Salazar país por país e contando sempre com a impunidade. Só quando

([463]) Franco Nogueira, *Salazar, V...* cit., págs. 56–57.

([464]) A 30 de Agosto de 1960, o tenente-coronel Pessoa de Amorim, da PIDE, dirigiu-se directamente a Salazar. Informou ter tido informação «fidedigna» que Azevedo Gomes abordara Negrão de Lima no dia do funeral de Jaime Cortesão acerca de uma projectada transferência de Manuel Serra da Embaixada de Cuba para a do Brasil. De acordo com o informador de Salazar, o embaixador do Brasil pedira dois dias para responder e afinal concordara. E escreveu Pessoa de Amorim ao chefe do governo: «Se V. Exa. consentir que eu trate da saída do Serra directamente com o Embaixador do Brasil, e se este confiar em mim, estou certo de que o Governo se libertará de mais uma contrariedade» (TT-AOS-PC77). Como recorda Alberto da Costa e Silva, *Ficções...* cit., pág. 559, «Negrão negociou a partida imediata de Serra para o Brasil. Fui à PIDE buscar o seu passaporte e, à noite, o levei ao aeroporto».

Salazar se defrontar com uma represália colectiva, represália diplomática, é que entenderá e mudará de atitude.([465])

O advogado Manuel Sertório([466]), ligado à *Seara Nova*, revista da qual chegou a ser director-adjunto e editor([467]), solicitaria também asilo diplomático, a 1 de Dezembro — cujo processo justifica estudo futuro —, o qual lhe foi concedido pela legação do Uruguai em Lisboa, tendo partido para Montevideu a 5 seguinte. De acordo com a atenta imprensa brasileira, tratava-se do quinto caso de asilo([468]), seguindo-se aos de Humberto Delgado, Henrique Galvão, Luís Calafate e Rodrigo de Abreu.

Também o arquitecto Horácio Augusto Fernandes Gradim pediu asilo na legação da Venezuela a 15 de Fevereiro de 1960([469]) — ali se

([465]) *Diário de Notícias*, de 12 de Maio de 1960. Ao caso do asilo de Sebastião Ribeiro havia de referir-se Álvaro Lins (*Portugal Democrático*, ano IV, n.º 37, Junho de 1960).

([466]) Manuel Sertório, *Humberto Delgado, 70 Cartas Inéditas, Introdução, A luta contra o Fascismo no exílio*, 2.ª edição. Lisboa, Praça do Livro, 1978. Ainda, Carlos Fernandes, *Recordando o caso Delgado*... cit., págs 99–100.

([467]) *Seara Nova*, ano XXXVI, n.os 1347–1348, Janeiro-Abril de 1958. Manuel Sertório publicou nessa edição da revista o artigo «A acção eleitoral», apelando à «presença de todos os democratas na luta eleitoral [...] em nome da sua necessária unidade de acção e da generalização da luta ordeira de todos os cidadãos em prol da democracia».

([468]) *O Jornal*, de 3 de Dezembro de 1959. O caso mereceu também a atenção da imprensa argentina, *La Prensa*, de 3 e 8, e *La Nación*, de 6 de Dezembro de 1959, e naturalmente da imprensa uruguaia, do que deu informação a Lisboa, o encarregado de negócios em Montevideu, Carlos Fernandes. Também na Europa a imprensa fez eco do acontecimento (AHD/S3/E34/P4/34954 — Asilo político do Dr. Manuel Sertório).

([469]) A respeito do caso Gradim, a 15 de Fevereiro de 1965 o ministro dos Negócios Estrangeiros, Franco Nogueira, dá orientações ao embaixador em Caracas, Rocha Fontes. Os argumentos repetem-se: Portugal não discutira, não assinara, nem ratificara convenções às quais os países latino-americanos se diziam obrigados, parecendo ao ministro inaceitável que procurassem impor a Lisboa «tais textos». Acrescia o facto de não existir pena de morte nem prisão perpétua em Portugal e as instituições e tribunais funcionarem normalmente. Sendo assim, nada fundamentava o asilo, que constituía, nas palavras do chefe da diplomacia, um «simples desejo [de] propaganda e de criar [um] clima [de] agitação e de dificuldade entre países cujas relações aliás não podem nem devem estar à mercê [de] qualquer aventureiro ou criminoso [que] se acolha [à] respectiva Missão Diplomática». No entender de Franco Nogueira, se os próprios países latino-americanos pretendiam defender o prestígio e a dignidade do direito de asilo, não deveriam colaborar com «farsas que levaram em tempo a que estudantes reprovados, advogados com dívidas ou operários despedidos tivessem procurado

encontrando asilados, a 11 de Dezembro de 1961, Rogério de Oliveira e Silva e Joana Francisca Fonseca Simeão —, tendo-se asilado na Embaixada da Argentina, em Novembro desse ano, Raúl Miguel Marques, ainda ali se encontrando em Setembro de 1963([470]), ano em

---

asilo em algumas outras Missões da América Latina aqui». E notou que essas Missões tinham compreendido haverem sido «vítimas de ludíbrio», pelo que até já se tinham desfeito dos «pseudo-asilados». O caso era, pois, nas suas palavras, de «chantagem pura». Gradim — cujo nome não é referido — fora condenado a dois anos e meio de prisão, que a ter sido cumprida o haveria já devolvido à liberdade. Para Franco Nogueira, que acompanhara na realidade todos os casos de asilo, desde logo como alto funcionário do Ministério e colaborador próximo de Marcello Mathias, o problema residia numa eventual cedência por parte do governo no último «caso de "asilo"»; tudo em seu entender recomeçaria. Exige então um compromisso da Venezuela, o de não conceder mais asilos nem acolher na sua Embaixada em Lisboa quaisquer indivíduos «se não nas estritas condições tradicionalmente aceites em Portugal (e nos demais países europeus) e que foram oportunamente definidas». Se houvesse assim um compromisso formal e escrito do governo de Caracas, Portugal autorizaria Gradim a partir para a Venezuela. E ponderava o ministro no seu telegrama: «Salientamos ainda que também existe neste país uma opinião pública que não consente ingerências estranhas em nome de textos que não subscrevemos e de princípios que nunca praticámos nem se praticam na Europa ou mesmo na América do Norte ou no resto do mundo». Deixou o ministro para o fim uma chamada de atenção «para o facto de ser comprovada [a] acção comunista [da] pessoa em causa muito nos surpreendendo [que] [o] Governo venezuelano não pareça atribuir suficiente importância [a] actividades comunistas quando estas têm Portugal por objectivo». «Para que nenhum aspecto seja omitido — instruiu o ministro —, convém que V. Exa. para [a] sua conversa alinhe por escrito todos [os] pontos constantes deste telegrama sem no entanto entregar qualquer papel» (AHD/S3/E34/P4/34954 — telegrama do Ministério dos Negócios Estrangeiros para a Embaixada de Portugal em Caracas, de 15 de Fevereiro de 1965). À semelhança do que sucedeu com as autoridades brasileiras, também as da Venezuela recusaram qualquer declaração formal como a exigida por Franco Nogueira, estando disponíveis, apenas, para, caso fosse autorizada a saída do país do asilado, se *esmerarem* na apresentação do «gesto de Portugal como "galhardia" [do] Governo português e não como uma concessão», o que podia ser apresentado aos jornalistas ou através de uma *Nota* dirigida à Embaixada de Portugal. Pressionado pelo núncio apostólico em Lisboa, o governo acabou por aceitar uma *Nota* da Venezuela na qual era declarado que «em face [de] qualquer pedido constitutivo de asilo diplomático que possa surgir no futuro, [o] Governo da Venezuela não deixará de tomar [em] consideração, sem prejuízo da posição de princípio da própria doutrina venezuelana, o ponto de vista do Governo Português sobre a matéria» (AHD/S3/E34/P4/34954 — telegramas da Embaixada de Portugal em Caracas para o Ministério dos Negócios Estrangeiros, de 3 de Março de 1965 e de 6 de Fevereiro de 1965).

([470]) AHD/S3/E34/P4/34954 — Pedido de asilo político na Embaixada da Argentina do português Raúl Miguel Marques.

que a Embaixada da Venezuela concedeu asilo ao estudante Carlos Dionísio([471]). Horácio Gradim permaneceu sete anos na Embaixada da Venezuela, findos os quais lhe foi atribuído um salvo-conduto pelas autoridades portuguesas tendo chegado a Caracas a 7 de Fevereiro de 1967.

A questão do asilo diplomático

A proximidade temporal entre a edição do estudo *Do Asilo Diplomático*([472]), da autoria do diplomata Carlos Fernandes, e os pedidos de asilo de Delgado e Galvão revestiu essa publicação de particular interesse, tanto mais que, como referimos, o autor teve contacto, na sua qualidade de funcionário do Ministério dos Negócios Estrangeiros, com aqueles casos de asilo([473]). Porém, tanto na edi-

([471]) AHD/S3/E34/P4/34954. O asilo, solicitado a 3 de Janeiro de 1962, foi comunicado ao Ministério dos Negócios Estrangeiros no dia seguinte. Tratava-se de um estudante de 18 anos, «que seria um dos assaltantes do quartel de Beja», sendo noticiado na edição de 27 de Março de 1963 do *La República*, de Caracas.

([472]) Carlos Fernandes, *Do Asilo Diplomático*, Com um Prefácio do Professor Doutor Marcello Caetano, Coimbra, Coimbra Editora, Limitada, 1961, antes publicado na revista *O Direito*. O estudo viria a ter edição em castelhano, *El Asilo Diplomatico*, Editorial Jus, México, 1970. Nas páginas de *O Direito*, ano 102.º, 1970, Abril-Junho, pág. 166, André Gonçalves Pereira, sem prejuízo do «mérito da obra», coloca em dúvida a tese do autor, embora reconheça não lhe faltarem argumentos, parecendo-lhe mesmo «sedutor» o «arrojo da concepção», a qual não lhe parecia ser confirmada pela «evolução dos últimos anos», ao continuarem a mostrar-se os Estados não pertencentes ao sistema latino-americano relutantes na aceitação do asilo interno. O interesse cedo demonstrado por Carlos Fernandes a respeito da questão do asilo pode comprovar-se ainda no AHD/Colecção de Relatórios e Monografias/Carlos Augusto Fernandes/*Uruguai e o Direito de Asilo* (Relatório anual do Dr. Carlos Augusto Fernandes, referência a 1956), Montevideu, Junho de 1957.

([473]) Carlos Fernandes, *Recordando o caso Delgado e outros casos*, Lisboa, Universitária Editora, 2002, págs. 96–97, escreve ter-lhe sido pedido pelo ministro Marcello Mathias um parecer urgente sobre o caso do asilo do general Delgado, e acrescenta: «Tão depressa quanto me foi possível, elaborei um largo e documentado parecer, acabando o Governo, depois, por decidir no sentido que eu entendi dever ser no caso concreto. Se não havia nada contra Delgado, este poderia sair para onde quisesse, documentado com o seu passaporte, que é o documento de viagem normal, e não, sob pretexto de asilado, com um salvo-conduto; se desejasse ser hóspede do Brasil, isso era problema entre ele e os brasileiros, com que o Governo Português nada tinha a ver». Não obstante diligências várias, não nos foi possível a consulta desse documento, inexistente no AHD.

ção portuguesa (1961) como na edição mexicana (1970) do referido estudo, é feita expressa alusão apenas ao caso de Humberto Delgado. De acordo com o autor, Portugal não discutira «o direito de asilo em si, limitando-se a referir que não era justificado neste caso, dada a tranquilidade existente e o facto de não existir sequer mandado de prisão contra o referido General, cuja liberdade de movimentos se garantia»([474]). Na edição de 1970 surge somente aditado o seguinte: «Delgado salió a Brasil con su pasaporte normal»([475]). Noutro passo da versão portuguesa lê-se: «Em 12 de Janeiro de 1959, o Brasil concede asilo em Lisboa ao General Humberto Delgado», enquanto na edição mexicana escreveu o autor: «El gobierno portugués no aceptó el asilo y Delgado tuvo que salir de Portugal com su pasaporte normal»([476]).

A versão de Carlos Fernandes correspondia, em síntese, à do governo português.

A ausência em ambas as edições do estudo de qualquer referência ao caso Galvão é significativa, admitindo-se que possa ter traduzido a intenção de o autor não se referir a uma situação politicamente muito incómoda, que era tipicamente de asilo, mas à qual o governo português pretendeu sempre negar essa natureza. Só, aliás, esse entendimento pode justificar a posição de Fernandes quando lhe coube pronunciar-se sobre a situação de Galvão no Estado asilante, na já referida Informação de Serviço: «Henrique Galvão, Refugiado Político na Argentina».

O tema do asilo diplomático não suscitara ao longo do tempo a atenção dos internacionalistas portugueses, assinalando-se, no entanto, a publicação em 1946 de *O Asilo Interno em Direito Internacional Público*, da autoria de Hugo Cabral de Moncada([477]), além do citado Relatório do diplomata Frederico José de Souza Teixeira de Sampayo: *O Direito de Asilo na América Latina*([478]).

Nessas circunstâncias, também o prefácio redigido por Marcello Caetano para o livro de Carlos Fernandes, seu antigo aluno na

---

([474]) Carlos Fernandes, *Do Asilo Diplomático...* cit., pág. 56.

([475]) Carlos Fernandes, *El Asilo Diplomatico...* cit., pág. 68.

([476]) Carlos Fernandes, *Do Asilo Diplomático...* cit., pág. 46 e *El Asilo Diplomatico...* cit., pág. 56.

([477]) Hugo Cabral de Moncada, *O Asilo Interno em Direito Internacional Público*, Coimbra, Edição do Autor, 1946. No dizer do autor, o estudo actualizou e reproduziu «em grande parte» os pontos de vista formulados na sua dissertação de doutoramento apresentada à Faculdade de Direito da Universidade de Viena de Áustria (*op. cit.*, pág. IX).

([478]) AHD/Colecção de Relatórios e Monografias/Frederico José de Souza Teixeira de Sampayo/*O Direito de Asilo na América Latina...* cit.

Faculdade de Direito de Lisboa, era de molde a suscitar especial interesse. Então dedicado ao reitorado da sua Universidade([479]), Marcello Caetano aproveitou esse prefácio para opinar sobre matéria à qual os casos Delgado e Galvão conferiam melindre jurídico-político e diplomático, tanto mais que o primeiro se colocava no domínio da sempre sensível relação bilateral de Portugal com o Brasil, a requerer extremos cuidados atenta a relação histórica, e por motivos relacionados com importância e interesses da numerosa comunidade portuguesa ali residente.

Não foi essa, aliás, a primeira vez que Caetano tratou do asilo diplomático. Optara mesmo por levar às páginas da edição de 4 de Fevereiro de 1959 do *Diário Popular* — dirigido ao tempo por Martinho Nobre de Melo, professor de Direito e antigo embaixador de Portugal no Rio de Janeiro([480]) — um artigo precisamente intitulado «O Asilo Diplomático». Marcello Caetano escrevia, pois, numa data em que o general Delgado já se encontrava sob protecção diplomática do Brasil.

Reconhecendo actualidade ao tema da prática do asilo diplomático, Caetano invocou os acontecimentos de Cuba — com a deposição revolucionária do governo de Fulgêncio Batista — que tinham colocado em rota de colisão as novas autoridades do país e o corpo diplomático acreditado em Havana. Na capital cubana, como foi sublinhado, os países sul-americanos tinham assinado em 1928 uma convenção destinada a regular a concessão do asilo([481]). Marcello Caetano esclare-

---

([479]) Recorde-se que Marcello Caetano havia cessado funções de ministro da Presidência em 14 de Agosto de 1958 e assumiu o cargo de reitor da Universidade de Lisboa a 20 de Janeiro de 1959.

([480]) A respeito, o nosso «Melo, Martinho Nobre de (1891-1985)», *in Dicionário da História da República e do Republicanismo*, vol. II: F-M, Lisboa, Assembleia da República, 2013, págs. 815-819 e Pedro Soares Martínez, «Martinho Nobre de Melo», *in A Faculdade de Direito de Lisboa no seu Centenário*, Coordenação de Martim de Albuquerque, Gonçalo Sampaio e Melo e Luís Waldyr, Direcção Artística de Luísa Castelo dos Reis, *Os Doutores*, vol. II, Lisboa, 2013, págs. 82-87.

([481]) A Convenção sobre asilo foi assinada em Havana a 20 de Fevereiro de 1928 na VI Conferência Internacional Americana. Foi ratificada pelo Brasil, Colômbia, Costa Rica, Cuba, Equador, El Salvador, Guatemala, Haiti, Honduras, México, Nicarágua, Panamá, Paraguai, Peru e Uruguai, sendo também signatários a Argentina, Bolívia, Chile e Venezuela, havendo a República Dominicana denunciado a Convenção a 6 de Outubro de 1954. Os EUA declararam não reconhecer a «chamada doutrina do asilo como parte do Direito Internacional». Nos termos do artigo 1.º, não era lícita a concessão de asilo a pessoas acusadas ou condenadas por delitos comuns, nem a desertores de terra e mar. O artigo 2.º previa o asilo

ceu logo que se referia a uma prática, e não a um direito. Mas, note-se, reconhecia figurarem Portugal e Espanha entre os Estados respeitadores dessa prática, e até lembrou ter constituído o asilo diplomático tema do Primeiro Congresso Hispano-Luso-Americano de Direito Internacional([482]).

Com efeito, esse Congresso reunira-se em Espanha, em Outubro de 1951, por iniciativa de um grupo de professores espanhóis de Direito Internacional, tendo sido então lembrado como seu antecedente, o Congresso Júridico Iberoamericano de 1892, realizado a título de gesto comemorativo do quarto centenário da descoberta da América([483]).

A organização do Primeiro Congresso Hispano-Luso-Americano, iniciada em 1950 sob a presidência de José de Yanguas Messía, secretariada por Manuel Fraga Iribarne e Luis García Arias, invocou os quinhentos anos do nascimento da Rainha Isabel, *a Católica.* O projecto de realização do Congresso obteve a ampla adesão das Repúblicas hispano-latino-americanas, e de Portugal, passando a integrar a comissão organizadora provisória o então secretário-geral do Instituto de Alta Cultura, António de Medeiros Gouveia. A comissão organizadora definitiva do Congresso integrou ainda Hugo Cabral de Moncada, Marcello Caetano, Gustavo Cordeiro Ramos, Vasco da Cunha, e os ministros Paulo Cunha, então titular dos Negócios Estrangeiros, e Fernando Pires de Lima, da Educação Nacional([484]).

O Congresso haveria de ser avaliado por Luis García Arias como o acontecimento jurídico que mais profundas possibilidades tinha

---

de delinquentes políticos como direito ou tolerância humanitária, e sempre que o admitissem o uso, as convenções ou as leis do país de refúgio, devendo ser observadas as disposições seguintes: 1) O asilo não podia ser concedido senão em casos de urgência e apenas pelo tempo estritamente indispensável ao asilado se colocar em segurança; 2) a autoridade concedente do asilo devia comunicar imediatamente às autoridades do Estado do asilado; 3) o governo do Estado do asilado podia exigir que o asilado fosse colocado fora do território nacional no mais curto espaço de tempo e o agente diplomático do Estado asilante podia por sua vez exigir as garantias necessárias para que o refugiado saísse do país com respeito pela sua inviolabilidade; 4) os asilados não podiam ser desembarcados em nenhum ponto do território nacional nem em local próximo; 5) enquanto durasse o asilo não era permitido aos asilados a prática de actos contrários à tranquilidade pública; 6) os Estados não estavam obrigados a pagar as despesas incorridas por aquele que concedesse o asilo.

([482]) *Actas del Primer Congreso Hispano-Luso-Americano de Derecho Internacional (Madrid, Octubre 1951)*, II tomos, Madrid, 1951.

([483]) *Idem*, tomo I, págs. 9–11.

([484]) *Idem*, tomo I, pág. 63.

estabelecido para um entendimento cordial e fraterno entre os homens de boa vontade, no sentido de contribuírem para a «clarificação das ideias-chave do ordenamento internacional por meio de uma doutrina comum, própria e original» das nações, disse, de «estirpe espanhola e portuguesa»(485).

Ora, entre essas «ideias-chave», destinadas a constituírem objecto de deliberação, encontrava-se a do direito de asilo, tendo sido encarregado de relatar o tema o internacionalista da Universidade de Santiago de Compostela, Camilo Barcia Trelles(486).

Por coincidência, à comissão encarregada de tratar o direito de asilo, presidiu um português, o professor de Direito José Lobo d'Ávila Lima(487), solicitante ele próprio de asilo na Embaixada do Brasil na

---

(485) *Idem, ibidem.* Ainda Luis García Arias, «El Primer Congreso Hispano-Luso-Americano de Derecho Internacional», *in Revista Española de Derecho Internacional*, vol. 3, n.º 3, 1950, págs. 933–966.

(486) *Idem*, tomo I, págs. 233–314. Os temas do Primeiro Congresso objecto de deliberação foram assim definidos: a) O problema da dupla nacionalidade; b) A fundamentação do Direito Internacional; c) O direito de asilo; e d) A execução das sentenças estrangeiras.

(487) Pedro Soares Martínez, «José Lobo d'Ávila Lima», *in A Faculdade de Direito de Lisboa no seu Centenário...* vol. II, cit., págs. 45–50, e o nosso *Política e Justiça na I República*, vol. I: 1910–1915, Lisboa, Letra Livre, 2010, págs. 326–327, sem referência, porém, ao pedido de asilo. *A Voz*, de 16 de Janeiro de 1959, fez referência ao pedido de asilo de Lobo d'Ávila, lendo-se aí: «O ministro Óscar Teffé acolheu carinhosamente o foragido. Mas o Itamaraty não aprovou e o diplomata teve de despedir o português asilado. Disse-se ao tempo que o ministro brasileiro obteve que o Dr. Lobo d'Ávila Lima fosse preso pela polícia e não pelos "carbonários", que eram então um poder; e mais: que não fosse preso junto da legação. A primeira condição cumpriu-se; a segunda não: o Dr. Lobo de Ávila Lima foi preso poucos metros depois. Este asilo foi recusado». O mesmo jornal refere-se ao pedido e recusa de asilo do conde de Bertiandos em 1915, quando do 14 de Maio, por parte da legação de Inglaterra e à concessão de asilo ao comandante Jaime Leote do Rêgo, a bordo de um navio inglês ao tempo da revolução sidonista. O articulista entendia que o direito de asilo não existia; existia «por assim dizer» uma praxe «mas tão assente e tão respeitada, que nem durante a guerra passada [1939–1945] foi infringida», acrescentando adiante: «O asilo político e diplomático pode ser dado ou recusado, conforme o chefe de missão entenda». Significativamente, o articulista escreveu ainda: «O Cardeal Mindszenty obteve asilo na Legação dos Estados Unidos em Budapeste, nos dias trágicos de 1956 e ainda lá se encontra, porque a Rússia não consente que o governo servo conceda o salvo-conduto. De resto, não seria de fiar muito de tal concessão. Nagy, depois do esmagamento da revolta, refugiou-se na Embaixada jugoslava. As autoridades militares soviéticas prometeram garantir a liberdade plena ao ex-chefe do Governo húngaro. Os refugiados e os jugoslavos acreditaram e os húngaros saíram. Foram logo presos e levados para onde não

capital portuguesa, havia muitos anos, em 1913, para o que invocara iminente risco de prisão por motivos políticos. Monárquico, e envolvido em conspirações contra o regime, Lobo d'Ávila Lima pretendera então colocar-se a salvo.

Na *Missão em Portugal*, Álvaro Lins recorda uma visita que recebera de quem identifica apenas com as iniciais L.C.F. Tratava-se, de acordo com as palavras de Lins, de um dos seus «bons amigos portugueses», um jurista «apolítico», «um dos melhores» do País, que havia sido «ministro no governo de Salazar». Lins diz ter sentido que aquele seu amigo, que de vez em quando, depois de almoço, lhe fazia uma visita de cortesia, se deslocara à embaixada «especialmente» para lhe contar um «antigo caso de refugiado político na sede da Missão Diplomática do Brasil em Lisboa». Tratava-se do caso de Lobo d'Ávila, que o interlocutor de Lins lhe referiu com pormenor([488]), ponderando este a dado passo:

> Pelo desfecho desgraçado do episódio, não sei se a intenção de L.C.F., ao narrá-lo, como um simples assunto de conversa e sem intenção nenhuma, foi sensibilizar-me, ou alertar-me, ou pôr-me em brios. Ou tudo isto ao mesmo tempo, hipótese, aliás, em que atingiu os três alvos.

E recordou depois o diálogo com L.C.F.

> — Sabe, Embaixador, conservou-se desde essa época uma espécie de círculo de pavor, entre os políticos portugueses ante a eventualidade de um pedido de asilo à Embaixada do Brasil. Permita a franqueza entre amigos: sabendo-se a influência talvez paternal dos governos portugueses sobre os governos brasileiros, com as possibilidades de pressão ou coação da colónia portuguesa sobre as decisões do Ministério do Exterior, aliás, não tanto por intermédio dos diplomatas de carreira, e sim dos políticos que dirigem o Itamaraty como Ministros de Estado — então, tudo se explica, não é verdade? Agora, porém, esse círculo de pavor e constrangimento se quebrou com o gesto do General Delgado: um gesto de confiança no senhor e na Embaixada do Brasil.

---

pudessem comunicar com ninguém. E em Junho de 1958 apareceu a notícia: Nagy fora fuzilado. Essa era a garantia soviética».

([488]) Álvaro Lins, *Missão*... cit., págs. 163–164, versão dos factos que confirma no essencial a de *A Voz* citada.

— Pois veja que coisa curiosa! — respondi-lhe, na impossibilidade de aceitar o debate às claras de uma tal questão. — Sem nada conhecer desse melancólico episódio, tão antigo, nem das suas circunstâncias e impressões e efeitos assim perduráveis, eis o que me ocorreu dizer a Delgado, no próprio instante em que lhe concedi o asilo no dia 12: «General, levarei em conta, acima de tudo o fato de que o senhor é um homem, um cidadão português, que acreditou na hospitalidade e na honra da Embaixada do Brasil».

Continuando Álvaro Lins:

E sem querer ser enfático na conclusão do comentário, mas apenas simples, com dignidade, como L.C.F. bem merecia, disse-lhe ainda:

— Pode estar certo de que não se repetirá o episódio de 1912, como o senhor acaba de me fazer conhecê-lo. Não posso revelar-lhe o que estamos processando e até onde haveremos de chegar. Mas posso garantir-lhe que desta vez, com este caso de asilo, o nome do Brasil não se desonrará em Portugal e nem o prestígio do meu país se degradará perante a opinião pública portuguesa. Pelo menos, enquanto eu estiver aqui; e espero não sair deste posto sem que cheguemos a uma solução do asilo Delgado precisamente em termos de asilo. E isto sem arrogâncias ou imposições contra o Governo português, mas também sem capitulações ou tortuosidades por parte da Embaixada.([489])

Quem fosse L.C.F. é um mistério nunca esclarecido, admitindo nós tratar-se, com alto grau de probabilidade, de Manuel Cavaleiro de Ferreira, cujo nome Lins recobre com as iniciais dos apelidos, substituindo a primeira pela última letra do nome próprio([490]), daquele jurista e antigo ministro da Justiça. A própria menção ao jurista «apolítico» pode aceitar-se como traduzindo o reconhecido distanciamento de Cavaleiro de Ferreira da actividade política, desde logo da União Nacional, e do próprio presidente do Conselho, Oliveira Salazar, com quem deixara de colaborar em Agosto de 1954([491]).

([489]) Álvaro Lins, *Missão...* cit., págs. 163 e 165–166.

([490]) Não deve também excluir-se a hipótese de se ter verificado um lapso, da responsabilidade ou não de Álvaro Lins. Se a opção tivesse sido a de utilizar a inicial M e não L, com facilidade se podia proceder à identificação, não existindo nenhum antigo ministro de Salazar cujas iniciais fossem as indicadas: L.C.F.

([491]) A este respeito, o nosso «Ferreira, Manuel Gonçalves Cavaleiro de», *in Dicionário de História de Portugal*, vol. VIII, Suplemento F/O, Coordenadores:

-1-

Cópia
Ofício nº 251-58

Ao Ex.mo Presidente do Conselho

L I S B O A

Porto,13 de Julho de 1958

Excelência:

Cumpre-me,antes de mais,agradecer a V.Exa o ter manifestado a boa disposição de me ouvir.

Na verdade,estando eu,na ocasião das eleições,legitimamente ausente em Barcelona,a deslocação a Portugal,que se me pedia, por forma tão extraordinária e pública,não poderia deixar de considerar-se propaganda da Situação,visto que,nas condições das duas candidaturas, sem falar sequer da posição idiológica,o que se me pedia era práticamente voto aberto.-Isto tinha talvez menos importância;-o que a tinha máxima era o carácter plebescitário que se tem dado às nossas eleições,carácter que eu procurei fazer compreender ao grupo de pessoas que se me dirigiu e que depois V.Exa publicamente reconheceu.

Em tais condições e forçado a ser,diametralmente ao contrário do meu desejo,uma bandeira,eu não podia deixar de fazer uma declaração de voto.-Como a não deveria fazer ao público,requeri fazê-la a V.Exa.

-ooooooooooooooooooooooooooooooooo-

Acho porém preferível enviar primeiro,por escrito, os pontos fundamentais desta minha declaração,a fim de poder ser útil à nossa conferência.

Quero,sobretudo e antes de tudo,acentuar que aquilo que se põe à minha consciência é um probhema directamente da Igreja.

A grande e trágica realidade,que já se conhecia mas que a campanha eleitoral revelou de forma irrefragável e escandalosa é que a Igreja já em Portugal está perdendo a confiança dos seus melhores. Não direi se este processo está em princípio,no meio ou perto do fim;- o que é evidente é que tal processo está em curso,por mim penso que muito e muito adiantado.- Apresentaria apenas dois factos,que,podendo servir de símbolos,são já de si realidades enormes.- No minho,coração católico de Portugal,onde se pensava que bastaria sempre o abade dar o lámiré e todos entravam imediatamente no coro,no Minho católico,mal os padres começavam a falar das eleições,os homens,sem se importarem com o sentido que seria dado ao ensino,retiravam-se afrontosamente da Igreja.

Nas juventudes da Acção Católica,onde tanto se quiz dizer que os padres andavam a lançar inquietações e dúvidas,os dirigentes mais responsáveis saltam fora dos quadros e da disciplina,para manifestarem a sua inconformidade e desespero,fugindo ao conhecimento dos assistentes (que,apesar de tudo,lhes aconselhariam paciência). São os dois polos,o da tradição e da recristianização:- do que fica no meio fácilmente se poderá julgar.- Está-se perdendo a causa da Igreja na alma do povo,

Primeira página da carta / memorando remetida a Oliveira Salazar por D. António Ferreira Gomes, bispo do Porto.

Proclamação do **GENERAL HUMBERTO DELGADO**
CANDIDATO À PRESIDÊNCIA DA REPÚBLICA

Rosto da proclamação do general Humberto Delgado.

"Não podeis ao mesmo tempo servir a Deus e ao dinheiro" (S. Matteus VI, 20).

Segundo S. Gregório existem sete grandes pecados: "as traições, as fraudes, as mentiras, os falsos testemunhos, as perturbações, as violências e a dureza de coração com a miséria dos pobres". (S. Gregório, Mor, sup. Job, XXXI, 17)

AOS CATÓLICOS ELEITORES

Os agitadores da União Nacional e os detentores de altos emprêgos distribuídos pela situação, certos de que perderão as eleições se a campanha e o acto eleitoral decorrer com honestidade, procuram confundir, por todos os meios, as pessoas de boa fé e surripiar-lhes os votos, invocando pretextos e factos sem qualquer fundamento.

Quem ouvir êsses falsos **«DEVOTOS»** que adoram o dinheiro e a violencia, como deuses supremos, fica com a impressão de que a Igreja se filiou na União Nacional e de que o Catolicismo — mais velho que a própria nacionalidade — não poderá sobreviver à agonia deste condenado e já perdido regime político.

Saberão esses senhores que a Igreja está acima das lutas políticas e não se enfeuda a qualquer regime?

Já todos sabemos qual é o «cristianismo» que o candidato da União Nacional se propõe continuar: é o «cristianismo» que despoja os cidadãos, que os arrasta pelas prisões sem qualquer processo, que os julga à porta fechada, que os exclue de concursos e demite dos empregos sem o mínimo motivo legal; é o «cristianismo» de uns poucos que auferem ordenados chorudos em contraste com uma miséria colectiva chocante.

Fóra com tão cínica impostura e vote-se em quem garanta o termo de tais iniquidades! Nada têm que recear os católicos!

O General HUMBERTO DELGADO — a cujas comissões pertencem muitos católicos praticantes — é ele próprio chefe duma família constituida católicamente.

Casou em 27 de Fevereiro de 1929 na igreja católica de Arroios. A esposa é roupeira no Grupo Noelista de São Sebastião da Pedreira, em Lisboa. As filhas dirigem um grupo de caridade no Liceu D. João de Castro, cuja acção se exerce, principalmente, no bairro da Lata, das pedreiras de S. Hilário, a Alcântara, A educação de suas filhas fez-se no Colégio Francês do Sagrado Coração de Jesus, (Canadá, Montreal) e no Imaculata Seminary (Washington, Estados Unidos).

Quantos dos que pretendem enganar os eleitores católicos atribuindo ao General HUMBERTO DELGADO falsas opiniões, têm uma família constituida em tão sólida base religiosa?

Votem confiadamente no General HUMBERTO DELGADO

Viva Portugal! Viva a República!

Folheto de propaganda da candidatura do general Humberto Delgado. (Colecção do autor)

(PT-TT-HD-Cx.775)

Proclamação

Concidadãos

Chegados à beira das urnas, eu vos dirijo as minhas mais puras saudações e vos convido a comparecer nas urnas para o acto em que se decidirá do futuro da Nação.

Apesar dos assaltos e das prisões; apesar da violência e das agressões; apesar de violarem encerrarem as nossas sedes; apesar das intimidações, dos insultos e prepotências de que, sempre e redobradamente nos últimos dias, temos sido passivos; apesar da censura e das injustiças; apesar de se preparar uma burla eleitoral de que somos vítimas, eu — por tudo e por isto mesmo — vos convido a seguir comigo para o nosso destino comum.

Às urnas, amigos!

Lutemos de forma a desmascarar os traidores e os cobardes, aqueles que cometeram e vão cometer ilegalidades constitucionais aqueles que são inimigos do Povo e dos princípios cristãos!

Às Urnas, Cidadãos!

Lisboa, 2 de Junho de 1958

a) *Humberto Delgado*

(PT-TT-HD-Cx.775)

ELEITORES

Hora de responsabilidade a que neste momento decorre pois é indispensável que os eleitores de Lisboa demonstrem, com a sua presença no acto eleitoral do próximo dia 8 de Junho, quão forte e viva é a sua consciência das realidades da vida portuguesa.

E porque não se desconhece a vitalidade e clarividência do eleitorado, a União Nacional sabe que ninguém hesitará na escolha, votando todos no Contra-almirante Américo Thomaz, candidato daquele organismo político que, desde o primeiro instante, é presidido por SALAZAR.

Sabe, assim, o eleitorado de Lisboa, como o de todo o País, quem é o candidato do Doutor Oliveira Salazar e não ignora que só ele assegura a continuidade do regime de tranquilidade e progresso que, há trinta anos, nos orienta.

O Contra-almirante Américo Thomaz é sobremodo conhecido do País, pelos altos e relevantes serviços que tem prestado, para que haja necessidade de os enumerar, pois, sem dúvida, estão presentes no espírito dos eleitores.

No dia 8 de Junho vai a Nação eleger o Presidente da República e é indispensável que todos considerem como *dever* o seu *direito* de voto — dever perante a sua consciência e a do País, dever ainda perante o juízo da história.

Ninguém pode ignorar ou esquecer o que vale e representa o Contra-almirante Américo Thomaz nos quadros da vida portuguesa.

O Contra-Almirante Américo Thomaz é o candidato da Nação e votar nele é votar em Salazar por Portugal

Atenção: Veja bem a sua lista antes de votar

Folheto de propaganda da candidatura do contra-almirante Américo Thomaz.
(Colecção do autor)

Visita a Portugal do Grande Tribuno Trabalhista, Inglês, ANEURIN BEVAN

acompanhado de sua esposa, a deputada Trabalhista, JENNY LEE

PROGRAMA DE ANEURIN BEVAN
EM PORTUGAL

SEXTA-FEIRA, DIA 14

1- Chegada ao Aeroporto da Portela, às 14,30 horas

2--Conferencia com a Imprensa Portuguesa e Estrangeira, às 16 horas, no Hotel Avenida Palace.

3 -Deposição de flores no Monumento a Camões, às 18 horas.

4- Conferência no Capitólio, às 18,45 horas.

5- Banquete às 21,30 horas no Restaurante Castanheira de Loura.

SÁBADO, DIA 15

1- Partida para Leiria às 9,30 horas (breve paragem em: Vila Franca, Caldas da Rainha e Alcobaça).

2- Almoço no Castelo de Leiria, às 14 horas.

3- Recepção à Academia de Coimbra, às 18 horas. Breve sessão.

4- Jantar provado com a Comissão no Hotel Astória de Coimbra.

5- Partida no Foguete para o Porto, às 10,30 horas.

6- Chegada ao Porto (S. Bento), às 24 horas.

DOMINGO, DIA 16

1- Visita à cidade do Porto.

2- Conferência no Coliseu do Porto, às 11 horas

3- Almoço com a Comissão do Porto, às 13 horas

4- Banquete em Braga, às 20 horas

SEGUNDA-FEIRA, DIA 17

1-Partida para Lisboa no Avião das 9 horas

2-Almoço privado com a Comissão de Recepção (Estoril ou Queluz).

3-Partida para Londres às 14,45

(PT-TT-AOS-PC77)

46

Prezado Correligionário :

Tendo Aneurin Bevan aceitado o convite para visitar Portugal, de 14 a 17 de Novembro próximo, para aqui realizar duas conferências subordinadas ao tema "A Democracia no Mundo Contemporâneo", vimos convidá-lo para fazer parte da Comissão de Recepção. A essa Comissão pertencem já os democratas que subscreveram o convite ao Senhor Bevan, os Senhores: António Luis Gomes, Francisco da Cunha Leal, José Mendes Cabeçadas Junior, Manuel Quintão Meireles, Humberto Delgado, António Sérgio, José Maria Barbosa de Magalhães, Mário de Azevedo Gomes, Tito Augusto de Morais, Helder Ribeiro, Luis Ferreira Martins, Jaime Cortesão, Francisco Pulido Valente, Vieira de Almeida, Arnaldo Veiga Pires, António Macedo, Carlos Cal Brandão, Acácio de Gouveia e Mário Soares. Mas, por motivos evidentes, pensámos que seria de todo o ponto útil alargar essa comissão inicial de modo a poder englobar individualidades representativas de todos os quadrantes da Oposição, razão pela qual nos dirigimos a V.Exª., ao mesmo tempo que o fazemos a muitos outros ilustre correligionários.

A estadia de Bevan em Portugal - cujo significado e interesse patriótico é desnecessário encarecer - importa em consideráveis encargos financeiros. Por essa razão, pedimos também a V.Exª. nos faça chegar a sua contribuição (e a dos seus amigos).

Toda a correspondência poderá ser dirigida para o Senhor Dr. Acácio de Gouveia (Rua do Ouro, 140-1º - Telf. 24345), Secretário da Comissão.

Aguardando uma resposta breve, enviamos-lhe, Caro Correligionário, as nossas melhores

Saudações Democráticas.

Pel'A COMISSÃO,

54

COLISEU DO PORTO

Tribuna

ESQUERDA

CONVITE

Conferência pelo brilhante Tribuno Trabalhista, inglês ANEURIN BEVAN, acompanhado pela sua esposa, a deputada Trabalhista, JENNY LEE sobre A DEMOCRACIA NO MUNDO MODERNO

Domingo, 16 de Novembro (às 11 horas da manhã)

Fila 5 N.º 43

Tribuna

IMPORTANTE: Como a lotação é rigorosamente limitada e muitos ficam privados de assistir, roga-se, caso não possa comparecer, a fineza de ceder o bilhete a pessoa amiga.

(PT-TT-AOS-PC77)

República

O sr. dr. Acácio Gouveia

Secretário da Comissão que convidou o sr. Bevan a visitar Portugal, faz algumas declarações à «República»

SERVIÇOS DE CENSURA
(SÉDE)
CORTADO

República

Dr. Acácio Gouveia

Aneurin Bevan

SERVIÇOS DE CENSURA
(SÉDE)
CORTADO

(PT-TT-AOS-PC77)

Diario de Lisboa

11-11-958 23 N.º 12.906

A nota oficiosa

sobre a visita que fora projectada do sr. Aneurin Bevan

Foi comunicado à Imprensa a seguinte nota oficiosa:

«O Governo foi informado da diligência feita junto do sr. Aneurin Bevan para que viesse a Portugal com o fim de fazer conferências nas cidades de Lisboa e Porto. Entendeu-se que se devia levar ao conhecimento do referido membro do partido da oposição parlamentar britanica o modo de ver do Governo português acerca do real significado do convite. Na verdade, a posição dos promotores do convite, a expressão política da pessoa convidada, o programa que se anuncia, a flagrante desproporção entre a lotação das casas de espectáculos escolhidas e o diminuto número de pessoas capazes de entender o orador na sua própria língua, apenas podem revelar o prosseguimento do processo de agitação em que se tem pretendido manter o País para além das eleições presidenciais.

Por maior que seja a consideração que mereça a pessoa do sr. Bevan, a intromissão de estrangeiros nos assuntos e na marcha da política interna portuguesa é por nós considerada inadmissível, pelo que a visita e conferências do sr. Bevan não foram autorizadas».

Um telegrama de Londres, publicado esta manhã, informa que o encarregado de Negócios de Portugal em Londres, sr. dr. Augusto Potier, que para ali seguiu há dias, teve uma entrevista de quinze minutos, no Foreign Office, com o ministro britânico dos Estrangeiros, sr. Selwin Lloyd.

SERVIÇOS DE CENSURA (SÉDE) AUTORIZADO COM CORTES

Diario de Lisboa

11-11-958 N.º 12.906

Diario de Lisboa

11-11-958 N.º 12.906

53

Um esclarecimento

da comissão que convidou Bevan a visitar Portugal

[illegible] de democráticos que convidou o sr. Aneurin Bevan a vir a Portugal fazer duas conferências, uma em Lisboa e outra no Porto, deu conhecimento ao sr. ministro da Presidência, por carta, em 25 de Outubro, desse convite. Em virtude da nota oficiosa hoje publicada na Imprensa e que proíbe a visita daquela individualidade britânica, a referida comissão apressou-se a convocar para esta manhã uma reunião, que não chegou a efectuar-se por motivos estranhos à sua vontade.

No entanto, um dos membros da comissão, com quem falámos, [illegible]

[illegible]

SERVIÇOS DE CENSURA (SÉDE) CORTADO

Diario de Lisboa

11-11-958 N.º 12.906

(PT-TT-AOS-PC77)

O governo de Salazar em Nota Oficiosa, proibiu a visita a Portugal e a conferência do grande tribuno, «leader» do Trabalhismo britânico, ANEURIN BEVAN e a sua esposa, a deputada Trabalhista, JENNY LEE.

A palavra de BEVAN, que versaria sobre **«A Democracia dos Tempos Modernos»**, foi substituida no cartaz do Coliseu pela obra de Victor Hugo, **«Os Miseráveis»**—o estado permanente em que se encontra o Povo de Portugal.

Alguma vez Salazar devia ser coerente com a sua obra de miséria!

(PT-TT-AOS-PC77)

O embaixador Álvaro Lins (segundo a contar da esquerda).
(PT-TT-EPJS-SF-001-001-0122-1302AH)

PODE SAIR, DELGADO!

Folheto / caricatura
de Orlando Mattos.
(Colecção do autor)

Em primeiro plano, o embaixador Ernesto Pablo Mairal,
à saída do Palácio de Belém.
(PT-TT-EPJS-SF-001-001-0129-1812AJ)

Embajada de la República Argentina
Sec. IV - Nº 15

Lisboa, 17 de febrero de 1959

Entregue em mão, pelo Embaixador da Argentina às 12,30, do dia 17 de Fev. 1959

Señor Ministro:

Tengo el honor de dirigirme a Vuestra Excelencia para llevar a su conocimiento que el día de hoy a las 11,15 horas, el señor don Henrique Carlos Malta Galvão se presentó a esta Embajada solicitando asilo, el que le fué acordado.

A los efectos de la salida del país del señor don Henrique Carlos Malta Galvão ruego a Vuestra Excelencia quiera tener a bien disponer se le otorgue el correspondiente salvoconducto para dirigirse a la República Argentina y/o los Estados Unidos del Brasil, y para ello se acuerden las seguridades necesarias.

Reitero a Vuestra Excelencia las expresiones de mi más alta y distinguida consideración.

E. Mairal
ERNESTO P. MAIRAL
EMBAJADOR

A Su Excelencia el Señor Ministro de Negocios Extranjeros,
doctor D. Marcello Gonçalves Nunes Duarte Mathias
LISBOA.-

(AHD/S2.1/EG/P4-14928)

Henrique Galvão à esquerda, na Plaza de Mayo,
em Buenos Aires, Argentina, a 20 de Maio de 1959.
(Colecção Francisco Teixeira da Mota)

Alvaro Lins devolve condecoração a Lisboa

RIO, 27 ("Estado") — O embaixador Alvaro Lins enviou carta hoje ao sr. Manoel Rocheta, embaixador de Portugal no Brasil, devolvendo a condecoração da Grã-Cruz da Ordem de Cristo, que lhe foi outorgada em 1957.

Diz o antigo representante brasileiro em Lisboa que tê-la consigo, nas circunstancias atuais, "significaria demerito, desdouro e descredito".

E' o seguinte o texto integral dessa carta:

"Sr. embaixador. Por intermédio de v. exa., devolvo ao governo português a condecoração que houve por bem outorgar-me, outrora, no grau maximo da Grã-Cruz da Ordem de Cristo. Foi-me conferida por um decreto-diploma, assinado pelo presidente da Republica de Portugal, com a data de 20 de dezembro de 1957 e nele se diz que me são conferidos "as honras e o direito ao uso das insignias".

"Devolvo com esta carta, conjuntamente, o decreto-diploma e as referidas insignias, a faixa e o crachá. Trata-se, com efeito, da mais alta condecoração portuguesa na mais historica das suas ordens honorificas. Verdadeiramente, porém, considero que ela hoje me desonra. Mais tarde, quando Portugal fôr restituido democraticamente a si proprio, isto é, ao nobre, generoso e admiravel povo português, com um governo legitimo e representativo, então, se vier, novamente, a merecer essa mesma condecoração e distinção honorifica, eu a receberei e ostentarei as suas insignias com ufania, desvanecimento e gratidão. Agora, tê-la comigo significaria demerito, desdouro e descredito.

"Cumpre-me justificar, sr. embaixador, ainda que em breves palavras que a v. exa. caberá transmitir ao governo do seu país, os motivos que me levam, só agora, a essa atitude da devolução da Grã-Cruz da Ordem de Cristo, que bem sei constituir um gesto somente permitido a alguém que se decidiu a todas as renuncias para voltar á condição de escritor e de homem livre. Nada fiz em materia de serviços á ditadura portuguesa para merecer essa condecoração. Ela me foi conferida como uma distinção especial, espontaneamente, quando o governo português procurava lisonjear-me com toda a sorte de homenagens e honrarias no seu permanente empenho, afinal presentemente alcançado, de ter as suas ordens dois embaixadores, um no Rio de Janeiro e outro em Lisboa. A isto, aceitação de tamanha anomalia, recusei-me desde o meu primeiro dia naquele posto. Serenamente, embora também altivamente, fiz sentir sempre ao governo do seu país, sr. embaixador de Portugal, que eu era e sou um antigo, genuino e comovido amigo do povo português, mas, que embaixador, por conseguinte um agente diplomatico, só poderia sê-lo do Brasil e do governo do meu País. Isto se verificou mais ás claras e veio a tornar-se evidente, da maneira notoria e ruidosa, por ocasião do caso do asilo concedido ao general Humberto Delgado, na sua qualidade de ex-candidato á presidencia da Republica e lider reconhecido das oposições portuguesas, quando a ditadura salazarista pretendeu tratar a embaixada do Brasil em Portugal como se fôra a delegação em Lisboa de algumas das suas provincias ultramarinas, em vez da representação diplomatica de um país independente, na plenitude da sua soberania.

"Nesse episodio, nada mais fiz do que honrar no estrangeiro, com firmeza, mas com a devida dignidade, os compromissos internacionais do Brasil em três tratados sobre o asilo e suas condições, todos subscritos pelos nossos governos, desde 1928 até 1954, em Havana, Montevidéu e Caracas. E cabe-me acrescentar, na consciencia de ter sido ao longo de três anos um autentico embaixador do Brasil que nada mais fiz em todos os momentos e oportunidades do que salvaguardar os principios, já historicos, da diplomacia do Itamarati e resguardar em minhas mãos a bandeira da fidelidade ás tradições da politica exterior de meu País. Permaneci na altitude das minhas atribuições quanto ao asilo, aliás homologado oficialmente pelo governo brasileiro, por intermedio do Ministerio das Relações Exteriores. Limitei-me a defender com intransigencia e a sustentar sem capitulação o principio e o direito contidos no instituto do asilo. Do que agi e conduzi-me em termos da perfeita correção funcional, a prova maior e indiscutivel será saber-se que, durante 98 dias de crise diplomatica, não recebi uma só advertencia do governo de meu País, como não foi possivel ao governo português formular contra mim uma só acusação objetiva de erro ou despropósito. E posso proclamar a mesma verificação a respeito de todo o meu periodo como chefe da missão diplomatica do Brasil em Portugal.

"Não obstante, por ter, assim, apenas cumprido o meu dever de chefe de missão diplomatica, e porque esse dever de representante do Brasil não estivesse de acordo com o arbitrio e a intolerancia de um regime ditatorial, o governo português requintou-se em agravos e afrontas contra mim, a minha mulher e a minha familia, num procedimento que sou forçado a qualificar com justeza de verdadeiramente infame, como de violador, igualmente, das regras mais elementares da etica diplomatica. Contudo, tais atentados de mesquinharia e baixeza contra o embaixador do Brasil e funcionarios — diplomatas da embaixada do Brasil em Lisboa, que v. exa. incorretamente e falseando a verdade dos fatos, contestou em notas oficiais da embaixada de Portugal, mas que se encontram documentados devidamente nos arquivos do Itamarati — tais atentados, repito, não me deixaram em estado nem de amargura, nem de paixão.

"Todavia, sr. embaixador, se é impossivel esquecer que tais afrontas e agravos não foram dirigidos, pessoalmente, contra mim e a minha mulher. Foram dirigidos, oficialmente, á embaixada e ao embaixador do Brasil. Por isso mesmo, a partir do momento em que renunciei ao cargo de embaixador do Brasil em Portugal, decidi-me a devolver a condecoração da Gran Cruz de Cristo.

Não o fiz imediatamente porque ainda confiava, até há pouco, que o governo do meu País, informado após o meu regresso de todo o processo de coação e desacato contra a embaixada do Brasil, se incumbisse, ele proprio, de desagravar e desafrontar a sua representação diplomatica num país estrangeiro. Porém, as vacilações dos dirigentes do meu País durante os ultimos meses e, afinal, as suas decisões na hora presente de identificar o governo brasileiro com a ditadura portuguesa, sob a pressão daqueles mesmos processos, vieram assegurar-me a certeza de que sou eu mesmo, com o apoio da opinião publica brasileira, que deverei dar inicio á indispensavel reparação moral de desagravo e desafronta. Faço-o, como primeiro gesto, com esta devolução da Gran Cruz de Cristo.

"Cumpre-me testemunhar, por fim, sr. embaixador, que este ato, significando repudio ao governo salazarista, representa, consequentemente, homenagem e solidariedade ao povo português, oprimido na vida interna do seu país e deslustrado na situação internacional pela mais antiga ditadura existente sobre a face da terra". (a) Alvaro Lins

Contribuição para despesas 1$00

(PT-TT-HD-Cx.775)

Regressado ao ensino na Faculdade de Direito da Universidade de Lisboa, Manuel Cavaleiro de Ferreira aceitou presidir à comissão organizadora(492) do III Colóquio Internacional de Estudos Luso-Brasileiros, que se reuniu em Lisboa, de 9 a 15 de Setembro de 1957(493), iniciativa que proporcionou uma colaboração muito próxima entre Álvaro Lins, na sua qualidade de embaixador do Brasil em Lisboa, e Manuel Cavaleiro de Ferreira.

António Barreto/Maria Filomena Mónica, Lisboa, Figueirinhas, 1999, págs. 30–31.

(492) Dessa comissão organizadora faziam parte como vogais: Virgínia Rau, Orlando Ribeiro, Guilherme Braga da Cruz, Jorge Dias e Mário Tavares Chicó, sendo secretariada por Luís Filipe Lindley Cintra.

(493) O Colóquio destinava-se «a promover o estudo da formação, desenvolvimento, difusão e manifestações características da civilização luso-brasileira em todos os lugares onde a sua presença se tem feito sentir». Além de participantes da Alemanha, Argentina, Bélgica, Dinamarca, Espanha, EUA, França, Holanda, Inglaterra, Itália, Roménia, Suécia, Suíça e União Sul-Africana, as mais numerosas representações foram as do Brasil e Portugal, num total de 345 participantes (AAVV, *Actas, III Colóquio Internacional de Estudos Luso-Brasileiros*, Lisboa-1957, vol. II, Lisboa, 1959, pág. 457). Do nosso País, entre muitos outros, Jaime Cortesão, Manuel Lopes de Almeida, Banha de Andrade, Moses Amzalak, Artur de Magalhães Basto, Maria de Lurdes Belchior, Manuel de Paiva Boléo, João de Freitas Branco, Luís de Almeida Braga, Hernâni Cidade, Jacinto do Prado Coelho, Manuel Santos Estevens, Fidelino de Figueiredo, Vitorino Magalhães Godinho, Alberto Iria, Serafim Leite, Esther de Lemos, Diogo de Macedo, A. H. de Oliveira Marques, José Dias Marques, Coimbra Martins, Luís de Matos, Avelino Teixeira da Mota, Vitorino Nemésio, Ernesto Veiga de Oliveira, Joaquim Paço d'Arcos, Panduronga Pissurlencar, Urbano Tavares Rodrigues, Artur Moreira de Sá, Délio Nobre Santos, Joel Serrão, Agostinho da Silva, Raquel Soeiro de Brito, Maria Fernanda Espinosa Gomes da Silva. Jaime Cortesão falou ao *Diário de Lisboa*, de 13 de Setembro, tendo enaltecido o Colóquio, sem prejuízo de reparos, e referido nomes de «especialistas» que não tinham tomado parte na reunião: «João de Barros, Rodrigues Lapa, Agostinho da Silva para a História da Cultura; Nuno Simões, para as relações económicas gerais entre Portugal e o Brasil, e Henrique de Barros, tão experimentado especialista na economia agrícola dos dois países». Nas páginas de *O Primeiro de Janeiro*, de 26 de Setembro e de 3 de Outubro, Jaime Cortesão voltou ao tema do Colóquio, para notar que, não obstante da própria comissão organizadora fazerem parte especialistas mais ou menos intimamente ligados aos estudos luso-brasileiros, sofrera a iniciativa «por forma geral de oficialismo», restrição que, escreveu, imprimira «certo carácter dirigido ao Congresso». E voltou a enunciar os nomes que já lembrara ao *Diário de Lisboa*, referindo-se agora também ao de Jorge [Borges] de Macedo, este na história económica dos dois países. Ainda, Hernâni Cidade, «O Colloquium Luso-Brasileiro», *in Ocidente*, vol. LIII, n.º 234, Outubro de 1957, págs. 141–142 e págs. 178–179 e *Panorama*, n.º 8, III série, Dezembro de 1957.

Na sessão inaugural do Colóquio realizada no salão nobre do Instituto Superior Técnico, presidida, no impedimento do ministro Leite Pinto, pelo subsecretário de Estado da Educação, Baltasar Rebelo de Sousa, coube a Cavaleiro de Ferreira dirigir-se aos presentes. Depois de cumprimentar o presidente da República, que concedera à iniciativa o seu patrocínio, saudou, com «profundo reconhecimento», o embaixador do Brasil, que não se limitara a amparar, como notou, a organização do Colóquio, mas comparticipara «das mesmas fadigas e das mesmas esperanças» dos organizadores, e disse:

> Sem quebra do respeito que devo à sua alta posição, ouso revelar que a magnificência do seu cargo não pôde apagar na insuperável contribuição do Senhor Doutor Álvaro Lins, a marca do académico Ilustre, do membro emérito da cultura luso-brasileira.
>
> Por minha parte, a deferente e protocolar vénia ao Embaixador, mal pode esconder — e que Sua Ex.ª me perdoe — o abraço fraterno do admirador e amigo.([494])

Nestes termos tão expressivos, Manuel Cavaleiro de Ferreira revelava a sua ligação a Álvaro Lins, a qual, por certo, justificara que se tivesse deslocado à Embaixada do Brasil quando da celebrada visita a Portugal de Erico Veríssimo.

No referido Primeiro Congresso Hispano-Luso-Americano de Direito Internacional, que se reuniu em Madrid e Salamanca, participaram igualmente José Maria Vilhena Barbosa de Magalhães, Inocêncio Galvão Telles, e António Ferrer Correia. Foi este último quem, da delegação portuguesa, tomou a palavra na sessão inaugural dos trabalhos, não tendo hesitado em afirmar que raramente se haveria reunido um congresso jurídico internacional «em condições tão promissoras de êxito absoluto», ou não constituíssem as nações do mundo hispano-luso-americano uma «comunidade de história», uma «autêntica unidade de cultura», para dizer adiante:

> Ora, os povos das nações ibero-americanas têm-se alimentado do húmus dos mesmos valores humanos — e são afinal os daquela civilização que portugueses e espanhóis fomos implantar, de mãos dadas do

([494]) AAVV, *Actas, III Colóquio Internacional de Estudos Luso-Brasileiros, Lisboa-1957*, vol. I, Lisboa, 1959, pág. XXXVI.

> outro lado do oceano: os princípios da civilização cristã, com seu respeito intangível da sagrada pessoa humana, seus direitos inauferíveis — à vida, à dignidade, à liberdade, à verdade, ao trabalho —, seus fins supremos e transcendentes. A pessoa humana não pode ser degradada à condição de instrumento de uma finalidade estranha: nem a Nação nem o Estado — que apenas existem para ajudarem os homens a cumprir o seu destino terreno — podem esquecer ou desrespeitar os direitos humanos naturais e fundamentais.(495)

Definidas assim certas ideias-base, proclamado também expressamente que «toda a nação pequena ou grande tem em si a dignidade que lhe advém de ser uma associação necessária de indivíduos conscientes, livres e responsáveis», e sublinhada a «impotência do positivismo, em qualquer das suas modalidades, para explicar a obrigatoriedade das normas internacionais»(496), compreende-se o prenúncio do internacionalista de Coimbra quanto à deliberação do Congresso em matéria de direito de asilo:

> A consagração desse princípio por um voto formal [...] — de acordo com a doutrina e prática imperante na América Latina — como instrumento necessário à salvaguarda dos direitos humanos fundamentais e nos termos correspondentes a tal finalidade.(497)

António Ferrer Correia, que deu a sua cooperação aos trabalhos do Congresso noutro domínio do direito internacional, não se equivocou, tendo sido aprovada por aclamação a proposta de «declaração fundamental» apresentada por Barcia Trelles, a qual na verdade constituiu directriz para as discussões subsequentes:

> Tanto os precedentes históricos como a práctica dos Estados, como os antecedentes doutrinais e o direito convencional, permitem concluir que deve considerar-se o Direito de Asilo como instituição admitida e praticada pela comunidade hispano-luso-americana.

---

(495) *Actas del Primer Congreso Hispano-Luso-Americano*, tomo I, cit., pág. 190. Ferrer Correia sublinha a relevância da cultura (v. g. jurídica) das nações ibero-americanas para efeitos de reconhecimento da vigência do instituto.

(496) *Idem*, pág. 191.

(497) *Idem*, pág. 192.

Considerando que é doutrina comum em Francisco de Vitória e seus continuadores que todo o homem injustamente perseguido, em virtude dos direitos naturais inerentes à personalidade humana, deve gozar do direito de asilo em caso de perigo para a sua vida, honra e liberdade, devendo conceder-lho o Estado solicitado em virtude da sociabilidade universal de todos os povos, o I Congresso Hispano-Luso-Americano de Direito Internacional declara:

Que o direito de asilo é um direito inerente à pessoa humana.([498])

A comissão prosseguiu os seus trabalhos apreciando o articulado de um projecto de convenção da autoria de Barcia Trelles — na verdade, como o próprio esclareceu, uma «declaração de princípios» que se integrava no seu ante-projecto de relatório, aberto à discussão a respeito dos fundamentos do asilo diplomático.

Sem sucesso, o advogado e antigo ministro José Maria Vilhena Barbosa de Magalhães, afastado por motivos políticos do ensino na Faculdade de Direito de Lisboa([499]), sustentou não dever limitar-se o direito de asilo aos perseguidos políticos, antes ser reconhecido, também, «por um dever de humanidade e em circunstâncias especiais» a delinquentes de direito comum([500]). Note-se que Barbosa de Magalhães formulara já por escrito observações ao ante-projecto de Barcia Trelles, circulado com anterioridade ao Congresso. Nesse documento, Barbosa de Magalhães assinalara a sua discordância quanto à designação de asilo, à qual, por restrita, preferia a de asilo interno. Mas de maior relevância foi a chamada de atenção que fez para a necessidade de a Declaração aprovada pela ONU em 1948 não ficar «letra morta», antes pelo contrário devendo ser-lhe garantida «plena efectivação». E recordou a posição por si próprio sustentada no Institut de Droit International, ainda em 1947, no sentido de o asilo ser considerado um «direito do indivíduo» e regulamentado em consonância, sublinhando a evolução verificada na compreensão desse direito como cumprimento

---

([498]) *Idem*, págs. 736–737. Os trabalhos do Congresso, em particular o relatório de Barcia Trelles, foram tomados em consideração por Álvaro Lins, *Missão...* cit., págs. 110–112.

([499]) A este propósito, o nosso «José Maria Vilhena Barbosa de Magalhães», *in A Faculdade de Direito de Lisboa no seu Centenário...* vol. II, cit., págs. 68–72, e Fernando Rosas e Cristina Sizifredo, *Estado Novo e Universidade: A Perseguição aos Professores*, Lisboa, Tinta da China, 2013, págs. 60 e 84.

([500]) *Actas del Primer Congreso Hispano-Luso-Americano*, tomo I, cit., pág. 267.

pelo Estado asilante dos seus «deveres de humanidade». Pelo caminho ficara, nessa circunstância, a proposta de Henri Rolin no sentido de a concessão de asilo ser consagrada como um dever legal dos Estados.

Três anos mais tarde, em Bath, o Institut de Droit International apreciou, na sua sessão de 11 de Setembro, uma proposta de articulado, relatada por Tomaso Perassi, professor de Direito Internacional na Universidade de Roma, relativa ao asilo no direito internacional público, com exclusão do asilo neutro. Foram então invocadas as Resoluções do Institut, de Nova Iorque (1929) sobre os direitos internacionais do homem, de Bruxelas (1936) sobre o estatuto jurídico dos apátridas e refugiados, e de Lausanne (1947) sobre os direitos fundamentais do Homem. Ainda, também, as Resoluções de Estocolmo (1928) sobre o regime legal dos navios nos portos estrangeiros, cujo artigo 21.º dispunha sobre um caso de asilo, o artigo 2.º das Resoluções de Neuchâtel (1900) sobre os deveres das potências estrangeiras no caso de um movimento insurreccional contra governos estabelecidos e reconhecidos. E ainda tomada em consideração a Declaração Universal dos Direitos do Homem de 1948. O articulado proposto foi também justificado à luz do reconhecimento internacional dos direitos da pessoa humana como determinante de «novos e mais amplos desenvolvimentos do asilo». O articulado viria a ser, com ligeiras alterações, adoptado por 34 votos contra 3 e 4 abstenções. Barbosa de Magalhães votou favoravelmente o articulado, cujo artigo 3.º ficou assim redigido:

> 1. L'asile peut être accordé dans les hôtels des missions diplomatiques, les consulas, les bâtiments de guerre, les navires d'Etat affectés à des services publics, les aéronefs militaires et les lieux relevant d'un organe d'un Etat étranger admis à exercer autorité sur le territoire.
>
> 2. L'asile peut être accordé à tout individu menacé dans sa vie, son intégrité corporelle ou sa liberté par des violences émanant des autorités locales ou contre lesquelles celle-ci sont manifestement impuissantes à le défendre, ou même qu'elles tolèrent ou provoquent. Ces dispositions s'appliquent dans les mêmes conditions lorsque de telles menaces sont le résultat de luttes intestines. Au cas où le fonctionnement des pouvoirs publics d'un pays se trouve manifestement désorganisé ou maitrisé par une faction au point de ne plus offrir aux particuliers des garanties suffisantes por la sécurité de leur vie, les agentes diplomatiques et les commandants des bâtiments de guerre ou des aéronefs militaires peuvent accorder a où maintenir l'asile même à l'encontre des porsuites des autorités locales.

4. Quel que soit l'organe qui a accordé l'asile, il doit informer l'autorité locale qualifiée, à moins que cette communication ne compromete la sécurité de l'asilé. Il peut garder celui-ci aussi longtemps que dure la situation justifiant l'asile.([501])

Pretendia Barbosa de Magalhães que o Primeiro Congresso Hispano-Luso-Americano de Direito Internacional avançasse no sentido preconizado pelo Institut de Droit International, tratando o direito de asilo no quadro de protecção dos direitos fundamentais do Homem. A reserva quanto ao carácter do asilo limitado aos refugiados políticos, que Barbosa de Magalhães se incumbiu de reafirmar no Congresso, constava das suas observações, assentando numa interpretação ampla do estabelecido na Declaração dos Direitos do Homem de 10 de Dezembro de 1948([502]).

Camilo Barcia Trelles respondeu por escrito às observações de Barbosa de Magalhães, centrando-se na proposta formulada, para a considerar inoportuna e sublinhar mesmo que, no estado do direito internacional ao tempo, constituiria já uma «conquista valiosa» a conversão em norma universal da competência do Estado asilante para a qualificação do delito como político, tal como se encontrava consagrada no artigo 2.º da Convenção de Montevideu de 1933 e no artigo 3.º, § 2.º do Tratado sobre Asilo e Refúgio Políticos, assinada em Montevideu em 1939. Argumentou Barcia Trelles que o poder de qualificação do Estado asilante seria anulado caso vencesse o entendimento de que o asilo constituía uma obrigação para esse Estado, tendo explicitado que o seu ante-projecto respeitava exclusivamente ao asilo de delinquentes políticos([503]).

([501]) *Institut de Droit International, Annuaire*, Tome 43, 1950, II, págs. 198–205, 242–256 e 375–380.

([502]) A Declaração, aprovada pela assembleia-geral da ONU, estabelecia no seu artigo 15.º o seguinte: «1. Toda a pessoa sujeita a perseguição tem o direito de procurar e beneficiar de asilo em outros países; 2. Este direito não pode, porém, ser invocado no caso de processo realmente existente por crime de direito comum ou por actividades contrárias aos fins e aos princípios das Nações Unidas». Essa Declaração não pode deixar de ser considerada à luz do disposto na Carta da ONU em matéria de direitos fundamentais. Sublinhou Marcello Caetano que a Declaração só obrigaria os Estados que a subscrevessem e ratificassem o respectivo Pacto, propondo aliás uma interpretação do artigo 15.º no sentido de consagrar apenas o «asilo em território estrangeiro para fugir à perseguição, ou seja, o refúgio» (Carlos A. Fernandes, *Do Asilo Diplomático*... cit., págs. VI–VII, prefácio).

([503]) *Actas del Primer Congreso Hispano-Luso-Americano*, tomo I, cit., págs. 268–270.

O Congresso Hispano-Luso-Americano sustentou, no quadro de um ante-projecto sobre a matéria, o direito de qualificação unilateral por parte do Estado asilante da natureza delitiva do asilado, o mesmo é dizer, a qualificação do delito, e a obrigação do Estado territorial outorgar as garantias necessárias com vista a ser garantido aos asilados políticos saírem livremente do país sob protecção da bandeira do Estado asilante. E foi aprovada a seguinte recomendação:

> Para evitar dentro do possível controvérsias sobre a natureza do delito ou delitos supostamente cometidos pelos perseguidos que se asilem [...], recomenda que nas futuras Convenções que celebrem os Estados hispano-luso-americanos acerca do asilo político, sejam consagradas num anexo as figuras dos delitos políticos cujos sujeitos possam estar protegidos por esta instituição.([504])

Recorde-se que mantinha viva actualidade o célebre caso do político peruano e antigo candidato presidencial, Victor Raul Haya de la Torre.

No Prefácio a *Do Asilo Diplomático*, Marcello Caetano pronunciou-se sobre «três dos pontos capitais», assim os designou, versados por Carlos Fernandes([505]). Interrogou-se, em primeiro lugar, não por acaso, sobre se o asilo diplomático correspondia «apenas a uma prática humanitária graças à qual os representantes dos Estados estrangeiros, ao abrigo dos privilégios e das imunidades tradicionais, procuram salvar vidas e restituir a segurança às pessoas ameaçadas em períodos de perturbação e perseguição» — constituindo nesse caso apenas uma faculdade do Estado impetrado concedê-lo ou não. Ou se, diferentemente, respeitava ao cumprimento de um dever dos Estados, estabelecido em convenções ou tratados, ou decorrente do sentimento jurídico universal, de garantir os direitos elementares da pessoa humana em perigo. A ser assim, o Estado impetrado ficaria obrigado a asilar os impetrantes, reunidas que estivessem as condições previstas para a concessão do asilo.

A esta efectivamente magna questão, Marcello Caetano respondeu com toda a clareza. A ideia segundo a qual existiria um direito ao asilo diplomático, proclamada na Declaração Universal dos Direitos do Homem, que vinha sendo defendida por alguns autores, encontrava resistência, natural, compreensível, ponderando, assim:

([504]) *Idem*, pág. 745.
([505]) Carlos A. Fernandes, *Do Asilo Diplomático*... cit., págs. V–XI.

Não é difícil de prever a variedade e impertinência das pretensões a que a doutrina do direito ao asilo diplomático daria lugar, os embaraços que dela resultariam para as missões diplomáticas e os conflitos que a cada passo originaria entre os Estados.

Mas mais, em seu entender,

> Seria [...] a exautoração da idoneidade dos Estados para a administração da justiça aos seus cidadãos, risco a que nenhum se subtrairia como o demonstra o número e a procedência das queixas contra a violação dos direitos humanos recebidas na Organização das Nações Unidas.([506])

Deste modo, Marcello Caetano considerava constituir o asilo uma faculdade assente na prática diplomática e apenas fundada em deveres de humanidade, excluindo que tal faculdade ou prática humanitária pudesse ter um fundamento jurídico([507]), posição essa não partilhada por Carlos Fernandes. Diferentemente de Marcello Caetano, o diplomata concluía pela função complexa e não meramente humanitária do asilo diplomático, entendendo-o como um instituto de direito internacional geral e não apenas convencional([508]) ou regional([509]), «correspondente a um princípio geral de Direito, com as lógicas consequências tanto em Direito internacional como interno». Assim, definia o asilo diplomático como constituindo «uma instituição jurídica, de direito internacional geral, destinada a garantir supletivamente a protecção dos direitos

---

([506]) *Idem*, pág. VII.

([507]) *Idem*, *ibidem*.

([508]) Alfred Verdross, *Derecho Internacional Publico*, 4.ª edición alemana [1959], en colaboración com Karl Zemanek, Traducción directa, con notas y bibliografias adicionales, por Antonio Truyol y Serra, Madrid, Aguilar, 1963, págs. 263-264, escreve que «a concessão do asilo diplomático se justifica, mesmo que falte base convencional, no caso de se destinar a proteger o refugiado político de um perigo grave e imediato».

([509]) Jorge Miranda, *Curso de Direito Internacional Público*, 6.ª edição revista e actualizada, Cascais, Principia, 2016, pág. 47. Eduardo Correia Baptista, *Direito Internacional Público*, vol. I, Conceito e Fontes, 1998 (Reimpressão), Lisboa, AAFDL Editora, 2015, págs. 160-162, referindo-se às normas costumeiras que não são universais, as quais podem adquirir vigência com um âmbito «meramente regional». Esclarecendo que o conceito de região implicado «pouco tem a ver com o conceito geográfico de região», afirma que região para efeitos costumeiros é uma noção cultural: «Os Estados que a compõem determinam-se em função da sua cultura jurídica, mesmo que se encontrem fora da região geográfica em que se encontram a maioria dos Estados regionais.»

essenciais da pessoa humana, em momentos em que o Estado territorial não exerce a sua função, quer porque não existe Governo eficaz, de direito ou de facto, quer porque os governantes toleram ou fomentam uma perseguição injusta contra o indivíduo, pondo em perigo actual ou iminente a sua vida, integridade física ou moral, ou liberdade»([510]). Quer dizer, no entender de Carlos Fernandes, verificando-se o «condicionalismo da insegurança ou ilegalidade» que justificasse o asilo, este devia ser «oposto à autoridade territorial» mesmo no caso de ser negado o valor jurídico da instituição. Em sua opinião, o asilo não envolve uma violação da soberania territorial, mas antes uma reacção a essa violação, e assim, o seu respeito. E admitia ainda «um direito de controlo recíproco dos membros da comunidade internacional» como garantia de aplicação da justiça e respeito pela humanidade([511]).

Marcello Caetano revelou o fundamento da sua objecção: o reconhecimento daquele referido direito de controlo não pressupunha tão-só uma comunidade internacional, mas uma «comunidade jurídica com identidade de concepções básicas, de sentimentos e de ideais», o que, disse, nunca existira, nem se verificava num mundo «profundamente dividido por ideologias antagónicas». Acresciam ainda, no critério de Caetano, os riscos de nascer do preconizado direito de controlo um «verdadeiro direito de intervenção dos Estados, que procuraria legitimar as mais escandalosas pretensões de acção política ou de expansão imperialista a coberto dos generosos propósitos de defesa da justiça e humanidade»([512]). E de uma coisa Marcello Caetano estava certo: «As relações diplomáticas entre Estados não se norteiam por preocupações legalistas, nem têm por objecto a manutenção e defesa do direito», pelo que, notava, «mal dos agentes diplomáticos» que se convencessem ser essa a sua função, pois a sua boa-fé reservar-lhes-ia as «mais cruéis decepções»([513]).

O segundo «ponto capital» tratado por Caetano relacionava-se com a questão de saber o que deveria ser entendido por «perseguido político», e distinguiu dois casos. No primeiro, o asilo era solicitado «no decurso de uma convulsão política ou social», situação caracterizada pela suspensão da «legalidade interna» ou pelo menos tornando-a insusceptível de ser «eficazmente observada e imposta pelos órgãos

---

([510]) Carlos A. Fernandes, *Do Asilo Diplomático*... cit., págs. 210–212.
([511]) *Idem*, pág. VII.
([512]) *Idem*, págs. VII–VIII.
([513]) *Idem*, pág. VIII.

governativos e judiciais». O segundo caso definiu-o Marcello Caetano como traduzindo uma situação em que reinava a paz e a ordem no País, «onde um governo constituído se faz respeitar, uma legalidade impera e os tribunais administram justiça».

Ponderando não poder haver delinquência política e cidadãos que visassem através de meios violentos a «destruição da ordem existente», afiguravam-se-lhe lícitas a defesa pelos governos da «ordem estabelecida» e a perseguição, de acordo com as leis, daqueles que contra ela atentassem, e questionou:

> Poderá ser considerado «perseguido político», para efeito de beneficiar de asilo diplomático, o conspirador que teme ser descoberto pela polícia e entregue aos tribunais? ou o revolucionário processado ou até já condenado judicialmente?([514])

Para Marcello Caetano, a perseguição política «implicava uma hostilidade arbitrária do Poder contra os seus inimigos ou simples adversários ideológicos», não lhe parecendo que pudesse falar-se numa tal perseguição quando um Estado procurasse «prevenir ou reprimir a prática de crimes contra a sua segurança interna, previstos e puníveis pelo Código Penal vigente e mediante os órgãos normalmente competentes para esse fim». Do mesmo modo, quando se tratasse de «condenados por tribunais regulares, com as suas garantias processuais (instrução contraditória, assistência por advogados da escolha dos arguidos, possibilidade de recurso...)»([515]).

Marcello Caetano esclareceria muito intencionalmente a este respeito:

> Refiro-me, é claro, a tribunais *regulares*, instituídos por lei geral e constituídos por juízes independentes, e não aos tribunais revolucionários ou às jurisdições políticas em que predominem paixões ou influa decisivamente a vontade dos governantes.([516])

A um «terceiro grave problema do asilo diplomático» aludiu Caetano: o relativo à qualificação do facto alegado pelo asilando

---

([514]) *Idem*, pág. IX.
([515]) *Idem, ibidem.*
([516]) *Idem, ibidem.*

para justificar o pedido. Neste domínio declarou concordância com a perspectiva defendida por Carlos Fernandes. Em síntese, sustentava a necessidade de distinção entre a qualificação inicial ou provisória, e aquela outra, definitiva. Uma coisa constituía o juízo qualificativo imediato dos factos feito pela missão asilante; outra, o direito do Estado territorial se recusar a reconhecer a verificação em concreto das circunstâncias justificativas do asilo. E o direito de contestação do Estado territorial correspondia, na maior parte dos casos, no entender do mesmo professor, «ao direito que a entidade soberana tem de protestar contra a abusiva ingerência de Potências estranhas nos seus negócios internos»([517]).

Marcello Caetano julgava o asilo diplomático um instituto benéfico se estivesse destinado a «salvar vidas em períodos de turbulência, quando os bandos imperam nas ruas e as checas arremedam a justiça», mas recomendava prudência, de modo a evitar-se a transformação do asilo diplomático em «abuso de imunidades diplomáticas» e em «grave incorrecção de conduta para com o Estado onde as missões se encontram acreditadas, em cujos negócios internos não estão autorizadas a intervir e cujos tribunais não lhes é lícito desprestigiar»([518]).

Sem aludir, uma vez mais intencionalmente, a qualquer caso concreto, fosse mais recente ou longínquo, os termos em que estão formuladas e respondidas por Marcello Caetano essas questões «capitais» revelam um pensamento, não apenas quanto ao asilo diplomático, colocado, em tese, como questão académica, mas a respeito dos asilos impetrados por Humberto Delgado e Henrique Galvão, considerados, em boa verdade, nas linhas e entrelinhas daquele prefácio e também nas do seu anterior artigo no *Diário Popular.*

Nesse artigo, Marcello Caetano chamou à colação o que se passara em Espanha durante a guerra civil, pretendendo com isso sublinhar serem os momentos de guerra ou de revolução, ou quando fossem instaurados «regimes de terror com tribunais revolucionários e sinistras "checas"», e tão-só, aqueles que eram susceptíveis de convocar o asilo como dever de humanidade. E lembrou ainda haverem sido executadas, enquanto durara o «domínio vermelho», e só em Madrid, cerca de cem mil pessoas, das quais 22% eram mulheres e crianças([519]). A guerra

([517]) *Idem*, pág. x.

([518]) *Idem*, pág. xi.

([519]) Na negra contabilidade das vítimas da guerra civil espanhola entram as vítimas do bando nacionalista — que contou com cumplicidades várias do

civil justificara, com efeito, que as missões diplomáticas sul-americanas, as da Bélgica, China, Finlândia, França, Holanda, Noruega, Polónia e Turquia, tivessem através de uma acção, que qualificou de «notabilíssima», recebido milhares de refugiados([520]). E não desaproveitou Marcello Caetano a circunstância para aludir à acção de representações diplomáticas portuguesas, as quais, «sobretudo na Europa oriental», tinham salvado «numerosas vidas postas em risco pela perseguição aos judeus ou pela derrocada dos governos subsequente à derrota». Quanto a este aspecto, Marcello Caetano acrescentou ser desconhecida, ao que julgava, a «admirável actuação» dos diplomatas portugueses, a qual, notava, fora «posta em prática de acordo com as instruções recebidas do Ministro dos Negócios Estrangeiros, que ao tempo era o Dr. Salazar»([521]). Por fim, lastimou que o governo de Cuba estivesse a levantar obstáculos «à nobre prática do asilo diplomático», de cuja manutenção, dizia, se orgulhavam os povos da Península Ibérica e aqueles que eram seus «filhos espirituais»([522]).

A posição expressa por Caetano era, pois, crítica do direito ao asilo, desgraduando-o para mera faculdade «assente na prática diplomática e fundada apenas nos deveres de humanidade», limitando-lhe assim, irremediavelmente, o alcance, e foi formulada pelo autor à luz de uma perspectiva essencial sobre a política internacional dos Estados, que se absteve de discutir, os quais dizia guiarem-se não por considerações jurídicas, mas antes por conveniências políticas([523]).

---

governo de Lisboa —, às quais não aludiu Marcello Caetano. Muito revelador é o testemunho de Henrique Galvão (a este respeito, Mário Matos e Lemos, «Espanha, Agosto de 1936 — Henrique Galvão enviado de Salazar à Guerra Civil» (em vias de publicação na *Revista de Estudos do Século* XX, n.º 18, Coimbra, Imprensa da Universidade de Coimbra, 2018, págs. 38–49).

([520]) *Diário Popular*, de 4 de Fevereiro de 1959. Merece aqui referência a ausência de Portugal dessa acção, que se alargou a um mais vasto conjunto de representações diplomáticas, por virtude do seu compromisso político e ideológico com o sector nacionalista. Sobre o tema, Antonio Manuel Moral Roncal, *El Asilo Diplomático en la Guerra Civil Española*, Colección El Estado de la Cuestión 8, Madrid, Actas Editorial, 2001, e *Estudios sobre asilo diplomático en la Guerra Civil Española*, Alcalá de Henares, Universidad de Alcalá/Servicio de Publicaciones, 2018. Uma perspectiva argentina sobre o asilo diplomático durante a guerra civil espanhola pode consultar-se em Carlos Torres Gigena, *Asilo Diplomatico...* cit., págs. 44–48.

([521]) *Diário Popular*, de 4 de Fevereiro de 1959.

([522]) *Idem*.

([523]) *Idem*.

O memorando das Necessidades sobre o direito de asilo

A 2 de Maio de 1959, o Ministério dos Negócios Estrangeiros remeteu às missões diplomáticas portuguesas dos países da América do Sul e do Centro (com excepção de Cuba, México e Venezuela) um memorando sobre a posição do governo português quanto ao direito de asilo.

Reafirmava-se nesse documento não ter Portugal tomado parte nas Conferências sobre direito de asilo (Havana, Montevideu e Caracas), pelo que inexistia qualquer obrigação jurídica que vinculasse o País quanto às matérias aí acordadas. Daí que a concessão de asilo feita por qualquer missão diplomática acreditada em Portugal com base nessas convenções não pudesse ser aceite pelo governo português, o qual não lhes reconhecia «quaisquer consequências jurídicas no seu território». Porém, a inexistência de base jurídica para a invocação do asilo diplomático não significava que o governo não sentisse o dever de respeitar, e tivesse até respeitado, a prática do asilo «nos casos excepcionais» em que este se apresentara como «salvaguarda dos princípios humanitários que constituem a estrutura moral do nosso povo». Tal prática não podia, no entanto, prevalecer-se de fundamentos jurídicos e pressupunha «a existência e a verificação de condições de facto correspondentes aos princípios que a inspiram». E voltava o governo a insistir numa condição julgada «fundamental»: a existência de perturbações de ordem pública tão graves que impossibilitasse as autoridades legalmente constituídas de garantir aos cidadãos a segurança de suas vidas ou o exercício dos direitos que as leis lhes reconheciam para a sua defesa perante os tribunais. Outra condição era que não se tratassem dos próprios responsáveis pela preparação ou execução dessas perturbações de ordem pública, que através do asilo procurassem escapar às responsabilidades legais em que tivessem incorrido. Finalmente, o governo entendia necessário que o asilo tivesse sido concedido «sem qualquer prévio oferecimento da Embaixada ou Legação que o concedeu», devendo limitar-se ao período em que subsistisse o perigo invocado, concluindo assim o memorando:

> Os princípios humanitários que podem legitimamente ser invocados têm deste modo salvaguarda suficiente; e o respeito que mutuamente se devem os Estados quanto à sua soberania não permite, afora a existência de convenções especiais, concessões mais amplas. Sendo assim, e fora das condições mencionadas, as pessoas porventura admitidas nos locais das missões diplomáticas ou consulares entende o Governo Português que

deverão ser entregues às autoridades ou expulsas dos locais dessas missões. O Governo Português agradeceria que o Governo desse as convenientes instruções ao seu representante em Lisboa.([524])

O memorando correspondeu à necessidade sentida pelo governo português de afirmar uma posição, e mais, de a formalizar, antecipando-a à transigência que em relação aos casos Delgado e Galvão se desenhara, e era reconhecida ao tempo como politicamente inevitável. A contrariedade que o memorando constituía para as autoridades portuguesas está reflectida no teor retórico do documento, a disfarçar as contradições nele expressas. Repare-se a este propósito na incompatibilidade entre a afirmação da «salvaguarda dos princípios humanitários» como fundamento do respeito pela prática do asilo e as condições de facto impostas pelo governo português. A primeira destas formulada em termos que inutilizariam na prática o instituto; a segunda inspirada pela situação de evadido de Henrique Galvão; e a terceira sugerida pela convicção das autoridades portuguesas de que os estatutos de asilo conferidos a este e ao general Delgado teriam constituído o culminar de uma trama político-diplomática levada a cabo por Álvaro Lins com a cumplicidade de Ernesto Mairal. A este respeito, Franco Nogueira interpreta a concessão de asilo a Galvão como correspondendo à continuidade da execução do «plano gizado por Lins com os oposicionistas». E alude à «especulação sobre o sentido da atitude conjunta dos representantes do Brasil e da Argentina», que apontaria no sentido de os diplomatas não terem decerto actuado sem instruções ou pelo menos o assentimento dos seus governos([525]).

A legação de Portugal no México deu conhecimento às Necessidades da posição daquele país sobre o memorando do governo português. Reconhecendo embora que o governo do México não invocaria as convenções sobre matéria de asilo junto de Estados que as não tivessem ratificado, observou não ser possível desconhecer o seu «inegável valor doutrinário», mesmo para aqueles países, como era o caso de Portugal, que não eram parte daqueles instrumentos internacionais, e ponderou:

([524]) AHD/PEA-M27/Memorandum sobre a posição do governo português em face do direito de asilo, enviado às missões diplomáticas portuguesas dos paíse da América do Sul e do Centro (à excepção de Cuba, México e Venezuela) em 2 de Maio de 1959.

([525]) Franco Nogueira, *Salazar*, *V*... cit., pág. 49.

> [...] cabe hacer notar que la institución del asilo diplomático está reconocida por el Derecho Internacional así como por la práctica y la costumbre de los estados, como una medida de carácter humanitário, en caso de graves distúrbios que pongan en peligro la vida de las personas que lo soliciten. Es evidente que en tales circunstancias, el asilo es de carácter temporal.

Isto sem dever excluir-se a possibilidade de o asilo ser concedido em «casos excepcionais de natureza política», entendendo as autoridades mexicanas que, na ausência de «direito convencional aplicável», o asilo deveria reger-se por negociações directas entre os Estados interessados, tendo feito menção expressa aos pedidos de asilo nas missões diplomáticas acreditadas em Espanha quando em 1936 se iniciara a guerra civil. Remetendo para a posição tomada a 27 de Janeiro de 1937 pelo presidente do conselho da Sociedade das Nações, o governo mexicano pretendeu sublinhar a natureza humanitária desse problema. E a finalizar recordou o artigo 14.º da Declaração Universal dos Direitos Humanos, que expressamente reconhecia o direito de asilo([526]).

A Guatemala transmitiu a 29 de Junho a sua posição sobre o memorando. Embora expressasse a sua concordância com Portugal quanto à interpretação segundo a qual não eram de «observância» obrigatória por Lisboa as convenções assinadas em Havana, Montevideu e Caracas, definiu posição em termos inequívocos e críticos:

> [...] Guatemala no puede aceptar la inexistencia de base jurídica para la invocación del derecho de asilo diplomático en Portugal, ya que los deberes y derechos de los Estados no son resultantes unicamente de tratados subscritos con otros Estados. Guatemala tiene una larga tradición de respecto al Derecho de Asilo, no solo al concedido por países suscriptores de convenciones sobre la matéria, sino también al concedido por otros con los que que Guatemala no ha llegado a subscribirlos. En efecto, el Asilo tiene como base fundamental la misma personalidad humana y las Convenciones que se han suscrito sobre la materia no han hecho más que plasmar en forma de tratado lo que — desde tiempo inmemorial ha constituído una prática nacional respectada por todos los Estados civilizados de la tierra, cual es la salvaguardia de las personas perseguidas por motivos o por delitos políticos o por delitos comunes conexos.

([526]) AHD/CE 39/P4/2043.

> Mucho menos podría Guatemala aceptar la obligación de entregar a las autoridades locales o de expulsar de sus missiones a las personas que acudan a ellas en solicitud de asilo, ya que tal posición violaría radicalmente la postura sustentada por este país en esa matéria, así como violaría princípios fundamentales de nuestra Constitución Política [...].

E concluía:

> [...] Guatemala puede esperar que Portugal sabría respectar el asilo que eventualmente pudiera ser concedido por nuestros Representantes en aquel país y que la falta de tratado no sería obstáculo a que, por cortesia internacional, por reciprocidad y con base en los principios generales del Derecho, Portugal extendiera el salvoconducto y diera todas las facilidades necessárias para la salida del asilado del território portugués.([527])

Em Setembro, o embaixador na Venezuela, Carlos Branquinho, informava o ministro Marcello Mathias de que o seu homólogo venezuelano, [Ignacio Luis] Arcaya, defendia o critério de que o asilo «devia ser concedido a toda a gente, independentemente da sua condição militar ou civil», tendo acrescentado que a «Venezuela em nenhuma circunstância assinaria qualquer convenção inter-americana com princípio diferente»([528]).

Asilo em Timor

No momento em que o memorando sobre a posição do governo português perante o direito de asilo chegou às missões diplomáticas suas destinatárias, andava secretamente tratado nas Necessidades o caso do asilo concedido por Portugal, em Timor, a 14 militares indonésios membros de forças rebeldes([529]).

([527]) AHD/CE 39/P4/2043.

([528]) AHD/CE 39/P4/2043.

([529]) Fernando Augusto Figueiredo, «A presença portuguesa em Timor. Da concepção imperial ao modelo autonómico (1945-1975)», *in* AAVV, *Timor-Leste, Colonialismo, Descolonização, Lusotopia*, Porto, Edições Afrontamento, 2016, pág. 180, e *Timor-Leste: A presença portuguesa desde a reocupação à invasão indonésia (1945-1975)*, Lisboa, Âncora Editora, 2018, pág. 62, que identifica

Em Janeiro de 1958, o Ministério dos Negócios Estrangeiros instruiu a legação de Portugal em Jacarta no sentido de procurar informar-se, «com toda [a] discrição», sobre os tipos de barcos que a Indonésia estaria interessada em encomendar a Portugal([530]). Haveria também de colocar-se em data próxima uma questão de águas territoriais, por pretender Jacarta atribuir-se a soberania sobre todo o mar livre existente entre as ilhas indonésias([531]).

A 23 de Março seguinte, sendo ainda Paulo Cunha chefe da diplomacia portuguesa, foi solicitado e concedido asilo em Timor a um grupo de 14 indonésios, entre os quais militares.

Da legação de Portugal em Jacarta, a 29 de Março, o ministro plenipotenciário, Augusto Potier, informava as Necessidades:

> Governador de Timor acaba de informar-me reservadamente [do] telegrama que enviou [ao] Ministro [do] Ultramar [a] 25 do corrente participando [que] um oficial dois sargentos onze praças dissidentes guarnição militar Kupang haviam atravessado fronteiras [do] enclave Oecusse dia 23 pedindo asilo. Refugiados encontram-se agora [em] Díli a bordo [do] Dom Aleixo sem contactos com terra aguardando decisão [do] Governo português [sobre] [o] seu destino. Embora [o] Governador haja comunicado [a] ocorrência [ao] Consul [da] Indonésia este Ministério dos Negócios estrangeiros ainda não se manifestou mas julgo não tardará [a] pedir [a] entrega dos refugiados pelo que muito agradeceria a V. Exa. urgentes instruções sobre assunto([532])

Dias depois, o diplomata português informava que devia receber proximamente uma *nota* solicitando a entrega dos «refugiados em Timor ou pelo menos [o] respectivo armamento»([533]).

---

esses 14 indonésios: Lanbertus Ladwn, Gerson Pello, Jobert Moniaga, Eddy Welong, Albertus Ndun, Jeheskial Folla, Ambrocius Dimoe Logo, Urias Daniel, Dominggus Adoe, Lourenz Tangsi, Paulus Adoe, Anderias Therik, Jonathan Nenotek e Jeremias Pello.

([530]) AHD/ Telegrama do Ministério dos Negócios Estrangeiros para a legação de Portugal em Jakarta, de 31 de Janeiro de 1958.

([531]) AHD/ Telegrama do Ministério dos Negócios Estrangeiros para a legação de Portugal em Jakarta, de 1 de Fevereiro de 1958.

([532]) AHD/Telegrama da legação de Portugal em Djakarta para o Ministério dos Negócios Estrangeiros, de 29 de Março de 1958.

([533]) AHD/Telegrama da legação de Portugal em Djakarta para o Ministério dos Negócios Estrangeiros, de 24 de Abril de 1958.

De Lisboa seria expedido um telegrama, a 19 de Maio, determinando à legação de Portugal que respondesse a uma *nota* de Jacarta nos seguintes termos:

> 1. O Governo português deu a melhor atenção aos pedidos formulados pelo Governo indonésio os quais foram apreciados com o espírito de boa vontade e amizade que está de harmonia com as relações existentes entre os dois países vizinhos.
>
> 2. Dentro desta orientação, o Governo português autorizará que o armamento apreendido aos militares indonésios, que no dia 23 de Março último entraram no território do Timor português e ali pediram asilo político, seja entregue às autoridades indonésias e também não tem objecção a que o Consul da Indonésia em Díli se aviste com os referidos militares.
>
> 3. Por outro lado, o Governo português não faz qualquer oposição ao regresso dos militares indonésios ao seu país desde que estes o façam de livre vontade e assim o exprimam, por escrito, às autoridades portuguesas.([534])

Na sua biografia de Salazar, o embaixador Franco Nogueira escreve a dado passo:

> Passa por Lisboa [em 5 Maio de 1959] o presidente Sukarno, da Indonésia, e no banquete que lhe é oferecido na Ajuda encontram-se os três homens [Sukarno, Oliveira Salazar e Marcello Mathias]; mas sobre o assunto, e o que está por detrás, não é trocada uma palavra.([535])

([534]) AHD/ Telegrama do Ministério dos Negócios Estrangeiros para a legação de Portugal em Djakarta, de 19 de Maio de 1958.

([535]) Fernando Augusto Figueiredo, «A presença portuguesa...» cit., pág. 76. Nem a essa visita a Lisboa, nem à que realizou de novo a Portugal meses mais tarde falou Sukarno a Cindy Adams (Sukarno, *An Autobiography as Told to Cindy Adams*, Indianapolis/Kansas City/New York, The Bobbs-Merrill Comapany, Inc., 1965). Não se encontra igualmente qualquer alusão em C. L. M. Penders, *The Life and Times of Sukarno*, Rutherford/Madison/Teaneck, Fairleigh Dickinson University Press, 1974. Sobre o eventual teor da referida «conversação», Joaquim Veríssimo Serrão, *História de Portugal*, vol. XVI, O Terceiro Mundo contra o Portugal Ultramarino (1951–1960), 1.ª Parte... cit., págs. 272 e 292, referindo-se aqui ao equívoco do «talentoso ministro» Marcello Mathias sobre a posição de Sukarno a respeito da «causa ultramarina de Portugal», acrescentando: «Não obstante as garantias que procurou dar ao Chefe do Governo, de que a independência de Timor seria respeitada pelo vizinho indonésio, não se enganaram os observadores mais argutos acerca das contradições que enchiam as afirmações de Sukarno».

Ao tempo estava indigitado como novo governador de Timor Filipe Themudo Barata, cuja nomeação passou ao jornal oficial a 6 de Maio, o qual recordaria terem tido as declarações em Lisboa do presidente indonésio uma «aparência tranquilizadora, continuando publicamente a reclamar apenas os territórios que faziam parte das Índias Orientais neerlandesas»([536]), adiantando ainda a respeito da visita de Sukarno:

> As nossas autoridades parecia haverem ficado tranquilas com esta visita, ou, pelo menos, queriam aparentá-lo. Dias depois, ao dar-me posse, dizia o Ministro do Ultramar (Alm. Lopes Alves): «Ainda recentemente a passagem por Lisboa do Presidente Sukarno, da Indonésia, foi motivo para contactos bem cordiais com o Presidente do Conselho e outras personalidades, que bem confirmaram os laços amistosos e o alto espírito de compreensão existentes entre Portugal e aquele país».([537])

Ainda em Lisboa, Filipe Themudo Barata teve «algumas notícias acerca de um movimento que estava em preparação e ao qual não era estranho o Cônsul da Indonésia em Díli», referindo-se, entre outras «circunstâncias e indícios preocupantes», à «presença de alguns (reais? fingidos?) refugiados políticos indonésios», acrescentando: «eram nove no total e são eles que irão surgir como núcleo dinamizador do movimento que culminou com o ataque a Viqueque, que foi por eles dirigido e no qual tomaram parte directa»([538]).

De acordo ainda com o testemunho de Themudo Barata, as autoridades portuguesas, por motivo de uma denúncia, tinham ficado conhecedoras de que «uma dúzia de timorenses vinha mantendo reuniões frequentes nos arredores de Díli, e instigados pelo Cônsul, preparavam um movimento para entregar Timor à Indonésia». E mais, que «alguns dos indonésios que, em fins de 1958, entraram na fronteira de Oecussi pedindo asilo político, eram peças fundamentais deste processo, tendo sido eles que convenceram dois dessa dúzia de conspiradores a procurarem reunir todos os descontentes com vista a promover uma revolta».

([536]) Filipe Themudo Barata, *Timor contemporâneo, Da primeira ameaça indonésia ao nascer de uma nação*, Lisboa, Equilíbrio Editorial, Lda., 1998, pág. 24, que lembra o facto de a Indonésia ter anexado a metade ocidental da Nova Guiné em 1 de Maio de 1963, com a promessa de um plebiscito que nunca se realizou.

([537]) *Idem*, pág. 25.

([538]) *Idem*, pág. 29.

Referindo-se-lhes como «pseudo-refugiados»([539]), a quem o governo fixara residência e atribuíra um subsídio diário, Themudo Barata dá crédito ao relatório do superintendente da polícia de Díli, onde se lia:

> Entretanto dá-se uma desordem entre os asilados políticos em Baucau, segundo a prova dos autos preconcebida, que motivou a separação de cinco deles (Gerson Pello, Albert Ndoen, Jehsekial Folla, Jeremias Pello e Jobert Moniaga) para Viqueque.

E escreve:

> Os administradores de Baucau e Viqueque nada registam de anormal no comportamento destes «hóspedes»: contudo, as averiguações posteriores provaram que, já em fins de 1958, um dos cabecilhas que veio a ser preso foi a Baucau, incumbido pelo cônsul de estabelecer contacto com os asilados indonésios e saber da sua disposição de colaborar na elaboração dum plano de revolta contra a presença portuguesa em Timor.([540])

O historiador Valentim Alexandre dá conta da correspondência dirigida a 30 de Maio pelo encarregado do governo de Timor — Manuel Albuquerque Gonçalves de Aguiar —, para o Ministério do Ultramar,

---

([539]) João Luís Gonçalves, *A Revolta de 1959 em Timor Leste, Uma história desconhecida sobre o início da Guerra do Ultramar, Inclui o testemunho pessoal de D. Ximenes Belo, Bispo Emérito de Díli e Prémio Nobel da Paz em 1996*, Letras&Coisas, 2018, págs 42–43, escreve: «Frederico Almeida [um dos participantes na revolta de 1959, seria presidente do partido pró-indonésio "Apodeti Pro Referendo"] e Manuel Alim [também participante na revolta "contra a administração portuguesa"] contaram-me que, quando os deportados seguiam para Angola, o barco fez uma breve paragem em Singapura. Neste porto, alguns dos exilados indonésios conseguiram fugir do barco, descendo por uma corda feita de lençois amarrados. Pediram asilo a outro barco, mas quer o governo de Singapura, quer a Embaixada da Indonésia nesse país, nada quiseram saber e, assim, ninguém os protegeu. Desta forma, os exilados indonésios foram, de novo, entregues aos portugueses e seguiram viagem juntamente com os outros detidos», e acrescenta: «Os presos indonésios eram efectivamente refugiados; tinham fugido da Indonésia e pedido asilo a Timor-Leste. Hoje, alguns pensam que terá sido um "asilo" fictício e conveniente, como estratagema para ajudar a incentivar a Revolta. De qualquer modo, não é compreensível a falta de apoio aos exilados indonésios pela Embaixada do próprio país quando estes fugiram do barco português em Singapura. Contudo, Frederico Almeida diz que esta aparente indiferença da Indonésia pode ter sido uma estratégia para não dar a entender qualquer envolvimento do país nesses acontecimentos».

([540]) *Idem*, págs. 53–54.

na qual caracterizou a conspiração abortada, e informou comentar-se não lhe dever ser estranha «[a] permanência [na] província [de] internados indonésios». Esses internados eram, como escreve o mesmo historiador, 14 indonésios que, tendo «participado numa rebelião autonomista iniciada em Sulawesi contra o governo de Jacarta (o movimento Permesta, que encontrou um largo apoio no antigo Timor Holandês), se refugiaram no território português em Março de 1958», tendo-lhes sido concedido asilo político([541]).

De acordo com um telegrama transmitido de Timor para Lisboa a 4 de Junho pelo encarregado do governo — na sequência de anteriores comunicações em que dera conta da sua intenção de dar ordem de captura a «alguns elementos mais em evidência», e das prisões efectuadas — entre os responsáveis do movimento figurariam também os 14 «refugiados indonésios, cujo "refúgio político" não passaria de um "estratagema" para se "introduzirem [no] nosso território e organizar [o] movimento cuja finalidade seria incorporar Timor na Indonésia"»([542]).

Tendo em consideração que as conclusões do encarregado do governo se tinham fundado apenas nas declarações dos presos, e obtidas sob tortura, Valentim Alexandre recomenda muito justamente que aquelas conclusões de Manuel Aguiar sejam tomadas «com todas as reservas», dando unicamente como certa, por estar confirmada por outras fontes([543]), «a existência de um movimento que deveria eclodir em Dezembro de 1959, estando envolvidos nele alguns dos detidos em começos de Junho»([544]).

([541]) Valentim Alexandre, *Contra o Vento, Portugal, O Império e a Maré Anticolonial (1945–1960)*, Lisboa, Temas e Debates/Círculo de Leitores, 2017, pág. 739.

([542]) *Idem*, pág. 740.

([543]) *Idem*, págs. 740–741, com alusão aos testemunhos do cônsul da Austrália à época e do bispo Ximenes Belo. Escreveu este último: «Entretanto, em Julho de 1959, a Vila de Baucau estava apinhada de presos fortemente vigiados pelos cipaios. Eram os assim chamados "revoltosos" levados de Watolari, Watocarbau e Viqueque. Foram submetidos a trabalhos forçados na limpeza das ruas e do bazar da vila. Alguns estavam presos na garagem da casa do Administrador. Ali eram torturados, pois nós os alunos da escola da Missão, ouvimos perfeitamente, como esses nossos irmãos gritavam e choravam em consequência das pancadas e das chicotadas. Eu próprio ouvia da minha casa, sita em Baú Oli, a dois quilómetros da vila, os gritos lancinantes e desesperados dos presos...» (http://forum-haksesuk.blogspot.com/2009/06/revolta-de-1959-em-viqueque-watolari-e.html). Ainda, João Luís Gonçalves, *A Revolta de 1959...* cit., págs. 86–99.

([544]) *Idem, ibidem*.

A 5 de Junho de 1959 — pouco tempo passado sobre a saída de Portugal, respectivamente, de Humberto Delgado e Henrique Galvão —, Franco Nogueira assina na qualidade de alto funcionário do Ministério dos Negócios Estrangeiros um telegrama dirigido à legação de Portugal em Jacarta, muito revelador das políticas do governo português em relação ao direito de asilo([545]), do qual consta uma significativa referência ao risco de os asilados poderem desenvolver acções nefastas ao governo de Jacarta, prejudiciais às «boas relações» entre Portugal e a Indonésia:

> 34 — URGENTE — SECRETÍSSIMO — Refiro-me [ao] problema [dos] quatorze súbditos indonésios pertencentes [às] forças rebeldes [que] se encontram [na] província [de] Timor. Assunto consta entre outros documentos de telegramas desta Secretaria de Estado, n.º 16 e 25 respectivamente de Abril e Maio de 1958. Como V. Exa. sabe não satisfizemos então [o] pedido indonésio [no] sentido [da] sua entrega e concedemos asilo visto tratar-se de refugiados políticos, e nos termos [das] normas internacionais usualmente adoptadas colocámos tais refugiados [em] situação de internamento devidamente desarmados. [O] Consul indonésio em Díli foi na altura posto [ao] corrente [do] assunto e contra recibo devolvemos [ao] Governo de Djakarta [o] armamento [de] [que] aqueles eram portadores. [O] Governo indonésio que inicialmente insistira [na] entrega [dos militares] acabou [por] compreender [o] nosso procedimento, que achou correcto. Acontece porém [que] [as] nossas autoridades têm verificado [que] atitude daqueles militares não se tem conformado [com] [as] obrigações [que] lhes incumbem de estrita abstenção [de] qualquer actividade política e têm procurado desrespeitar [a] generosa hospitalidade [que] [o] Governo português lhes concedera. Considera [o] Governo Português [que] tal procedimento não [é] consentâneo [com] [o] espírito [do] asilo que solicitaram e lhes foi concedido e se [fossem] autorizados a prosseguir impor-se-iam medidas coercivas sob risco de caso contrário poderem

([545]) Franco Nogueira, *História de Portugal, 1933–1974*... cit., pág. 110, onde escreve, mais de vinte anos passados sobre esses acontecimentos, que as tradições europeias em matéria de asilo eram «completamente diferentes» na Europa e que Portugal não era parte nos tratados latino-americanos, nem os subscrevera, pelo que as obrigações deles decorrentes não se lhe aplicavam. Para Franco Nogueira, as «tradições europeias» apenas «reconhecem o asilo político na hipótese de alteração grave de ordem pública, subversão das instituições e perigo iminente e real para a vida dos asilados», o que escreveu não ser «manifestamente o caso».

> desenvolver acções nefastas ao próprio Governo [de] Djakarta e prejudicial para [as] boas relações entre [os] dois países. Nestas circunstâncias sente-se [o] Governo Português desobrigado [de] manter asilo [que] lhes dera e resolve como lhe fora solicitado entregar [os] referidos militares [ao] Governo Indonésio. Deve por isso V. Exa. expor imediatamente quanto antecede [a] esse Governo informando-o da nossa decisão e combinando [a] data hora local [da] entrega [na] fronteira [o] que V. Exa. comunicará [a] esta Secretaria de Estado e directamente [ao] Governo [de] Timor. V. Exa. fará [a] sua diligência verbalmente em tom cordial [e] amistoso sugerindo [que] [a] nossa atitude [foi] determinada [pelo] desejo [de] boa vizinhança e cooperação [com] [o] Governo indonésio.([546])

Embora Franco Nogueira nada tenha revelado sobre as impressões deixadas a Salazar pelo presidente indonésio naquele encontro no palácio da Ajuda, em Maio do ano seguinte, Sukarno voltou a Portugal.

> E deixa em Salazar a impressão de um radical aquietado no poder, de um impulsivo capaz de por vaidade ou ódio cometer loucuras políticas, de um homem que aos olhos do seu povo devia surgir como detentor de um carisma inigualável.([547])

> Entre os oposicionistas são diferentes as interpretações: para uns, Sukarno veio precisamente reivindicar Timor, e Eisenhower — que entretanto estivera também em Lisboa — veio formular exigências não especificadas; outros persistem na opinião de que as visitas, emprestando ao governo uma quanta legitimidade, em termos de aceitação internacional, constituem traição aos ideais democráticos e à causa da liberdade do povo português.([548])

O governo português, que se mostrara tão determinadamente intransigente, sobretudo em relação ao caso de Humberto Delgado, na defesa da tese do não reconhecimento do direito de asilo, negando a invocação de precedentes perante o governo do Rio de Janeiro, decidira meses antes do pedido formulado pelo general ao embaixador

---

([546]) AHD/CE 39/P4/2043/Telegrama do Ministério dos Negócios Estrangeiros para a legação de Portugal em Jacarta, de 5 de Junho de 1959. Ainda, Fernando Augusto de Figueiredo, *Timor-Leste...* cit., pág. 66.

([547]) Franco Nogueira, *Salazar, V...* cit., pág. 132.

([548]) *Idem*, pág. 137.

Lins — como se comprova —, conceder asilo àqueles 14 indonésios rebeldes, o que manteve *secretíssimo*.

O processo de asilo desses indonésios seria mandado liquidar nos termos determinados naquele telegrama assinado por Franco Nogueira, desconhecendo-se, contudo, a sorte daqueles homens cujos destinos poderão ter sido diferentes([549]).

Facto é que, em finais de Setembro, o ministro plenipotenciário em Jacarta, Leite Cruz([550]), relatava em longo telegrama que a *nota* indonésia quanto aos refugiados pedia a confirmação de serem nove aqueles que Lisboa se propunha entregar, reclamava a lista dos seus nomes e mais informações sobre cinco refugiados «não incluídos nessa entrega», bem como as «razões da sua exclusão»([551]).

Independentemente das razões que possam ter determinado a referida decisão do governo de Lisboa, das suas próprias responsabilidades e das imputáveis às autoridades locais, admitimos que a *oportunidade de resolução* do caso dos asilados indonésios não deve ser desligada do encerramento dos casos Delgado e Galvão que se dera havia poucos dias.

Com efeito, é de crer que a mera ameaça de divulgação da existência daqueles 14 casos de asilo, concedidos por Portugal, situação contemporânea da intransigência do governo português em reconhecer o direito de asilo a Delgado, agravada por estar envolvida no caso a relação de Portugal com o Brasil, poderá bem ter constituído um apelo fortíssimo — admitimos que entre outros, e relevantes — à criação de condições para a entrega dos asilados às autoridades indonésias, até pelo motivo de o caso não se haver tornado público.

([549]) Valentim Alexandre, *Contra o Vento...* cit., pág. 744, onde se refere que a 4 de Outubro de 1959 entre 57 presos que foram embarcados no navio *Índia*, sendo deportados para Angola, se encontravam «quatro dos refugiados indonésios». A este respeito, Ernest Chamberlain, *Faltering Steps, Independence Movements in East Timor 1940s to the early 1970s* (https://pt.scribd.com/doc/39366421/Faltering-Steps-Independence-Movements-in-East-Timor-1940s-to-the-early-1970s). João Luís Gonçalves, *A Revolta de 1959...* cit., págs. 102–107 informa que Albertus Ndun, Germias Pello, Gerson Pello e Lanbertus Ladwn foram deportados para Angola e destinados à cadeia do Bié.

([550]) António Leite Cruz sucedeu na legação de Portugal em Jacarta a Augusto Potier, a 2 de Abril de 1959, havendo desempenhado funções de encarregado de negócios interino, entre Maio de 1958 e Fevereiro de 1959, Guilherme Margarido de Castilho.

([551]) AHD/Telegrama da legação de Portugal em Djakarta para o Ministério dos Negócios Estrangeiros, de 23 de Setembro de 1959.

Sem prejuízo das especificidades das várias situações, é de admitir que as autoridades de Lisboa não estivessem interessadas em ver esgrimir contra a orientação das Necessidades os asilos políticos concedidos em Timor, no continente asiático, longe, portanto, da geografia latino-americana adentro da qual o reconhecimento do direito de asilo não tinha apenas precedentes, mas fundamentos jurídicos inequívocos.

À luz da decisão do governo de Lisboa constante daquele telegrama de 5 de Junho de 1959, pode porventura compreender-se a vinda de Sukarno a Portugal no mês anterior, e também o facto de não ter sido «trocada uma palavra» sobre as razões que a justificara. O diplomata José de Noronha Gamito — mais tarde embaixador de Portugal — entendeu não silenciar, por lhe parecer «ter algum interesse político», um acontecimento do qual foi protagonista, relacionado com a chegada a Lisboa de um embaixador da Indonésia, por ele recebido em nome do ministro Paulo Cunha, recordando-o assim:

> A conversa tida com ele, ainda a bordo, decorreu dentro do formalismo habitual, com a troca das amáveis palavras do estilo e a oferta, de parte a parte, da melhor colaboração. Mas a insistência do novo Representante diplomático em frisar que as relações entre o seu país e o nosso eram excelentes e estavam destinadas a produzir muito favoráveis resultados para benefício recíproco deixaram-me assaz surpreendido, sobretudo quando o recém-chegado tentava convencer-me de que o seu Governo Achmed Sukarno, não tinha a mínima reivindicação sobre a parte Leste da ilha de Timor, dado que essa área nunca pertencera à dos territórios das antigas Índias Orientais Holandesas, dos quais o seu país era o herdeiro legítimo. Timor Leste pertencia-nos há quatro séculos e a Indonésia nunca iria disputar a menor parcela da nossa soberania sobre aquela ilha. Ele, Embaixador, tinha recebido instruções expressas para dar essas garantias aos governantes portugueses e estava pessoalmente ansioso pelas oportunidades que lhe viessem a ser dadas para cumprimento daquelas ordens.

E ponderou ainda Noronha Gamito, registando que dera conhecimento desses «exageros transpositivos» ao secretário-geral das Necessidades:

> Em meu íntimo achei excessivas tantas reiterações de respeito pelo *statu quo* luso-indonésio naquela agitada área do Sudeste Asiático, onde tudo era reivindicado pelo que respeita às velhas estruturas imperiais e

> de tal forma violenta, apaixonada e sangrenta, que os conflitos territoriais, étnicos, religiosos e políticos não poupavam aqueles arquipélagos e, dentro deles, zonas, extensas ou reduzidas, de algumas das ilhas, como sucedia com Sumatra, as Celebes, a Nova Guiné, Amboina. As ambições emancipadoras daqueles povos prejudicavam a megalomania imperialista do antigo Engenheiro Sukarno que pretendia, por qualquer meio, construir um Império Indo-Malaio englobando a Malásia e chegando até à Austrália.
>
> Acrescentando ainda:
>
> Na verdade, a recepção puramente protocolar do Enviado Extraordinário não deveria, segundo as boas regras, servir de ocasião para aqueles propósitos políticos. Era evidente que o Embaixador pretendia ganhar, logo a partir dos primeiros minutos da sua entrada em Portugal, uma simpatia e uma confiança que, por excesso de zelo, pareciam ficar um tanto comprometidas, até porque suscitavam dúvidas quanto à sinceridade das Autoridades representadas.([552])

Independentemente da sorte daqueles 14 militares rebeldes e à margem do corte de relações diplomáticas com Portugal decidido por Sukarno, entrados que estavam os anos 60— por «pretexto risível»([553]), nas palavras de Franco Nogueira, que interpretou essa decisão como resultante da má influência junto do presidente indonésio do seu ministro dos Estrangeiros([554]) —, a soberania de Timor manteve-se intocada([555]), renovando-se as preocupações de Lisboa com o afastamento de Sukarno em 1967([556]).

A violência das agressões ficou guardada para momento histórico posterior.

([552]) José de Noronha Gamito, *Nesciedades*, I... cit., págs. 423–424.

([553]) Franco Nogueira, *Um Político Confessa-se*... cit., pág. 109. O motivo, como esclarece o autor, foi o de evitar «uma explosão popular contra os representantes portugueses».

([554]) Franco Nogueira, *Salazar*, VI, O Último Combate (1964–1970), Porto, Civilização, 2000, pág. 2.

([555]) *Idem*, pág. 14.

([556]) *Idem*, pág. 262.

Ainda o Tratado de Amizade e Consulta... e o direito de asilo

Embora, como já referimos, Álvaro Lins parecesse cultivar certa simpatia pela ideia da comunidade luso-brasileira, para cuja realização contribuía o Tratado de Amizade e Consulta — o que se retira das suas referidas declarações a Amândio César, à chegada a Lisboa —, a verdade é que com o passar do tempo modificou a sua posição.

Na *Missão em Portugal*, Lins não esconde todas as suas reservas em relação ao Tratado, cuja cronologia lembrou, tendo assinalado também haver sido assinado a 16 de Novembro de 1953 no Rio de Janeiro([557]) pelo embaixador de Portugal [António de Faria] e pelo então ministro das Relações Exteriores do Brasil, Vicente Rao, cujo «fascismo ortodoxo», escreveu Lins, fizera dele «o mais abominável titular da pasta da Justiça durante a ditadura de 1937, só tendo um símile em matéria de mãos sujas de sangue nas violências e nos crimes do Estado Novo: o seu adequado Chefe de Polícia, sr. Filinto Müller [...]»([558]).

Negando ao Tratado a natureza de «instrumento diplomático de carácter afectivo, cultural, económico, comercial», a Lins afigurava-se valer apenas como um instrumento político destinado a garantir certos princípios que eram aqueles que os governos de Getúlio e de Salazar consideravam dever nortear a «Comunidade luso-brasileira no mundo»([559]).

Tudo começara em Maio de 1944, quando o então embaixador em Lisboa, João Neves da Fontoura, submetera a Oliveira Salazar

---

([557]) Bernardo Futscher Pereira, *Crepúsculo do Colonialismo...* cit., pág. 78–81. A. da Silva Rêgo, *Relações Luso-Brasileiras (1822–1953)*, Lisboa, Edições Panorama, s/d, págs. 143–144, observa saltar «imediatamente à vista que parece ter havido o firme propósito de se manter bem aberto à iniciativa dos dois Governos o mais amplo campo de acção». E não lhe parecia lícito que fosse posta em dúvida a «sinceridade dos negociadores» do Tratado, não se ignorando «as naturais dificuldades que esperavam a necessária legislação posterior e regulamentação». O Tratado — comentou ainda Silva Rêgo — visava o futuro, e este é por natureza «incerto e fluido». E acrescentou: «As melhores intenções e propósitos esbarram quase sempre contra a irreversível realidade. O princípio de *rebus sic stantibus*, subjacente a todos os tratados salvaguarda exactamente as vicissitudes do que pode acontecer». Ainda Amado Cervo e José Calvet de Magalhães, *Depois das Caravelas...* cit., págs. 277–282, e Luiz Cláudio Machado dos Santos, *As Relações Brasil-Portugal...* cit., *passim*.

([558]) Álvaro Lins, *Missão...* cit., págs. 394–396.

([559]) *Idem*, pág. 397. Sobre a designada «comunidade luso-brasileira», Armando Gonçalves Pereira, *Da Relação Luso-Brasileira*, Lisboa, Ática, s/d (mas, 1963), págs. 31–60.

— que ao tempo acumulava a pasta dos Negócios Estrangeiros com a Presidência do Conselho — um projecto de decreto que o governo brasileiro planeava publicar, estabelecendo: a) a livre entrada dos portugueses no Brasil; b) facilidades de naturalização para os portugueses; c) inadmissibilidade de expulsão dos portugueses; d) não aplicação aos portugueses de restrições de ordem policial, diversas daquelas a que estivessem sujeitos os brasileiros, com excepção do registo no serviço competente; e) equiparação dos brasileiros, para efeitos de exercício de emprego nos serviços públicos dados em concessão, na indústria e no comércio, dos portugueses que satisfizessem determinados requisitos; f) concessão aos portugueses de todos os privilégios concedidos aos brasileiros por lei ordinária. De acordo com um Relatório oficial, o embaixador brasileiro manifestara a «esperança de que o assunto pudesse vir a ser objecto de Convenção entre os dois países».

Através de *nota* de 7 de Outubro seguinte, o governo português respondeu, depois de sobre o assunto se haver pronunciado Machado Vilela, mostrando preferência pela celebração de uma Convenção onde ficasse estabelecido «o regime em cada país dos nacionais do outro», tendo sido junto um projecto de convenção com o objectivo de ser obtida a equiparação de direitos privados e de direitos públicos não políticos, com excepções: os portugueses não poderiam, no Brasil, nem os brasileiros, em Portugal, ser directores de jornais que não fossem exclusivamente científicos; ser comandantes de navios mercantes de nacionalidade local e fazer parte de organismos corporativos ou profissionais, fora dos casos em que isso fosse permitido aos estrangeiros em geral.

A 1 de Fevereiro de 1945, o embaixador do Brasil fez entrega ao governo português de um contra-projecto de Convenção. Os trabalhos tiveram sequência com um novo projecto da responsabilidade do então secretário-geral das Necessidades, Marcello Mathias, e do encarregado de negócios do Brasil, Ribeiro Couto, havendo este já anteriormente apresentado um projecto que dizia ter o acordo do presidente Getúlio Vargas. Em Julho de 1951 saiu do Itamaraty um projecto de «Convenção de Amizade e Consulta» — sendo então ministro das Relações Exteriores Neves da Fontoura —, com a «promessa de consulta dos dois governos nas questões internacionais de interesse comum para os dois países, excluídas as questões ibéricas e americanas, e o aproveitamento de algumas disposições de ordem geral do projecto Ribeiro Couto entregue quando das negociações do

Estatuto dos portugueses no Brasil». As negociações continuaram com o ministro Vicente Rao, concluindo-se o processo com a assinatura do texto a 16 de Novembro de 1953([560]).

O artigo VII do Tratado estabeleceu que as altas partes contratantes promoveriam a expedição das disposições legislativas e regulamentares que fossem necessárias e convenientes para a melhor aplicação dos princípios nele consignados. Assim viria a suceder em diversos domínios, havendo sido lembrado, entre outros pelo deputado fluminense João Vasconcelos Torres, a necessidade de nesse quadro regulamentador ser ponderado o direito de asilo.

Embora sem vontade política real, o ministro Marcello Mathias solicitou a elaboração de anteprojectos aos diplomatas Carlos Fernandes e Paula Coelho.

De Montevideu, Carlos Fernandes remeteu ao ministro dos Negócios Estrangeiros um ante-projecto de convenção sobre asilo diplomático, com excepção do asilo militar ou naval, esclarecendo haver tomado em consideração «três ordens de factores»: a doutrina que constava do memorando que o governo português enviara aos vários governos; a constante da Convenção de Caracas, de 28 de Março de 1954, apresentada pelo Brasil como base de trabalho; e o resultado dos estudos que efectuara sobre asilo, com a consideração, em particular, do Direito Convencional Americano. A este respeito referiu expressamente as conclusões daquelas que considerou serem as «autoridades mais representativas no campo do Direito internacional»: o Institut de Droit International (reunião de Bath, 1950), o Primeiro Congresso Hispano-Luso-Americano de Direito Internacional (1951) e «autores destacados», como George Scelle. Carlos Fernandes disse ao ministro ter procurado manter no ante-projecto a unidade de sistema. Declarando-se disposto a revê-lo, propunha-se porém mantê-lo dentro da «economia do sistema» que doutrinalmente perfilhava e julgava ser «essencialmente» a mesma que o governo português realmente adoptava. E esclareceu ainda:

([560]) *Comissão Encarregada de Estudar a Forma de Dar Execução, em Portugal, ao Tratado de Amizade e Consulta Luso-Brasileiro, Relatório Confidencial* (Arquivo do autor). Sobre este *Relatório Confidencial* se pronunciou, partindo de «pontos de vista essencialmente políticos», Henrique Martins de Carvalho numa Informação de Serviço, também confidencial, de Fevereiro de 1958: *Aplicação, em Portugal, do Tratado de Amizade e Consulta com o Brasil* (Arquivo do autor).

Todo o ante-projecto assenta na ideia de que o asilo é uma instituição jurídica internacional, mas que não se destina a garantir a impunidade ou a imunidade da criminalidade, mesmo política, nem a permitir a intervenção estrangeira nos negócios internos dos Estados; exclui-se, totalmente, a ideia de que o asilo diplomático envolveria concorrência ou conflito de jurisdições.

Da Convenção de Caracas, que, sublinhou, poucos Estados haviam ratificado, aproveitara apenas certos contributos doutrinais, por ter sido negociada após a decisão judicial no caso Haya de la Torre e «elaborada descaradamente contra o Estado territorial», cujos interesses, notava, eram descurados de «forma surpreendente». Dizendo parecer-lhe necessária a instituição do asilo diplomático, entendia também que o instituto só podia «ser útil e desempenhar convenientemente a sua função» se assegurasse o equilíbrio de três interesses fundamentais: «o do asilado, antes de tudo; o do Estado territorial; e o da Humanidade, tal como a comunidade internacional o entende». E voltaria a referir-se à Convenção de Caracas para considerar que partia de princípios que o ante-projecto afastava: o asilo diplomático como garantia da impunidade da delinquência política e da imunidade do asilado, e a de que o Estado asilante era o único competente para decidir na prática as questões «relativas à regularidade do asilo diplomático»([561]). Como o Brasil assinara aquela Convenção, mas não a ratificara, Carlos Fernandes estava convencido de que o seu ante-projecto podia servir bem, com ou sem alterações, os interesses brasileiros. Acrescia o facto de a Convenção estar a ser «atacada fortemente» (pela Venezuela, Cuba e Colômbia), e dever sofrer modificações na conferência pan-americana que se previa que reunisse em Quito em Fevereiro do ano seguinte.

([561]) Nos termos do artigo II da Convenção, todo o Estado tem direito a conceder asilo, mas não se acha obrigado a concedê-lo, nem a declarar por que o nega, dispondo o artigo III assim: «não é lícito conceder asilo a pessoas que, na ocasião em que o solicitem, tenham sido acusadas de delitos comuns, processadas ou condenadas por esse motivo pelos tribunais ordinários competentes, sem haverem cumprido as penas respectivas; nem a desertores das forças de terra, mar e ar, salvo quando os factos que motivarem o pedido de asilo, seja qual for o caso, apresentem claramente carácter político. As pessoas mencionadas no parágrafo precedente, que se refugiarem em lugar apropriado para servir de asilo, deverão ser convidados a retirar-se, ou, conforme o caso, ser entregues ao governo local, o qual não poderá julgá-las por delitos políticos anteriores ao momento da entrega».

O articulado de Carlos Fernandes seria remetido a Lisboa, em Dezembro de 1959, acompanhado de uma memória explicativa de cada um dos seus 32 artigos([562]).

Embora Fernandes tivesse anunciado ao ministro a ideia de que o asilo diplomático não podia destinar-se a servir à impunidade da criminalidade, incluindo a política, a verdade é que o artigo 5.º do ante-projecto estabelecia que o asilo não podia ser concedido senão em «casos de necessidade e urgência de protecção», que eram exemplificados, entre eles o caso de o asilando se encontrar a ser perseguido «pela própria autoridade local, por motivos supostamente políticos» e sempre que a «vida, integridade física, honra ou liberdade» do asilando se encontrassem em perigo, «actual ou iminente, de violências ou injustiças, por razões de ilegítima perseguição, supostamente política» e as autoridades territoriais fossem «manifestamente insuficientes para protegê-lo contra aquelas violências ou injustiças, se é que as não toleram ou provocam, e não possa, sem risco, pôr-se de outro modo em segurança». A formulação do referido artigo assentava num critério amplo de concessão de asilo, mas os artigos 6.º a 9.º estreitavam a margem de decisão do Estado asilante. O artigo 6.º ao declarar que o asilo não podia ser oposto à acção regular da justiça, entendendo-se, para efeitos de aplicação do regime, a segurança como significando a «protecção contra a arbitrariedade do poder, benefício da legalidade, e não uma protecção contra a aplicação regular das leis e a jurisdição normal dos tribunais locais, legitimamente constituídos». Por sua vez, o artigo 7.º estabelecia como irregular a concessão do asilo a quem estivesse acusado ou condenado no Estado territorial por tribunais regularmente constituídos para julgamento das causas penais, por crimes de direito comum, ou por crimes de direito comum em conexão com crimes meramente políticos, com anterioridade ao momento da petição de asilo sem ter cumprido a pena. De acordo com o artigo 8.º,

([562]) AHD/PEA/M27. Carlos Fernandes, *Recordando o caso Delgado*... cit., pág. 97, escreve ter entendido «que a melhor maneira de atrapalhar o Itamaraty (MNE brasileiro), que nos parecia tomar, embora creio que relutantemente, as dores de Álvaro Lins, que era um embaixador político e de equilíbrio não modelar, seria a de propor ao Brasil um acordo bilateral sobre asilo diplomático». De acordo com o diplomata, o governo aceitou «imediatamente» a sua sugestão, tendo-o encarregado de «preparar o projecto a apresentar», o qual ele elabora e envia de Montevideu, notando ainda: «No contexto da situação, a Portugal não interessava tanto fazer tal acordo como atrapalhar os brasileiros, como atrapalhou, pois sabíamos de antemão que, perante as consequências desse acordo, o Brasil não podia manter a posição irredutível de Álvaro Lins».

seriam sempre qualificados como crimes de direito comum: assassinato; roubo; rapto de menores; violação; os crimes que genericamente se compreendiam na «designação de terrorismo»; a traição, «sempre que praticada por elementos das forças armadas, mesmo em tempo de paz, ou quando for praticada por outros indivíduos, nacionais ou estrangeiros, sempre que o Estado territorial estiver em guerra com potência estrangeira e os «entendimentos com indivíduo, grupo ou Potência estrangeira, com a finalidade de comprometer a integridade territorial da Nação, tal como ela é definida na respectiva Constituição, ou a sua existência como Estado independente e soberano». Por fim, o artigo 9.º do ante-projecto dispunha que para efeitos de ser determinada a regularidade ou irregularidade inicial do asilo diplomático, só era relevante «uma acusação ou condenação por crime de direito comum ou em conexão com crimes meramente políticos a que correspondesse "prisão obrigatória"», entendendo-se por acusado aquele contra quem tivesse sido proferido despacho de pronúncia ou «equivalente» por «tribunal regularmente constituído competente para julgar causas penais». Nos termos do artigo 10.º, o asilo diplomático só podia ser concedido, «em princípio», pelos chefes das missões diplomáticas e apenas na residência ou na chancelaria das respectivas missões. A disposição seguinte impunha estritas normas de conduta aos agentes diplomáticos na concessão de asilo, tais como procederem de boa-fé, com discrição, impedindo-os mesmo de fazerem declarações públicas. Ficavam também vinculados a manterem «completa imparcialidade entre o asilado e autoridade territorial», a manterem os respectivos governos informados, a comunicarem imediatamente o asilo à autoridade local, excepto se fosse posta em risco a segurança do asilado.

O ante-projecto de Carlos Fernandes vinculava também os agentes diplomáticos a solicitarem às autoridades locais as «necessárias garantias de efectiva protecção do asilado», impondo-lhes ainda que terminassem ou mantivessem o asilo de acordo com os seus governos e com um «prévio estudo do condicionalismo local, identificação e antecedentes do asilado». No caso de haverem comunicado o asilo à autoridade territorial, eram obrigados a solicitar-lhes «imediatamente» o certificado de registo criminal relativo ao asilado e outros dados, de modo a formarem «critério quanto à procedência ou improcedência do asilo». Razões de segurança do asilado impunham que fosse diligenciada a sua confiança à terceira potência que pretendesse assumir o encargo. Os agentes diplomáticos tinham ainda o dever de tomar as medidas necessárias de modo que o asilado mantivesse «uma atitude passiva» no que respeitasse a contactos com o exterior, «não lhe permitindo receber visitas senão de familiares, médico ou notário, e sempre em presença de funcionários diplomáticos, nem enviar para o exterior ou receber correspondência de qualquer natureza, senão mediante adequada censura da autoridade asilante, nunca lhe permitindo usar telefone ou outro meio de transmissão ou recepção directa de notícias».

Carlos Fernandes observou, a respeito desta disposição do seu ante-projecto, corresponder a «corolários reguladores do asilo diplomático», reconhecendo que seria a primeira vez que apareciam consagrados expressamente.

O artigo 12.º do ante-projecto qualificava o oferecimento prévio de asilo como uma «intervenção ilegítima do Estado asilante na vida interna do Estado territorial», com a consequência de automaticamente tornar o asilo irregular, mesmo que o referido oferecimento proviesse apenas da autoridade asilante, sem conhecimento do governo do respectivo Estado. Carlos Fernandes entendia a previsão como um «princípio básico», que dizia ser admitido pela doutrina mais representativa, considerando-o «essencial para a tese portuguesa». A regularidade ou irregularidade inicial do asilo diplomático devia ser, segundo o artigo 13.º do ante-projecto, apreciada de acordo com os seguintes princípios e normas: que o asilo tivesse sido concedido apenas a pedido do asilado e nos locais previstos na convenção. Pressupunha ainda a existência no Estado territorial «de uma situação de anormalidade, o que faz com que a ordem, a segurança e a justiça não possam exercer-se com eficácia e imparcialidade, verificando-se, com relação à pessoa do asilando, um perigo, actual ou iminente, que ponha em risco a sua vida, integridade física, honra ou liberdade, constituindo-o em necessidade e urgência de protecção» e não ser o asilando «inábil para beneficiar do asilo diplomático, ou delinquente de direito comum». Entendia o autor do ante-projecto corresponder a disposição referida a corolários do artigo 1.º e à doutrina consagrada pelo Tribunal Internacional de Justiça no caso Haya de La Torre. Acompanhando, de acordo com Carlos Fernandes, o princípio geralmente admitido pela doutrina e pela Convenção de Caracas (artigo XVIII), o artigo 14.º do ante-projecto vinculava o Estado asilante a tomar as medidas adequadas para impedir que o asilado praticasse actos contrários à tranquilidade pública ou interviesse, directa ou indirectamente, na política interna ou externa do Estado territorial. Também a violação desse dever constituía o asilado, *ipso facto*, em situação irregular, impondo-se como consequência o termo imediato do asilo. Previa ainda o § único dessa disposição o seguinte: «O Estado asilante deverá igualmente tomar as medidas adequadas para evitar que o asilado, durante a sua eventual viagem para o estrangeiro, quando for caso disso, e depois dela, sempre que o asilado se mantenha no território do Estado asilante, tome parte, directa ou indirectamente, em actividades políticas cuja finalidade seja contrária ao Governo do Estado territorial». O artigo 15.º consagrava nas palavras de Carlos Fernandes um «princípio oposto, em grande parte», ao que dispunha a Convenção de Caracas, nos termos da qual eram reconhecidos ao Estado asilante «poderes completos de decisão», o que para o autor do ante-projecto constituía um «absurdo». Propôs então que as questões essenciais que o asilo implicava (v.g. a qualificação de urgência ou não urgência de protecção, a qualificação do protegido como delinquente de direito comum ou político) não pudessem ser, por princípio, resolvidas unilateral e definitivamente quer pelo Estado asilante quer pela autoridade territorial. Assim, nos termos do artigo 16.º, a qualificação da urgência ou não urgência de protecção, a sua necessidade ou desnecessidade para efeitos de concessão ou manutenção de asilo competia ao Estado asilante em primeiro lugar, reconhecendo-se à autoridade territorial o direito de contestar a qualificação de urgência ou necessidade de protecção, quando entendesse não existir urgência ou já não se verificar necessidade de «protecção asilar», recaindo nesse caso sobre a autoridade local o ónus de provar que não existira urgência de protecção ou que esta já não era necessária. A orientação do ante-projecto correspondia, nas palavras do seu autor, à «corrente doutrinal mais representativa» consagrada na decisão Haya de La Torre, oposta à doutrina dos artigos IV, VII e IX da Convenção de Caracas. A qualificação criminal do asilado era em princípio competência do Estado territorial. No caso de a autoridade territorial contestar a qualificação de delinquência política atribuída pelo Estado asilante, tinha o ónus de provar que o delito imputado era de direito comum. No caso de «desacordo definitivo» entre o Estado asilante e a autoridade territorial, a qualificação incumbiria, de acordo com o artigo 17.º, a um tribunal arbitral constituído por três membros (árbitro do Estado asilante e árbitro da autoridade territorial e o terceiro por escolha dos dois primeiros de entre «juristas internacionais de reconhecido valor»). E esclarecia ainda Carlos Fernandes, a propósito do artigo 17.º, que a orientação dessa norma se opunha à Convenção de Caracas, mas estava de acordo com a Convenção de Havana (1928), que, acrescentava, era a única que vinculava o Brasil. Aquela disposição estabelecia que a norma material que presidia à qualificação do delito era em princípio a do Estado territorial antes da petição de asilo e da prática do acto imputado ao asilado, e a interpretação da norma material aplicável devia fazer-se ao abrigo dos princípios e elementos de interpretação da ordem jurídica do Estado territorial, e não do Estado asilante. Já o artigo 18.º do ante-projecto determinava que a autoridade territorial, mesmo que contestasse o asilo, era obrigada a respeitar sempre a inviolabilidade da missão diplomática asilante, admitindo-se, porém, no caso de caducar o asilo diplomático por violação dos deveres do asilado, ou de haver sido concedido em benefício de indivíduo inábil ou de criminoso de direito comum, a autoridade local tinha, depois de obtida decisão imparcial, o direito de invadir os locais de asilo, a fim de capturar o asilado, isto se passados três dias depois de notificado o Estado asilante não tivesse feito terminar o asilo, com ou sem entrega do asilado à autoridade local. Carlos Fernandes considerava esse artigo como correspondendo a elaboração doutrinal, sublinhando que a primeira parte havia sido «consagrada expressamente nas conclusões do Primeiro Congresso Hispano-Luso-Americano de Direito Internacional (1951)». O artigo 20.º estabelecia os pressupostos da regularidade da manutenção do asilo diplomático, tratando ainda o ante-projecto do termo do asilo (artigo 21.º) e da entrega do asilado (artigo 22.º). Quando a autoridade asilante não tivesse o dever de entregar o asilado à autoridade territorial nos termos da convenção, e o asilo fosse regular, o artigo 23.º — cuja redacção foi assumida como constituindo elaboração doutrinal, conforme os princípios seguidos pelo autor do ante-projecto em matéria de asilo diplomático — dispunha:

> 1. Se a autoridade territorial reclama a entrega do asilado e este for delinquente político, desde que aquela autoridade exerça realmente o poder e esteja em condições de fazer respeitar a lei e a ordem e administrar justiça, com imparcialidade, o asilado poderá ser-lhe entregue, mediante garantias, por escrito, de que não exercerá contra ele nem violência nem injustiça e de que será julgado, com todas as garantias de imparcialidade, pelos tribunais locais competentes; se a autoridade local, embora exercendo teoricamente o poder, não se encontra em condições de garantir a ordem e a realização da justiça — esta tem de revestir o carácter de independência e imparcialidade —, o Estado asilante não deverá efectuar aquela entrega enquanto se verifique o condicionalismo de insegurança ou injustiça então reinante.
>
> 2. Se a autoridade territorial não reclama a entrega do asilado delinquente político — mas exerce realmente o poder, encontrando-se

em condições de manter a ordem e administrar justiça com imparcialidade —, fica à discrição do Estado asilante, tendo sempre em conta o interesse legítimo do asilado, escolher a maneira de pôr termo ao asilo, com exclusão da entrega activa às autoridades territoriais; se o asilado nem sequer for delinquente político, mesmo que a autoridade territorial solicite a sua entrega, nunca a mesma será efectuada, salvo quando o asilado tiver violado os seus deveres essenciais como tal.

Para efeitos desta convenção, só é considerado delinquente político, o indivíduo acusado ou condenado por tribunais competentes, antes do momento da petição de asilo, em termos equivalentes aos previstos no artigo 9.º.

O ante-projecto de Carlos Fernandes estabelecia não ter o Estado asilante direito de exigir salvo-conduto para a saída do asilado do país, qualquer que fosse a nacionalidade daquele, excepto nos casos de guerra civil no Estado territorial, independentemente de a autoridade territorial ter «sempre o direito de exigir a saída do asilado para o estrangeiro» (artigos 24.º e 25.º). No caso de não existir guerra civil no Estado territorial, a saída do asilado devia realizar-se de acordo com os seguintes princípios:

a. A autoridade territorial é obrigada a emitir salvo-conduto e a prestar as garantias necessárias para que o asilado abandone o país, sem pôr em risco a sua vida, integridade física, honra ou liberdade, apenas quando, por acordo directo com o Estado asilante, ou como resultado de mediação, decisão arbitral ou judicial, obrigatória para as duas partes, o asilo for considerado regularmente concedido e a saída do asilado para o estrangeiro a única maneira viável de garantir a sua segurança;

b. Em caso de loucura do asilado ou de doença grave e contagiosa, o Estado asilante, depois de informar a autoridade territorial, que deve mandar proceder imediatamente a exame médico do asilado enfermo, terá o direito de fazer sair o asilado para o estrangeiro, com as necessárias garantias de segurança;

c. Quando um asilo diplomático se prolongar por mais de um ano, sem que tenha sido decidido o problema da regularidade do mesmo, nem esteja pendente mediação, arbitragem ou decisão judicial sobre o assunto, obrigatória para as duas partes, e não sendo a demora da responsabilidade do Estado asilante, poderá este exigir também a saída do asilado para o estrangeiro, com as necessárias garantias de segurança;

d. Quando, como resultado do corte de relações diplomáticas, não ficar existindo no Estado territorial representação diplomática ou consular de carreira do Estado asilante, se este não conseguir encontrar terceira Potência que deseje continuar com a protecção asilar — o que deverá ser comunicado à autoridade territorial governante, a fim de proceder às necessárias averiguações e conclusões —, seja qual for a posição da autoridade territorial perante a regularidade do asilo diplomático antes concedido, o asilado sairá do Estado territorial, sob a vigilância de funcionário diplomático ou consular do Estado asilante (quando aquele não existir, com as necessárias garantias de segurança por parte da autoridade territorial.)

Nas hipóteses referidas nas alíneas b., c. e d. deste artigo, aplicar-se-á, *mutatis mutandis*, o disposto na parte final do artigo 25.º.

O artigo 27.º do ante-projecto dispunha sobre os casos em que o Estado asilante ficasse sem representação no Estado territorial, como consequência do corte de relações diplomáticas, os artigos 28.º a 30.º sobre a saída do asilado para o estrangeiro, desembarque e despesas com os asilados, e o artigo 31.º sobre os meios de resolução dos diferendos resultantes da convenção.

Com data de 28 de Dezembro de 1959, o diplomata Armando de Paula Coelho, encarregado de negócios interino no Rio de Janeiro, remeteu ao ministro Marcello Mathias o texto do ante-projecto de acordo sobre asilo diplomático entre Portugal e Brasil que lhe fora determinado elaborar([563]).

O diplomata chamou a atenção para o facto de o texto de direito convencional que «vigorava» na América do Sul, e que o Brasil propunha para base do acordo com Portugal, ser a Convenção de Caracas de 1954, e esclareceu as suas directrizes essenciais: a extensão do asilo a autores de crimes de natureza mista (comuns e políticos) e a desertores, desde que os factos que tivessem motivado o pedido de asilo apresentassem carácter político; a definição exemplificativa de caso de urgência; a atribuição de competência exclusiva à autoridade asilante para efeitos de classificação da natureza do delito ou dos motivos da perseguição e para julgar quando se estava perante um caso de urgência.

Não parecia a Paula Coelho que uma «concepção tão ampla e ousada do asilo político interno» se adaptasse aos interesses de Portugal

---

([563]) AHD/PEA/M27.

ou se harmonizasse com os «pontos de vista» que mantinha sobre a matéria. Optara assim o diplomata por, como afirmou, «moderar o que de mais excessivo aparecia na Convenção [de Caracas]», sem perder de vista os princípios que o Brasil certamente consideraria «basilares» na regulação da matéria. E ponderou que essa preocupação se exprimia na possibilidade de ser admitida uma «regulamentação menos restritiva» daquela que talvez mais «conviesse» a Portugal.

Paula Coelho tinha a convicção, e expressou-a ao ministro, de que a regulamentação do asilo em termos «muito limitados», da qual resultasse serem excluídas pessoas para as quais se julgava no Brasil servir o instituto, envolvia o risco de não poder ser assinada pelo governo brasileiro e, mesmo que o fosse, encontrar entraves parlamentares que impossibilitassem ou dificultassem a sua ratificação. A um outro aspecto importante aludiu Armando de Paula Coelho. O articulado da Convenção de Caracas reflectia a sua natureza de instrumento plurilateral, o «particularismo» das relações dos países latino-americanos, e havia sido influenciado pelas «necessidades especiais» surgidas com a guerra civil de Espanha. Sendo assim, não parecia a Paula Coelho indispensável que um acordo entre Portugal e Brasil justificasse um articulado como o da Convenção de Caracas.

O ante-projecto de Paula Coelho definia no seu artigo I o asilo como instituição reconhecida pelas partes contratantes, a «título de pura tolerância humanitária», o que estava de harmonia com a Convenção de Montevideu de 1933 e com a mencionada circular do Itamaraty de 14 de Julho de 1938. O artigo II consagrava o princípio segundo o qual o asilo só poderia ser concedido sem prévio oferecimento do Estado asilante, e apenas em casos de urgência e pelo tempo estritamente indispensável para que o asilado deixasse o país com as garantias concedidas pelo governo do Estado territorial, a fim de não correrem perigo a sua vida, a sua liberdade ou a sua integridade pessoal, ou para que, de qualquer outra forma, o asilado fosse posto em segurança. Ao definir «casos de urgência» como aqueles que eram caracterizados por perturbações da ordem pública tão graves que impossibilitassem as autoridades de garantir aos cidadãos a segurança das suas vidas, integridade pessoal ou o exercício dos direitos que as leis lhes reconhecessem para a sua defesa perante os tribunais, o ante-projecto de Paula Coelho limitava drasticamente o âmbito de concessão do asilo. Tendo presente os casos Delgado e Galvão, nenhum deles procederia, por não se verificarem nas respectivas datas dos pedidos de asilo as «perturbações da ordem pública» que o ante-projecto do artigo II exigia. Paula Coelho sublinhou ao ministro ter seguido as instruções do Memorando, dando de caso de urgência uma «definição taxativa mais apertada», admitindo não ser de prever que o Brasil opusesse «grande resistência» à fórmula proposta, embora se afastasse «substancialmente» da sugerida pelo governo do Rio de Janeiro.

O artigo III do ante-projecto excluía do asilo os criminosos de delito comum e os desertores, sem admitir quanto aos primeiros a possibilidade de o pedido apresentar carácter político, isto porque na justificação de Paula Coelho, tal representava «certo perigo».

No artigo IV previa-se, para a classificação da natureza do delito ou dos motivos de perseguição do asilado, que o Estado asilante tomasse em consideração os elementos de facto e de direito que lhe fossem oferecidos pelo Estado territorial. Como reconhecia o autor do ante-projecto, tratava-se do preceito que mais se afastava dos textos convencionais, afastando o princípio básico da classificação da natureza do delito ou do motivo de perseguição pelo Estado asilante, e aquele que mais dificilmente seria aceite pelas autoridades do Brasil.

O artigo V dispunha sobre o dever de imediata comunicação do asilo às autoridades territoriais, por parte, desde logo, dos agentes diplomáticos, impondo o artigo VI ao Estado asilante o dever de interditar que os asilados praticassem actos contrários à tranquilidade pública e interviessem por qualquer forma na política interna do Estado territorial ou comunicassem com o exterior, excepto nos casos em que o fizessem por intermédio da entidade concedente do asilo. Já o artigo VII, relativo à retirada do asilado, seguia o que sobre a matéria tinha sido consagrado no artigo VI do Tratado de Montevideu de 1939. O artigo VIII do ante-projecto recuperava doutrina deste mesmo Tratado — não assinado pelo Brasil —, o qual não tinha sido objecto de consagração na Convenção de Caracas, permitindo à autoridade asilante impedir que o asilado levasse consigo outros objectos além dos de uso pessoal, papéis ou documentos que lhe pertencessem e dinheiro para sua manutenção, previsão que Paula Coelho se limitou a considerar não haver «desvantagem» em ser inserida no acordo. O artigo IX dispunha sobre o desembarque do asilado e o X interditava como «recinto de asilo» os navios de guerra e as aeronaves militares que se encontrassem provisoriamente em estaleiros ou oficinas para serem reparados.

Atentos os articulados, nenhum dos ante-projectos reunia condições, sequer mínimas, de constituir base de negociação entre os governos de Lisboa e do Rio de Janeiro, admitindo-se até que o propósito das autoridades portuguesas possa ter sido precisamente o de comprometer a possibilidade de qualquer acordo.

Assim se compreende melhor o sentido da *nota* de 12 de Fevereiro de 1960, através da qual o ministro Marcello Mathias remeteu ao antigo chanceler brasileiro e então embaixador em Portugal, Francisco Negrão de Lima, as «bases» que o governo português estava disposto a observar em matéria de asilo entre Portugal e Brasil, enquanto estivesse pendente o «estudo e elaboração de uma convenção mais completa sobre a matéria». Essas «bases» aproximavam-se essencialmente do ante-projecto de Armando de Paula Coelho, consagrando as disposições cuja orientação o próprio diplomata considerara de difícil aceitação por parte do parlamento e do governo brasileiros. A intenção terá sido, pois, a de adiar o assunto([564]), tanto mais que na referida *nota* o ministro português propôs que, no caso de as «bases» comunicadas merecerem a aprovação do governo brasileiro, a *nota* e a resposta concordante a esse *modus vivendi* passassem a formar «o acordo dos dois Governos sobre o assunto»([565]).

Para a história ficaram as «bases» formuladas nos seguintes termos:

> Art.º I
>
> Os estados signatários têm a faculdade de conceder asilo, mas não se acham obrigados a concedê-lo nem a declarar por que o negam.
>
> O Estado territorial só respeitará, a título de tolerância por motivos humanitários, o asilo que for outorgado na sede da missão diplomática, a bordo do navio de guerra ou de aeronave militar, nos termos e condições expressos no presente Acordo.
>
> § 1.º Considera-se sede da missão diplomática a residência do seu chefe e os locais por este designado para alojamento dos asilados quando o seu número exceder a capacidade normal dos edifícios da missão.

([564]) Carlos Fernandes, *Recordando o caso Delgado*... cit., pág. 97, refere a apresentação formal da «proposta de acordo» ao Brasil, já através de Negrão de Lima, e escreve: «O Itamaraty não esperava nada disto e embatucou, não dando andamento à nossa proposta, o que, obviamente, não incomodou o Governo português, já que, assim, o Brasil ficava desautorizado [...], ficava na situação de evidenciar não querer mais do que massacrar o Governo português com um pseudo asilo, não evidenciando desejo de regular problemas dessa natureza por acordo bilateral, *contendo cláusulas a que o Brasil se encontrava obrigado pelos acordos multilaterais americanos de que era parte*».

([565]) AHD/PEA-M27.

§ 2.º Os navios de guerra e as aeronaves militares que se encontrarem em estaleiros, arsenais, ou oficinas para reparação não serão admitidos como locais de asilo.

Art.º II

O asilo apenas poderá ser concedido em casos de necessidade e urgência. Consideram-se casos de necessidade e urgência somente os resultantes de perturbações de ordem pública tão graves que impossibilitem as autoridades legalmente constituídas de garantir aos cidadãos a segurança de suas vidas, da sua integridade pessoal ou o exercício de direitos que as leis lhes reconheçam para sua defesa perante os tribunais.

Não será concedido asilo, todavia, aos próprios responsáveis pela preparação ou execução das perturbações da ordem pública, que através do asilo procurem escapar às responsabilidades legais em que tenham incorrido, senão na medida em que o consinta a prática do Estado territorial.

Art.º III

O Estado territorial não respeitará o asilo que tenha sido concedido mediante prévio oferecimento ou entendimento com o asilado ou interposta pessoa.

Art.º IV

Não é lícito conceder asilo a pessoas contra as quais esteja pendente a acusação de delitos comuns ou hajam sido condenados ou processados por esse motivo pelos tribunais competentes, nem a membros das forças de terra, mar e ar que hajam sido considerados desertores.

As pessoas mencionadas neste artigo que se refugiarem num dos locais referidos no art.º I deverão ser convidadas a retirar-se, ou ser entregues ao Governo do Estado territorial logo que este o requeira.

Art.º V

Na apreciação do pedido de asilo e dos motivos invocados por quem o solicite, o Estado asilante tomará em conta os elementos de facto e de direito que o Estado territorial oferecer nos termos do art.º II.

Art.º VI

Concedido o asilo, o chefe da missão diplomática ou o comandante do navio ou da aeronave militar darão imediatamente conhecimento do caso ao Ministério dos Negócios Estrangeiros do Estado territorial, e procederão com inteira discrição, abstendo-se de quaisquer declarações públicas.

Art.º VII

A autoridade asilante tomará as medidas necessárias para que o asilado mantenha uma atitude passiva, não lhe permitindo receber visitas senão de familiares, médico, ou notário, e sempre na presença de agente responsável da mesma autoridade, nem lhe consentindo qualquer comunicação com o exterior a não ser por intermédio e sujeito a censura da entidade asilante.

Art.º VIII

O estado territorial poderá exigir, em qualquer momento, que o asilado seja retirado do país, e o estado asilante, por sua vez, poderá exigir que, para esse efeito, seja concedido salvo-conduto ou dadas as garantias adequadas para assegurar a inviolabilidade do asilado. Se o asilo houver sido concedido a bordo de navio de guerra ou de aeronave militar, a saída do asilado poderá efectuar-se nos mesmos, observando-se as condições acima.

Art.º IX

A autoridade asilante permitirá que o asilado leve consigo objectos de uso pessoal, papéis ou documentos pessoais bem como o dinheiro necessário para sua manutenção, devendo impedir a saída de quaisquer outros objectos, documentos ou valores.

Art.º X

O Estado asilante não poderá desembarcar o asilado em ponto algum do Estado territorial nem em território de outro ou outros Estados contíguos ou próximos, salvo se se tratar do território do próprio Estado asilante.

Art.º XI

O estado asilante tomará as medidas adequadas para que o asilado, no decurso da viagem para fora do Estado territorial e durante a sua permanência no Estado asilante, seja impedido de exercer ou participar, directa ou indirectamente, em quaisquer actividades políticas contrárias ao Estado territorial.

Art.º XII

A fim de evitar que a passagem do asilado para um terceiro Estado invalide as restrições a que alude o art.º XI, o Estado asilante fixará de acordo com o Estado territorial um período mínimo de permanência do asilado no Estado asilante.

O ex-embaixador Álvaro Lins toma posição

Regressado ao Brasil a 28 de Novembro de 1959, Álvaro Lins foi acolhido com reconhecimento pela Associação General Humberto Delgado, que fez circular um comunicado pela imprensa nos seguintes termos:

> Regressando hoje, de Lisboa ao Rio, a bordo do «Conte Grandi», o diplomata Álvaro Lins, que ali abandonou recentemente o cargo de Embaixador do Brasil, devido a pressão dos agentes salazaristas, a Associação General Humberto Delgado convida todos os democratas portugueses e brasileiros a comparecerem esta tarde no Cais de Mauá, a fim de se associarem à mesma instituição na homenagem que esta resolveu tributar ao ilustre homem público, testemunhando-lhe a sua gratidão e solidariedade pela maneira altiva, intransigente e humana como soube manter o asilo do General Humberto Delgado, salvando-o das garras da tenebrosa PIDE, e, com ele, o prestígio internacional da Democracia brasileira contra os arreganhos do ditador fascista Oliveira Salazar.([566])

Em Julho de 1960, Álvaro Lins dirige-se por carta ao embaixador de Portugal no Rio de Janeiro, Manuel Rocheta. Devolve então a Grã-Cruz da Ordem de Cristo com que fora agraciado em diploma assinado por Craveiro Lopes a 30 de Dezembro de 1957([567]). Lins foi muito claro: considerava que essa condecoração o desonrava; mantê-la consigo significava «demérito, desdouro e descrédito». E justificou o gesto, que disse ser somente permitido a «alguém que se decidiu a todas as renúncias para voltar à condição de escritor e homem livre». Os motivos eram naturalmente políticos. Álvaro Lins entendia que nada fizera em «matéria de serviços à ditadura portuguesa» que justificasse a condecoração. Tudo se passara quando o governo português o procurava lisonjear «com toda a sorte de homenagens e honrarias, no seu permanente empenho, afinal presentemente alcançado, de ter às suas ordens, dois embaixadores, um no Rio de Janeiro e outro em Lisboa». No entender de Lins, a «ditadura salazarista» pretendera, quando do asilo concedido a Delgado, «tratar a Embaixada do Brasil em Portugal como se fora a delegação em Lisboa de algumas das suas províncias ultramarinas em vez da representação diplomática de um país independente na plenitude da sua soberania». E ponderou de seguida:

> Nesse episódio, nada mais fiz do que honrar no estrangeiro, com firmeza, mas com a devida dignidade, os compromissos internacionais do

([566]) Luís Abreu de Almeida Carvalhal, *A Verdade sobre Humberto Delgado...* cit., pág. 160. Sobre a homenagem prestada a Álvaro Lins, a 5 de Maio de 1960, em São Paulo, reveste-se do maior interesse o jornal *Portugal Democrático*, ano IV, n.º 37, Junho de 1960. Jorge de Sena encarregou-se de falar em nome dos portugueses.

([567]) *Diário de Notícias*, do Rio de Janeiro, de 28 de Julho de 1960.

> Brasil em três tratados sobre o asilo e as suas condições, todos subscritos pelos nossos governos, desde 1928 até 1954, em Havana, Montevideu e Caracas. E cabe-me acrescentar — na consciência de ter sido, ao longo de três anos, um autêntico Embaixador do Brasil — que nada mais fiz, em todos os momentos e oportunidades, do que salvaguardar os princípios já históricos da diplomacia do Itamaraty e resguardar em minhas mãos a bandeira de fidelidade às tradições da política exterior do meu país.

Álvaro Lins reconhecia não ter estado de acordo com o «arbítrio e a intolerância de um regime ditatorial» e acusou o governo português de se haver requintado em «agravos e afrontas» contra si, a sua mulher e a sua família, o que disse ser «verdadeiramente infame» e violador das «regras mais elementares da ética diplomática»([568]).

O embaixador Alberto da Costa e Silva escreve que «a maneira como Álvaro Lins conduzira a questão Delgado dividira, nos corredores, o Itamaraty», recordando que a «maioria dos que passavam por Lisboa chegava com notícia dos constrangimentos, vexames e até maus-tratos a que estavam submetidos o embaixador e seus funcionários, vigiados permanentemente pela polícia política, sem que o Governo brasileiro protestasse e deixasse claro ser essa situação inamistosa e inaceitável»([569]).

Antes de devolver a condecoração portuguesa, Lins escrevera, a 8 de Abril, a Ruben A. Leitão, assim:

> Meu caro Ruben
>
> Você sabe como eu sou para coisas de cartas: por isso, e por certo, há de me desculpar não lhe ter escrito.

([568]) Álvaro Lins, *Missão...* cit., págs. 347–350. Entre nós foi prestada homenagem a Lins por Pedro Bandeira Freire, *O Embaixador sem Medo (Peça em 2 Actos e 4 Finais com determinada ordem cronológica), Em memória de Álvaro Lins e de Humberto Delgado*, Repertório para um Teatro Actual, Colecção dirigida por Luiz Francisco Rebello, Lisboa, Prelo, 1974.

([569]) Alberto da Costa e Silva, *Ficções...* cit., pág. 516. Como reconhece o diplomata, que integrou a Embaixada de Francisco Negrão de Lima em Portugal, o «mal-estar entre o Governo português e a Embaixada em Lisboa e, a partir de determinado momento, entre a oposição portuguesa e o Governo brasileiro parecia não se ter diluído após a saída de Álvaro Lins». Nas palavras de Costa e Silva, o antigo embaixador em Lisboa chegara ao Brasil «cheio de mágoa e fúria», disposto a «devolver os insultos que diariamente sobre ele despejavam, pela imprensa, os salazaristas que formavam a quase totalidade da colónia portuguesa no Brasil».

Mas não quero demorar a remessa de algumas poucas linhas para testemunhar-lhe, mais uma vez, os meus agradecimentos por todas as gentilezas e colaboração que recebi de você como amigo e como funcionário.

O resto da minha missão em Lisboa será completado com um livro que se intitula justamente, Missão em Portugal, e deverá sair breve — em julho ou agosto.

Muitas lembranças nossas, as de Heloísa e as minhas, para você e Rosemary.

Um afetuoso abraço do seu amigo e camarada,

Álvaro Lins([570]).

A 18 de Junho de 1970, Josué Montello registou no seu diário a tristeza e humilhação com que vira no *Le Figaro* a fotografia de uma brasileira a embarcar para o exílio em cadeira de rodas, com as pernas partidas pela polícia brasileira, e, lembrando outras paragens de violência política, escreveu:

> Também sei que, na Rússia, tem sido pior. Bem pior. Com a implacabilidade da polícia de Stalin, prendendo, matando, enterrando. E também em Portugal, no meu querido Portugal. Mas como deixar de ouvir o gemido dos presos políticos, no sobradão contíguo ao da nossa Embaixada, em Lisboa? Impossível. Álvaro Lins, nosso Embaixador, guardou a memória desses gemidos, e com eles amassou o barro da sua revolta.([571])

([570]) BNP, Esp E35, cx. 31.

([571]) Josué Montello, *Diário do Entardecer...* cit., págs. 297–298. Sobre o suicídio de Raul Alves, que se lançou a 31 de Julho de 1958 do alto da sede da PIDE para o vazio, tragédia presenciada por Heloísa Lins da janela da embaixada, instalada no edifício contíguo [Amílcar Gomes Duarte], *A Resistência em Portugal*, Crónicas, São Paulo, Editora Felman-Rêgo, 1962, págs. 60–61. Esse acontecimento, e a diligência de Heloísa Lins, estiveram na origem da carta que o cardeal patriarca de Lisboa, D. Manuel Gonçalves Cerejeira, dirigiu ao ministro do Interior, Trigo de Negreiros, a 2 de Agosto seguinte. Haviam-lhe chegado apelos para que interviesse junto do governo, em nome da Igreja, no sentido de não serem «usados pela Polícia de Defesa do Estado, processos que a humanidade e o Evangelho condenam». «E hoje não posso — escreveu o cardeal patriarca —, deixar de vir junto de V. Exa., com o coração aflito e a consciência inquieta, perante o que acaba de me ser comunicado. Pessoa de toda a responsabilidade me afirmou que nas vizinhanças dos serviços da PIDE se ouvem frequentemente gritos aflitivos (os quais hão-de certamente chegar à Embaixada do Brasil), e que ela própria vira o suicídio de um preso que se precipitava do telhado na passada 5.ª feira». E escreveu ainda Gonçalves Cerejeira: «Do coração desejo que tais factos não sejam fruto de sevícias exercidas pela acção policial, mas a julgar pelo que me foi relatado, facilmente se é tentado a temê-lo», e finalizou, assim:

Montello confirmava nestes termos um episódio que não afectara apenas Lins, mas sua mulher, Heloísa, o que permitirá compreender que, no juízo daquele, alguém «político por temperamento combativo» e «diplomata por uma conjunção de factores imprevistos» fosse «outro homem» ao deixar a Embaixada brasileira em Lisboa: «Fora para ali feliz, e dali regressou amargurado. Ressentido. Inimistado com dois governos a que devia servir»([572]).

Na carta ao embaixador Rocheta, Lins não poupou também as autoridades brasileiras, às quais imputou «vacilações». O governo brasileiro não desagravara nem desafrontara a sua representação diplomática em Lisboa, e mais, o governo do Rio identificara-se com a ditadura portuguesa. A carta ao embaixador de Portugal, devolvendo a Grã-Cruz, foi anunciada como constituindo um primeiro gesto de «indispensável reparação moral de desagravo e desafronta»([573]). E assim foi. O segundo gesto de Álvaro Lins foi a carta que dirigiu a Kubitschek, rompendo política e pessoalmente com o presidente brasileiro. Nessa missiva, o antigo embaixador considerou que as escolhas de ambos estavam feitas: os compromissos de Kubitschek de Oliveira eram com a ditadura salazarista, e os seus eram com a «Nação portuguesa imperecível». O presidente desejava «fortalecer e reanimar um sistema ditatorial decadente, anacrónico e condenado», e quem se lhe

---

«Porque conheço V. Exa. e o seu espírito cristão, estou certo que V. Exa. reprova tudo o que na necessária e difícil acção policial de defesa do Estado ofenda os princípios da religião e da moral. E nesta convicção me atrevo a depositar aqueles factos, que V. Exa. terá maneira de verificar quanto à causa e significação, no seu coração e na sua consciência» (José Geraldes Freire, *Resistência Católica ao Salazarismo-Marcelismo,* com carta-prefácio pelo bispo do Porto, D. António Ferreira Gomes, Porto, Telos, 1976, págs. 226–227). Ainda, Mário Soares, *Portugal Amordaçado...* cit., pág. 249 e 270–271. e José Dias Coelho, *A Resistência em Portugal*, Porto, Inova, 1974, pág. 51.

([572]) *Idem*, pág. 287. Referindo-se ainda à atitude de Lins, acrescenta Josué Montello: «Durante algum tempo, movido pelo impulso da represália, que sempre vai além dos objectivos a que visa, transferiu ao papel da escrita as iras que o exaltavam. Estas, postas no livro e no jornal, acabaram por exauri-lo, e ele se retraiu, taciturno, fechando-se na sua solidão amargurada. E conclui: «Li recentemente o volume em que reuniu, sob o título de *Literatura e Vida Literária*, algumas das suas confissões, em forma de diário. Fiquei pesaroso. Cheguei a pensar em escrever-lhe. Por que dar tanta resposta vã a tanto adversário imerecido?Adiei a carta. Quero ver se a escrevo no meu regresso a Paris». Não havendo qualquer outra notícia dessa projectada missiva, que «confissões» em Álvaro Lins, *Literatura e Vida Literária, Notas de um Diário de Crítica...* cit. poderão ter deixado Montello pesaroso?

([573]) Álvaro Lins, *Missão...* cit., págs. 347–350.

dirigia optara pela «solidariedade e apoio ao movimento democrático de restauração das liberdades públicas e dos direitos da pessoa humana para todos os portugueses». Lins sentia-se traído, e acusou Kubitschek de haver abandonado o amigo e o embaixador do Brasil em Portugal e também de «complacência, e mesmo cumplicidade, com as ditaduras, de maneira particular com a de Portugal, a do Paraguai e a da República Dominicana»([574]).

Dado como comunista ou ao menos *compagnon de route* do Partido Comunista do Brasil([575]), Álvaro Lins, depois de abandonar o seu posto diplomático em Lisboa, não deixaria mais de se comprometer politicamente — como «crítico engajado» —, designadamente na denúncia e na luta contra a ditadura portuguesa. Preside em Janeiro de 1960, à «Primeira Conferência Pró-Anistia dos Presos e Exilados Políticos de Espanha e Portugal» realizada na Faculdade de Direito da Universidade de São Paulo. Embora Lins tivesse rompido relações com Juscelino, assinou nessa circunstância uma «Saudação ao Presidente do Brasil», onde se lia:

> No ato de encerramento da 1.ª Conferência Sul-Americana foi aprovado o envio do seguinte telegrama: Presidente Juscelino Kubitschek de Oliveira, Palácio das Laranjeiras, Rio de Janeiro. A Primeira Conferência Sul-Americana Pró-Anistia dos Presos e Exilados Políticos de Espanha e Portugal reunida hoje no Salão Nobre da Faculdade de Direiro de São Paulo, em sua última sessão plenária pouco antes da sessão solene de encerramento, deliberou com a votação unânime dos seus delegados congratular-se com Vossa Excelência pela realização deste conclave em território brasileiro, sobretudo em face da intervenção pessoal e das instruções diretas de Vossa Excelência, na sua categoria de Chefe de Estado. Todas as delegações presentes, da Argentina, do Chile, do Paraguai, do Uruguai e da Venezuela desejam expressar a Vossa Excelência que a realização desta Conferência num ambiente de seguras garantias significa

([574]) *Idem*, págs. 353–357.

([575]) Luís Abreu de Almeida Carvalhal, *A Verdade sobre Humberto Delgado...* cit., págs. 244–245, onde se lê uma carta de Thomaz Ribeiro Colaço, de 9 de Fevereiro de 1961, dirigida a Humberto Delgado e da qual foi dada cópia a Almeida Carvalhal, na qual se diz ser Álvaro Lins «biombo atrás do qual penetram comunistas». [Alceu Amoroso Lima], *Cartas do pai...* cit., pág. 380 refere-se a Lins em carta de 6 de Abril de 1964 como sendo «comunista de fato e confissão». O general Delgado manteria relações pessoais com Lins, testemunhadas por uma carta grata que lhe dirigiu a 21 de Abril de 1962 em que se cumpriam três anos sobre a sua chegada ao Brasil (*op. cit.*, pág. 342).

para todos nós a confirmação tanto da consciência democrática e sentimentos humanitários dos povos latino-americanos como do ambiente de liberdade e cultura política da vida pública brasileira (a) Álvaro Lins, Presidente da Conferência.([576])

O antigo embaixador em Lisboa manteria ainda, como referimos, contacto muito próximo com exilados portugueses envolvidos nos casos «Santa Maria» e «Vagô».

Em 1962, Lins chefia a delegação brasileira ao Congresso Mundial da Paz realizado em Moscovo, tendo passado a integrar dois anos depois o Conselho Mundial da Paz. Assumira entretanto a presidência do Instituto Cultural Brasil–Cuba, e o seu nome vincula-se à «Revolta dos Marinheiros» do Rio de Janeiro em 1964([577]). Em Maio desse ano, acolhe na sua residência Carlos Marighella, ferido de bala([578]), o qual viria a ser morto pela polícia política em São Paulo em Novembro de 1969, e comunica com Luís Carlos Prestes, encontrando-se este na clandestinidade, tendo-se feito acompanhar por Miguel Urbano Rodrigues num dos encontros com o líder comunista([579]).

Uma vaga de asilos

Verdadeiramente, o governo português não deixou apenas cair a ideia de uma convenção com o Brasil em matéria de asilo. Ao remeter

---

([576]) *Portugal Democrático*, n.º 33, São Paulo, Fevereiro de 1960.

([577]) Nelson Werneck Sodré, *História Militar do Brasil*, 3.ª edição, Rio de Janeiro, Editora Civilização Brasileira, 1979, págs. 392–395, Elio Gaspari, *A Ditadura Envergonhada*, São Paulo, Companhia das Letras, 2002, págs. 83–91, e Avelino Bioen Capitani, *A Rebelião dos Marinheiros*, São Paulo, Editora Expressão Popular, 2005.

([578]) Mário Magalhães, *Marighella, O guerrilheiro que incendiou o Mundo*, São Paulo, Companhia das Letras, 2012, pág. 22. Ainda, Elio Gaspari, *A Ditadura Escancarada*, São Paulo, Companhia das Letras, 2002, págs. 141–157. Entre nós, *O Brasil de Carlos Marighella (Na Senda de Guevara)*, Porto, Livraria Latitude, s/d.

([579]) https://www.resistir.info/mur/alvaro_lins_27mar17.html. Ainda, Miguel Urbano Rodrigues, *Revolução e Vida*, Lisboa, Editorial Caminho, 1977, pág. 149, evocando originariamente nas páginas de *O Diário*, de 25 de Março de 1976, os 54 anos do Partido Comunista Brasileiro, onde se lê: «Penso também e sobretudo em ti, companheiro Luís Carlos Prestes. Tenho presente o dia em que te conheci, quando sobre o Brasil se adensavam as sombras do golpe em marcha. Poderia reproduzir as palavras que então pronunciaste na presença de Álvaro Lins, que, sem ser comunista, tinha um profundo respeito pelo PCB [...]».

para o Rio de Janeiro as «bases», que sabia insusceptíveis de serem aceites, em pontos fulcrais, pelo governo brasileiro, consagrou a manutenção do *modus vivendi* em domínio tão sensível, o qual se revelaria muito agitado nos anos seguintes, por razão de uma vaga de pedidos de asilo à Embaixada do Brasil em Portugal que então se iniciou.

Se a fase final do governo de Juscelino — como escreve Silva Gonçalves — representara o «auge da influência da comunidade lusa», também significou o seu «declínio», acentuando-se no entender do mesmo autor, com a mudança de governo e de capital. Logo na sua campanha eleitoral, Jânio Quadros defendera a revisão dos «termos» em que assentava a «aliança histórica» entre Portugal e o Brasil, sendo que já enquanto governador de São Paulo entrara em «colisão» com a tradicional política luso-brasileira. Na sua condição de candidato presidencial, tornou mais explícita a sua perspectiva, que Silva Gonçalves caracteriza como «radicalmente oposta» à de Juscelino, a qual não poderá deixar de interpretar-se à luz do início da luta armada nas colónias portuguesas([580]). Presidente eleito do Brasil, Jânio Quadros

([580]) Williams da Silva Gonçalves, *O Realismo da Fraternidade Brasil-Portugal...* cit., págs. 161–162, Amado Cervo e José Calvet de Magalhães, *Depois das Caravelas...* cit., págs. 295–296 e Amado Luiz Cervo/Clodoaldo Bueno, *História da política exterior do Brasil*, 3.ª edição revista e ampliada, Brasília, Editora UNB, 2008, pág. 312–327, sobre a profunda revisão das orientações de política externa pelo governo de Jânio Quadros e Luiz Cláudio Machado dos Santos, *As Relações Brasil-Portugal...* cit., págs. 112–155, sobretudo no que respeita à questão africana à luz do declarado «apoio decidido ao anticolonialismo», assumido por Jânio Quadros, com apoio no Itamaraty de, entre outros, Freitas-Valle, servindo na ONU. De acordo com a mensagem enviada ao Congresso Nacional, por ocasião do início da sessão legislativa de 1961, tratando das relações do Brasil com África e Ásia, o presidente Jânio Quadros reafirmou a sua orientação: «Não aceitamos qualquer forma ou modalidade de colonialismo ou imperialismo. Pode-se afirmar, com a sinceridade mais absoluta, que o Brasil se esforçara para que todos os povos coloniais — repetimos, todos, sem exceção — atinjam sua independência no mais breve prazo possível». Ainda na qualidade de candidato presidencial, Jânio Quadros visitou Portugal. Numa conferência promovida pelo Rotary Club de Lisboa, tratou o tema das relações luso-brasileiras, que qualificou de «puramente românticas e emocionais, fundadas só nas bases da história comum, da fé comum, dos costumes comuns e da língua comum», acusando o Tratado de Amizade de não funcionar. E propôs a reforma dessas relações, dando-lhes «bases concretas e reais» e adaptando-as «às contingências e às exigências do Mundo em que vivemos», tendo defendido, entre outras medidas, a presença de brasileiros nas províncias ultramarinas, dando como exemplos Angola, Moçambique e Macau, num quadro em que defendia ser necessário sair da «fase poética» para a «fase efectiva» das relações entre Portugal e o Brasil (*Diário de Lisboa*, de 8 de Setembro de 1959). Franco Nogueira, *Diálogos Interditos, Parte*

visitou Lisboa em visita privada, tendo declinado um convite para almoçar de Américo Thomaz([581]).

Informado pelo embaixador de Portugal no Rio de Janeiro do desejo que o presidente do Brasil, Jânio Quadros, havia expressado de que fossem autorizados a embarcar para o Brasil os asilados portugueses que se encontravam na Embaixada brasileira em Lisboa, o governo português decidiu corresponder à solicitação. Nas Necessidades foi então elaborado um projecto de ofício a ser assinado por Marcello Mathias com destino à Embaixada no Rio. Diferente desse projecto, que voltava com inoportunidade à discussão de toda a problemática do direito de asilo, o ministro preferiu uma comunicação simples, datada a 22 de Março de 1961, onde a dado passo se lia:

> [...] Conhece Vossa Excelência a posição das autoridades portuguesas nessa matéria. Sem embargo, porém, dessa posição, é-me muito grato comunicar a Vossa Excelência que em atenção à alta intervenção invocada, as autoridades portuguesas deram, imediatamente, a título excepcional, as instruções necessárias para a execução do desejo manifestado por Sua Excelência o Senhor Presidente Jânio Quadros [...].([582])

A 17 de Setembro de 1963 encontravam-se asilados na Embaixada do Brasil em Lisboa: José Paulo de Almeida da Silva Graça, Maria

---

Primeira (1961–1962–1963), Braga, Intervenção, s/d, pág. XXIX, notou que a eleição de Jânio desencadeara um «anticolonialismo emotivo», qualificando a «*política independente*» como traduzindo a «busca de uma libertação da excessiva influência americana», procurando o Brasil «agradar ao *terceiro mundo*», arrastando nessa orientação toda a América Latina. Ainda, Alberto da Costa e Silva, «Brasil, Portugal e África», *in Incertas Relações, Brasil-Portugal no Século XX*, Benjamin Abdala Junior (Organizador), São Paulo, Editora SENAC, 2003, págs. 54–55 e *Ficções...* cit., págs. 536–537, refere com perplexidade, mas «aliviado», a reacção do governo português à proposta de Kubitschek de criação de um mecanismo permanente que possibilitasse que Portugal e o Brasil «tivessem uma só voz e o mesmo voto no plano internacional». Ao próprio Costa e Silva transmitiu Franco Nogueira a posição portuguesa: «Salazar agradecia o gesto brasileiro, mas não podia aceitar a proposta, porque sendo o seu um país sem disputas externas, não desejava envolver-se nos contenciosos que o Brasil tinha no continente americano». Isto quando, como justamente recorda Costa e Silva, chegavam até à Embaixada do Brasil em Lisboa «boatos insistentes sobre a iminência de uma rebelião armada em Angola». A respeito da posição de Costa e SIlva sobre a questão africana, *História, Arte...* cit.; pág. 372.

([581]) Sobre o episódio, Alberto da Costa e Silva, *Ficções...* cit., págs.550–554.

([582]) AHD/CE 39/P4/2043.

Lígia Alves Monteiro, Francisco Lázaro de Albuquerque Veloso, José Alexandre Gomes Pelágio, Gabriel de Castro Freitas, Manuel Pedroso Alves Marques([583]), José Maria Gonçalves, Delmar da Silva, Carlos Alberto da Silva Abreu, Mariana Rosa Esteves, Maria Rita Godinho Rolão Preto da Silva Graça, Luís Carlos, Abílio Rebelo Gomes e Alfredo Martins. Tinham entretanto abandonado a embaixada: Fernando Abranches Ferrão — que fora advogado de Delgado no processo disciplinar —, Nikias Skapinakis, Rui Baptista Feliciano e Primavera Neves Pedroso Marques([584]). Mais tarde, Alfredo Margarido, acompanhado dos filhos, pediria também asilo à Embaixada do Brasil.

([583]) AHD/S3/E34/P4/34954. Manuel Pedroso Marques, *Os Exilados não esquecem nada mas falam pouco, ensaio sobre os factos e outras memórias*, Lisboa, Âncora Editora, 2015, págs. 53–58, refere o facto de no início da década de 60 terem chegado a estar 18 asilados na Embaixada do Brasil, entre os quais Maximino Serra, irmão de Manuel Serra, que não se encontra listado na documentação citada e foi, de acordo com o mesmo testemunho, o primeiro a colocar-se em fuga da Embaixada para passar a Marrocos. Pedroso Marques traça o quadro do ambiente vivido na embaixada, aludindo a que alguns dos seus companheiros começaram a sair «com garantias de não serem presos» por negociação do embaixador Negrão de Lima com o governo português, o que não foi respeitado em relação a alguns, caso de Nikias Skapinakis e, acrescentamos nós, de Rui Feliciano. Negrão de Lima «não era Álvaro Lins — nota Pedroso Marques — mas teve um comportamento digno em defesa dos princípios vinculadores do seu país ao Direito Internacional, e humano no tratamento dado aos exilados que protegeu entre Janeiro de 1962 e Setembro de 1964». Participante no assalto ao quartel de Beja e condenado à revelia a pena de prisão efectiva, Manuel Pedroso Marques permaneceu asilado na Embaixada quase três anos, colocando-se depois em fuga para França e exilando-se mais tarde no Brasil (a respeito, a sua entrevista a Ana Aranha/Carlos Ademar, *Memórias do Exílio*, Lisboa, Parsifal, 2018, págs. 161–179). A fuga de Pedroso Marques da Embaixada teve eco na imprensa internacional: *La Razón*, de Buenos Aires, de 24 de Setembro de 1964, *O Jornal*, do Rio de Janeiro, de 25 de Setembro, e da mesma data, o *La República*, de Caracas, e *The Times*, de Londres, sob o título «Sentenced Man Sought by Advertisement». Ainda, Victor Pereira, «De l'exclusion à la protection: l'Ofpra et les réfugiés portugais entre 1952 et 1974», *in* Aline Angoustures/ Dzovinar Kévonian/Claire Mouradian, *Réfugiés et apatrides. Administrer l'asile en France (1920–1960)*, Rennes, Presses Universitaires de Rennes, 2017, pág. 248.

([584]) AHD/S3/E34/P4/34954. O cônsul de Portugal em São Paulo, João Marçal de Almeida, remeteu às Necessidades recortes de imprensa com informação sobre o regresso ao Brasil de Primavera Neves Pedroso Marques, escrevendo que tanto *O Estado de São Paulo* como o «órgão filo-comunista» *Última Hora* colocavam em destaque a participação de Pedroso Marques no ataque ao quartel de Beja. A respeito, *O Estado de São Paulo*, de 11 de Junho de 1963, *Última Hora*, de 12 de Junho de 1963. Ainda, *O Globo*, de 12 de Junho de 1963.

Em Março de 1962, o ministro Franco Nogueira recebera em Lisboa o chanceler brasileiro, Santiago Dantas, com quem disse ter examinado «o problema dos refugiados e "*asilados*"» na Embaixada do Brasil, tendo reiterado nessa ocasião o ponto de vista do governo — que se mantinha aliás inalterado —, em matéria de direito de asilo nas relações com o Brasil. Para o ministro português, o asilo estava a ser usado «para introduzir um elemento de fricção nas relações luso-brasileiras» e a quase totalidade dos casos de asilo eram «perfeitamente injustificados», comportando-se além de mais os «*hóspedes*» da Embaixada «de maneira afrontosa para a dignidade da representação brasileira». Mas Franco Nogueira não se limitou a esse tema, tendo referido a Santiago Dantas as actividades permitidas no Brasil aos que ali se encontravam, desde logo Delgado, e já ao tempo, também, Henrique Galvão. A este respeito, lembrou que o ministro das Relações Exteriores não apenas concordara, como tinha manifestado a intenção de o seu governo «precisar as condições de concessão de asilo por parte da Embaixada, de modo a limitá-lo e a impor a maior severidade no regime dos asilados actuais, e submeter os exilados autorizados a residir no Brasil à inibição do exercício de actividades políticas, que pensava poderia ir até à proibição do próprio exercício de qualquer actividade, mesmo civil, e à expulsão do território nacional». De acordo com o seu próprio testemunho, Franco Nogueira propôs a Santiago Dantas a hipótese de ser estudado e negociado um «acordo ou convenção luso-brasileira sobre direito de asilo», ideia que fora bem recebida([585]). Porém, em Abril seguinte, Negrão de Lima, que estava de partida de Lisboa, onde terminou a sua carreira diplomática, não deu boas notícias ao ministro dos Negócios Estrangeiros. Franco Nogueira recordaria que Negrão falara com o ao tempo ministro-chefe da Casa Civil do presidente Goulart, Hermes de Lima — mais tarde primeiro-ministro e chefe do Itamaraty —, sobre o acordo de asilo:

> O ministro mostrara-se contristado. Não julgava que se pudesse efectuar um acordo na base da nossa contraproposta. Esta ia ser estudada, e talvez nos submetessem ainda outro texto. Mas esta matéria era muito delicada, porque qualquer texto que fugisse às tradições brasileiras não teria «*cobertura*» no Congresso.

([585]) Franco Nogueira, *Diálogos Interditos...* cit., pág. 87.

Registando ainda Franco Nogueira:

> Negrão de Lima sugeria, por isso, que nós deixássemos partir os actuais «*hóspedes*» aos poucos: a dois e dois, e com grandes intervalos. Comentei que isso seria inútil porque, apenas saíssem dois, o embaixador aceitaria outros tantos. Negrão de Lima disse que ficaria estabelecido que novos «*hóspedes*» nunca poderiam partir antes de decorrido ano e meio: isto bastaria, quando conhecido, para evitar novos pedidos. Ri-me, e observei que continuava a ver apenas duas soluções: assinar um acordo, ou autorizar a saída de todos os actuais *asilados* contra a garantia escrita de que o Brasil não concederia mais asilos. Negrão de Lima sublinhou quanto isso era difícil, e que precisávamos de encontrar outra solução. Declarei que examinaríamos tudo o que nos propusessem.([586])

O ministro Franco Nogueira voltou a receber o embaixador Negrão de Lima, tendo registado no seu diário a 3 de Outubro de 1963:

> Negrão de Lima sabia que, dos 13 asilados da sua Embaixada, nove haviam sido despronunciados pelo Tribunal. Parecia assim que estavam isentos de qualquer culpabilidade. Poderia eu dar uma palavra sobre o assunto ao ministro do Interior e à Polícia? Prometi que investigaria a situação, mas disse que não se poderia contar com qualquer boa vontade daqueles departamentos [...].([587])

Ditadura militar no Brasil e direito de asilo: uma nova fase nas relações luso-brasileiras?

A acção política e cívica de Álvaro Lins colocou-o naturalmente na mira do poder militar que tomou o governo do Brasil em 1964.

Em carta de 30 de Julho desse ano, Alceu Amoroso Lima escreveu à sua filha:

> Os jornais de hoje anunciam que oficiais, não sei se do Exército ou da polícia, foram dar uma batida na casa do Álvaro Lins, para verificar se havia livros ou documentos «comprometedores»! Daqui a pouco virão também examinar os meus... É o domínio do totalitarismo cultural e do

([586]) *Idem*, págs. 236–237.
([587]) *Idem*, pág. 271.

terrorismo disfarçado ou incipiente. «Uma vergonha», como teria dito a mulher do Álvaro Lins aos esbirros. Vou telegrafar-lhe e, na primeira oportunidade, protestar publicamente. Aliás, a croniqueta de hoje já é sobre essa atmosfera, a propósito da leitura do Terceiro Reich na fazenda. E a que ontem escrevi lá em Petrópolis é também a propósito de coisas semelhantes que continuam a ocorrer na Rússia e começam nesta nossa pobre terra.([588])

Poucos dias antes dessa «batida» na casa de Álvaro Lins, a 27 de Maio, o embaixador de Portugal no Rio de Janeiro, João de Deus Ramos([589]), transmitiu a Lisboa o *Apontamento de Conversa* que mantivera a 25 com o secretário-geral adjunto do Itamaraty, responsável dos assuntos da Europa e África, Carlos Eiras, mais tarde embaixador em Haia.

Em resumo, o novo ministro das Relações Exteriores, Vasco Leitão da Cunha([590]) — que estivera destinado à Embaixada em Lisboa —, encarregara Carlos Eiras de convocar uma reunião com o embaixador de Portugal. O objectivo era expressar-lhe o desejo de que a missão

([588]) [Alceu Amoroso Lima], *Cartas do pai...* cit., pág. 451.

([589]) «Ramos (João de Deus Battaglia)», *in Anuário Diplomático e Consular Português Referido a 1 de Janeiro de 1965*, Ministério dos Negócios Estrangeiros, 1965, págs. 288–289.

([590]) Sobre a reorientação da política externa brasileira, sendo chefe do Itamaraty Vasco Leitão da Cunha, Amado Luiz Cervo/Clodoaldo Bueno, *História da política exterior...* cit., págs. 368–380, afirmando o propósito de desmantelamento pelo novo poder político dos princípios que regiam a chamada Política Externa Independente (v.g. nacionalismo, base da industrialização brasileira, ideário do pan-americanismo e a autonomia do Brasil em face da divisão bipolar do mundo e da hegemonia norte-americana sobre a América Latina, com a recolocação no «eixo de prioridades» da relação do Brasil com os EUA). Um dos traços apontados como característicos da nova política externa brasileira residia na oposição à «ruptura de laços afectivos e políticos com Portugal e o Ocidente, em nome do anticolonialismo». Numa entrevista a *O Estado de São Paulo*, de 23 de Junho de 1963, Álvaro Lins considerou aquela Política Externa Independente como uma «farsa e mistificação», e disse que o Brasil continuava «dócil aos interesses do colonialismo português e de Salazar», acusando Negrão de Lima de ser um «serviçal degradado da política de Salazar». Ainda, Waldir José Rampinelli, «A política internacional de JK e suas relações perigosas com o colonialismo português», *in Lutas Sociais*, n.º 17/18, PUCSP (2007), págs. 83–98 e Celso Lafer, «Relações Brasil-Portugal: passado, presente, futuro», *in Incertas relações, Brasil-Portugal...* cit., págs. 86–88

do novo embaixador do Brasil em Lisboa([591]) constituísse um período «"novo e róseo" nas relações luso-brasileiras»([592]).

Com esse objectivo, aquele alto-funcionário do Itamaraty solicitou a João de Deus Ramos que transmitisse com todo o «empenho» ao governo português a proposta de serem concedidos salvos-condutos aos quatro asilados que permaneciam ainda na Embaixada brasileira em Lisboa([593]). Como contrapartida, Vasco Leitão da Cunha oferecia a garantia de que, após a saída desses asilados, a Embaixada do Brasil se comprometia a não mais conceder asilo a quaisquer outros que o solicitassem, excepto nos casos em que uma pessoa buscasse refúgio, «fugindo, por assim dizer, ao perigo de baionetas contra ela apontadas».

E acrescentava João de Deus Ramos:

> Foram mais ou menos estes os termos em que a proposta me foi feita, juntando o Ministro Eiras que, devido às dificuldades que eu naturalmente conhecia, não era possível ao Governo brasileiro dar uma garantia por escrito deste compromisso, mas podíamos fazer um «gentlemen's agreement» oral que seria respeitado pelo Itamaraty como se por escrito houvesse sido assumido.([594])

Parecia ao chefe da diplomacia brasileira que um «entendimento» dessa natureza «iria representar um passo inicial auspicioso no novo capítulo das relações entre os dois países que certamente seria muito bem acolhido pelo público brasileiro».

([591]) Que viria a ser, a partir de Junho de 1964, Aguinaldo Boulitreau Fragoso, com longa experiência como funcionário e secretário-geral do Itamaraty, na impossibilidade de Vasco Leitão da Cunha ocupar o posto, facto lamentado por Ruben A. Leitão em carta a Francisco Negrão de Lima, de 29 de Abril de 1964 (BNP/E 35/Cx 31).

([592]) AHD/S3/E34/P4/34954 — Processo 4, 12/64, ofício da Embaixada do Brasil no Rio de Janeiro para o Ministério dos Negócios Estrangeiros, de 27 de Maio de 1964. Luiz Cláudio Machado dos Santos, *As Relações Brasil-Portugal...* págs. 159–163, onde se refere à repercussão em Portugal do discurso do presidente Castelo Branco no Itamaraty, a 31 de Julho de 1964, que nas palavras de Machado dos Santos «reforçava ainda mais o sentimento de que uma mudança em escala global pudesse estar acontecendo no sentido de referendar as posições portuguesas quanto às questões coloniais».

([593]) *Idem.*

([594]) *Idem.*

Aludindo aos «sérios atritos e desgaste» nas relações entre Portugal e o Brasil provocados por anteriores casos de asilo, o embaixador João de Deus Ramos observou a Carlos Eiras verificar-se uma «diferente conceituação» do direito de asilo; enquanto Portugal seguia o que disse ser o «conceito tradicional europeu» desse direito, o Brasil adoptava o «conceito estabelecido e regulado nas convenções latino-americanas», pelo que não tinha sido possível aos dois países chegarem a «qualquer entendimento», isso a despeito, observou João de Deus Ramos, dos «esforços feitos [...] do lado português». Porém, no critério do embaixador de Portugal, o tempo provara que a «transigência» de Portugal não servira os «altos propósitos que a animara». Antes pelo contrário, promovera «o agravamento de uma situação extraordinariamente penosa e difícil», que era a da Embaixada do Brasil em Lisboa «servir de estímulo e santuário não só àqueles que querendo conspirar e promover a subversão em Portugal o faziam confiados naquele abrigo seguro, mas também a muitos outros que pretendiam notoriedade à base de uma perseguição política fictícia, não falando mesmo em casos menos graves que não passavam talvez de simples casos e emigração ou turismo»([595]).

De acordo com João de Deus Ramos, a opção do governo português de não atribuir salvos-condutos aos que se iam «acumulando» na embaixada visava, por um lado, desencorajar os pedidos de asilo — «libertando o Itamaraty e o Embaixador de dificuldades, incómodos e despesas» — e, por outro, restingir as «actividades de agitadores e promotores da subversão em Portugal».

Tudo se passava — como João de Deus Ramos relatou ter acentuado junto de Carlos Eiras — «tendo como pano de fundo a frustração das tentativas dos nossos Governos para celebrar um acordo de asilo que nunca se mostrou viável dada a nossa diferença de conceituação na matéria».

E disse ainda o embaixador português àquele alto-funcionário do Ministério das Relações Exteriores, que Portugal, tendo pretendido ir ao encontro dos desejos do governo brasileiro, decidira «a certa altura propor uma alternativa para resolver a saída do lote de refugiados que

---

([595]) *Idem*. O embaixador João de Deus Ramos havia remetido a Lisboa um recorte do *Correio da Manhã*, de 23 de Junho de 1963, que comentou assim: «O autor do artigo, assinado, ao que se afigura sob pseudónimo, analisa com certa dose de humor a situação dos asilados a quem considera, na sua maioria, turistas desejosos de visitar o Brasil beneficiando de viagens grátis».

se encontrava na Embaixada do Brasil». Essa alternativa consistia na concessão, pelo governo português, de salvos-condutos a todos os asilados, com a condição de o governo brasileiro se comprometer, para o futuro, a não admitir mais asilados na sua embaixada.

Ora, lembrou o diplomata português ao seu interlocutor, essa proposta nunca fora aceite com a «alegação de que o Brasil não podia, sem perigo de forte reacção da opinião pública, abdicar do que em "seu conceito" era o sagrado direito de asilo».

Entendia João de Deus Ramos — e transmitiu-o a Carlos Eiras — que a proposta das autoridades brasileiras ia na direcção daquela alternativa anteriormente proposta pelo governo de Lisboa, mas o facto de dever assentar num «simples acordo verbal» «tornava precárias as esperanças da sua aceitação por parte do Governo Português». Não se tratava, como diplomaticamente ressalvou, de qualquer dúvida quanto à palavra do ministro Leitão da Cunha ou do Itamaraty, mas, sublinhou, «era da própria natureza das coisas que os homens mudavam e os Governos também». Noutro plano, sinalizou ainda o embaixador de Portugal, acrescia a gravidade das acusações que recaíam sobre os «refugiados» que se encontravam na embaixada, sendo possível, quanto a eles, que os «tribunais judiciais portugueses» pretendessem não abdicar do «seu direito de julgamento»([596]).

E não deixou o embaixador João de Deus Ramos, nessa oportunidade, de referir ao diplomata Carlos Eiras a «impunidade» e «facilidades» concedidas ao general Delgado, «para fazer do Brasil uma base para as suas actividades de subversão e de agitação em Portugal».

Eiras insistiria em solicitar o empenho do embaixador de Portugal junto das autoridades de Lisboa, significando ser «outro» o governo do Brasil e «não haver nos tempos próximos, a seu ver, probabilidades de mudança»([597]).

Anunciando-se com a ditadura militar e o governo do general Castelo Branco uma nova fase nas relações luso-brasileiras, a verdade é que, em matéria de direito de asilo, o Brasil manteve-se na prática fiel aos princípios do direito e da tradição.

A «alternativa» proposta pelo governo português, e recordada por João de Deus Ramos a Carlos Eiras, revelava uma outra política em matéria de asilo. Era reconhecida a concessão de asilo e a emissão

---

([596]) *Idem.*
([597]) *Idem.*

de salvos-condutos — algo que fora absolutamente negado em 1959 —, e tentada a cedência do Brasil, por via do compromisso (formal) destinado a eliminar em Portugal o «sagrado direito de asilo», solução que nem o poder ditatorial saído do golpe vitorioso de 1964 se atreveu, como se conclui, a admitir. Com efeito, o máximo que o governo da ditadura brasileira concedia era num trato *cúmplice* e *secreto* com o governo *amigo* de Lisboa, de modo a resolver um problema — prenunciado, aliás, pelo caso Delgado — que se transformara numa situação de gestão muito ingrata e sumamente incómoda para a missão diplomática do Brasil em Lisboa.

A 8 de Junho de 1965, o ministro dos Negócios Estrangeiros é recebido no Rio pelo seu homólogo Vasco Leitão da Cunha. Franco Nogueira notaria no seu diário que o ministro brasileiro não destruíra um argumento seu, nem dera razão a um único argumento seu, e rematou as suas lembranças desse dia:

> Com o Brasil, tudo é difícil: parece um rio de grande caudal, impetuoso e ruidoso, que se precipita e abisma num areal, e aí tem sumiço. Tudo leva a nada. Porquê? E no entanto, há que persistir.([598])

([598]) Franco Nogueira, *Um Político Confessa-se...* cit., pág. 129.

ANEXOS

CORRESPONDÊNCIA DE HENRIQUE GALVÃO PARA ERNESTO PABLO MAIRAL E MARIA ANGELA ALBERINI DE MAIRAL

CORRESPONDÊNCIA DE ERNESTO PABLO MAIRAL PARA HENRIQUE GALVÃO

CARTA DO SUBSECRETÁRIO DAS RELAÇÕES EXTERIORES DA ARGENTINA, EMBAIXADOR FRANCISCO M. D'HERS, AO EMBAIXADOR ERNESTO PABLO MAIRAL

(Arquivo Família Mairal)

Atlântico — 6000m 13/4([599])/1959

Meus queridos Amigos, Sra. e Sr. Mairal

Tentei telegrafar-lhes de Dakar. Era a primeira estação de poiso e passara a primeira noite desdormida fora da Embaixada. Precisava dizer-lhes qualquer coisa mesmo que da lapiseira não corressem continuamente senão «muito obrigados», «muito obrigados». As palavras que são sempre demais nas emissões do cérebro, faltam nas emissões do coração.

E então quis telegrafar. Mas de Dakar só se telegrafa em francos e para os obter só mos cederia um destes negros que se vingam de violências milenárias a enganar brancos de passagem... se eu lhes comprasse em dollars, umas peças de osso de vaca que ele jurava serem de marfim. Pedi então a um dos tripulantes que regressa a Lisboa para lhe entregar o telegrama que eu já tinha redigido e que melancolicamente recolhera ao bolso.

Felizmente, Silvio([600]) não é o comandante do avião. Ele que descobriu (onde, meu Deus!) que os [?] as maletas e os asilados não podem sair do avião nos aeródromos do percurso, não me teria deixado sair — com tanta mais facilidade quanto eu ainda não tinha pistola... para o adormecer.

O comandante deste avião que, felizmente, não é vice-consul e ignora em absoluto que há sequestro de asilados, não opôs a menor

([599]) Existe lapso de escrita, Galvão queria escrever 5.

([600]) Referência Silvio Neuman, vice-consul da Argentina em Lisboa, funcionário diplomático de total confiança do embaixador Ernesto Pablo Mairal. Silvio Neuman acompanhou proximamente Henrique Galvão durante a sua permanência na embaixada, e no percurso entre a residência do embaixador e o aeroporto de Lisboa, admitindo-se que possa também ter viajado para Buenos Aires.

dificuldade a que eu pisasse esta terra convencionalmente ardente de África. E assim se resolveu este problema sentimental: a África não entenderia que eu passasse sem a acariciar com as mãos ou com os pés. E eu pude aspirar o seu odor forte e olhar para o horizonte do lado para onde fica o coração da África.

Como porém o Silvio é vice-consul e, espero, não será no futuro comandante de aviões, continua a ser simpático e magnífico.

Vou agora a caminho do Recife. Tentarei daí fazer seguir esta carta que substitui o telegrama manqué. Ele lhes enviará mais uma porção dos apertados abraços que ficaram para dar e as saudações para o Ministro Robbio([601]), [?]([602]), Cané([603]) — e todos, todos, a Helena, a Manuela, o Porfírio e o EDUARDO([604]).

Forever. Até breve,

H. Galvão

([601]) Referência ao diplomata Robbio Campos, ao tempo ministro-conselheiro.

([602]) Ilegível no manuscrito.

([603]) Referência ao diplomata José Maria Cané, então conselheiro da embaixada.

([604]) De acordo com o testemunho de Nelida Mairal, «Luego vienen los nombres Helena, Manuela y Porfirio que eran empleados domésticos que lo trataron con toda amabilidad. EDUARDO, así con mayuscula como CG [Capitão Galvão] lo escribe era el hijo de unos tres años del matrimonio de Porfirio, el Mozo de comedor y Manuela, la mucama, que era un encanto de niño y mimado por todos».

Buenos Aires, 14

Meus queridos Amigos,

Acabo de chegar (4 horas da manhã) — embriagado de liberdade, de sono e do espectáculo esmagador da vossa grande cidade. Recepção entusiástica à passagem pelo Brasil. Saí de lá com os ossos num feixe de tantos abraços. Recepção muito amável (*como no!*) em Buenos Ayres. Estava no aeródromo: Pugnalin([605]) e um representante do Ministério das Relações Exteriores. Vários jornalistas.

Amanhã telefonarei a Nely([606]). Depois escreverei mais conscientemente.

Muitos abraços. Uma saudade sempre viva da Rua Barata Salgueiro([607]).

Henrique Galvão

([605]) Trata-se de Alberto Ario Francisco Pugnalin, que se encontrava em Lisboa como segundo secretário da Embaixada da Argentina quando Henrique Galvão solicitou asilo e fora entretanto transferido para Buenos Aires.

([606]) Trata-se do diminutivo de Nelida Beatriz Mairal, que também aparece escrito Nelly.

([607]) Referência à residência do embaixador da Argentina: rua Barata Salgueiro n.º 28, 2.º. A chancelaria situava-se na rua João Crisóstomo n.º 8 r/c, onde ainda se encontra instalada.

Buenos Aires, 15/5/1959

Queridos Amigos,

Ainda não é esta a carta tranquila que desejaria escrever — mas não posso esperar para breve, nesta cidade inquieta e, por muitos títulos, absorvente da tranquilidade necessária para as longas cartas. O dia de hoje foi assinalado por um acontecimento soleníssimo que tenho de transmitir-lhes imediatamente:

Ontem à noite apanhei Nely ao telefone e quis tê-la hoje para almoçar com o representante Mairal do Exército Argentino([608]). O bravo militar não tinha tempo para almoçar, mas veio ver-me ao hotel. Reconheci-o imediatamente: é a Nely de uniforme, com uns quilos a mais. Vieram a seguir Nely e o seu noivo — este homem fatal, enormemente simpático também([609]). O dia havia sido mal escolhido: uma greve de restaurantes. Que importa! Descobrimos um hotel que nos deu raviolli e outras iguarias — enquanto nós outros nos demos mutuamente a alegria de falarmos infatigavelmente — sem uma referência sequer aos problemas internacionais. Supõem como estiveram presentes? Imaginam como foram falados?

Informei a Nely de todas as crueldades mentais do Embaixador «... não permite à sua senhora comprar...», «que diz de sua filha é

([608]) Referência a Hector Mairal, filho de Ernesto Pablo Mairal, então a cumprir serviço militar. Mais tarde, advogado e professor de Direito na Universidade de Buenos Aires.

([609]) Referência a Felix Alberto Camarasa, jurista e advogado. Ao tempo noivo de Nelida Mairal, com quem viria a casar, Alberto Camarasa foi durante vários anos director do Banco Central da República Argentina e director do Banco Mundial ao longo de 14 anos (1994–2001 e 2006–2012) em representação da Argentina, Uruguai, Paraguai, Chile, Bolívia e Peru.

preguiçosa» — e ouvi a pobre Nely lastimar-se de ter um pai tão cruel. Tudo isto com lágrimas de sangue nos olhos! Mais três lugares ocupados à mesa e a festa seria colossal([610]). Levaram-me depois a dar um passeio pela cidade, da qual fiquei com uma impressão panorâmica. Mas isto ficará para outra carta. Por ora registe-se apenas: «que há em Buenos Aires dois [?] argentinos que têm os melhores dos pais e em Lisboa dois pais argentinos que têm os melhores dos filhos» Evoé Mairal!

Muitos abraços do vosso Amigo,

H. Galvão

([610]) Henrique Galvão aludia aos ausentes: embaixador Ernesto Pablo Mairal, embaixatriz Maria Angela Alberini de Mairal, tratada familiarmente por Mary, e a Hector Mairal.

Buenos Aires 20/5/59

Meus queridos Amigos:

Buenos Aires mantem-se hospitaleira e simpática como no primeiro dia. Ontem quis mostrar-me que sabia chover e enregelar os ossos dos magros como eu — mas logo hoje amanheceu num céu azul como o de Portugal (quando é azul) e com um sol que valia qualquer sobretudo.

A sua cidade por enquanto desconcerta-me. Todas as cidades têm alma própria que não é simples somatório das almas dos cidadãos e que, por vezes, nem sequer as reflecte — e eu, nas minhas deambulações, ainda não a pressenti. Vejo-a inquieta, melancólica, grave — digamos, sem alegria. E contudo, o seu cenário parece ter sido constituído para uma vivacidade diferente, risonha e fácil. As multidões que correm nas ruas, como correntes marítimas por sua vez, parecem preocupadas. Entre elas fervilham boatos políticos e agita-se, parece um receio — ou uma esperança que traz ainda o travo amargo dos receios?

Há meia hora encontrei-me, no ângulo de um passeio da Avenida de Mayo, com duas senhoras loiras como trigais que, como eu, tentavam a perigosa aventura da travessia do asfalto. Os carros corriam como Comets [*sic*], e entre os condutores e os peões fuzilavam aqueles olhares assassinos que reflectem o ódio visceral que em todas as cidades do mundo se forma no encontro dos que andam a pé com os que andam de automóvel — simples cambiante sentimental do ódio mais profundo e irremediável dos que não têm qualquer coisa que os outros têm. As duas senhoras, decerto apressadas, ignorando em absoluto que eu era um bípede de reflexos anquilosados por sete anos de prisão, formaram grupo comigo para se aventurarem à travessia. Parece que um atropelamento colectivo se suporta com mais resignação do que o esmagamento individual. O certo é que, metros adiante, estávamos em plena corrente, sem passar do mesmo ponto, quase tangidos pelos carros que passavam. As senhoras empalideceram, acompanharam-me nalguns daqueles passos de dança que todos sabemos dançar nestas circunstâncias — e, quando, finalmente, nos encontramos na outra margem, sãos e salvos, coraram de indignação e vociferaram: «Isto é uma vergonha da cidade e da Argentina!» E a sua expressão era realmente a de quem não vira jamais em qualquer latitude do planeta vergonha semelhante; a pátria desonrada, envilecida... naquele pedacito de rua. E sorri: como a humanidade é igual em toda a parte. Aquelas senhoras sentiam-se mais envergonhadas com a desordem do trânsito na sua avenida do [que] todos os povos do Ocidente com a Conferência de Genebra. Apostaria que, à mesma hora, os condutores dos carros que então passaram sobre as nossas sombras transidas, coléricos também, diriam: «Estes peões são a vergonha de Buenos Aires e de toda a América Latina».

É talvez por isso que ainda há uns milhares de portugueses que não têm vergonha de pertencerem ao rebanho de Salazar.

Já passaram oito dias sobre a chegada e ainda consumo as vinte e quatro horas do meu dia em operações de recém-chegado. Ainda não fiz todas as visitas que quero fazer, nem dei os primeiros passos que queria dar. No entanto, já estive na Presidência, no Ministério das Relações Exteriores, onde volto amanhã para uma conferência com o Embaixador Pardo([611]), nas redacções de quase todos os jornais — e já entrei (casualmente) em contacto com os fundadores do Teatro dos Independentes([612]). Em toda a parte tão bem recebido que continuo a dizer: ainda não encontrei um só argentino antipático. Ontem fui jantar a casa da família do Sr. Parodi([613]) — tão simpático que tendo estado comigo só as primeiras vinte e quatro horas de asilo, se lembrou de escrever da Turquia para sua irmã e fazer-me convidar para um jantar onde encontrei muita gente interessante e que além de tudo, me deram

---

([611]) Referência a Luis María de Pablo Pardo.

([612]) Cremos tratar-se de referência a Leonidas Barletta e sua mulher Josefa Goldar, fundadores do Teatro del Pueblo, um dos primeiros teatros criados na Argentina e na América Latina fora dos circuitos comerciais. Sobre o teatro independente, María Fukelman, «Los inicios del teatro independiente en Buenos Aires y su vínculo con la macropolítica», *in Anagnórisis. Revista de investigación teatral*, n.º 16, 2017, págs. 105-129.

([613]) Parodi era conselheiro da Embaixada argentina em Lisboa ao tempo da solicitação de asilo. A servir na Turquia, José Maria Parodi Cantilo não se encontrou com Henrique Galvão em Buenos Aires, mas pediu a sua irmã que o recebesse e lhe prestasse apoio.

o prazer, apesar de conservadores, de fazerem as melhores e mais justas referências ao radical E. Mairal. Por estes dias irei à Câmara dos Deputados e ver as restantes pessoas para quem teve a amabilidade de me dar cartas de apresentação. Politicamente tenho feito o possível por manter a neutralidade — o que não impede que já tenha dado duas ou três entrevistas que o Secretariado de Propaganda português não aprovaria e principiado a escrever uma série de artigos para *La Crítica*. No entanto são manifestações que se compreendem dentro do direito de livre expressão do pensamento e não da obrigação de não praticar actos políticos. A distinção é bastante complicada — mas que seria da política se não andasse por estes labirintos?

Vou tornar a encontra-me muito brevemente com a Nely.

Os meus melhores cumprimentos para Mme Mairal, cuja doce presença recordo tanto e um forte abraço para si, meu Amigo do «pobre lusíada coitado»

Henrique Galvão

B. Aires, 27 de Maio

A Mme Mairal e Mr. Mairal,

Meus queridos Amigos:

Voilà un coup de théatre. Não o conceberia melhor se o imaginasse:

Ontem, entrei numa livraria da C. Florida([614]), como entro em tantas outras. Os escritores e os leitores assíduos demoram-se tanto tempo a ver livros como a ver passar mais mulheres bonitas. Não levava desígnio definido. Estava exposto, ao lado de dezenas de outros, o meu «Vida y muerte en la Selva». Como, evidentemente, não era esse que me interessava — tanto mais que me recorda pecados —, via e afagava outros. Entretanto surge um par, provavelmente um matrimónio que folheou os três volumes do meu atroz livro demoradamente. Escuso de lhe dizer que, apesar de tudo, os seguia pelo canto do olho — e com certo deleite. Somos assim fracos: até dos nossos pecados tiramos motivos de orgulho. Quando menos o esperava, a senhora disse ao senhor e ao empregado da livraria que estava em frente «Me gustaría conocer este hombre...» Que tal? E eu voltei tão depressa a cabeça — e decerto com qualquer sinal de espanto — que os três olharam para mim. Se fosse mais forte teria sorrido e guardaria só para mim o encanto da coincidência. Mas sou de barro, de argila, como todos nós, e cuidando apenas de compor o semblante do cavalheiro que não perde as oportunidades de ser gentil com as damas (que, note-se bem, nada tinha de Sophia Loren), disse, como se pedisse perdão: «Pronto...». Olharam para mim ainda mais espantados, sem compreender — o homem como

([614]) A referência a uma livraria situada em Buenos Aires na Calle Florida é muito provavelmente à Librería El Ateneo.

é natural menos amável do que a senhora. E então expliquei: «Ese hombre que le gustaría conocer, por acaso soy yo...». E aqui têm o *coup de théatre*. É claro que não acreditaram imediatamente — o que me deu certa satisfação, pois demonstrava que eu já não tenho cara de quem matava feras de mais de dois pés, mas renderam-se, por fim, perante as fotografias e a prova que facilmente pode fazer perante o seu livro qualquer autor. E daqui resultou uma comida com um matrimónio simpático que não entendia que eu dissesse mal de todos os caçadores e um contacto com um editor, que se propõe fazer traduzir e publicar o meu «Romance dos Bichos do Mato». Não é verdade que se eu tivesse imaginado a cena para o teatro a faria mais completa. Recorda-se [*sic*] do Suave Milagre — um conto de Eça de Queiroz — em que uma mãe conta ao filho miserável e doente a bondade de Jesus e o pequeno com febre lhe pede «Mãe, quero ver a Jesus». Ela tenta convencê-lo de que é impossível, quer sossegá-lo, mas o filho insiste: «Mãe, quero ver a Jesus...». E à porta Jesus aparece. Aqui não houve Jesus, que, parece, surge mais facilmente e o milagre foi todo cómico — mas a verdade é que «ese hombre» apareceu.

O meu programa de contacto com a Argentina, de que cada vez gosto mais, teve de reduzir-se consideravelmente, pois só me demorarei aqui pouco mais do que os trinta dias de residência obrigatória. Os amigos do Brasil reclamam-me e nem sequer me concedem umas férias. Resultado: aproveito ofegantemente o tempo de que disponho (e não é muito porque preciso de trabalhar também) e trato de percorrer a cidade lés a lés. Já vi os vossos amigos de Obligado & Cia.([615]), o Sub-Secretário Hers([616]) e os altos funcionários do Ministério das Relações Exteriores, os directores dos jornais (vou escrever uma série de artigos para *La Crítica*), etc. — mas falta-me ainda visitar o Presidente da Câmara dos Deputados e outros, que principiarei a procurar na semana próxima. A visita do nosso amigo Dr. Colombo([617])

([615]) Obligado y Cia. era já então uma sociedade de advogados e agentes da propriedade industrial, da qual Ernesto Pablo Mairal foi responsável durante muitos anos. Admite-se como provável que tenha remetido a correspondência para os escritórios dessa sociedade, de modo a facilitar a respectiva recepção por parte de Henrique Galvão.

([616]) Subsecretário de Relações Exteriores durante o período do asilo do capitão Galvão, foi amigo político de Ernesto Pablo Mairal.

([617]) Referência ao médico Emilio Colombo, que terá conhecido Henrique Galvão numa visita que realizou em Lisboa ao embaixador Mairal.

já esteve combinada, mas foi adiada por indisposição do Hestor [*sic*][618] para um outro dia que a Nely me indicará.

Há dias assisti a manifestações na Avenida de Mayo. E saí dela em LÁGRIMAS — não de dor nem de desgosto —, dos gazes lacrimogéneos. Havia gente indignada: mas eu estava feliz. O que tem importância não é o motivo das manifestações — é o facto de as poderem fazer. Se pudesse, neste momento contar-lhes-ia a história de um homem que se chama Salazar.

Recordo sempre com saudade os meses que passei na Embaixada.

Abraça-os o vosso Amigo, sempre muito obrigado,

Henrique Galvão

([618]) Trata-se de um evidente lapso de escrita. Henrique Galvão pretendia escrever: Hector.

Buenos Ayres, 5-6-59

Meu querido Amigo,

Desde que cheguei a Buenos Ayres escrevi-lhe três cartas (esta é a quarta) densas de gratidão e amizade mas leves no estilo. Nenhuma dessa cartas, naturalmente, se referia a assuntos susceptíveis de alterar a cemiterial paz salazariana nem de ofender os nervos mais sensíveis do ditador e da sua gente. Simples carta de um neo-libertado, mais eufórico de liberdade num país livre do que agoniado por azedumes políticos, nas quais por assim dizer, se prolongavam as horas inesquecíveis que vivi com o matrimónio Mairal na Rua Barata Salgueiro. Nem sequer lhe perguntava se ainda tinha guarda de honra. Há muito tempo que não escrevia prosa tão inofensiva e estranha ao que aí se chama matéria subversiva. Saíram daqui essas cartas, sem qualquer resguardo especial, em 14, 20 e 26 de Maio.

Como ainda não tive notícias suas, embora também as tenha procurado junto dos seus amigos, receio muito que as minhas inofensivas epístolas não lhe tenham chegado às mãos. Receio tanto mais justificado quanto até minha família não tem recebido as cartas que lhes tenho escrito pontualmente, tendo desaparecido algumas. Poderia agora, reflectindo um pouco sobre a desenvoltura com que no meu país se viola ou se furta a correspondência (dizem que a bem da Nação), sentir o sangue mais quente e mais veloz e, numa golfada que me viesse à boca, dizer que isto não é de estranhar num país infelizmente governado por uma espécie de «gang» político. Mas não. Sem fervuras de sangue, apenas me preocupa que possa ter pensado que não escrevi, que me esqueci — eu que todos os dias e constantemente, demais no seu país, os lembro com emoção e saudade. Ao mesmo tempo, julgo que não seria possível, até sem cartas, julgarem-me tão mal.

Nessas cartas, que não sei se recebeu ou não, contava-lhe o mais superficial das minhas primeiras impressões e dava-lhe conta deste facto que não confirma as suas profecias: só tenho encontrado argentinos simpáticos. E tenho sincera pena de que as circunstâncias mais fortes do que os meus desejos, não me permitam demorar-me aqui muito mais tempo a realizar, pelo menos em parte, os projectos de conhecimento e estudo do território. Dizia-lhe também dos seus amigos que já tenho visto, do meu encontro com os seus filhos, do acolhimento mais do que amável que encontrei por parte do seu Ministério e de todas as autoridades, dos meus passeios nos arredores, etc. Não ouso acrescentar mais enquanto não souber se de facto recebeu as minhas cartas, ou se estava a escrever só para a matilha que durante sete anos me serviu de guarda de honra. Apenas, em breves palavras que depois desenvolverei: Fui muito carinhosamente recebido na Sociedade de Autores Teatrais([619]) onde farei por estes dias uma conferência e a leitura de uma peça e iniciei a colaboração em *Crítica*.

Beijo as mãos de Madame Mairal de quem tenho muitas e vivas saudades e abraço-o de todo o coração,

Henrique Galvão

P.S. Ainda não consegui avistar-me com o Sr. Cané. Já uma vez o tive ao telefone mas ainda não nos encontrámos. Creio que ele tem um parente gravemente doente e lhe será difícil perder tempo comigo. Nestas condições parece-me mais amável da minha parte não me fazer lembrado.

([619]) Cremos tratar-se da Sociedad General de Autores de la Argentina, assim designada desde 1934, que teve origem na Sociedad de Autores Dramáticos, constituída em 1910.

Lisboa, 10 de junio de 1959

Estimado Capitán:

He recebido sus tres cartas que no he contestado porque una reorganización del sistema de valijas nos ha dejado sin comunicación directa con Buenos Aires por más de un mês. Elijo ahora otra vía para no demorar más una respuesta a sus afectuosas líneas.

Veo, por sus comentários, que se encuentra bien en mi país y que ha establecido vinculaciones. Su «coup de théatre» en la libreria de la calle Florida nos ha hecho reír un rato, pues nos imaginamos la desconcertante sorpresa de sus admiradores literários. Vd. la compara com la aparición de Jesus a quien invocaba su nombre. Es una interpretación de ese momento. Otra pudo ser, aunque menos reverente, la de Lucifer, con humo de azufre, cuando Fausto reclama su presencia con fines no totalmente santos...

Lástima que Vd. vea la Argentina en una época un tanto agitada, producto de una de sus periódicas crisis de crecimiento. Pero tenemos la salud de la juventud y tengo la certidumbre de que dentro de muy poco entraremos en una etapa de vertiginoso progresso, similar a la de Estados Unidos a fines del siglo pasado. Si Vd. pudiése hacer algún viaje al interior, especialmente a algunas estancias, tendría una impresión más completa de ese pedazo de tierra americana, que tiene algunas zonas que le harían recordar el Africa de sus proezas cinegéticas.

Lo recordamos siempre con mucho afecto y echamos de falta las amenas conversaciones después de la cena. Y yo los mosqueteriles asaltos de esgrima de todas las mañanas. No sé cuáles serán las órbitas de nuestros destinos, pero puedo asegurarle que Vd. quedará sempre en nuestro recuerdo.

Mi señora me pide que le haga llegar la expresión de sus mejores sentimentos y yo me despido deseándole que la libertad de que ahora goza le sirva de estímulo para completar su obra literária y para ahondar sus pensamentos sociológicos ante la contemplación de democracias que, si bien imperfectas como regímenes políticos, son auténticas como filosofia de vida.

Cordialmente,

[Ernesto Pablo Mairal]

Buenos Ayres, 14 de Junho de 1959

Meu querido Amigo:

Suponho que as cinco cartas que já lhe escrevi terão feito as delícias dos violadores oficiais de correspondência em Portugal e que por isso não lhe tenham chegado às mãos. Felizmente, posso ter notícias suas por intermédio de seus filhos, que, além, outras agradáveis me disseram que os meus Amigos, livres enfim da sobrecarga do asilado e sem outros à vista, já passeiam como merecem e até andaram por terras de Espanha.

Aproveitei agora o obséquio de Cané para levar estas linhas e transmitir-lhe oralmente, a coberto de todas as censuras, as notícias que lhe dei em cartas anteriores e tudo o mais que me tem ocorrido neste adorável país que é o seu.

Os meus grandiosos projectos de deambular pela Argentina têm sido sacrificados pela escassez de tempo e por deveres de missionário — mas nem por isso estou menos encantado com a Argentina e com as argentinas. Continuo a não encontrar senão argentinos simpáticos e as suas profecias sobre coisas menos agradáveis que viria encontrar, falharam totalmente.

Recordo-os sempre com a mais viva e comovida saudade e vejo com enorme prazer quanto lhe querem bem tantas pessoas com quem falo a seu respeito.

Tem a palavra Cané...

Muitos e amicíssimos cumprimentos para a minha querida Amiga Madame Mairal, a quem tanto devo. Muitos e apertados abraços do seu Muito Amigo

Henrique Galvão

P.S. – É claro que continuarei impassivelmente a escrever.

EMBAJADA DE LA REPÚBLICA ARGENTINA Lisboa, 17 de junio de 1959

Lisboa, 17 de Junho de 1959

Estimado Capitán:

Acabo de recibir su carta del 5 del corriente y espero que Vd. haya recibido mi anterior en la que le comunicaba la recepción de sus tres cartas densas de todo. Como Vd. ve, el correo de su país funciona muy bien.

Me entero con agrado que ya está en contacto con la Sociedad de Autores, que pronunciará una conferencia y leerá una pieza. Todo eso le resultará muy útil para sus actividades literárias y para vincularse y hacer amistades, pues los primeros tiempos en ambientes desconocidos suelen ser los más duros y en los que más se sienten las «saudades» de la bella tierra natal. Pero estoy seguro que en poco tiempo Vd. encontrará las personas afines con las cuales podrá llenar, aunque sólo en parte, el vacío de sus familiares y amigos dejados en esta. Los argentinos, en general, son cordiales, abiertos y sinceros aunque bastante barulleros y discutidores.

Aquí seguimos en los trabajos de rutina y sin mayores novedades. Estuvimos una semana en España acompanhando a la señora e hija de don Emílio, visitando Sevilla, Granada y Madrid. Después de un período de inmovibilidad, teníamos derecho a ver otros paisajes. No solamente Vd. ha de poder contemplar «otras tierras y otras gentes».

Me interesan sus observaciones sobre mi país, pues las primeras impresiones son las más profundas. Después viene la adaptación al medio y nada extraña y nada llama la atención. Keyserling decía que no se debía estar en un país más de una semana. Es lástima que Vd. vea a la Argentina en el peor período de sus últimos cincuenta años. Estamos pagando los errores y el desorden de épocas caóticas que detuvieron el progresso de nuestro país. Pero de todos modos queda algo para valorar lo que fué y lo que será en un futuro cercano.

Mi señora le agradece y retribuye sus afectuosos saludos. Le reitero mis mejores votos para que encuentre en mi ciudad natal el ambiente acogedor de un nuevo hogar y me despido

de Vd. cordialmente,

[Ernesto Pablo Mairal]

Buenos Ayres, 21 de Junho 1959

Meu Querido Amigo:

Agora sim, que desapareceram todas as nuvens que eu via passar nos céus telégrafos-postais. Em Obligado & Cia. entregaram-me duas cartas suas, recebidas e lidas com o prazer que pode imaginar — e com elas, ex-abundanti, despreocupei-me de que pensasse que eu me teria esquecido de lhe escrever.

É claro que não vou pedir-lhe nem esperar que nestas cartas minhas veja um convite a uma correspondência tão intensiva e assídua como a minha por vezes será, pois compreendo perfeitamente todas as suas limitações de tempo e de cargo. E como, ao mesmo tempo, sempre tenho mais ou menos notícias suas pela Nely, o Embaixador apenas terá o trabalho [de] ler-me de quando em quando e, nem mesmo, por cortesia (que feia coisa quando não há mais nada!) a obrigação de me escrever.

Mantenho-me por enquanto na conquista de Buenos Ayres e ainda sem tempo disponível para me deslocar a mais longe. Só no próximo Domingo sairei a campo pela primeira vez para o primeiro contacto com o folclorismo gastronómico da Argentina — um ASSADO! Entretanto estou em plena azáfama literária, o que além de me distrair da azáfama política, muito menos aliciante, me permite ir conhecendo pessoas interessantes. A minha passagem para o Brasil parece demorada ainda por mais um ou dois meses, por uma questão de formalidades que apesar de todas as facilidades — TODAS — franqueadas pela Argentina, o Brasil torna burocraticamente embaraçosas. E quando um Ministério dos Estrangeiros se põe a estudar a forma de um papel acompanhante de um homem, a gestação é mais demorada que a dos elefantes.

Passei ontem uma noite mais do que excelente com a Nely e o «homem fatal»([620]) que um dia lha roubará. Jantámos alegremente num restaurante de Buenos Ayres e fomos ver uma peça horrivelmente dramática e terrivelmente mal representada ao Teatro dos Independentes — que nos divertiu mais do que a melhor das comédias. Quase me senti da idade deles o que, como pode supor, é quase a glória. Entretanto vim a saber quanto o meu Amigo havia caluniado a pobre Nely. Não só vence o seu curso, como já tem para lhe lançar aos pés, uma distinção: parabéns por tão redondamente se haver enganado.

Beijo as mãos de Madame Mairal, que sentirá os olhos húmidos quando se lembrar dos triunfos académicos da sua filha, e abraça-o com a mais viva amizade,

Henrique Galvão

([620]) Referência a Alberto Camarasa.

Buenos Ayres, 29 de Julho de 1959

Meu querido Amigo:

Há muitas semanas que eu não subo com prosa epistolar à Rua Barata Salgueiro, onde, no entanto, o meu coração se encontra muitas vezes. Esta ausência significa apenas que em Buenos Ayres, como em Lisboa, para os homens livres o tempo corre a velocidades supersónicas — e que eu passo longas horas dos meus dias a escrever outras cartas que sentimentalmente têm muito menos interesse para mim.

Sei que estão bem e sem asilados em casa nem à vista — o que é uma maneira especial de estar bem, sobretudo depois de se fazer a experiência de um. Entretanto, o Verão ainda [*sic*] por aí, na frescura das praias e na doçura dos campos, e espero que mais passeado por Portugal o seu amor às belezas da minha pátria tenha encontrado melhores motivos de devoção, não só no encanto natural das coisas como também no encanto especial das gentes que lhe querem bem. É a época das romarias do Norte, em que os simples sentem menos frio e menos fome — e até riem os que ainda sabem rir. Suponho que não as perderá.

A Argentina continua a conquistar-me e todas as suas profecias sobre pequenas coisas desagradáveis e com as quais pretendeu generosamente precaver-me contra possíveis desilusões, continuam a falhar. Basta que lhe diga que tendo eu pensado que não me demoraria em Buenos Ayres mais do que um ou dois meses, passados os quais emigraria para o Brasil de onde me chamam responsabilidades que não posso enjeitar, vai em quatro meses que aqui me encontro — e não só muito bem, como sem a menor impaciência pela demora. Dir-se-ia mesmo que se agita no meu sub-consciente (e no consciente também — porque não?) o desejo de que a demora se prolongue — quer dizer, que, pessoalmente, sentimentalmente, me agradaria mais ficar na Argentina do que trasladar-me para o Brasil. Sei naturalmente de todas as pressões do governo português junto do governo brasileiro (e também um pouco junto do argentino) para que eu não passe ao Brasil — e essa inquietação dos meus antigos carcereiros longe de me irritar, diverte-me. Estas fraquezas dos governos que todos os dias têm de proclamar que são fortes para de alguma maneira o parecerem, sempre me divertiram como dramaturgo. E agora mais, sabendo como sei que nem a Argentina cede prendendo-me no seu território, nem o Brasil cede negando-me a entrada! O seu governo tem sido impecável de generosidade, cortesia, humanidade e dignidade — e ao mesmo tempo, eu compreendo porquê, menos firme, o governo brasileiro demora um pouco o que não quer negar e, estou certo, não negará. No fundo desta compreensão está naturalmente o agrado com que me encontro na Argentina. Sair agora daqui será muito mais um sacrifício do que um prazer. Contraí sem dificuldade, naturalmente, espontaneamente, relações interessantes, tenho uma peça aceite em Buenos Ayres — definitivamente aceite para a inauguração da próxima época — e outra insistentemente pedida por outra empresa, não havendo outra dificuldade senão que eu a conclua; tenho feito conferências; principiei a colaborar quinzenalmente no maior jornal do Brasil *Estado de S. Paulo* com uma série de «Cartas de Buenos Ayres» que lhe irei enviando à medida que forem sendo publicadas; está em negociações a tradução de alguns dos meus livros; colaboro em duas revistas do Rio de Janeiro; e etc., etc. Não tenho razão de queixa como vê. Ao mesmo tempo, no Ministério das Relações Exteriores, o sr. Pablo Pardo já duas vezes me disse, e com inesquecível gentileza, que se eu quisesse ficar na Argentina, não só ele pessoalmente, mas até o próprio Ministério, usariam da sua influência para me assegurarem trabalho condigno. E digo «com inesquecível gentileza» porque isto me foi sempre dito ao mesmo tempo que se me dizia que a Argentina não oporia quaisquer dificuldades à minha saída para o Brasil, ou para qualquer outro país. Que mais poderia eu desejar como hóspede do seu magnífico país? Enfim, principio a alimentar a esperança de que ainda terei tempo de realizar uma pequena parte do meu projecto de ir à pampa, a Córdoba, ao Norte, até onde puder. Até agora, com excepção de «um assado» que me levou ao Tigre e em que me iam matando de fartura, pouco me desviei ainda do polígono central. Depois da África, creio que o espaço geográfico que melhor conheço do mundo é o rectângulo compreendido entre a Avenida de Mayo, Florida, Cordoba, e 9 de Julho.

Vou encontrar-me com a Nely um destes dias. Devo-lhe um jantar e um teatro.

Os meus melhores cumprimentos para madame Mairal, que tão bem me anunciou na sua doce maneira de ser, o encanto desta terra argentina, os meus cumprimentos para o sr. Ministro Robbio e todo o simpático pessoal da Embaixada, muitos abraços do seu Amigo cada vez mais ilimitadamente agradecido

Henrique Galvão

Acassuso, 23 de octubre de 1965

Señor Cap. D. Henrique Galvão,
São Paulo, Brasil.

Estimado amigo:

Al regreso de un viaje por el interior del país me encontré com su último libro, con una amable dedicatória, que todos le agradecemos sinceramente.

Su libro, además de demonstrarme su persistência en la lucha por sus ideales, me trajo el recuerdo, gratíssimo, de intensos dias vividos en la hermosa y querida Lisboa. Y los recuerdos son variados y todos incancelables: algunos solemnes y dramáticos y otros, si se quiere, risuños. Entre estos últimos, por ejemplo, aquellas matutinas leciones de esgrima, com atuendos poco ortodoxos, más bien pintorescos, que deseperaban a mi colega del piso inferior por el barullo que hacíamos (según el)([621])...

Y aquellas conversaciones sobre teatro y sus episódios grotescos que nos hacían reir de tan buena gana... En fin, todo pasó hace ya mucho tiempo, pero, felizmente, podemos recordarlo.

Estamos viviendo en Acassuso, alejados de toda vida política, diplomática, comercial o ciudadana. Vamos al centro sólo para la ópera, algún concierto o alguna buena película, que no son muchas. Los fines de semana vienen los hijos y algunos amigos y nos reunimos en torno del fuego a comer asado, reflexionando y discutiendo acerca de cómo debíamos haber hecho las cosas para que el viento no se llevara lo que

([621]) O colega a que se refere Ernesto Pablo Mairal, com o qual sempre manteve relações cordiais, era o embaixador da Turquia em Lisboa, Tarik-Emin Yenisey, cuja residência se encontrava instalada na rua Barata Salgueiro, n.º 28, 1.º.

se llevó... Mas estoy alejado de todo y no pertenezco a partido alguno. He recuperado mi independencia y si alguna vez consideran que puedo ser útil en algo que signifique obra concreta para el bien de mi país, aportaré mi modesto esfuerzo. Pero ello es muy difícil, por no decir imposible. Nuestras tornadizas democracias, a cada cambio de borda, echan la mitad de la tripulación al mar, en una interminable preparación de equipos que luego no se utilizan para nada. No obstante, si éste es su precio, no es absurdamente caro.

Nelly y su hombre fatal están paseando actualmente por Europa, como premio por haberse ya recebido Alberto de abogado. (A Nelly le faltan sólo dos matérias para laurearse tambien de abogada y ha jurado rendirlas antes de julio de 1966). Se embarcarán de regresso precisamente en Lisboa, pues mi hija ha querido que su marido se ilustre también acerca del hermoso y legendario Portugal, del que tantas saudades tenemos. Alberto, a su retorno, deberá hacerse cargo de la dirección de la fábrica del padre. En cuanto a Héctor, ya se ha casado y tienen una nena; trabaja en un buen Estudio y es Profesor adjunto en la Facultad de Derecho y en la Facultad Católica de Ingeniería. Como Vd. ve, los hijos crecen.

Tenemos ganas, el próximo año, de hacer una excursión de turismo en automóvil, desde Buenos Aires hasta Rio. Si podemos realizarla nos alegrará passar por S. Paulo para verlo después de tantos años.

Hasta ese entonces o, si no, hasta siempre, con los afectuosos saludos de mis hijos y Mary y un abrazo de su amigo,

[Ernesto Pablo Mairal]

Buenos Aires, mayo 16 de 1959

Subsecretario de Relaciones Exteriores

Querido Mairal:

El principal motivo de esta carta es felicitarte por tu gestión como Embajador en el asunto del asilo del Capitán Galvao. Es un orgullo para el país y para mí, como amigo tuyo, tener en el exterior un funcionário de tu jerarquía, que se conduce de tan calificada manera y obtiene un brillante triunfo diplomático.

Lo dicho responde a las manifestaciones que esta mañana hizo en mi despacho el Capitán Galvao, y en la primera oportunidad que tenga, le transmitiré al Presidente los elogios que hizo sobre tu persona y sobre tu actuación.

Como ya sabrás, a Florit([622]) le fué aceptada la renuncia y creo que en lo substancial ése será el único cambio que habrá en la Cancillería.

Te escribo muy brevemente porque, como es natural, estoy verdaderamente ocupado. El nuevo Canciller, doctor Taboada([623]), quedará informado también de lo expresado por tu asilado.

([622]) Referência a Carlos Alberto Florit, ministro das Relações Exteriores e Culto do governo do presidente Arturo Frondizi, de 1 de Maio de 1958 a 15 de Maio de 1959.

([623]) Trata-se de Diógenes Taboada, ministro das Relações Exteriores e Culto do governo Arturo Frondizi, de 22 de Maio de 1959 a 28 de Abril de 1961. Anteriormente, ministro do Interior do governo do presidente Roberto M. Ortiz, de 20 de Fevereiro de 1938 a 2 de Setembro de 1940.

Te abrazo con todo afecto,

A S. E. el señor Embajador Extraordinario y Plenipotenciario de la República en Portugal, D. Ernesto P. Mairal.

Lisboa

CORRESPONDÊNCIA TROCADA ENTRE OLIVEIRA SALAZAR E JUSCELINO KUBITSCHEK

Lisboa, 7 de Março de 1959

Senhor Presidente

Não ousei nunca na minha longa vida de governo chamar a atenção de um Chefe do Estado para um problema de administração, mesmo de grande interesse para os dois países. Mas Vossa Excelência tem revelado uma amizade tão sincera para com Portugal e tem-se sempre mostrado tão benevolente para comigo, que me decidi a pôr directamente a Vossa Excelência uma questão pendente, em si sem valor, mas susceptível de transformar-se numa fonte de aborrecimentos, tanto mais que uma imprensa nem sempre bem informada persiste em tratá-la com paixão e falta de objectividade.

Sua Excelência
o Senhor Presidente da República dos Estados Unidos do Brasil,
Doutor Kubitschek de Oliveira

Refiro-me ao asilo concedido na Embaixada do Brasil em Lisboa, ao General Humberto Delgado, candidato às últimas eleições presidenciais. A questão reduz-se ao seguinte: o General Delgado deseja veementemente entrar no Brasil como exilado político que gozou do direito de asilo na Embaixada Brasileira; o Governo português que considera o General um cidadão livre como outro qualquer de ausentar-se do país, cumpridas as formalidades legais (o que está oficialmente assegurado) entende não haver motivo para criar, a pedido, um pretenso mártir de uma pretensa política de perseguições.

Daqui nasceu a fórmula que reduzisse ao mínimo possível a ausência do General do local do seu refúgio na Embaixada, para que pudesse partir no avião por ele escolhido, na plena confirmação porém, de que o fasia como qualquer outro português em idênticas circunstâncias.

A fórmula proposta mereceu o agrado e aprovação

do Ministro das Relações Exteriores, Embaixador Negrão de Lima. Se até hoje não foi executada, é que, segundo parece, se lhe levantam objecções na Embaixada do Brasil em Lisboa.

Estas seriam especialmente duas.

Diz-se que a Embaixada pensa que é ao refugiado que incumbe determinar as condições de saída da Embaixada. Mal posso demorar-me a examinar este ponto; embora me pareça que não pode um particular ser feito árbitro do estado de relações entre dois Estados soberanos e ditar de uma Embaixada as condições em que podem evoluir as relações entre aqueles, é ao Governo dos Estados Unidos do Brasil que compete neste caso ajuizar do acerto da doutrina.

Outra objecção pretenderia ver na fórmula proposta uma diminuição em Portugal do prestígio do Brasil que desistiria de defender até final um cidadão português.

Dá-se o caso, Senhor Presidente, que é ao Brasil precisamente que temos confiada a defesa de muitas dezenas de milhares de portugueses que vivem na União Indiana. Eles não podem contar senão com a protecção que o Brasil generosamente lhes concede a nosso pedido, e se tivessemos outro desventurado caso como o de Goa a nenhuma outra nação recorreríamos primeiro que ao Brasil pelos laços que nos ligam, para a mesma defesa e protecção. Diante destes factos, que todo o português conhece e não pode esquecer, é pelo menos excessivo pretender pôr questões de prestígio num embarque de um político que não precisa da protecção de ninguém, só porque se deseja que o mesmo apareça no Brasil aureolado da coroa do martírio.

Esta última nota começa a fazer-me pensar em que nas reflexões do Senhor Embaixador do Brasil há talvez indevidas considerações de política interna portuguesa, estranhas à sua missão, porventura prejudiciais ao exercício dela. - Faço apenas um ligeiro apontamento; não desejo ir mais longe.

Senhor Presidente: Está finda a minha exposição. Fi-la com o intento de apelar para o Chefe do Estado do Brasil e pedir-lhe com insistência e a amizade que lhe dedico não deixe transformar em caso grave ou que indefinidamente se arraste a turvar tudo, um exagero diplomático que é o que está na base e começo de tudo, e se não tem querido emendar.

Com a mais elevada consideração, apresento a Vossa Excelência a expressão da minha maior estima.

Ab 26-3
25-9

PRESIDENTE DA REPÚBLICA

Rio de Janeiro, 22 de Março de 1959.

A Sua Excelência
o Senhor Doutor Antônio de Oliveira Salazar,
Presidente do Conselho de Ministros de Portugal.

Senhor Presidente do Conselho:

Tenho a honra de comunicar o recebimento da carta que V.Exa. houve por bem me dirigir a 7 de Março corrente, referindo-se ao asilo, na Embaixada do Brasil, do General Humberto Delgado, candidato às últimas eleições presidenciais portuguesas, e manifestando especial empenho para solução do caso, solução que haveria naturalmente de corresponder aos interêsses mútuos de Portugal e do Brasil.

Outro também não é o meu desejo, Sr. Presidente, e daí a extrema atenção com que ponderei os têrmos de sua carta e meditei sôbre as observações que me ofereceu. Oriundas de quem detém as responsabilidades do govêrno de Portugal, e tanto se distingue pelos seus predicados de Chefe de Estado e por suas virtudes humanas, essas observações não poderiam ser recebidas e consideradas senão com o propósito de propiciar, quanto em nós couber, o encaminhamento do assunto até se materializar a solução que, coordenando pontos de vista le gítimos, resulte em demonstração de que obstáculo algum prevalecerá no plano da tradicional amizade luso-brasileira.

Quanto à fórmula apresentada, de deixar o General Delgado o seu asilo para receber passaporte e em seguida embarcar para o Brasil, sob a plena garantia de sua segurança e liberdade, posso asseverar a V.Exa. que a proposta mereceu, em princípio, o acolhimento de nossa Chancelaria. Nao me parece, na verdade, que semelhante fórmula pudesse comportar as objeções indicadas, nem essas objeções foram de fato, sequer intencionalmente, postas pelas autoridades brasileiras. Nem o asilado poderia ser instituido, como acentua muito bem V.Exa, em árbitro das relações entre os dois Estados, nem decorreria da adoção, livremente deliberada em todos os seus pormenores, da referida fórmula, qualquer diminuição do prestígio do Brasil, Nação que tem na correta aplicação dos princípios do direito internacional um de seus títulos mais legítimos e mais acatados, certamente insusceptível de qualquer dúvida, por tênue ou remota que fôsse.

Entretando, ao alto e claro espírito de V.Exa. não passará despercebida a circunstância de que, no caso particular de que se trata, ocorrem fatores emocionais de extrema sensibilidade, que poderiam eventualmente conduzir a opiniao pública brasileira a uma posiçao menos compreensiva, ou acaso a um juizo arrebatado, com graves repercussões para a normal convivência das duas comunidades irmãs. A circunstância está a indicar que a prudência e o esfôrço isento devem aliar-se na busca de uma solução final extreme de quaisquer motivos perturbadores.

As relações entre Portugal e o Brasil constituem um patrimônio comum de nossos povos, patrimônio que nos cumpre preservar com zêlo e respeito e acrescer sempre, para transmití-lo intacto às gerações futuras. Como estou certo de que também é êste o pensamento de V.Exa., que em sua longa vida de govêrno tem servido exemplarmente a êsse insubstituível desiderato, acredito que nossas Chancelarias e seus respectivos embaixadores não tardarão em ajustar a desejada solução perfeita, detendo-se, com sentido de natural compreensão, sôbre todos os aspetos do caso. Minhas instruções diretas, desde o primeiro instante, foram no sentido de que as negociações iniciadas se processassem de modo a não afetar, em hipótese alguma, as relações entre nossos govêrnos e os altos interêsses da confraternidade luso-brasileira. De nossa parte, tal propósito será rigorosamente mantido; ainda agora, acabo de reiterar ao Ministro das Relações Exteriores, Embaixador Francisco Negrão de Lima, a estrita recomendação que lhe fizera nêsse sentido.

Não desejaria terminar, Sr. Presidente, antes de exprimir a V.Exa. meu agradecimento pelas re

PRESIDENTE DA REPÚBLICA

ferências que fez à forma como o Brasil se conduz na pro
teção aos Portugueses que vivem na União Indiana, de acôrdo com a anterior gestão do Govêrno a que V.Exa. preside. Esta alusão emocionou-me profundamente, porque evocadora de um dos lances que o Brasil mais preza em sua história diplomática.

Neste ensêjo, reafirmando minha admiração pessoal pelo preclaro homem de Estado que preside ao Con
selho de Ministros da Nação Portuguesa, apresento a V.Exa. a expressão de minha viva e cordial estima.

De V. Exa leal amigo

Juscelino Kubitschek

Índice omomástico